W0255643

Die blaue Stunde der Informatik

Die blaue Stunde – die Zeit am Morgen zwischen Nacht und Tag, die Zeit am Abend ehe die Nacht anbricht. Wenn alles möglich scheint, die Gedanken schweifen, wenn Zeit für anregende Gespräche ist und Neugier auf Zukünftiges wächst, auf alles, was der nächste Tag bringt.

Genau hier setzt diese Buchreihe rund um Themen der Informatik an: Was war, was ist, was wird sein, was könnte sein?

Von lesenswerten Biographien über historische Betrachtungen bis hin zu aktuellen Themen umfasst diese Buchreihe alle Perspektiven der Informatik – und geht noch darüber hinaus. Mal sachlich, mal nachdenklich und mal mit einem Augenzwinkern lädt die Reihe zum Weiter- und Querdenken ein. Für alle, die die bunte Welt der Technik entdecken möchten.

Weitere Bände in der Reihe http://www.springer.com/series/15985

Manfred Nagl

Gotik und Informatik

Intelligenter Entwurf damals und heute

 Springer Vieweg

Manfred Nagl
LS Software Engineering
RWTH Aachen
Aachen, Deutschland

Die blaue Stunde der Informatik
ISBN 978-3-662-55517-0   ISBN 978-3-662-55518-7   (eBook)
https://doi.org/10.1007/978-3-662-55518-7

Die Deutsche Nationalbibliothek verzeichnet diese Publikation in der Deutschen Nationalbibliografie; detaillierte bibliografische Daten sind im Internet über http://dnb.d-nb.de abrufbar.

Springer Vieweg

Es gibt viele *bedeutende Baustile* in Europa, nämlich Romanik, Gotik, Renaissance, Barock, Rokoko, Klassizismus und die Neuentdeckung dieser Baustile um 1900, als Historismus bezeichnet (Neoromanik, Neogotik etc.). Danach folgen Gründerzeit, Jugendstil, Bauhaus etc. *Warum* also die Beschäftigung mit *Gotik*? Was macht die Architektur dieses Baustils so einzigartig? Warum Gotik in Verbindung mit Informatik? Warum also dieses Buch?

Die Gotik ist eine *Einheit aus Idee, Funktion, Struktur, Form* etc. in einer harmonischen Gesamtausprägung, versehen mit theologischen und philosophischen Wurzeln. Aus der Idee erwachsen Baustilcharakteristika, basierend auf damals verfügbaren, konstruktiven Elementen, wie dem Kreuzrippengewölbe oder Strebewerk. Die zugrundeliegende Idee, Form, Struktur und Funktion gehen eine enge Beziehung ein. Die äußere Erscheinung ist eine *kohärente Mischung*, bei der nicht mehr zwischen obigen Begriffen klar unterschieden wird oder werden kann.

Warum Informatik? Auch hier gibt es Architekturen, nämlich von Rechnern und Netzen, von Softwaresystemen, Datenbanken, etc. Auch hier entstehen Strukturen, die durch die Kombination von Strukturelementen geformt werden sowie Mechanismen, solche Strukturen abzuleiten. Auch hier gibt es einen Entwurfsprozess, der Entwurfsprinzipien folgt und die Wiederverwendung von Ideen, Artefakten und Vorgehensweisen. Somit gibt es einige Anknüpfungspunkte für Gemeinsamkeiten, aber auch Unterschiede. Diese Argumentation gilt auch für alle Ingenieurwissenschaften.

Wie kam die *Untersuchung zustande*, die diesem *Buch* zugrunde liegt? Seit seiner Jugend hat der Autor eine gewisse Begeisterung für die Gotik. Später in der Informatik folgten Forschungen über Softwarearchitekturen, diskrete Strukturen und ihre Erzeugung mittels Graphen, intensive Beschäftigung mit komplexen Werkzeugen für den Entwurfs- und Realisierungsprozess von Software. Dies alles zunächst in der Informatik und später auch für den Entwurf in einigen Ingenieurwissenschaften (Maschinenbau, Prozesstechnik, Prozessleittechnik, Bauingenieurwesen) und schließlich noch für die Architektur von Gebäuden und das Schreiben von Büchern. Überall spielen Architekturüberlegungen eine Rolle.

So kam der Wunsch auf, den Anfang (Interesse für Gotik) mit dem Späteren (Erfahrungen mit Entwurfsprozessen in diversen Disziplinen) zusammenzubringen. Die Verbindung ergibt sich über intelligente Entwurfsprinzipien, die über das Handwerkliche und ‚immer wieder das Gleiche tun‘ hinausgehen, also über verschiedene Formen der Wiederverwendung. Diese Gedankenlinie trägt, wie der Leser dem Hauptteil dieses Buches entnehmen kann. Die Idee, *Gotik mit dem allgemeinen Entwurf zu verbinden*, wird in diesem Buch keineswegs zum ersten Mal postuliert: In Büchern und Aufsätzen über Software-Architekturen tauchen gotische Kirchen als besonders wohlgestaltete Muster auf. Es gibt aber u. W. keine Untersuchung, die diese Beziehung auch nur einigermaßen gründlich durchleuchtet hat.

Die Anfangsbuchstaben des Buchtitels, nämlich GI, stehen auch für die Gesellschaft für Informatik, ein weiteres Feld der Betätigung des Autors für eine gewisse Zeit. Außerhalb der Informatik, aber in Verbindung mit der Informatik, entstehen interessante Ideen. Die *Informatik* lebt oft nur in *Verbindung mit anderen Disziplinen*, hier in diesem Buch in einer etwas unüblichen Verbindung. Diese auszuarbeiten, kann sich in der von Publikationsindizes getriebenen Zeit vermutlich nur noch ein Emeritus leisten.

Wir *beschränken uns* in dieser Ausarbeitung auf *Dome und Kathedralen* der Früh-, Hoch-und Spätgotik, betrachten also kaum kleine Kirchen und insbesondere keine Profanbauten. Wir beschränken uns auch auf den Entwurf von Bauten und lassen damit wichtige Teile der Kunst zur Zeit der Gotik, nämlich Malerei, Glasmalerei, Holzschnitz- oder Steinmetzkunst außer Acht.

Der *Aufbau des Buches* besteht aus fünf Teilen, (I) einem geschichtlichen Teil zur Einleitung und Einordnung, (II) einem baugeschichtlichen Teil zur Diskussion der unterschiedlichen gotischen Kirchentypen und -stile zur Feststellung von Gemeinsamkeiten und Unterschieden der Kirchen, (III) einem Teil, der dem Nachbau, der Modifikation und dem Neubau von Kirchen im Computer gewidmet ist sowie den Erfahrungen, die dabei gewonnen werden, (IV) einem informatischen Teil, in dem wir die Verbindungen zur Informatik herausarbeiten und (V) der finalen Gesamtschau aus unterschiedlichen Perspektiven: Zusammenfassung, Ausblick, Bibliografie, Abbildungsverzeichnis, Glossar und Stichwortverzeichnis. Die Teile I und II behandeln Standardwissen über Gotik aus einem anderen Blickwinkel, die Teile III und IV behandeln die Gotik aus dem Blickwinkel eines CAAD-Nutzers bzw. Informatikers/ Ingenieurs.

Geschichtlich und baugeschichtlich wird dieses Buch für Experten aus diesen Gebieten nicht viel Neues bieten, vielleicht eine prägnante Darstellung von Bekanntem aus einer etwas anderen und damit vielleicht auch interessanten Perspektive in den Teilen I und II. Aufgrund der Diskussion der Beziehung zu Entwurfsdisziplinen und der Informatik entsteht jedoch im dritten und vierten Teil ein anderer und *neuer Blickwinkel auf die Gotik* mit Einsichten, die für den Leser einen gewissen Reiz haben könnten. Dazu zählen: Wiederverwendung, Klassen[1] von Kirchen, deren interne Gemeinsamkeiten und deren Unterschiede, ein Klassifizierungsschema für Kirchen, das Durchdringen des Entwurfsprozesses und der ihm zugrundeliegenden Prinzipen, wie Parametrierung und anderer Techniken des intelligenten Entwurfs.

Intelligenter Entwurf im Untertitel des Buches heißt dabei, den Entwurfsprozess durch Überlegungen vom Aufwand her schlank zu gestalten und die Strukturen des Ergebnisses deutlich herauszuarbeiten, z.B. für eine Qualitätssteigerung des Ergebnisses. Ein Kernpunkt des Buches ist auch, in Erfahrung zu bringen, was man über den Entwurf zur Zeit der Gotik wusste, beim Nachbau im Computer mittels eines CAAD-Systems in Erfahrung bringen konnte und wie dies alles mit dem Entwurf in der Informatik und in den Ingenieurwissenschaften in Beziehung steht.

---

[1] Eine Klasse im mathematischen Sinne ist eine Menge, deren Elementen alle eine Ähnlichkeitsbeziehung teilen.

Dieses Buch konnte nur mit der *Unterstützung* durch Personen und Institutionen *entstehen*. Ich danke der *Deutschen Forschungsgemeinschaft*, die durch ein kleines Normalverfahrensprojekt[2] einem Emeritus die Untersuchung erst finanziell ermöglicht hat. Der Dank gilt auch folgenden *Personen*, die interessante Diskussionspartner waren: Pfarrer Dr. Toni Jansen †, Domprobst M. von Holtum, Prof. Pohle, Leiter der Route Charlemagne, alle Aachen, dem Gotik-Experten Prof. Binding, Universität Köln und dem universellen Baustilkundler Dr. Koch, Rietberg sowie dem Hüttenmeister U. Zäh des Freiburger Münsters. Auch weiteren Personen bin ich Dank schuldig, die nicht alle aufgeführt werden können. Ich danke auch dem Springer-Verlag für die Veröffentlichung dieses Buches, das sicher kein Block-Buster sein wird sowie den Firmen, die durch Werbeanzeigen zur Reduktion des Buchpreises und damit zu seiner Verbreitung beigetragen haben. Mein Dank gilt insbesondere auch dem Lehrstuhl CAAD der RWTH als Kooperationspartner (Prof. Russell, jetzt Universität Delft), den wiss. Mitarbeitern Andreas Dieckmann und Boris Bähre sowie den Studierenden Lisa Mühlnickel, Philipp Schäfer, Daniel Wischniewski, Philipp Schwan, Jan Philipp Alfes, Sören Berens, Miriam Wittbusch und später der weiteren Gruppe Alisa Katidi, Suhail Makdesi, Rana Waleed und Mustafa Yosef. Sie alle waren an der Gestaltung der Beispiele sowie auch an den sich daraus ergebenden intensiven Diskussionen beteiligt und damit auch an dem Ringen um Erkenntnis. Auch Manuel Pützer danke ich herzlich für die Hinweise und Hilfen im Kampf mit Word bzw. der Konversion zum pdf-Format.

Das Buch sollte *leicht zu lesen* sein. Es setzt keine Vorkenntnisse über Gotik, Kunstgeschichte, Bauwesen im Mittelalter, Informatik, Entwurf, CAD/ CAAD[3], etc. voraus. Das Buch stellt Verbindungen her und entdeckt dabei auch neue Beziehungen. Hoffentlich erklärt es dem Leser auch, warum die Gotik auch derzeit noch eine so große Faszination ausübt.

Das Buch soll *Brücken schlagen*: Der an Kunst und Baustilen interessierte Leser soll einen neuen Einblick gewinnen, wie in Entwurfsprozessen in Informatik und Ingenieurwissenschaften vorgegangen wird. Informatikern und Ingenieuren soll es Baugeschichte schmackhaft machen. Im Abschlussteil V gehen wir noch einmal auf die Ziele des Buches ein und können hoffentlich plausibel machen, dass sie erfüllt wurden.

Zum Schluss eine Bitte um Verständnis: Dieses Buch ist *kein Standardwerk der Gotik* und ihrer Baugeschichte. Es erhebt insbesondere *keinen Anspruch auf Vollständigkeit*. Bei der getroffenen Auswahl von Gebäuden werden die fehlenden vermisst, bei der Gewichtung und Betonung gibt es sicher Leser, die beides anders gesetzt sehen wollen. Diese Bemerkung bezieht sich insbesondere auf die Länder, deren Gebäude wir vorstellen, auf die Gebäude, die wir besprechen, auf die bedeutenden Aspekte der Gotik, die wir erläutern oder eben auch auslassen.

Aachen, im Juli 2019   *Manfred Nagl*

---

[2] DFG NA 134/13-1
[3] CAD steht für Computer-Aided Design, CAAD für Computer-Aided Architectural Design.

Inhalt

Teil I:

Gotik - Einleitung und Einordnung

Charakterisierung der Gotik aus versch. Blickwinkeln

Vorläufer und was ist neu

Harmonischer Gesamteindruck: Idee, Funktion, Struktur, Form, Details

Strukturelemente

Entstehung und Ausbreitung

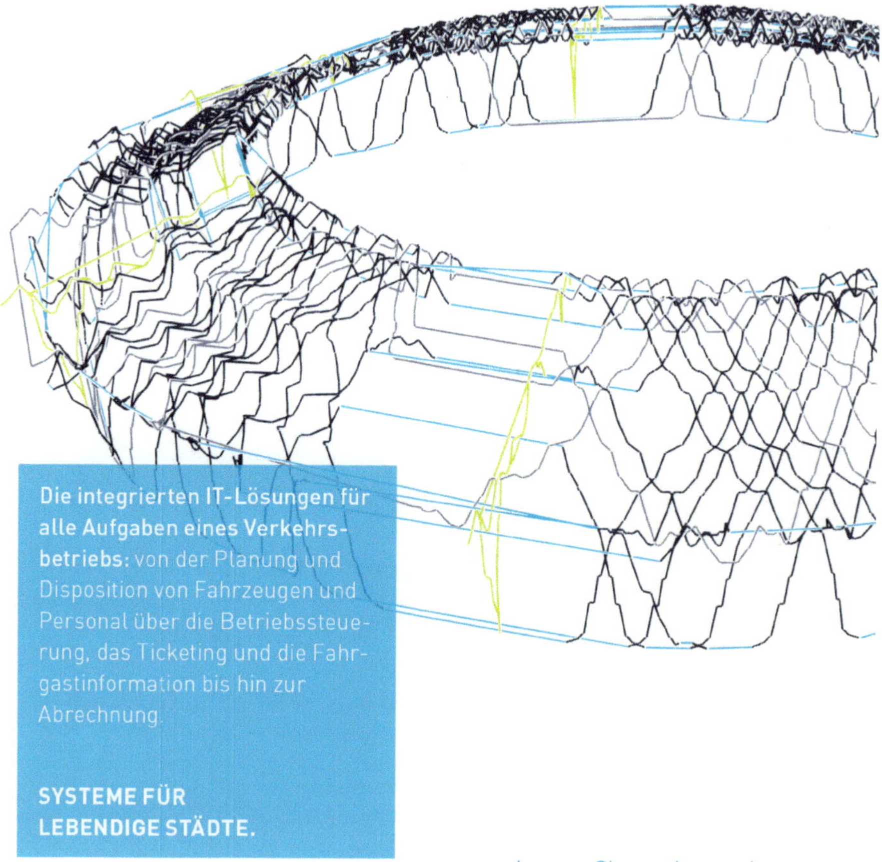

Dieses Kapitel fasst die wichtigsten Aspekte der Romanik aus [A.Wi Ro], [A.BKM 19] und [A.Ko 14] kurz zusammen, als Grundlage für die weiteren Ausführungen über Gotik. Dies geschieht insbesondere, um später den Unterschied der Gotik zur Romanik herauszuarbeiten. Es erhebt dabei keinerlei Anspruch auf Vollständigkeit.

1.1 Romanik und Geschichte

Romanik und die Bedeutung des Religiösen und Geistlichen für Europa

Der *Name „Romanik"* wurde geprägt als Hinweis auf die Verwandtschaft zur römischen Architektur, aus der Rundbogen, Säulen mit blockartigen Kapitellen, Pfeiler und auch Gewölbe übernommen wurden. Der Name wurde erst um 1770 erfunden und er ist auch nicht sehr glücklich gewählt. Zum einen liegen die Grundlagen nicht nur in der römischen Zeit, sondern auch im antiken Griechenland und auch in Byzanz. Zum anderen und vor allem bringt der Name nicht zum Ausdruck, dass sich mit der Romanik auf diesen Grundlagen eine eigenständige Kunstepoche entwickelt hat. Die Romanik gilt sogar als die erste große europäische Kunstepoche.

Die *Romanik* [A.HV 04] *datiert* - nach der Antike und aufbauend auf Vorläufern in Europa - von etwa 1000 bis zum 13. Jahrhundert, in dem sie durch die Gotik abgelöst wurde. In Frankreich geschah dies z.T. bereits ab der Mitte des 12. Jahrhunderts. Die Romanik hat somit weder einen präzisen Anfang noch ein präzises Ende.

Klöster erhalten und erweitern das nach der Antike verlorengegangene Wissen. Sie sind Träger der schriftlichen Kultur. Selbst Ritter und Adelige waren meist des Schreibens nicht mächtig. Schriftlicht festgehaltenes *Wissen* entstand somit meist nur über *Kirchen* und Klöster und wurde nur von diesen weitergegeben. Das gab diesen ein Monopol, eine damit verbundene *Machtstellung* und auch kulturelle Bedeutung. Wir gehen darauf noch genauer ein.

Romanische Kirchen symbolisieren die Allmacht Gottes und die Stärke des Christentums. Diese Stärke manifestiert sich in dem von Festigkeit geprägten Baustil. Die Kirchen wurden als *Burgen Gottes* angesehen. Wir vertiefen diesen Aspekt im vorliegenden Kapitel.

Die Rolle der Klöster, Orden, Kreuzzüge und Internationalität

Die *Romanik* kommt *aus Italien*, was der Name ausdrückt. Von dort *breitet* sie *sich* der romanische Baustil nach Norden, Westen und Osten aus. Das wird durch das große Frankenreich von Karl dem Großen - und auch bereits vorher von seinen Vorgängern - befördert. Über dieses Frankenreich hinaus verbreitet sich der Stil über weitere Teile Europas (Spanien, Portugal, England und Irland, Skandinavien, Mittel- und Osteuropa). Die Romanik ist - wie auch die nachfolgende Gotik - ein *europäischer Baustil*.

© Springer-Verlag GmbH Deutschland, ein Teil von Springer Nature 2019
M. Nagl, *Gotik und Informatik*, Die blaue Stunde der Informatik,
https://doi.org/10.1007/978-3-662-55518-7_1

Die *Orden und Klöster* der Benediktiner, Zisterzienser und anderer spielen dabei eine große Rolle, wie auch die weltliche Macht der Kirche durch *Bistümer*. Es gibt eine enge Verbindung von Politik und Kirche seit Karl dem Großen, die der politischen Bedeutung der Kirche und der Klöster zugutekommt und damit indirekt auch die Ausbreitung des romanischen Baustils befördert.

Eine besondere Rolle hat hier Frankreich als Ordensstifter und Initiator auch für die Ausbreitung der Klöster. Eine herausragende Stellung nimmt dabei das *Kloster Cluny* im Burgund ein, von dessen riesiger Kirche derzeit nur noch Fragmente zu sehen sind.

Eine ähnlich bedeutsame Rolle für die Verbreitung des Baustils haben die *Ritterorden*, durch welche die *Christianisierung* (z.B. in Form der *Kreuzzüge*) auch mit Gewalt durchgeführt wurde. Eine ethische oder religiöse Wertung - Steht das Wirken der Ritter im Sinne oder im Widerspruch zur christlichen Lehre, ist die Christianisierung im Osten Europas und über die Kreuzzüge im Nahen Osten ethisch vertretbar? - wird hier nicht vorgenommen. Gemeinsame Erfahrung beförderten den Zusammenhang der europäischen Ritter. Einflüsse des Orients prägten den Baustil mit.

Ein Hauptgrund der Verbreitung des Baustils sind neben den Klöstern auch die *Herrschaftskirchen*, wie die *Kathedralen* als Bischofssitze oder im Hl. Röm. Reich auch die *Kaiserdome*. Nahezu alles, was wir bisher über Verbreitung, *Christianisierung*, Verbindung von Macht und Kirche sowie Christianisierung und Kreuzzüge gesagt haben, *gilt* später gleichermaßen *auch für die Gotik*.

1.2 Epochen und Höhepunkte

Epochen der Romanik und Charakterisierungen

Als Beispiel betrachten wir San Apollinare in Classe (s. Wikipedia San Apolinare) nahe Ravenna in Abb. 1.1. Dort finden wir bereits die typischen Gestaltungselemente, die in vielen romanischen Kirchen auftauchen: eine 3-schiffige Basilikastruktur, Säulen, Rundbögen und eine Apsis, dies bei der Bauzeit ab 535 von nur 15 Jahren.

Abb. 1.1 San Apollinare: **a** Außen- und **b** Innensicht

Die *Vorromanik* - die Zeit bevor die Romanik offiziell beginnt - wird nach den herrschenden Adelsgeschlechtern unterschieden in merowingisch, karolingisch oder ottonisch. In dieser Zeit werden bereits romanische Elemente benutzt. Als Beispiel betrachten wir hier den karolingischen Zentralteil des Doms zu Aachen mit der Pfalz Karls des Großen von etwa 800. Wir sehen in Abb. 1.2.a ein Bild, das einen Teil der vermuteten Form der Anlage wiedergibt, insbesondere die Pfalzkapelle. Rechts sehen wir das Innere der Kapelle in ihrer heutigen Form.

Abb. 1.2.a Pfalzkapelle als Rekonstruktion, **b** Innenraum Dom heute

Die *Romanik* selbst wird in Früh-, Hoch- und Spätromanik *unterteilt*. Die Spannen der Epochen und auch die Zeiten der Epochen sind fließend. Wir geben im Folgenden eine kurze Beschreibung dieser Epochen.

Die *Zeit* der *Frühromanik datiert* von etwa 1000 bis etwa 1070. Die hauptsächliche Bauform der Frühromanik ist die Basilika, mit einem mittleren und höheren Hauptschiff und niedrigeren Seitenschiffen (vgl. Abb. 1.3, St. Michael in Hildesheim), später tauchen auch Querschiffe auf. Im Inneren finden sich Pfeiler oder Säulen. Der Innenraum wird in Joche unterteilt. Später finden sich oberhalb der Bögen und Säulen auch Emporen. Die Türme liegen anfangs nur auf der Westseite. Der Chor - meist im Osten - ist ausdifferenziert, mit einer Apsis oder mehreren Apsiden. Zusätzlich und meist im Osten unter dem Chor findet sich eine Krypta als eigener Raum. Friese verzieren Tore und Apsiden.

Die *Hochromanik* wird der Zeitspanne von 1070 bis etwa 1150 zugeordnet. Wir finden anstelle der horizontalen Holzdecken Tonnengewölbe und Kreuzgewölbe im Mittelschiff. Die größte Kirche (Längenausdehnung) war die Abteikirche zu Cluny (5-schiffige, tonnengewölbte Basilika mit 2 Querhäusern und einem Chor mit Umlauf und Kapellenkranz, Abb. 1.5.a), die nur noch zum kleinen Teil erhalten ist. Der größte romanische Kirchenbau derzeit (und vom Volumen her zu allen Zeiten) ist der zweite Dom zu Speyer (Fertigstellung 1106, im 19. Jahrhundert noch einmal erweitert) mit Kreuzgratgewölbe im Mittelschiff (s. Abb. 1.4). Unter dem Eindruck der Gewölbe wirken die Gebäude geschlossener und noch mächtiger. Bauschmuck aus Holz und Bronze spielt eine große Rolle. In der Hochromanik finden wir mehrere Türme incl. Vierungsturm, auch mehrere Chöre. Dieser Formenreichtum zeichnet Bischofskirchen in Deutschland aus, insbesondere im Rheinbecken.

Abb. 1.3 St. Michael frühromanisch (mit Kastendecke):**a** Innen- und **b** Außensicht

Abb. 1.4 Der Kaiserdom zu Speyer, hochromanisch, mit Gewölbe des Hauptschiffs: **a** Innen- und **b** Außensicht

Die Spätromanik umfasst die Zeit von 1150 bis zur Gotik. Letztere beginnt in Frankreich 1140 mit St. Denis, in England mit dem Chorneubau Canterbury von 1175 und im Hl. Römischen Reich ca. 1230 mit der Liebfrauenkirche in Trier (1227) und der Elisabethkirche in Marburg (1235). Dennoch wurde vielerorts weiter romanisch gebaut, siehe etwa Köln mit seinen berühmten romanischen Kirchen, die meist in einer Zeit entstanden oder maßgeblich ausgebaut wurden, zu der die Gotik bereits begonnen hatte.

Die Spätromanik erweitert und vertieft die *Vielseitigkeit von Baukörpern und Innenräumen*. Wir finden reich gegliederte Fensterrosen an Westfront, Friese über Toren und Apsiden, Figurenschmuck an Friesen sowie Kapitellen und vielfältige figürliche Innenausstattung, also eine Vielzahl von Formen im Detail. Zur Zeit der Spätromanik gibt es eine reiche Bautätigkeit an Rhein und Maas, Vierungstürme, in Frankreich und England bereits gotische Formen, auch in Deutschland Bauten mit Übergang zu gotischen Formen, z.B. Limburg und Bamberg, auf die wir später zurückkommen.

In *Hochromanik* und *Spätromanik* finden wir *Sonderformen*: englische Romanik (normannischer Stil) mit den Kathedralen Durham, Ely und Peterborough mit reichen Formen; in Italien Dome in der Poebene (Parma, Pavia, Modena), der Toscana (Pisa, Lucca), in Apulien (Bari, Bitonto, Trani), jeweils eigene Gruppen mit spezifischer Formensprache. Italien kennt keine Einwölbungen, sondern einen Holzdachstuhl und horizontale Decken. Dort gibt es auch eine Anbindung an antike Formen, z.B. durch die sog. Protorenaissance in Florenz (Baptisterium, San Miniato).

Höhepunkte

Drei *Highlights der Romanik* sollen noch einmal die Bedeutung der Romanik-Stilepoche unterstreichen, vgl. Abb. 1.5: In England entstehen riesige Kirchen im normannischen Stil im 11. Jahrhundert, die später meist gotisch umgebaut wurden und deshalb heute als gotische Kirchen gelten. Das Musterbeispiel Cluny aus dem Burgund weist einen unglaublichen Formenreichtum auf. Charakteristische Kirchen finden wir ferner im Rheinland (s. Abb. 1.4), in Italien, in Westfalen und in verschiedenen Teilen Frankreichs.

Abb. 1.5 a Klosterkirche Cluny, Rekonstruktion, **b** Kathedrale von Peterborough innen

1.3 Charakterisierung und Zusammenfassung

Charakterisierung der Romanik

Das *Hauptschiff* besitzt ein Tonnengewölbe oder eine Holzdecke. Größere Kirchen sind Basiliken, Die Wand des Hauptschiffs hat Säulen, Pfeiler oder Pfeiler mit Halbsäulen, Arkaden mit runden Bögen und darüber liegende Rundbogenfenster. Im Osten finden sich differenzierte *Choranlagen* mit einer Apsis oder mehreren Apsiden.

Die Romanik ist durch eine *Vielzahl* von Formen und *Strukturen* der Kirchen geprägt. Typische Vertreter, die die Entwicklung auch andernorts geprägt haben, sind Klosterkirchen, Bischofskirchen und Kaiserdome. Die Vielfalt wird aufgespannt durch Longitudinalbauten und Zentralbauten, von „monolithischen" bis zu vielgliedrigen Kirchen, von turmlosen bis hin zu viertürmigen.

Diese Vielfalt lässt sich mithilfe der folgenden *Charakterisierung* ausdrücken: Als *typische Form* erkennen wir den Longitudinalbau, meist als Basilika, mit Apsiden, evtl. Querschiff und der Fassade meist im Westen. Der Chor liegt im Osten und besitzt meist eine Krypta. Türme finden sich oft im Westen und später auch im Osten. Weniger verbreitet sind Zentralbauten.

Klosterbauten sind eher anzutreffen und bekannt als große Kirchen, die Ausnahme sind die Kaiserdome im Rheinland. Dies mag auch daran liegen, dass die romanischen Kirchenbauten oft später ersetzt oder gotisch umgebaut wurden, wie z.B. in England.

Die Burgen Gottes

Die *Statik* romanischer Kirchen beruht auf dicken Wänden. Deren Festigkeit wurde durch die kleinen Rundfenster nicht geschmälert. Kastendecken oder Tonnengewölbe liegen direkt auf diesen Wänden auf und werden durch die dicken Wände getragen.

Die Harmonie und der *Charakter* der Romanik sind bestimmt durch Festigkeit, Klarheit, und Schlichtheit. Wir finden dennoch einen großen Formenreichtum. Für die Gläubigen sind sie die Burgen Gottes.

Enge Verbindungen zur Gotik

Viele romanische Kirchen wurden (a) später abgerissen und durch neue, *gotische ersetzt*. Sie sind für den Betrachter verloren. Allenfalls kunsthistorisch Interessierte wissen davon. Für die alten Kirchen finden sich selten präzise Daten. Oft weisen nur noch die Fundamente auf einen romanischen Vorläufer hin.

Eine andere Art (b) des Übergangs findet sich in York, Köln, Freiburg und auch andernorts. Die *romanische Kirche* wird *stückweise zu einer gotischen umgebaut*. Abb. 1.6 gibt den Bau des Kölner Doms aus dem Jahre 1530 wieder, zu dem der hochgotische Chor und die Seitenschiffe des Langhauses sowie ein Teil des Südturms bereits fertiggestellt sind und einen großen Teil des alten Doms ersetzt haben. Die romanischen Teile sind im Bild nicht zu erkennen. Auf das weitere Beispiel der Kathedrale von York mit stückweiser Ersetzung kommen wir später zurück. Es gibt viele weitere Beispiele, wenn auch nicht so prominent.

Schließlich finden wir auch (c) den *gleitenden Umbau* oder *Weiterbau*: Eine romanische Kirche wird im gotischen Stil weitergebaut oder beim Abriss bleiben romanische Teile zurück, die in den gotischen Neubau einbezogen werden. Beispiele für diese Art des Übergangs finden sich zuhauf. Es gibt fast keine frühgotische Kirche, bei der diese Form des Weiterbaus nicht zu finden ist. Insbesondere deshalb ist die Abgrenzung von Spätromanik und Frühgotik manchmal schwierig.

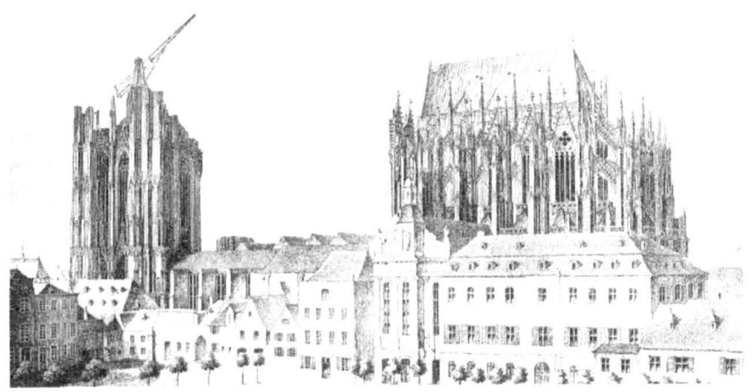

Abb. 1.6 Der romanische Dom zu Köln wird stückweise zu einer gotischen Kirche umgebaut, Stand 1530 bis 1824 nach M. Hasek, s. auch [A.Wo 09]

Allgemein gilt (d): Aus der *Romanik ist die Gotik hervorgegangen*. (i) Dabei gibt es kein scharfes Geburtsdatum des neuen Baustils Gotik, der Übergang ist eher gleitend. (ii) Die wesentlichen Strukturelemente der Gotik finden sich in einfacherer Form bereits vorab in der Romanik. (iii) Umgekehrt gibt es romanische Kirchen, die gotische Strukturelemente aufweisen. Meist sind diese in einer Zeit entstanden, als andernorts bereits gotisch gebaut wurde. Belassen wir es bei diesen skizzenhaften Bemerkungen.

Sagen und Legenden

Sagen sind nicht auf die *Romanik* begrenzt, dort aber fast stereotyp vorhanden. Wir finden sie auch später in der *Gotik* wieder. Vielleicht treten sie in der Romanik noch häufiger auf als in der Gotik, da man sich die Mächtigkeit von Gebäuden - aufgrund der geringeren Erfahrung und des kleineren Stands der Technik - noch weniger erklären konnte als zur Zeit der Gotik. Wir wiederholen diesen Abschnitt nicht noch einmal in den folgenden Kapiteln über Gotik. Er gilt aber gleichermaßen auch dort.

Dabei finden wir ein typisches *Muster der Sage*: Wie konnte jemand eine so gewaltige und komplexe Kirche erstellen? Für die naiven Betrachter war dies unerklärlich, da musste der Teufel seine Hand im Spiel haben. Ein Pakt des Baumeisters/ der Erbauer mit dem Teufel lieferte die Erklärung. Der Teufel lieferte Plan und oder Geld für den Bau. Es gab eine Abmachung: Erfolg des Baus gegen den Verkauf einer Seele. Durch Schläue mit Anwendung eines Tricks wurde die Seele dennoch gerettet.

Als erstes *Beispiel* führen wir die *karolingische Pfalzkapelle* in Aachen auf. Nach erfolgreicher Fertigstellung der Pfalzkapelle - des damals mächtigsten und prächtigsten Baus nördlich der Alpen - sollte die Seele des ersten Besuchers dem Teufel gehören. Der Bau war durch Geldmangel so verzögert, dass nur des Teufels Geld seine Fertigstellung retten konnte. Den Trick fanden die „lous Knönche" (schlauen Kanoniker).

Anstelle eines Menschen trieb man einen Wolf in die Kirche, um die Seele des ersten menschlichen Besuchers zu retten. Der Teufel war darüber so erbost, dass er in größter Rage die Kirche verlies und dabei seinen Daumen in der schweren Bronzetüre abriss oder einquetschte, was man noch heute noch durch eine Delle „feststellen" kann.

Das zweite *Beispiel* liefert der *Dom zu Bamberg*. Der Baumeister setzte den Plan des Teufels um und stellte damit ein meisterliches Gebäude fertig. Er folgte dem Plan, bis auf eine unwesentliche Ausnahme: Der Schlussstein im Gewölbe der Apsis des Westchores wurde abweichend leicht versetzt. So konnte gegenüber dem Teufel argumentiert werden, dass der Bauplan eben nicht der des Teufels war und dieser ging damit leer aus.

Zusammenfassung

Die Romanik ist der *erste europäische Baustil* und datiert vom Jahre 1000 bis ins 13. Jahrhundert, Er wird in Früh-, Hoch- und Spätromanik eingeteilt. Auch in der Vorromanik entstanden prächtige Bauten, in Italien als auch nördlich, z.B. die Kaiserpfalz Karls des Großen in Aachen.

Der *klassische Bau* für große Kirchen ist der Langbau in Form einer *Basilika*. Sein Haupthaus hat Arkaden mit Säulen/ Pfeilern und darüber liegenden Rundbogenfenstern, eine Kastendecke oder ein Tonnengewölbe. Der Chor liegt im Osten mit einer Apsis (mehreren Apsiden), im Westen der Eingang mit Türmen. Später und insbesondere bei den Kaiserdomen finden sich auch Türme im Osten und eine Apsis im Westen.

Höhepunkte finden sich in ganz Europa: viele Kirchen in Italien, die Klosterbauten in Frankreich, die Kaiserdome im heutigen Deutschland und die normannischen Kirchen in England. Aufgrund ihrer Eleganz und Festigkeit gelten sie für die Gläubigen als Burgen Gottes.

Romanische Kirchen wurde in der Gotik oft abgerissen und neu gebaut, manchmal stückweise. Es wurde auch gotisch weitergebaut. Viele *Kirchen*, insbesondere der Frühgotik, besitzen noch *romanische Teile*.

Wir beginnen die *Erläuterung der Gotik* mit dem Beispiel der Kathedrale von Reims, die uns in diesem Buch noch mehrfach begegnen wird. Anhand dieses Beispiels werden die Hauptbestandteile und auch die Strukturen einer gotischen Kirche skizziert, die wir später vertiefen werden. Aus den veränderten Strukturen und der veränderten Bauweise der Gotik ergibt sich eine bemerkenswerte Stabilität. Die Übergänge von Romanik zu Gotik werden durch zwei Beispiele erörtert.

2.1 Beispiel: Die Kathedrale von Reims

Die Kathedrale

Wir geben die erste Erläuterung dieses Baustils am *Beispiel der gotischen Kathedrale von Reims* (1211 bis zur ersten Fertigstellung 1311)[1]. Sie ist die Krönungskirche fast aller französischen Könige von 1027 bis 1824[2], zuerst im romanischen Vorgängerbau und später in der gotischen Kathedrale. Die Kirche hat damit auch eine große *nationale Bedeutung* für die Franzosen. Diese herausragende Rolle verdankt Reims der Legende, dass gegen Ende des 5. Jahrhunderts der hl. Remigius als Bischof von Reims den Frankenkönig Chlodwig getauft und mit einem heiligen Öl gesalbt hat [A.Wi Re].

Es gibt einen weiteren Grund für die Wahl dieses Beispiels: Sie ist das *Musterbeispiel der Hochgotik*, also der Gotik zu einer Zeit, als diese bereits etabliert war. Die gewählte Kirche repräsentiert dabei die klassische, gotische, französische Kathedrale. Sie ist auch innovativ in dem Sinne, dass in ihr Bauelemente das erste Mal auftauchen, z.B. das erste Maßwerk in einem Rosettenfenster, das erste Maßwerk überhaupt (1215/20) oder die überaus reichhaltig gestaltete Westfassade.

Die Gotik ist ein *revolutionärer Stil*, der seinen Ursprung im 12. Jahrhundert hat und in verschiedenen und sich fortentwickelnden Richtungen für Jahrhunderte den dominanten Baustil in Europa darstellt. Die Gotik bringt prächtige und aufwändige Bauten hervor, die wir auch heute noch staunend bewundern, wegen ihrer Größe, ihrer vielfältigen und unterschiedlichen Strukturen und Formen sowie ihrer Harmonie. Die Stilrichtung breitet sich aus und differenziert sich dabei auch in verschiedene Untergruppierungen, je nach Land, großer Region, politischer Einheit oder der Institution, der die Erbauer angehören. Aus einer neuen Idee - abgeleitet aus der Theologie - ergeben sich neue Formen und Bauweisen. Idee, Bauformen, Funktion und detaillierte Ausgestaltung gehen eine enge Verbindung ein: Es entstehen überaus *harmonische Gesamtgebilde*. Dies alles erläutern wir in den nun folgenden Kapiteln des Teils I des Buches.

---

[1] Weitere Erweiterungen bis zum Anfang des 15. Jahrhunderts, s. [A.Wi Re19].
[2] Bis auf 3 Ausnahmen, s. Wikipedia ‚Liste der Krönungen französischer Monarchen‘.

11

© Springer-Verlag GmbH Deutschland, ein Teil von Springer Nature 2019
M. Nagl, *Gotik und Informatik*, Die blaue Stunde der Informatik,
https://doi.org/10.1007/978-3-662-55518-7_2

Zurück zur Kathedrale von Reims, vgl. Abb. 2.1. Woran erkennen wir hier das *Neue und Revolutionäre*? Zunächst an der *Höhe*: Das Hauptschiff weist innen eine Höhe von 38 m auf. Das ist eine merkliche Steigerung gegenüber der vorgotischen Zeit. Die *Fenster* zusammen ergeben eine enorm *große Fläche*. Alle Bögen der Gewölbe, der Fenster, der Arkaden werden in Form von *Diensten* vergröbernd nach unten geführt, bis auf die Basis der Arkadensäulen. Die großen Fenster erlauben das Eintreten von viel Licht. Durch die Glasmalerei in den Fenstern und Rosetten entstehen faszinierende farbige Eindrücke. Ein raffiniertes *Strebewerk* sichert die Statik.

Die Harmonie der Kathedrale von Reims rührt auch her von deren Uniformität: Die Maßwerke in Langhaus, Querhaus, Chor und Westfassade sind überall von der gleichen Struktur, die Fenster im Langhaus/ Querhaus/ Chor sind nahezu gleich hoch, die Strebewerke von Langhaus und Chor gleichen einander, Haupthaus-, Querhaus- und Chorjoche sind ähnlich, wie auch die Chorsegmente. Insgesamt ergibt sich dadurch ein harmonischer Gesamteindruck.

Es ist nicht im Einzelnen zu erkennen, woher im Zusammenspiel der Bauteile und -formen die Harmonie kommt und was Form oder was Funktion ist: Ist das Strebewerk filigrane Ästhetik oder funktionale Notwendigkeit für die Statik? Ist die zugrundeliegende Idee der Gotik die Grundlage für die Bauformen oder erwächst die Idee als Eindruck aus der harmonischen Realisierung? Wir gehen auch darauf später genauer ein. Vorstellungen aus der Theologie und Philosophie führen zum Wunsch nach Höhe und Licht, bestimmte Bauelemente erlauben Höhe und durchbrochene Wände, die durch große Fenster und Rosetten geöffnet werden.

Abb. 2.1 Die Kathedrale von Reims: **a** Grundriss, **b** Hauptschiff innen, **c** Westfassade

Hauptbestandteile

Betrachten wir zuerst den *Grundriss* (vgl. Abb. 2.1.a). Das 3-schiffige Langhaus (LH) hat acht Joche, ein weiteres betrifft die Westfassade (WW für Westwerk) mit den Türmen. Das Mittelschiff (MS) des Langhauses ist doppelt so breit wie die Seitenschiffe

(SeS). Das Querhaus (QH) ist 3-schiffig und länger als das Langhaus breit ist. Der Schnitt von Querhaus und verlängertem Langhaus wird Vierung (V) genannt. Der Chor (Ch) beginnt mit zwei Jochen und 5-schiffig. Danach kommt die Rundung. Der innenliegende Teil des Chores ist der Hauptteil, darin steht der Altar. Um ihn herum liegt der erste Umlauf (auch Umgang genannt, U1). Der zweite Umlauf (U2) endet nach zwei Jochen und wird fortgesetzt durch einen Kranz von Kapellen. Die mittlere Kapelle - sie heißt meist Marienkapelle (MK) - ist etwas größer ausgestaltet.

Etwas abstrahiert und mit Abstand betrachtet formt der Grundriss ein *Kreuz*, hier mit abgerundetem Kopfteil. Der *Chor* liegt stets im Osten, die *Fassade* - hier gebildet aus den Türmen über den Seitenschiffen des Langhauses und den Portalzonen - liegt im Westen. Dieser Teil wird auch *Westwerk* genannt, s. Abb. 2.1.c. In den meisten Fällen verlief der Bau einer Kathedrale von Osten nach Westen. Die Kirche konnte somit mit dem vollendeten Chor bereits in einer verkleinerten Form genutzt werden.

Diese Grundrissstruktur einer 3-schiffigen Basilika mit Querhaus und Chor mit Umläufen und Kapellenkranz begann mit Chartres (Beginn 1194), Reims (1211) und Amiens (1220). Die Kathedrale von Reims ist in ihrer *Struktur das Musterbeispiel einer französischen Kathedrale*. Vorläufer sind die Abteikirche von St. Denis (Beginn der Gotik), die Kathedrale Notre Dame de Paris (Grundmuster) und Chartres (ähnlicher Bauplan). Das Muster wurde auch andernorts, in Frankreich sowie außerhalb, angewandt, z.B. beim Dom zu Köln, dort aber 5-schiffig.

Die *Türme* sind später entstanden und blieben mit ihren *flachen Spitzen* unvollendet. Diese „nicht fertiggestellten" Türme sind ein Teil der französischen Kathedrale.

2.2 Strukturen der Gotik

Elemente gotischer Baukunst

Nach der ersten Vorstellung einer großen gotischen Kirche führen wir, in einem nächsten Schritt in Richtung Systematisierung, weitere *wichtige Begriffe* ein. Dies geschieht in diesem Kapitel ausschließlich *anhand des Beispiels Reims*. Der Weg zur systematischen Beschreibung wird später in weiteren Stufen und anhand vieler weiterer Beispiele fortgesetzt. Ein Glossar am Ende des Buches, fasst diese Begriffe zusammen.

Die Kathedrale von Reims ist, wie die meisten der hier vorgestellten Kirchen, eine *Basilika*. Basiliken enthalten ein Langhaus mit hohem Hauptschiff und niedrigen Seitenschiffen. Auch das Querhaus und der Chor, falls mehrschiffig, sind so gestaltet.

Besitzt die Kirche ein Querhaus, was meist der Fall ist, so wird ein größerer Bereich mit einem Gewölbe versehen, *Vierung* genannt. Dieses *Gewölbe* stützt sich auf dickere Säulen, in deren direkter Nachbarschaft sich wiederum nur Säulen und keine Wände befinden, s. Grundriss. Über der Vierung kann sich ein Turm befinden, *Vierungsturm* genannt. Ist er niedrig, so heißt er *Reiter*. In Reims ist es nur ein Stummel.

Betrachten wir das Innere der Kirche und blicken wir in das Hauptschiff, s. Abb. 2.1.b. Wie erkennen einen *3-stufigen Aufbau* in der Hauptwand: Unten befinden sich die *Arkaden*, bestehend aus Säulen, jeweils mit Basis und Kapitell, nach oben versehen mit einem Spitzbogen. In der zweiten Zone befindet sich das *Triforium*, mit kleinen

Arkaden zum Kircheninneren hin; dieses ist meist ein Laufgang. Darüber liegen große Fenster, *Obergaden* genannt. Sie lassen viel Licht ins Kircheninnere.

Ein *Kreuzrippengewölbe* schließt das Hauptschiff nach oben ab. Seine Rippen sowie auch die Rippen der Obergaden werden in Form von Halbsäulen nach unten geführt, die *Dienste* genannt werden. Diese Struktur der Rippen und Dienste lässt die Kirche noch höher erscheinen. Wir sehen im Falle von Reims, dass dabei in zwei Stufen verschiedene Dienste zu einem dickeren Dienst zusammengefasst werden.

Richten wir nun den Blick nach außen, s. Abb. 2.2.c: Wir erkennen ein recht aufwändiges *Strebewerk* des Hautschiffes, dessen Funktion wir gleich erklären werden. Von der Hautschiff-Außenwand überspannen zwei übereinanderliegende *Strebebögen* die breite Distanz bis zu den *Strebepfeilern*, die sich nach oben hin in verschiedenen Schritten verjüngen. Wir erkennen in der Abbildung auch die Obergaden von außen sowie auch die Fenster des Seitenschiffes (manchmal Untergaden genannt).

Abb. 2.2.a Reimser Maßwerk für Fenster, **b** Rosetten im Westwerk von innen, **c** Strebewerk Langhaus

Jedes Fenster ist mit einer aus Stein gebildeten, aufwändigen *Feinstruktur* ausgestaltet, innen wie außen, *Maßwerk* genannt, die wir in Abb. 2.2.a für ein Fenster von außen erkennen. Noch aufwändiger sind die Maßwerke von Rosetten, in Abb. 2.2.b. Wir sehen die Maßwerke der beiden übereinanderliegenden großen Rosetten des Westwerks von Innen. Als weitere Elemente der Feinstruktur sehen wir im gleichen Bild die *Galerie* im Westportal mit *Arkadengang*. In Abb. 2.2.c stellen wir fest, dass die Strebepfeiler nach oben hin durch kleine Türme abgeschlossen werden, die *Fialen* genannt werden. Deren Außenkanten sind mit sogenannten *Krabben* verziert. In Abb.2.1.c erkennen wir weitere Feinstrukturen im Westwerk, wie die Königsgalerie in der dritten Etage oder die reich strukturierten Portale, mit dreieckigen Dächern (Wimperge), in der

Tiefe gestaffelten und figürlich gestalteten Bögen (*Archivolten*) und gestaffelten Flanken der Portale (*Gewände*) mit Figuren.

Eine Besonderheit sei noch erwähnt: Das Querhaus von Reims hat kein Strebewerk. Das gilt auch für viele andere früh- bis hochgotische Kirchen. Zur Absicherung gibt es stattdessen *je zwei kleine Türme* an der Nord- und auch Südfassade des Querhauses. Diese Technik finden wir bereits in spätromanischen Bauten, wie Laon oder Limburg.

2.3 Statik neu erfunden

Ein Netzwerk verbundener Säulen

Gotische Kirchen zeichnen sich durch eine *große Innenhöhe* (Höhe des Gewölbes des Hauptschiffs) aus, und dann entsprechender großer Außenhöhe. Insbesondere das Verhältnis aus Höhe zu Breite ist deutlich größer als in der Romanik.

Wie wurde dies erzielt? Erinnern wir uns (vgl. Kap. 1), worauf die *Festigkeit romanischer Kirchen* beruht. Dicke Hauptschiffwände mit kleinen Rundbogenfenstern tragen die Kastendecken oder die Tonnengewölbe des Hauptschiffs sowie den Dachstuhl. Sie werden durch dicke Pfeiler oder Säulen getragen. Die Festigkeit beruht also auf *dicken Wänden und Pfeilern*.

In der Gotik gilt hingegen ein völlig verändertes Prinzip. Die folgende Abb. 2.3 dient der Erläuterung dieses Prinzips. Wir sehen in der Mitte oben den Schnitt quer durch das Langhaus der Kathedrale von Reims. Darunter ist ein Joch als Teil des Grundrisses abgebildet. Dicke Mauern finden wir im Außenbereich bei den Stützpfeilern des Strebewerks. Die Hauptwand des Mittelschiffs ruht auch hier auf den Säulen der Arkaden. Durch das hohe Schiff entsteht ein starker Druck nach unten und Schub nach außen, der mittels der Kreuzrippengewölbe auf die Säulen der Arkaden, aber insbesondere durch die Strebebögen auf die Strebepfeiler abgeleitet wird. Die Stabilität beruht hier somit auf den über Bögen verbundenen Säulen und Pfeilern, also einem *Netzwerk aus Bögen zwischen Pfeilern und Säulen*.

Die *Stabilität* beruht somit *nicht auf den Wänden*, den Hauptschiffwänden und den Seitenschiffwänden. Diese können dadurch durch große Fenster (Obergaden, Untergaden) und Rosetten aufgebrochen werden. Wir sehen dies in Abb. 2.3 rechts für die Hauptwand des Mittelschiffs innen und links für die Hauptwand außen und die Wand des Seitenschiffes außen. Die Wände bestehen zu einem *großen Teil aus Öffnungen*. Nur durch dieses neue Strukturprinzip[3] der Gotik sind hohe Kirchen möglich, insbesondere ein großes Höhen-/Breitenverhältnis.

Dieses neue Prinzip ist der Kernpunkt gotischer Kirchenkonstruktionen. Es erzwingt eine *abgestimmte Struktur innen* (Rippengewölbe ruhend auf Säulen) *und außen* (stützendes Strebewerk). Ferner ist der *Gesamteindruck* der Konstruktion höher, leichter und durch die großen Öffnungen auch heller.

---

[3] Es gibt Vorformen dieses Prinzips, die wir später erörtern, insbesondere in der Zeit der Frühgotik, nämlich durch Türme oder Emporen.

Gotische Kathedralen sind sehr stabil

Wir betrachten nun die *Stabilität* gotischer Kirchen genauer. Wir diskutieren hierzu *drei Stufen* dieser Stabilität.

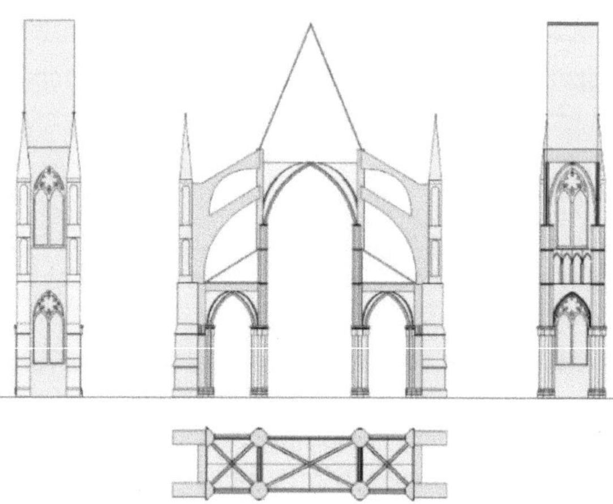

A Die erste Stufe ist die, die wir üblicherweise als *Statik* bezeichnen. Bleibt die Kirche überhaupt stehen oder stürzt sie ein. Wir haben gesehen, die Statik wird nicht nur von innen oder von außen garantiert, sondern durch ein Zusammenwirken von beiden. Solange nicht gewisse Regeln verletzt werden, sind die Kirchen standfest. Das Besondere der Zeit der Gotik ist, dass diese Regeln nicht auf tiefem Verständnis und klarer Erkenntnis beruhten, sondern nur auf gemachten Erfahrungen.

Abb. 2.3 Die Stabilität gotischer Kirchen beruht auf einem Netzwerk aus Säulen, innen und außen

B Bleiben die Kirchen auch stehen, wenn widrige äußere Verhältnisse bestehe, wie große *Stürme* und entsprechend hoher Seitendruck auf das Gebäude oder *Erschütterungen*, z. B. durch ein Erdbeben. Auch bei diesen Verhältnissen ist das Prinzip der verbundenen Säulen klar im Vorteil gegenüber massiven Wänden. Es erlaubt eine gewisse *innere Bewegung*, die den Einsturz verhindert. Dieses Prinzip wird bei modernen Gebäuden heutzutage gezielt genutzt, dort allerdings gepaart mit Ausgleichsmaßnahmen.

C Stürzt ein Gebäude großflächig ein oder stürzt es nur lokal ein und der Rest bleibt stabil? Hat das Gebäude also *Statikreserven*? Hierfür gibt es bei gotischen Kirchen eine Vielzahl von Beispielen: (i) Die Kathedrale von Reims wurde im ersten Weltkrieg von der deutschen Wehrmacht mit vielen Granaten beschossen. Trotz der großen Zerstörungen und Erschütterungen und der sich aus den Beschüssen ergebenden großen Feuer blieb die Kathedrale in großen Teilen stabil. (ii) Das Gleiche traf auf die Kathedrale von Rouen zu, die durch - heute als „friendly fire" bezeichnete - Bombardierungen der Alliierten versehentlich beschädigt wurde. Noch eindrucksvoller sind die Bilder der Münster von Freiburg und Ulm oder des Doms zu Köln, auf denen die beschädigten Kirchen zu sehen sind, aber insbesondere auch die völlig zerstörten Häuser in der Umgebung. Der Betrachter hat das Gefühl, ein Wunder zu sehen[4].

---

[4] Die Beispiele sollen nicht als Verharmlosung missverstanden werden. Es geht hier nur um Statik. Es gibt auch Gegenbeispiele, wie die im 2. Weltkrieg von der Deutschen Luftwaffe zerstörte Kathedrale von Coventry.

2.4 Architekturen des Übergangs, Zusammenfassung

Abb. 2.4 Romanischer Dom mit gotischen Westtürmen und Westchor, beide frühgotisch

Von der Romanik zur Gotik

Wir betrachten nun den Übergang von Romanik zu Gotik etwas genauer. Wir beschränken uns auf zwei Beispiele mit ungefähr gleicher Bauzeit. Beides sind Kirchen des Übergangs, also gebaut in der Zeit „zwischen" Romanik und Gotik. In beiden Kirchen ergibt sich eine Beziehung zur Kathedrale von Laon.

Das *erste Beispiel* ist der Dom zu Bamberg[5], der 3. Dom (Eckbert-Dom), errichtet in der Bauzeit 1190/1200 bis 1237 nach zwei Großfeuern der Vorgängerbauten.

Im Inneren ist der Dom ein *weitgehend spätromanisches* Gebäude. Lediglich das Gewölbe ist ein Kreuzrippengewölbe und der Westchor ist frühgotisch. Auch von außen ist er romanisch: Langhaus, Querhaus und vier Türme, s. Abb. 2.4.

Die Osttürme sind romanisch, während die *Westtürme* den *Übergang zur Gotik* kennzeichnen. Sie folgen dem Vorbild der Türme der Kathedrale von Laon, s. wieder Abb. 2.4. Die Ähnlichkeit mit Laon ergab sich aufgrund verwandtschaftlichen Beziehungen zu Frankreich. Die Schwester des Bischofs Eckbert war mit dem französischen König Philipp II verheiratet. Dadurch waren wohl französische Baumeister beteiligt oder Baumeister, die in Frankreich Erfahrungen gesammelt hatten.

Es handelt sich um eine *spätromanische Kirche* mit *frühgotischen Elementen*. Neben den Westtürmen weist auch der frühgotische Westchor auf die neue Stilphase hin. Die viel später aufgesetzten barocken Turmhauben geben dem Dom eine erstaunliche Leichtigkeit. Der Übergang von der Romanik zur Frühgotik ist harmonisch gelungen.

Das *zweite Beispiel* ist der *Dom zu Limburg* [A.Wi Lim], mit einer Bauzeit von 1180/1190 bis 1235. Es handelt sich um ein Hauptschiff mit Emporen (Etage oberhalb der Arkaden, diese gibt der Hauptwand Stabilität), Triforium und Obergadenfenster, also einem frühgotischen Aufbau, s. Abb. 2.5, was wir noch genauer kennenlernen werden. Der Dom hat 4 Türme am Querhaus, wie in der Kirche des Übergangs Laon (dort nicht alle zu Ende geführt). Insgesamt weist die Kirche 7 Türme auf. Man spricht von einer *harmonischen Vereinigung französischer Frühgotik mit rheinischer Spätromanik*. Der Bau ist spätromanisch und teilweise frühgotisch.

---

[5] s. [A.Wi Ba] Wikipedia ‚Bamberger Dom'. Die Bamberger Dome in chronologischer Reihenfolge: (a) Der erste Dom, Heinrichsdom nach Kaiser Heinrich II, wurde 1004 begonnen und 1012 geweiht. Er brannte 1081und 1085 ab und wurde (b) unter Bischof Rupert sowie Otto provisorisch bis 1087 wieder aufgebaut. Der jetzige Dom, nach Bischof Eckbert auch Eckbertdom genannt, wurde von 1190/1200 bis 1237 neu gebaut.

Abb. 2.5 Limburger Dom: reiche Innengestaltung, romanisch mit gotischen Strukturen, Spätromanik und Frühgotik sind ein Gesamtkunst-

Es gibt viele gotische Kirchen, die *Zeichen dieses Übergangs* haben: romanisch und später gotisch weitergebaut, romanische Teile später ersetzt, auf Fundamenten oder weiter bestehenden Teilen einer romanischen Kirche errichtet, romanisch aber mit gotischen Elementen. Fast jede gotische Kirche hat Anteile einer oder mehrerer dieser Kategorien. Wir kommen auf diese gleich zurück.

Übergange im Bauwerk oder von Bauwerk zu Bauwerk

In obigen Beispielen wurde die Kirche romanisch angefangen und *gotisch fortgesetzt* (Bamberg) oder beide *Baustile wurde vereint* (Limburg). Ein weiteres Beispiel dieser Art ist St. Remis in Reims. Viele weitere Beispiele finden sich in England (s. Kap. 8), wo etliche gotische Kirchen große romanische Anteile haben. Dies alles sind *Übergänge im Bauwerk*.

Eine weitere und andere Art des *Übergangs von Bauwerk zu Bauwerk* besteht darin, dass eine romanische Kirche abgebrochen und neu gebaut oder stückweise zu einer gotischen umgebaut wird (York, Köln). Wir kommen auch darauf zurück.

Insgesamt betrachtet sind *viele gotische Kirchen* solche des *Übergangs von Romanik* (Anfang) bis *zur Gotik* (heutige Erscheinungsform). Sie sind eine Mischform aus Romanik und Gotik, sie wurden romanisch angefangen, und gotisch fortgesetzt, weitere gotische Elemente kamen später zu einer romanischen Kirche. Sie zählen heute als gotische Kirchen. Ein berühmtes Beispiel hierfür ist Notre Dame de Paris mit sechs Umgestaltungsformen.

Zusammenfassung

Zum ersten Mal in diesem Buch über Gotik treffen wir auf die *Grundbegriffe* zu gotischen Bauteilen (wie Langhaus, Chor) als auch der Struktur einer Kirche (Wandaufbau, Kreuzrippengewölbe) am Beispiel der Kathedrale von Reims. Dies ist hier lediglich ein exemplarischer Einstieg, der später in verschiedenen Stufen vertieft wird.

Die *Statik* für die Kirche wurde *revolutioniert*. Nicht dicke Wände wie bei romanischen Kirchen, sondern Säulen/ Pfeiler durch Bögen verbunden, ergeben eine äußerst stabile Konstruktion, insbesondere bei großen und veränderlichen Belastungen, wie Sturm oder Einschläge von Granaten oder Bomben.

Der Übergang von der Romanik zur Gotik wird durch zwei Beispiele erörtert, den Dom zu Bamberg und Limburg, die beide einen Bezug zur Kathedrale von Laon aufweisen.

Das Kapitel besteht aus Thesen, die alle widerlegt werden. Diese betreffen zum einen Namen, die mit der Gotik verbunden sind und zum anderen die Vorstellungen über den Stand der Bautechnik.

3.1 Zum Namen Gotik

Die Gotik ist deutsch und grob

Der *Name „Gotik"* wurde durch Georgio Vasari geprägt, einem italienischen Kunsthistoriker[1] aus der Renaissance, dem Baustil, der der Gotik nachfolgte. Er bezeichnete den gotischen Stil abschätzig als „gotico" (barbarisch, abgeleitet von Goten) und gab ihm dadurch seinen Namen. Das Gebiet des heutigen Italien hatte damals bereits einige Erfahrungen mit den Einfällen aus dem Norden und nahm es mit der Unterscheidung der Barbaren nicht so genau. Die andere Bezeichnung für den gotischen Baustil, „maniera tedesca" (deutscher Stil), soll ebenfalls von Vasari stammen.

Der *Name „maniera tedesca"* ist *falsch*: Die Gotik stammt aus Frankreich und nicht aus Deutschland, wie wir bereits wissen. In Deutschland kam sie erst etwa 50-100 Jahre später an. Das Missverständnis, dass die Gotik ein deutscher Baustil sei, hielt sich bis ins 18. Jahrhundert. Selbst Goethe bezeichnete die Gotik - in seiner Bewunderung für das Straßburger Münster (Bauzeit 1245-1439) - als einen deutschen Baustil [A.Goe 72]. Straßburg [A.Wi St] lag damals zwar im Hl. Römischen Reich, doch gab es andere gotische Kirchen in Frankreich, wie etwa Notre Dame in Paris [A.Wi ND] (Bauzeit ohne spätere Modernisierungen 1163 bis 1245), die deutlich früher gebaut wurden. Diese haben den Bau des Straßburger Münsters auch stark beeinflusst.

Der *Name Gotik* im Sinne von Vasari - grob und unzivilisiert - ist ebenfalls *falsch*, wie wir bereits wissen. Die Gotik ist keineswegs barbarisch. Sie gilt hingegen als der Baustil mit einer großen Raffinesse und der größten Einheitlichkeit bzgl. unterschiedlicher Facetten, wie bereits im letzten Kapitel dargelegt wurde und noch weiter vertieft wird. Die Semantik des Wortes „Gotik" für den Baustil hat sich später gedreht, von Verächtlichmachung zu großer Anerkennung. Das gilt auch noch heute.

Derzeit kehren wir wieder zurück zur *Semantik* des *Begriffs „Gotik"*, wie sie Vasari gebraucht hat: „Gothic" im Englischen steht - noch mehr als „gotisch" im Deutschen - für grob, punkig, abgedreht und grenzwertig. Das gilt aber nicht für den Baustil.

Die Gotik ist völlig neu

Die wichtigsten *Strukturelemente* der Gotik sind, wie bereits ausgeführt, der Spitzbogen, das Kreuzrippengewölbe, das Strebewerk, der mehrgliedrige Wandaufbau und die

---

[1] Nach Wikipedia ‚Georgio Vasari': Vasari war auch Architekt, Hofmaler und Biograph italienischer Künstler. Er war hochgeachtet und ein Protagonist der Renaissance. Der Name Renaissance geht ebenfalls auf ihn zurück.

© Springer-Verlag GmbH Deutschland, ein Teil von Springer Nature 2019
M. Nagl, *Gotik und Informatik*, Die blaue Stunde der Informatik,
https://doi.org/10.1007/978-3-662-55518-7_3

Auflösung der Hauptschiffs- und Seitenschiffswände durch hohe Arkaden, große Fenster und - bei den Hauptschiffwänden - durch Triforium oder Emporen. Ebenso werden die abschließenden Wände von Haupt- und Querhaus (West-, Nord- und Südfassade) durch große Fenster und/ oder Rosetten durchbrochen.

Wir zeigen im Folgenden punktuell, dass nahezu alle diese Strukturelemente der Gotik bereits vorher bereits aufgetaucht sind. Der Spitzbogen ist in Arabien bereits im 7. Jahrhundert bekannt, in Burgund taucht er in der Zeit der Romanik auf. Ebenso gab es das Kreuzrippengewölbe bereits in der Romanik, allerdings mit runden Rippen. Auch den 3-stufigen Hauptwandaufbau finden wir bereits in der Romanik. Schließlich hatten wir den Westfassadenaufbau von Laon als prägend für die Gotik bezeichnet. Auch Strebewerke finden sich bereits in einfacher Form in der Romanik.

Die *Gesamtkomposition* im Sinne einer Vereinheitlichung, Verfeinerung, Blüte, des Schaffens von Mustern, einer internationalen Bewegung, eines Wettstreits zwischen Regionen, entstand jedoch erst in der Gotik. Der Gesamteindruck einer großen gotischen Kirche ist also *neu* und unterscheidet sich deutlich, s. Abb. 1.3, 1.4 und 2.1.

Von der romanischen Kirche als Burg Gottes mit soliden Mauern und festen Türmen kommen wir bei der gotischen Kirche zum lichten und hohen Tempel Gottes als Netzwerk von Säulen, in dem Mauern statisch unwichtig werden und deshalb durch Fenster und Rosetten aufgelöst werden können. Die veränderte *theologische Aussage* kann aus dem *veränderten Baustil* abgelesen werden.

Oben hatten wir Beispiele kennengelernt, in denen Strukturelemente der Gotik bereits in romanischen Kirchen auftauchten, bevor die Gotik bekannt war. Manchmal ist es auch umgekehrt. Köln begann mit dem gotischen Dom bereits 1248. Dennoch wurden auch danach noch romanische Kirchen gebaut oder weitergebaut. Es kann also nicht argumentiert werden, die Gotik sei in Köln ab 1248 nicht bekannt gewesen. In diesen romanischen Kirchen, erbaut oder fertiggestellt zur Zeit der Gotik, wurden aber *Gestaltungsmittel der Gotik* mit *romanischen Formen* verwendet.

3.2 Zum Stand der Bautechnik

Gotik heißt „alles fertig geplant"

Der harmonische Gesamteindruck, den eine gotische Kirche vermittelt, verleitet zu der Vermutung, dass die Gesamtheit der *Kirche mit allen Details vorher geplant* gewesen sein muss. Nur so könne die Harmonie im Gesamten, von der Gesamtstruktur bis zu den Details und der Abstimmung unter allen Teilen, erzielt worden sein. Diese Vermutung trifft jedoch nicht zu.

Grundlage des Baus ist eine ungefähre Vorstellung von Bautyp und Größe, eine Art *„offener Masterplan"* [C.Va 10]. Die Idee der Architektur des Baus nimmt erst in der Auseinandersetzung mit den Randbedingungen (Baugrund, Qualität der Steine, die zur Verfügung stehenden finanziellen und menschlichen Ressourcen, Ansprüche des Bauherrn) Gestalt an. Trotz des geschlossenen Eindrucks der großen Kathedralen ist keine „aus einem Guss". Verantwortlich hierfür sind lange Bauzeit und entsprechende Änderungen (s.u.).

Planrisse tauchen erst ca. hundert Jahre [A.Co 89] oder noch *später* nach dem Beginn gotischer Kathedralbauten (mit St. Denis oder Notre Dame de Paris) *auf*[2]. Am Anfang gab es überhaupt keine oder nur fragmentarische Pläne, später gab es Pläne der wesentlichen oder einiger dieser Teile[3]. Der Plan für die Westfassade des Kölner Doms wurde nach früheren Annahmen wahrscheinlich von 1280-1300 vom damaligen Dombaumeister Arnold oder seinem Sohn und Nachfolger Johannes erstellt, der Bau der Westfassade begann 1360, also viel später [A.Wo 09]. Man vermutete sogar, dass der Plan bereits eine Überarbeitung eines noch älteren Plans ist. Neuere Forschungen gehen jedoch davon aus, dass dieser Plan der Westfassade erst etwa 1370 entstand.

Wir können davon ausgehen, dass *keine* der uns bekannten *gotischen Kathedralen* des Mittelalters einen vollständig durchstrukturierten, architektonischen *Bauplan im heutigen Sinne* besaß. Wir werden später feststellen, wenn wir gotische Kirchen mit der Idee des Parametrischen Entwurfs im Computer „nachbauen", dass auch wir vermeiden, die Kirche vollständig zu entwerfen. Allerdings lassen die heutigen Hilfsmittel zu, dass der vollständige Bauplan aus den eingegebenen Fragmenten der wesentlichen Teile durch Vervielfachung entsteht.

Es gibt auch gute *Gründe*, weshalb *Pläne* nur *fragmentarisch* vorhanden waren. Zum einen hatten (a) gotische Kirchen eine lange Bauzeit von bis zu mehreren hundert Jahren. In dieser langen Zeit haben sich Wünsche und Stil geändert. Es hätte also wenig Sinn gemacht, einen gesamten Bauplan mit allen Details vorzulegen, da dieser dauernd hätte geändert werden müssen. Zum anderen sind (b) gotische Kirchen des Öfteren an der Stelle romanischer Vorgängerbauten entstanden. Zum Teil haben sie diese stückweise ersetzt (s. Abschnitt 2.4), z.B. in Köln oder York. Wenn man nicht genau weiß, wann und wie es für die nächste Tranche weitergeht, kann man auch keinen kompletten Bauplan vorlegen. Zum Dritten war (c) das Erstellen eines vollständigen Bauplans mit großer Mühe verbunden, da alle Details hätten wiederholt gezeichnet werden müssen, da es keine Entwurfswerkzeuge im heutigen Sinne gab.

In beiden Fällen (a) und (b) ist der Plan also während des Baus zu aktualisieren oder fortzuschreiben, wenn er vorab nicht gemacht wurde. *Planen während des Baus* ist nicht ohne Probleme, wie aktuelle Beispiele (Flughafen BER, Elbphilharmonie Hamburg) zeigen. Vielleicht kam man damit im Mittelalter besser zurecht. Der Grund dürfte darin liegen, dass dem für den technischen Teil des Baus verantwortlichen, dem sog. Werkmeister, ein gleichrangiger *Baumeister* zur Seite gestellt wurde, der im Auftrag des/ der Bauherren die finanzielle Seite des Baus überwachte. Dieser war und sah sich für die Finanzen verantwortlich. Beide mussten eng zusammenarbeiten.

---

[2] Mittelalterliche Planrisse waren in einer duodezimalen Verkleinerung 1:12, 1:24, etc. angegeben. Das ergab sich aus den verwendeten Längenmaßen Fuß und Zoll und der Einteilung 1 Fuß ist 12 Zoll. Heute weiß man, dass Werkmeister mehrere Baustellen betreuten, was maßstabsgerechte Pläne voraussetzt [B.Ho 16].
[3] Derzeit sind etwa 650 Risse gotischer Kirchen aus dem Hl. Röm. Reich bekannt. Sammlungen gibt es in Karlsruhe, Frankfurt und Wien. Die bedeutendste und systematische Erfassung erfolgte in einem Projekt der DFG durch Prof. Böker vom KIT Karlsruhe.

Gotische Kirchen wurden von Architekten gebaut

Zu bemerken ist auch, dass es *Architekten* im heutigen Sinne im Mittelalter *nicht gab*. Die Werkmeister gingen aus den erfahrenen Steinmetzen hervor[4], die zusätzlich geschult wurden. Diese Schulung geschah unter Anleitung bei der Arbeit an einer großen Kirche durch die Übernahme immer anspruchsvollerer Tätigkeiten (Maßwerke, Tore, Gewölbe, etc.). Die maßgeblichen Handwerker bildeten sog. Bauhütten. In diesen reifte das Erfahrungswissen des Baus und auch das technische Wissen.

Die bekannten Steinmetze und der *Werkmeister* einer *Bauhütte* waren begehrte Leute, in heutiger Sprechweise *Stars*. Sie zogen nach der Vollendung einer Kirche zur nächsten Bauhütte weiter. Manche waren überregional bekannt, wie etwa Meister Gerhard von Köln oder Erwin von Steinbach, verantwortlich für Straßburg [B.Coe 16], und es wurde deshalb auch versucht, solche Stars abzuwerben.

Die Bauhütten hatten nicht nur eine handwerkliche, sondern auch eine wirtschaftliche Funktion[5]. Zur Bauhütte zählten auch Maurer, Zimmerleute und Glaser. Maler, Glasmaler, Bildhauer, Holzschnitzer, Goldschmiede und Kunstschlosser trugen ebenfalls zum Bau maßgeblich bei, waren aber meist anders organisiert, nämlich in Zünften[6]. Die *Baukunst* und *Baukunde* und auch die sonstigen Künste entwickelten sich in der Bauhütte weiter, da mit der Wanderung nach Fertigstellung oder nach Abwerbung stets neue Einflüsse auf eine Bauhütte einwirkten, die die zu bauende Kirche der Bauhütte beeinflussten. Durch Wechsel wurde das *Wissen* auch an andere Orte *transportiert*. Dabei wurde nicht nur die persönlich erworbene Erfahrung und das erworbene Wissen mitgenommen, auch Bau"pläne" wanderten auf legale und illegale Weise.

Dieser *Wissensaustausch* war *international*. Zwei von vielen Beispielen sollen dies belegen. (a) So wird der Einfluss französischer Kathedralen auf den Dom zu Köln betont, für den Grundriss der Einfluss der Kathedrale von Amiens, für den Chor der Einfluss von St. Denis [A.Sch 97, A.Wi Kö]. (b) Die Westtürme des dritten Bamberger Doms, der in der Übergangszeit von Romanik zu Gotik in Deutschland 1237 vollendet wurde, gehen direkt auf Vorbilder der Kathedrale von Laon zurück, ebenfalls ein Bauwerk des Wechsels von Romanik zu Gotik. Die Verbindung der beiden Städte über die familiären Bande des Bischofs Eckbert wurde bereits erwähnt. Die baugeschichtliche Verbindung wird an beiden Orten betont.

---

[4] Diese machten eine Handwerkerlehre, anschließende Gesellenzeit, oft mit Wanderschaft über die Landesgrenzen hinaus. Danach wurden sie Meister. Erst später kamen sie in verantwortliche Positionen in Bauhütten [B.Ho 16]. Sie hatten keine Ausbildung durch ein Studium im akademischen Sinne, das Bauen zählte zu den „artes mechanicae", den körperlich-manuellen Tätigkeiten. Angesichts der Meisterschaft beim Bau gotischer Kirchen kann ihre Leistung nicht hoch genug eingeschätzt werden.

[5] Bauhütten waren projektbezogene Zusammenschlüsse der Handwerker einiger Gewerke (Maurer, Steinmetze, etc.) Sie stellten auch Verpflegung und Unterkunft. War die Kirche fertig oder stockte der Bau aufgrund finanzieller Engpässe, so mussten sie zum nächsten Bau weiterziehen.

[6] Zünfte der ortsansässigen Handwerker hatten auch soziale Funktionen (z.B. Absicherung der Witwen) und sie sorgten auch für technische Qualitätsstandards. Deshalb entstanden unter den Steinmetzen auch Bruderschaften, die den Zünften ähnlich waren, indem sie deren erweiterte Aufgaben übernahmen.

Große gotische Kirchen, insbesondere die Kathedralen in Frankreich, entstanden in einem gegenseitigen *Wettstreit der Gebiete*, der ebenfalls bereits skizziert wurde und später noch weiter vertieft wird. Dabei überboten sich die Bauherren, Werkmeister und Bauhütten durch Größe des Baus und seiner Neuerungen. Man trieb sich gegenseitig an: immer höher, immer filigraner und immer mutiger.

In der Gotik war das Bauwesen eine Wissenschaft

Wie stand es nun mit der *Exaktheit des Kirchenbaus* und insbesondere mit der Beherrschung der Statik? Die Gestaltung des Gesamtbaus, seiner formenreichen Einzelteile und auch des Zusammenwirkens geben den Eindruck wieder, es muss alles vorab geometrisch gestaltet und auch mathematisch berechnet worden sein. Das trifft beides wiederum nicht zu.

Bauen in früherer Zeit beruhte allein auf *Erfahrungswissen*: Dokumente im heutigen Sinne waren kaum vorhanden, Pläne gab es nur in Fragmenten, und das Wissen war auch nicht explizit erfasst oder rational begründet. Zwar ist auch in der Gegenwart noch Erfahrung nötig, der Architekt kann sich aber zusätzlich noch umfangreichen Wissens, zahlloser Dokumentationen und hilfreicher Werkzeuge für den Entwurf bedienen.

Es gab bis in die Neuzeit *keine genaue Kenntnis der Statik*. Die Standfestigkeit eines Gebäudes war eine Sache von Gefühl und Erfahrungen. Die Treiber des Fortschritts waren Experimente: Jeder Bau war ein Experiment im Sinne von „Trial and Error". Bleibt die Kirche stehen und dies über längere Zeit, oder stürzt sie ein? Bei diesem Wettstreit mit Experimenten mussten auch Fehler auftreten, die zu Einstürzen führten. Nur so konnte man die Grenzen für das Erfahrungswissen näherungsweise ermitteln.

Was *Erfahrungswissen* in der *Statik* zur Zeit der Gotik bedeutet, können wir einer Diskussion entnehmen, die anlässlich des Baus des Mailänder Doms um 1400 stattfand [B.Ho 16, Bi 93]. Die ortsansässigen lombardischen Bauleute holten sich zur Absicherung einen Fachmann für Statik, den Werkmeister Jean Mignon aus Paris. Dieser monierte auch prompt die Konstruktionspläne für den Chorumgang; der Bau würde nicht halten. Für die Sicherheit sei es nötig, dass die Strebepfeiler ausreichend stark ausgelegt sein müssten. Sie müssten die dreifache Stärke eines inneren Pfeilers haben. Erfahrungswissen bestand also aus solchen *einfachen*, schematischen *Regeln*, die durch keinerlei exakte Begründungen untermauert waren. Und dies ist der Stand um 1400, zu einer Zeit, zu der die meisten gotischen Kirchen bereits gebaut waren.

Bei solch grobem Wissen, das möglicherweise nicht einmal flächendeckend angewendet wurde, musste es auch Probleme geben. Das bekannteste Beispiel für einen *Fehlschlag der Baukunst* zur Zeit der Gotik ist die Kathedrale von *Beauvais* [A.Wi Be], die Bischofskirche einer heute relativ kleinen Stadt in Nordfrankreich, die offensichtlich besonders ehrgeizig war. Das Gebäude sollte die höchste Höhe des Chores und auch später des Langhauses aufweisen. Das Resultat war ein zweimaliger Einsturz. Der Chor stürzte vor seiner Vollendung 1284 ein. Nach Verbesserung der Statik wurde er wieder aufgebaut. Als dann viel später das Querhaus gebaut wurde - und zudem ein mächtiger und hoher Turm über der Vierung - stürzte auch dieser Turm 1573 ein. Die Kathedrale wurde danach nicht mehr vollendet.

Wir bewundern dennoch heute den *höchsten* und schönsten *Chor* einer gotischen Kirche mit ca. 48 Metern Gewölbehöhe. Wir erfreuen uns an einem Juwel spätgotischer Baukunst. Wir machen uns den Mut (wegen nicht vorhandener Erfahrung) der Mitglieder der Bauhütte bewusst und auch den Mut der Auftraggeber.

Abb. 3.1 Chor und Querhaus der spätgotischen Kathedrale Beauvais, [A.Wi Be]

Die *Anfänge* zu *exakten Berechnungen beim Bau* finden wir in der Renaissance und insbesondere dem Barock[7]. Dort gibt es auch die allerersten Ansätze für das Bauingenieurwesen als Wissenschaftsdisziplin. Erst später in der Neuzeit gab es die erste statische Berechnung im heutigen Sinne. Die Berechnung der Statik einer gotischen Kathedrale ist auch derzeit eine Herausforderung. Das gilt erst recht für dynamische Aspekte, wie *Erschütterungen, die Festigkeit gegen große Stürme von der Querseite, etc.*

Das *Wissen* über die *Baukunst der Gotik* fand sich zum einen in den Köpfen der erfahrenen Werkmeister. Zum anderen existieren eine Reihe von zusammenfassenden Schriften, als *Musterbuch*, Steinmetztraktate oder ähnlich bezeichnet, die als Ansammlungen geometrischer und konstruktiver Aufgaben, Lösungen, Regeln und Handreichungen zu verstehen sind [B.Bi 93, Ho 16]. Sie sind Vorläufer der späteren systematischen Erfassung des Bauwissens und eher einfache Rezepte als eine Wissenschaft.

Zusammenfassung

Das Kapitel klärte Missverständnisse bzgl. des Namens der neuen Baukunst (Gotik, deutscher Baustil) und korrigierte auch falsche Vorstellungen vom Stand der Bautechnik in der Gotik. Den Verdiensten der Gotik ist es zuzuschreiben, dass die Semantik des Namens „Gotik" sich umkehrte, von Verächtlichmachung zu großer Anerkennung.

Obwohl in der Zeit sehr hohe Gebäude entstanden und Techniken angewendet wurden, die es nicht vorher gab, entstanden die Gebäude durch Herantasten und Gewinnen von Erfahrungen. Die *Erfahrungen bzgl. der Statik* wuchsen von Kirche zu Kirche. Dieses „Learning by Doing" ging auch manchmal schief, s. Beauvais

---

[7] Die Treiber waren die Berechnung von Bahnen von Kanonenkugeln und von Festungsmauern.

Nach einer ersten Übersicht über die Phasen der Gotik in verschiedenen Ländern gehen wir auf die Strukturelemente der Gotik ein: Spitzbogen, Joch und Gewölbe sowie auf die Formen von Grundriss, Innen- und Außengestaltung. Darüber hinaus geben wir eine Typologie der gotischen Langbauten an.

4.1 Baugeschichtliche Einordnung

Phasen und Übergänge

Abb. 4.1 gibt die *Einteilung der Gotik in die üblichen Phasen* Früh-, Hoch- und Spätgotik an mit entsprechenden Jahreszahlen. Wir sehen, dass die Gotik in Frankreich begann, wie bereits beschrieben, und erst mit etwa 50 Jahren Verspätung nach England kam. Nach weiteren 30-50 Jahren, also etwa mit 80 - 100-jähriger Verspätung gegenüber Frankreich kam sie ins Hl. Röm. Reich. Man kann spekulieren: War es die Unkenntnis über den neuen Baustil oder war es die Verbundenheit mit der Romanik, die für die Verzögerung sorgten?

Die Gotik begann in Frankreich mit der Abteikirche St. Denis sowie den Kathedralen von Sens, Senlis, Laon und Noyon, früher als anderswo. Der Beginn der Gotik war allerdings oft auf Teile der Kirche beschränkt.[1] Der zeitliche Unterschied der Gotikphasen in den verschiedenen Ländern vermindert sich, wenn wir die Hochgotik oder die Spätgotik betrachten. Hier sind die einzelnen Länder bereits weitgehend synchron. In England gibt es noch die Nachphase Tudorgotik und die Vorphase Normannic für den Übergang zur Gotik. Sonderformen existieren auch in anderen Ländern, wie noch gezeigt wird.

	Frühgotik	Hochgotik	Spätgotik
Frankreich	1140-1200	1200-1350	1350-1520
England	1170-1250	1250-1350	1350-1550
	Early English	Decorated	Perpendicular
	mit Vorphase Normannic und Nachphase Tudor		
Hl. Röm. Reich	1220-1250	1250-1350	1350-1520/30
Italien	seit 1200, manchmal direkter Übergang zur Renaissance		
Spanien/Port.	ab etwa 1300 bis ins 16. Jahrhundert		

Abb. 4.1 Phasen der Gotik in Europa nach [A.Wi Go] mit Zeitangaben

---

[1] Bei St. Denis war es der Chorumlauf und der untere Teil der Fassade, bei Sens der Chor. Betrachtet man ganze Kirchen, dann ist der zeitliche Unterschied nicht mehr so groß.

© Springer-Verlag GmbH Deutschland, ein Teil von Springer Nature 2019
M. Nagl, *Gotik und Informatik*, Die blaue Stunde der Informatik,
https://doi.org/10.1007/978-3-662-55518-7_4

Charakterisierung und Unterschiede

Zunächst eine *grobe Charakterisierung* der *Phasen*:
Frühgotik: Kirchen hinterlassen einen massiven Eindruck, man erkennt den Übergang von der Romanik,
Hochgotik: strebt nach Harmonie und Einheitlichkeit,
Spätgotik: Neue Formen werden entdeckt, die bisherigen werden aufgelöst. Ein Beispiel sind flamboyante Maßwerke mit neuen flammenförmigen Elementen.

Auch für die einzelnen *Regionen* wagen wir eine erste und vereinfachte *Charakterisierung* der Gotik:
Frankreich: Es entwickelt sich ein Haupttyp hochgotischer Kirchen heraus, frühgotische Kirchen werden nachträglich umgebaut, spätgotische Kirchen sind relativ selten.
England: Nahezu jede Kirche ist ein Bauwerk verschiedener gotischer Phasen. Spätromanische Teile finden sich oft als integrale Bestandteile einer gotischen Kirche, es gibt eine eigene Ausprägung eines nachgotischen Stils (Tudorgotik), der sich zeitlich mit der Renaissance überlagert.
Im Hl. Röm. Reich und auch außerhalb bilden sich getrennte Formen heraus: Münster, Hallenkirchen und Backsteingotik.
Spanien und Portugal steigen spät ein, bringen aber große Kirchen hervor (z.B. Sevilla) und entwickeln separate „postgotische" Stile, die isabellinische bzw. manuelinische Gotik, bis ins 16. Jahrhundert.

4.2 Strukturelemente

Wir hatten bereits einige Begriffe der Gotik bei der Erörterung der Beispiele, insbesondere der Kathedrale von Reims, eingeführt. Wir wollen die *Begriffe* nun vervollständigen und auch beginnen, sie zu *systematisieren*.

Grundstrukturen: Spitzbogen, Joch

Ein Grundelement der Struktur gotischer Kirchen ist der *Spitzbogen*[2]. Er tritt in der Gotik keinesfalls erstmalig auf. In der islamischen Baukunst wird er bereits um 800 zur Zeit der Abbasiden verwendet. Auch zur Zeit der Romanik taucht er bereits ab etwa 1090 in der Abteikirche Cluny für Arkaden und Gewölbe auf. Aber erst zur Zeit der Gotik wird er ein zentrales Element dieser Stilform.

Der Spitzbogen ist aus statischen Gründen besser geeignet als der Rundbogen, er erzeugt einen kleineren Bogenschub nach außen. Abb. 4.2 zeigt die verschiedenen *Formen eines Spitzbogens*. Klassisch ist der *normale* Spitzbogen, bei dem die Mittelpunkte der Kreise, deren Segmente den Spitzbogen bilden, auf den Kämpferpunkten liegen (Punkte, bei denen die Spitzbogen in die vertikalen Geraden übergehen, d.h. das Spitzbogengewölbe in einen Pfeiler oder eine Wand, Abb. 4.2.c). Liegen die Kreispunkte im Inneren des Spitzbogens, so nennt man diesen *gedrückt*. Der Rundbogen ist der Spezi-

---

[2] Beschreibung nach Wikipedia ‚Spitzbogen'.

alfall, bei dem die beiden Kreismittelpunkte zu einem verschmelzen. Liegen die Kreismittelpunkte außerhalb, heißt der Spitzbogen *überhöht*. Ein stark überhöhter Spitzbogen wird auch Lanzettbogen genannt, weil er wie eine Lanzenspitze aussieht.

Ein *Joch* bezeichnet in der Kirchenarchitektur den Abschnitt eines Schiffes, der sich zwischen vier Stützen befindet und durch ein Gewölbe überdacht wird. Die Jocheinteilung kann bei einem Blick in das Kirchenschiff erkannt werden; man sieht sie auch bereits im Grundriss. In der Gotik gehen von diesen Stützen Gewölberippen aus, deren Namen wir gleich kennenlernen werden. Ein Joch kann vierteilig sein, die klassische Form, s. Abb. 4.3.a. Es kann aber auch sechsteilig sein. Bei einem vierteiligen Joch gehen die Rippen nur zu den Stützen des Joches, bei einem sechsteiligen gibt es noch einmal eine Unterteilung. Vielfältige Formen von Netz-, Stern-, Schlingen- und Fächergewölben finden sich hauptsächlich in der Spätgotik. Abb. 4.3.b zeigt ein Schlingen- und 4.3.c ein Fächer-/ Netzgewölbe.

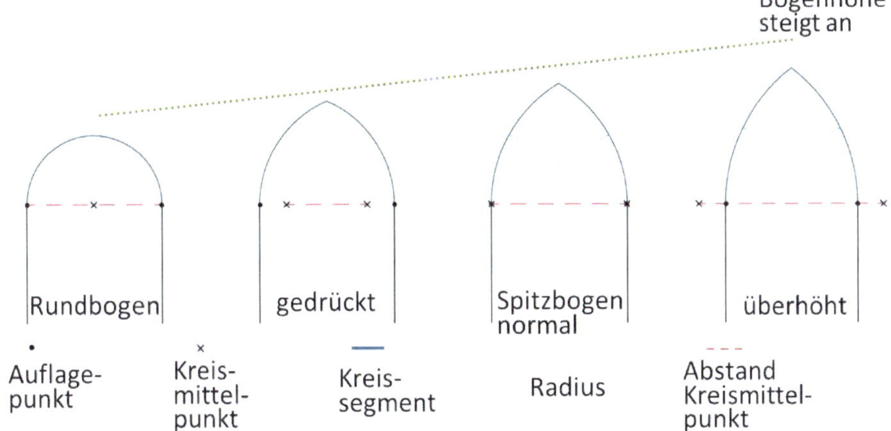

Abb. 4.2. a-d Spitzbogenformen von gedrückt bis überhöht, ansteigende Bogenhöhe

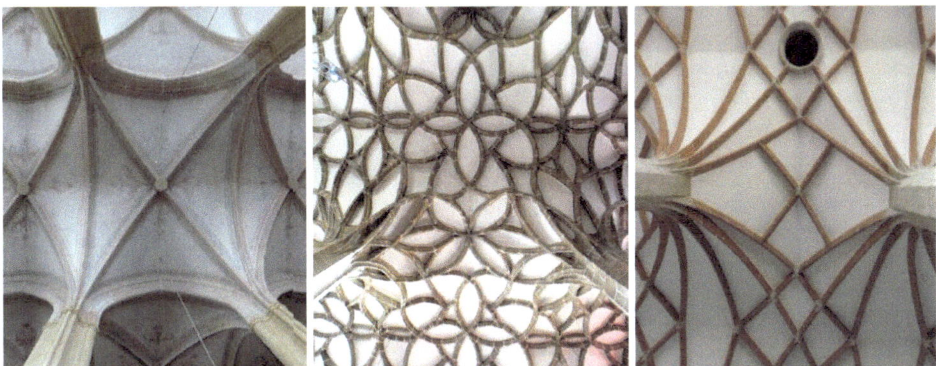

Abb. 4.3 Joch des Hauptschiffs **a** vierteiliges Kreuzrippengewölbe, **b** Schlingengewölbe, **c** Fächer-/ Netz-Gewölbe

Gewölbe mit Rippen werden *Rippengewölbe* genannt. Bei *Kreuzrippengewölben* gehen die Rippen von den Stützen aus. Daneben gibt es auch *Netz-, Fächer-* oder *Stern-*gewölbe[3] in verschiedensten Formen.

Grundrisse

Bei der Vorstellung der Kathedrale von Reims in Abb. 2.1 hatten wir die Begriffe *Haupthaus* (Langhaus), als Hauptraum für die Besucher, und den Begriff *Querhaus* bereits eingeführt. In diesem Beispiel Reims ist das Langhaus 3-schiffig, ebenso das Querhaus. Wir sprechen von einem *mehrschiffigen* Lang- und Querhaus. Beides gibt es auch einschiffig (bei kleinen Kirchen) bzw. 5-schiffig (bei großem Langhaus).

Der *Chor* von Reims beginnt 5-schiffig, s. wieder Abb. 2.1. Das Hauptschiff des Chores geht in den Chorinnenraum über, in dem der Altar steht. Die ersten Seitenschiffe bilden den Umlauf. Die zweiten Seitenschiffe beginnen mit dem zweiten Umlauf, der in einen Kapellenkranz mündet. Im Falle von Reims sprechen wir von einem *polygo-nalen* Chor, der aus fünf Segmenten besteht. Es gibt auch Kirchen mit *geradem* Chor-abschluss, in Frankreich ist dies Laon (als Ausnahme, die Regel ist der polygonale Chor), in England ist der gerade Chorabschluss - der Chor ist insgesamt rechteckig - häufiger und der polygonale Chor seltener.

Wenn wir den Grundriss von Reims genauer betrachten, so stellen wir fest, dass die Vierung quadratisch ist. Im Langhaus finden wir für die Breite von Hauptschiffjoch und Seitenschiffjochen einen bei vielen gotischen Kirchen typischen Zusammenhang: Das Hauptschiffjoch ist doppelt so breit wie die Seitenschiffjoche. Diese *Abstimmung der Breiten* der Joche ist durch die gotischen Gewölbe, aber auch durch die Stützmaß-nahmen möglich, auf die wir gleich eingehen. Das *Verhältnis 2:1* spielt bei gotischen Kirchen eine größere Rolle.

Innenraumgestaltung

Frühgotische Kirchen sind oft *Emporenkirchen*. Das heißt, dass oberhalb der Arkaden der Hauptschiffwand eine Empore ein weiteres Stockwerk bildet. Dieser Raum stabili-siert das Hauptschiff. Emporenkirchen haben deshalb kein Strebewerk außen oder nur ein einfaches. Emporenkirchen beginnen mit einem *4-stufigen* (synonym 4-zonigen) *Wandaufbau* (Laon, Notre Dame in Paris alter Teil), der aus Arkaden, Empore, Trifo-rium und Obergaden besteht, s. Abb. 4.4.a. Später, nach der Erfindung des Strebewerks bildete sich der *3-stufige* Hauptwandaufbau (Arkaden, Triforium, Obergaden) als Stan-dardlösung heraus, den wir bei der Kathedrale von Reims bereits kennengelernt hatten, s. Abb. 4.4.b[4] und Abschnitt 2.1. In der Sondergotik, die sich im Hl. Röm. Reich und auch anderen Ländern entwickelte, finden wir oft einen *2-stufigen* Wandaufbau, s. Abb. 4.4.c für das Freiburger Münster.

---

[3] Abb. 4.3.a Stift St. Lambrecht, b Pfarrkirche Koenigswiesen, c Pfarrkirche St. Oswald-Mö-derbrugg.

[4] Wenn Emporenkirchen einen 3-stufigen Wandaufbau besitzen, dann sind die Teile etwa gleich hoch, wodurch sich niedrigere Arkaden und auch Obergaden ergeben; die Kirche ist dann nicht so hell.

Abb. 4.4 Innengestaltung: Wandaufbau Anzahl Stufen (Zonen): **a** 4-stufig mit Empore, Laon, **b** 3-stufig und klassisch, Amiens, **c** 2-stufig, Freiburg

Außenarchitektur

Je höher eine gotische Kirche ist, umso umfangreicher muss das *Strebewerk* sein, das als Stütze für das Hauptschiff und die Seitenschiffe dient. *Strebepfeiler* ragen an der Außenwand des Seitenschiffs empor. Sie sind in der Regel in einzelne Stufen gegliedert und verjüngen sich oft in Richtung Spitze. Die Stützung der Hauptwand wird durch *Strebebögen* erreicht, die die Außenmauer der Hauptwand mit dem Strebepfeiler verbinden und so den Druck auf den Strebepfeiler ableiten.

Strebebögen können *mehrfach übereinander* auftreten, wir haben zwei übereinanderliegende bereits für das Hauptschiff von Reims kennengelernt, s. Abb. 2.2.c oder 4.5.b mit Kennzeichnung der drei Stufen des Wandaufbaus. Bei 5-schiffigem Hauptschiff oder Chor finden wir auch Strebebögen *in zwei Stufen*, von der Hauptschiffwand bis zum Pfeiler des ersten Seitenschiffs/ Umlaufs, von diesem wieder zum Strebepfeiler der Außenwand, s. Abb. 4.5.c.

Strebewerke gibt es also in *verschiedenen Formen*: Strebebögen können mehrfach übereinander oder mehrstufig auftreten. Das Strebewerk kann auch *verdeckt* sein (in der Frühgotik bei einfachen Strebewerken hinter dem Pultdach oberhalb des Seitenschiffs, s. Abb. 4.5.a), im Regelfall ist es offen. Das Strebewerk ist ein Beweis für die Expertise des Werkmeisters. Im Falle länglicher Strebepfeiler wurden die Räume zwischen den Strebepfeilern nachträglich oft in sog. *Einsatzkapellen* umgebaut, indem die Seitenschiffwand nach außen verlagert wurde. So wurde die Kirche breiter.

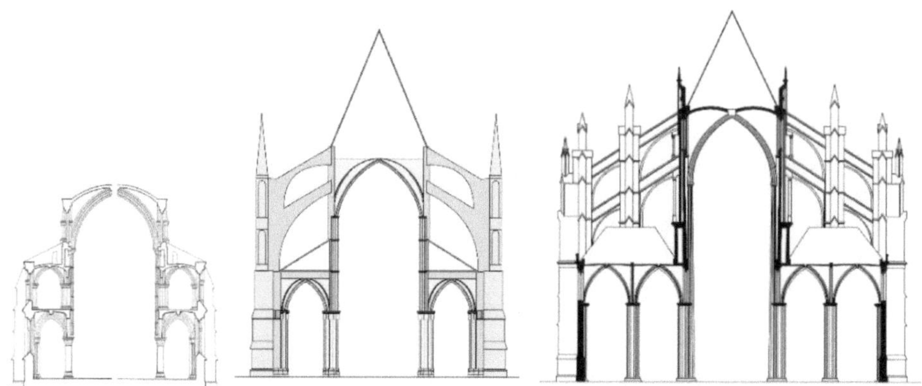

Abb. 4.5 Strebewerk: Strebepfeiler und -bögen: **a** romanisch/ frühgotisch, einfach, einstufig und teilweise verdeckt, mit Empore, Laon, **b** hochgotisch, zweifach übereinander und einstufig: Reims, **c** zweifach und 2-stufig, Dom zu Köln

Nach der Erklärung der Strukturen, die wir dem Grundriss, der Innengestaltung und der Außengestaltung entnehmen können, führen wir nun einige Begriffe ein, zu denen wir ein Bild benötigen, das Grundriss, Innengestaltung und Außengestaltung voraussetzt. Wir betrachten einen Schnitt quer durch das Hauptschiff, der ein Joch des Hauptschiffs mit den dazugehörigen Seitenschiffen und dem Strebwerk verbindet. Wir nennen dieses Segment ein *Volumenelement* und betrachten davon die Hälfte, s. Abb. 4.6.

Wir erkennen einen 3-stufigen Aufbau der Hauptwand, einen breiten Stützpfeiler, ein niedriges Seitenschiff mit Pultdach oberhalb des Kreuzrippengewölbes. Das Hauptschiff wird durch ein Kreuzrippengewölbe abgeschlossen. Dessen Bögen haben folgende Namen, s. wieder Abb. 4.6: Der *Gurtbogen* trennt die einzelnen Joche des Haupthauses voneinander ab. Der *Schildbogen* begrenzt die Hauptschiffwand nach oben und umschließt das Obergadenfenster, bei Hallenkirchen Scheidebogen genannt. Die sich kreuzenden Bögen/ Rippen (Kreuz- oder Diagonalrippen genannt) bilden das Innere des Kreuzrippengewölbes. Zwischen den Rippen des Gewölbes befinden sich die gemauerten *Gewölbekappen*. Im Kreuzungspunkt der Rippen findet sich der *Schlussstein* des Gewölbes.

Verbleiben uns noch die Fassaden und die Türme. Bei der klassischen, gotischen Basilika finden wir die *Fassade* des *Westwerks* als Abschluss des Langhauses und die *Nord-* und *Südfassade* als Abschluss des Querhauses. Hier gibt es Portale, Fenster und Rosetten. Die Westfassade ist oft in Stufen / Geschosse gegliedert. Abb. 4.7.a sowie b zeigen die Westfassade von Amiens und die spätgotische Südfassade des Querhauses von Beauvais, beide mit reicher Gestaltung. Als Kontrast enthält Abb. 4.7.c die Westfassade einer Bettelordenskirche, nämlich von St. Martin in Freiburg.

Die klassische gotische Kathedrale hat zwei *Türme* als Teil der *Westfassade*, s. Reims oder Amiens. Darüber hinaus kann es einen Turm oberhalb der Vierung geben, den sog. *Vierungsturm*. In englischen Kirchen finden wir eine Vielfalt unterschiedlicher

Gestaltung durch Türme, auf die wir später eingehen. Ordenskirchen, insbesondere der Zisterzienser, sind hingegen turmlos, sie haben allenfalls einen Reiter.

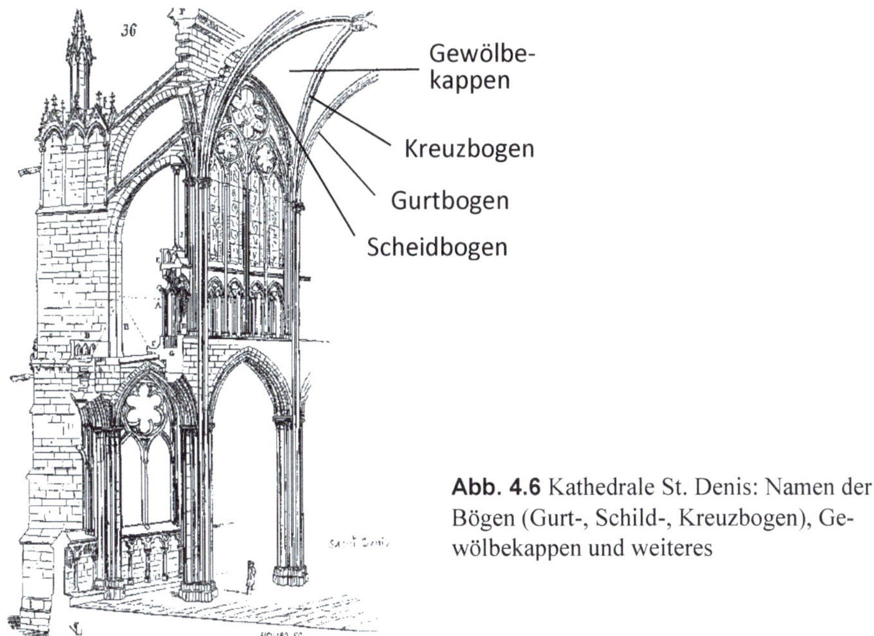

Abb. 4.6 Kathedrale St. Denis: Namen der Bögen (Gurt-, Schild-, Kreuzbogen), Gewölbekappen und weiteres

Abb. 4.7: Außengestaltung, Fassaden: **a** Amiens Westfassade hochgotisch, **b** Südfassade Beauvais spätgotisch, **c** Franziskanerkirche St. Martin, Freiburg

Feinstrukturen (Zuordnung innen, außen und innen, außen)

Zu den oben erläuterten Strukturen der Gotik gibt es jeweils zugeordnet auch Feinstrukturen, auf die wir im Folgenden eingehen. Dies erfolgt nur exemplarisch und bruchstückhaft. Für eine vollständige Darstellung siehe [A.Ko 14] und andere Bücher des Literaturabschnitts [A.Bi 89].

Beginnen wir wieder innen. *Arkaden* haben eine unterschiedliche Form, je nach Stilphase und Region. Die *Frühgotik* beginnt mit relativ niedrigen Arkaden, massiven meist runden Säulen mit Basen und Kapitellen, vgl. Abb. 4.4.a (Laon). In der Hochgotik, s. Abb. 4.8.a, werden die Arkaden höher, die Dienste zu den Rippen ziehen sich nach unten, die Säulen sind in die Dienstestruktur eingebettet. Sie können durch die Vielzahl der Dienste recht komplizierte Querschnitte haben, wie bei dem Beispiel in Abb. 4.8.c rechts zu sehen ist. Die Aussagen gelten auch für die weiteren Teile der Wandstruktur. In der Spätgotik wird alles auf noch größere Höhe (Abb.4.8.b) und vielfältigere Details getrimmt[5]: Arkaden, Triforium und Obergaden werden noch schlanker und spitzer/ höher, wie das Beispiel Beauvais in der Mitte zeigt.

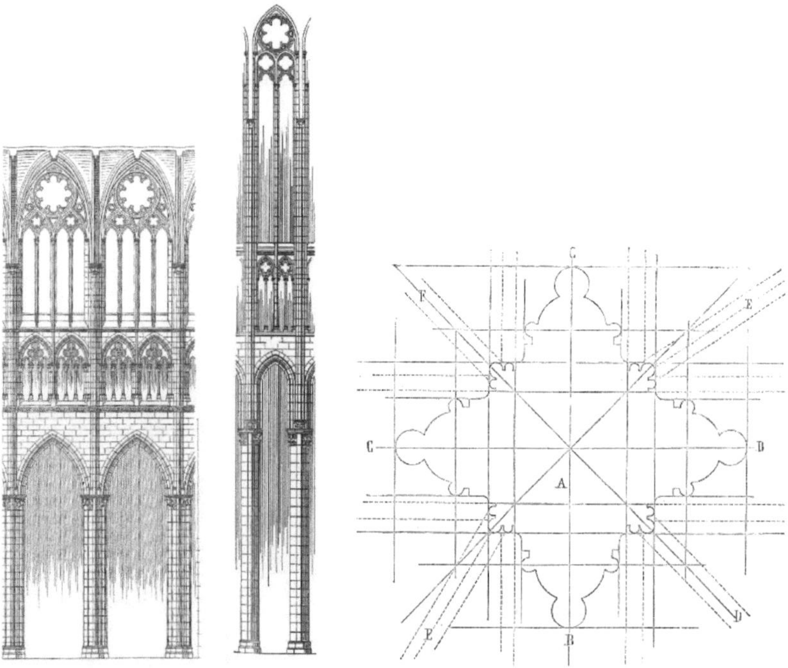

Abb. 4.8 Arkaden und Struktur der Hauptwand in Hoch- und Spätgotik: **a** Amiens, **b** Beauvais **c** Säulenquerschnitt Hochgotik St. Urban, Troyes

---

[5] Das gilt nicht überall. In der Gotik des Hl. Röm. Reiches tritt bei den meisten Kirchen eine andere Entwicklung ein, Sondergotik genannt, auf die wir später eingehen. Die Strukturen, z.B. Säulenquerschnitte, werden wieder einfacher. Dafür werden andere Strukturen komplexer, hauptsächlich die Gewölbe.

Die Mauern werden in der Gotik durch große Öffnungen - *Fenster* und *Rosetten*, s. Abb. 4.9 - durchbrochen. Deren Größe steigert sich ebenfalls von Früh- bis Spätgotik. Die Fenster- und Rosetteninhalte werden durch steinerne Strukturen - *Maßwerke* genannt - verziert, deren Komplexität ebenfalls zunimmt. Auch deren Formen verändern sich zunehmend [A.Bi 89].

Abb. 4.9 Fenster- und Rosettenformen: Fenster **a** Chartres frühgotisch, **b** Konstanz hoch- bis spätgotisch, **c** Chartres spätgotisch, , **d** Cambridge Tudor, Rosetten: **e** Chartres Südrose frühgotisch, **f** Amiens Westrosette Spätgotik

Auch außen gibt es viele Feinstrukturen, von denen wir nur einige hier besprechen, siehe z.B. [A.Ko 14]. Die Maßwerke, die wir im Inneren sehen, haben ein identisches Äquivalent auch außen. Beginnen wir mit den *Portalen*, vgl. Abb. 4.10. Deren Formenreichtum nimmt wieder mit dem Übergang zu späteren Gotikphasen zu. Das betrifft die Gestaltung der Bögen durch Vervielfachung und Verzierung (*Archivolten*), ebenso der Seitenwände durch Figuren (*Gewände*) als auch der Skulpturen oberhalb der Türen in dem Giebelfeld (*Tympanon*) Nach oben hin wird das Portal durch eine dreieckige Struktur, *Wimperg* genannt, noch weiter hervorgehoben.

Als Außendekors an *Türmen* finden wir Fenster mit Maßwerken und später - hauptsächlich im Hl. Röm. Reich - Maßwerke für offene Turmhauben, z. B. in Freiburg. In der *Westfassade* finden sich große Fenster und Rosetten und Galerien von Figuren, z.B. die Königsgalerie in Reims, s. Abb. 2.1.c.

Verbleibt noch die Feinstruktur von *Stützpfeilern*, die wir im Strebewerk, aber auch zur Abstützung in Türmen finden. Auch diese sind im oberen Teil durch Figuren verziert. An der Spitze zeigen sich *Fialen* mit spitzen Türmchen, die mit *Krabben* geschmückt sind. An deren oberen Ende findet sich jeweils eine *Kreuzblume* als Abschluss.

Abb. 4.10 Portale: **a** frühgotisch, **b** Straßburger Münster hochgotisch, **c** San Pablo Valladolid, isabellinische Gotik (nachgotisch)

4.3 Komposition und Zusammenschau

Kirchentypen

Gotische Kirchen sind größtenteils *Langbauten* in Ost-West-Richtung. Die Gotik besitzt wenig *Zentralbauten*, wie etwa der zentrale Teil des Aachener Doms von Abb. 1.2. Das spiegelt sich in den Beispielen wider, die wir in diesem Buch besprechen.

Wir betrachte nun unterschiedliche Querschnitte von Langbauten, s. Abb. 4.11 für die Schnitte durch Langbauten. Die meisten hiervon sind eine *Basilika*: hohe Mittelschiffe und niedrige Seitenschiffe. Im Übergang zur Gotik finden wir *Emporenbasiliken*, z.B. Laon Abb. 4.11.a, später in der Früh.- und Hochgotik durch Wegfall der Emporen *mehrschiffige Basiliken* mit aufwändigem Strebewerk, z.B. die 5-schiffige in Köln, s. Abb. 4.11.b. Sind Unterschiede der Höhen der Schiffe gegeben, so sprechen wir von einer *Staffel- oder Stufenbasiliken*, z.B. beim Dom zu Mailand mit relativ kleinen Fenstern oben. In Bourges, s. Abb. 4.11.c, werden die Höhenunterschiede der Schiffe vom Mittelschiff ausgehend zweimal deutlich kleiner, es ergeben sich hohe Obergaden im Mittelschiff und in den ersten Seitenschiffen links und rechts. Die Kirche ist dadurch sehr licht. Sind die Schiffe gleich hoch, so heißt der Kirchentyp *Halle*, s. Abb. 4.11.d. Unterscheiden sich die Höhen, ohne dass in der Hauptwand Fenster entstehen, so sprechen wir von einer *Staffelhalle*

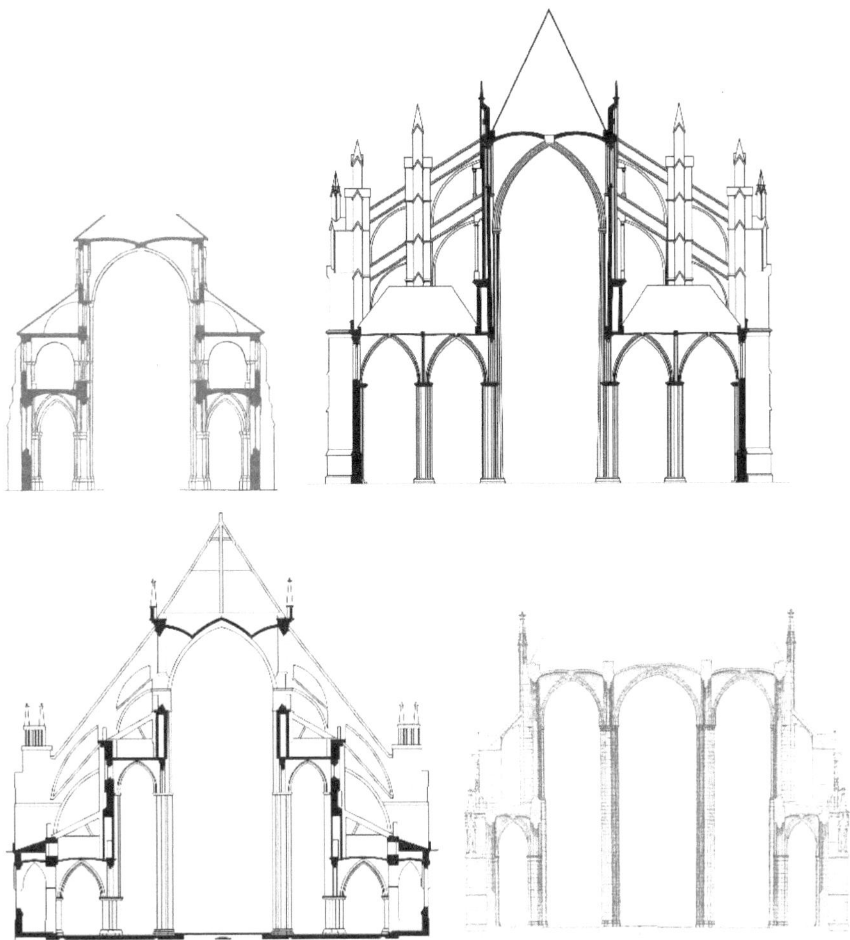

Abb. 4.11 Langbauten mit unterschiedlichem Querschnitt: **a** Laon mit Emporen u. 4-stufiger Wand, **b** Köln 5-schiffige Basilika mit 3-stufigem Hauptwandaufbau, **c** Bourges Staffelbasilika zweimal 3-stufige Haupt- und 1. Seitenschiffwand **d** Halle Kloster Zwettl Außenwand 2-stufig

Zusammenfassung des Kapitels

Nach der Erläuterung des ersten Beispiels einer gotischen Kirche, nämlich der Kathedrale von Reims in Kap. 2, haben wir in diesem Beispiel mit der systematischen Erläuterung gotischer Kirchen *begonnen*. Diese *Systematisierung* wird noch mehrfach fortgesetzt.

Es begann mit der Einteilung der Gotik in Phasen und einer ersten und groben Übersicht der Unterschiede in verschiedenen Ländern. Elementar in einer gotischen Kirche sind die *Strukturen* Spitzbogen, Joch und Rippengewölbe. Am Grundriss können wir Langhaus, Querhaus und Chor erkennen. Wichtig sind die Höhenunterschiede der

Schiffe und die Vorkehrungen zur Stabilität durch Emporen und/oder Strebewerke. Innen unterscheiden wir die Stufigkeit des Hauptwandaufbaus, außen die Formen der Strebewerke. Fassaden und Türme dienen der weiteren Unterscheidung.

Für alle Strukturen, ob grob wie ein Schiff oder feiner wie ein Joch oder eine Turmetage, gibt es *Feinstrukturen*, die in den Phasen der Gotik komplexer werden. Die Erläuterung reichte von Arkaden bis zu Fialen.

Zum Ende haben wir gotische *Langbauten in Typen* eingeteilt, von Basiliken, Staffelbasiliken bis hin zu Hallen und Staffelhallen.

Dieses Kapitel dient der Abrundung bisheriger Beschreibungen, deren Vertiefung und auch der Zusammenfassung dessen, was wir über Gotik in Teil I gelernt haben.

5.1 Entstehung und Hintergrund

Theologischer und philosophischer Hintergrund

Die enge Verbindung zwischen der theologischen Idee der Gotik, Gott mit einem neuen Tempel zu preisen, bis hin zu der Detailgestaltung einer gotischen Kirche, legt den Gedanken nahe, dass es eine *Verbindung* zwischen *Theologie/ Philosophie* einerseits und den *Konstruktionsprinzipien* der *Gotik* geben müsse. Eine enge Verbindung wird von dem Bauhistoriker Panofsky apodiktisch behauptet und dies nicht nur für die Architektur, sondern gleichermaßen auch für die Malerei, Musik und Literatur dieser Epoche (s. [A.Be 98, Fr 89], auch für die folgende Diskussion). Wir gehen hier nur auf die Verbindung zur Architektur der Gotik ein. Ein Indiz für die Verbindung wird auch darin gesehen, dass das doch eng begrenzte Gebiet der Ile de France um 1200 sowohl *ein wichtiges* Zentrum der Scholastik als auch *das Zentrum der frühen Gotik* war.

Die *Scholastik als Philosophierichtung* des Mittelalters [A.Wi Sch] baut auf die Harmonie zwischen Glauben und Vernunft. Mit den Mitteln der menschlichen Vernunft und insbesondere der Philosophie soll die christliche Offenbarung verständlich gemacht werden. Gott ist die Quelle jeder Erkenntnis. Die bereits bekannten Erkenntnisse (auch der Antike) sind mit der christlichen Lehre in Einklang zu bringen. Die Philosophie ist also die Dienerin der Theologie, was wiederum die Theologie stärkt. Theologie und Philosophie sind somit kaum zu trennen.

In der *Scholastik* werden bei dem Bemühen, die Einheit von Glauben einerseits und Verstand andererseits zu verdeutlichen, zwei *zentrale Prinzipien* gesehen, (a) das Prinzip der manifestio (strikte Argumentationsform der Herleitung) und (b) das der concordantia (Auflösung von Widersprüchen).

Für die *manifestio* ist die *Summa* die hervorstechende äußere Form. Sie hat folgende Anforderungen zu erfüllen: (i) Vollständigkeit, (ii) Anordnung in einem System von gleichwertigen Teilen in Form einer Hierarchie und (iii) Deutlichkeit im Sinne einer Beweiskraft. Dieses Prinzip sieht Panofsky in einer gotischen Kirche strikt verwirklicht, also dem Ergebnis des gotischen Entwurfsprozesses. Als Beispiele betrachtet er den Aufbau eines Portals, den der Westfassade oder den homogenen Aufbau von Haupthaus, Querhaus und Chor. In der Tat kann man z.B. beim Aufbau einer Fassade als erste Stufe der Hierarchie verschiedene Ebenen entdecken (vgl. Abb. 2.1 für die Fassade von Reims). Auf jeder Ebene haben wir gleichartige Teile, die ggf. wiederum aus gleichartigen Teilen bestehen, z.B. bei dem Figurenschmuck eines Portals. Dies alles ließe sich streng herleiten.

37

Die *concordantia* hat die Aufgabe, Widersprüche aufzulösen durch Beseitigung von Argumentationsfehlern oder durch geeignete Interpretation der zunächst widersprüchlich scheinenden Fakten (Methode der scholastischen Disputation). Panofsky überträgt diese Disputation auf die Gestaltung durch den Architekten. Erhebliche Unterschiede verschiedener bestehender gotischer Bauten müssen miteinander in Einklang gebracht werden. Panofsky führt hier als Beispiel auf, dass in einer Fassadenstruktur entweder eine Fensterrose oder ein großes Spitzbogenfenster auftauchen könne. Die nachfolgenden Architekten seien nun gezwungen gewesen, beide Motive miteinander zu verbinden, etwa durch eine Rose mit spitzbogenförmigen Maßwerkteilen. Ein anderes Bespiel ist die Bestimmung der Größe einer Fensterrose in der Fassade. Ist sie zu klein, ist das Mauerwerk ungotisch, da es zu massiv erscheint. Ist sie zu groß, wird der Platz für die Seitenportale zu klein.

Beide Prinzipien und deren Anwendung auf die Gotik sind plausibel[1]. Die Thesen von Panofsky haben eine äußerst lebhafte Diskussion hervorgerufen, insbesondere auch nach seinem Tode. In seinen überspitzten Aussagen einer *direkten Ursache-Wirkungs-Beziehung* und einer *determinierten Lösung* erzeugte er viel *Widerspruch* in der geisteswissenschaftlichen Literatur [A.Be 98]. Er sieht eine strenge Gesetzmäßigkeit, wo es eher Analogien gibt. Insbesondere hat der Künstler einen großen Gestaltungsspielraum, sein Ergebnis ist nicht durch die Anwendung einiger Prinzipien völlig determiniert.

Wenn auch die enge Verbindung zur Philosophie und Theologie in dem Sinne fragwürdig bleibt, dass beide die theoretische Fundierung für die Gotik sind[2], so ist ein anderer Zusammenhang klar und unbestritten. Alle großen *Anstrengungen* der Gotik *beruhen darauf*, dass der Mensch des Mittelalters versuchte, sich seine *Taten für das Heil im anderen Leben anrechnen* zu lassen[3]. Er kämpft, arbeitet, büßt, wandert und zahlt für den Glauben. Der Ablass (Erlass der Sünden gegen Leistung) spielt dabei die dominante Rolle. Sogar Pilger wurden für Handwerkerleistungen eingesetzt.

Abt Sugar beginnt mit St. Denis

Die *Abteikirche St. Denis* (sie ist erst seit 1966 eine Kathedrale) ist einer der Gründungsbauten der Gotik oder wird von vielen Experten sogar als <u>der</u> Gründungsbau[4] angesehen [A.Wi SD]. Im Umlauf des Chores wurden die ersten Kreuzrippengewölbe mit Spitzbögen verwendet. Die Kirche ist dem Hl. Dionysius geweiht, dem ersten Bischof von Paris, der als Märtyrer starb. Der Vorgängerbau der jetzigen Abteikirche ent-

---

[1] Man kann die Summa als das Entwurfsprinzip deuten, klare Hierarchien zu entwerfen und bei deren Aufbau möglichst viel Uniformität walten zu lassen. Man kann die Concordantia als das Prinzip sehen, bei widersprüchlichen Zielen (Tradeoffs) einen Kompromiss zu suchen. Beides sind dann allerdings allgemeine Entwurfsprinzipien.

[2] Es gibt sogar die Auffassung, dass die Gotik die Grundlage für die westliche Wissenschaft sei [A.Me 02].

[3] Der Kirchenhistoriker Arnold Angenendt in [A.Fil Gi]: „Um über den Tod hinauszukommen, macht der Mensch alles Erdenkbare".

[4] Um diese Ehre streiten sich hauptsächlich die Kathedralen St. Denis, Sens, Senslis und Noyon [A.No 16]. In den meisten Fällen betrifft die Urheberschaft nur einen Teil der jetzigen Kirche.

stand bereits 625. Die Abteikirche St. Denis diente der *Grablege* der fränkischen Könige[5] und später der meisten der französischen Könige. Die romanische Krypta mit den vorhandenen Grabmalen wurde in die neue gotische Kirche integriert. Die Abtei war bedeutend und aufgrund der Schenkungen auch reich.

Ihr Abt Sugar war zu Beginn des 12. Jahrhunderts bereits überzeugt, dass ein neuer, *größerer, erhabener und lichter Bau* errichtet werden müsse [A.Ha 16], wegen der Bedeutung der Abtei, der historischen Bedeutung der Gräber und der großen Zahl der Pilger. Sugar ist mächtig, mit großer Vision und Durchsetzungskraft, Charakterzüge, die für das große Vorhaben des *Neubaus der Abteikirche,* zudem in einer völlig neuen Form, nötig sind. Er kennt den König und auch den Papst. Er hat vorher bereits Geschäftssinn und Verhandlungsgeschick gezeigt, Historiker vergleichen ihn später sogar mit Richelieu, dem größten französischen Kirchendiplomaten aller Zeiten.

Er versteht es, die ganze *Region für sein Vorhaben* einzuspannen[6]. Gott zu Ehren, sollte der Bau prunkvoll werden. Ab 1137 ordnet er den Bau des Westwerks und ab 1140 den Neubau des Chores an, letzteren mit gotischen Elementen, die hier erstmals zusammen auftreten: Spitzbögen, schlanke Pfeiler und Säulen, Kreuzrippengewölbe und große Fenster. Es entstehen weite, lichtdurchflutete Räume. Hier sollte die Reliquie des Hl. Dionysius ihren Platz finden. Der Chor wird bereits 1144 geweiht, das Westwerk wurde 1140 fertig. Auch die Doppelturmfassade des Westwerks wurde nach Meinung von Baugeschichts-Experten [A.No 16] wegweisend und zum Vorbild französischer, gotischer Kathedralen.

5.2 Ausbreitung

Stärkung Frankreichs und Ausbreitung der Gotik

Zur Zeit Sugars *erstarkt Frankreichs Königtum* [A.Wi Sp]. Auch hier hat Sugar seinen Anteil[7] [A.No 16]: Die Herrschaft des um 1100 regierenden Geschlechts der Kapetinger in Frankreich stützte sich hauptsächlich auf das Gebiet der heutigen Ile de France. Sie waren zunächst politisch „leichtgewichtig", umgeben von mächtigen Nachbarn und untreuen Aufsässigen[8]. Unter Ludwig VI - 1108 bis 1137 - begann sich die Lage zu ändern. Er unterwarf die Abtrünnigen und er erschuf mit Sugar seit 1122 eine zentrale Verwaltung Frankreichs[9]. Die Stärkung setzte sich unter Ludwig VII weiter fort.

---

[5] Von Dagobert bis zu Pippin dem Jüngeren und später wieder mit Karl dem Kahlen. Ab 996 wurden fast alle französischen Könige hier bestattet. Die Gräber wurden aber in der französischen Revolution geplündert.

[6] Die *folgenden* Daten sind aus den Wikipedia-Beschreibungen der Kirchen entnommen.

[7] Sugar hatte auch Mitstreiter [A.Wi Se], die Bischöfe von Chartres und Sens, die beide ebenfalls in große Kirchenbauten des neuen Stils eingebunden waren. Sugar starb 1151 und wurde in St. Denis beigesetzt, eine unglaubliche Ehre für einen talentierten Mann aus kleinen Verhältnissen. Er wird in Frankreich der „Vater des Vaterlandes" genannt.

[8] Dem Herzog von Burgund, dem Grafen der Champagne und insbesondere dem Herzog der Normandie, der als König von England auch weite Teile im Westen Frankreichs beherrschte, s. Wikipedia ‚Frankreich 1200'.

[9] Muss damit Sugar auch als der Vater der zentralen Organisationstruktur Frankreichs angesehen werden?

Dies war die wirtschaftliche und politische *Grundlage* für die neue Bewegung der *Gotik* und des Kathedralenbaus. Dies erklärt auch, dass die meisten früheren gotischen Kirchen in einem Umkreis um Paris von etwa 150 km Radius gebaut wurden (vgl. Abb. 5.1). Die Zeit ist geprägt von einer *Vielzahl neuer* Bauten *gotischer Kathedralen*. Allein in der Zeit von 1180 bis 1270 wurden 80 gotische Kathedralen und 500 Klosterkirchen gebaut [A.Wi Ch].

Kathedrale	Bauzeit	frühe Teile	Erweiterung/ Verschönerung
St. Denis	1140-	Westfassade, unterer Teil Chorumlauf, unterer Teil	Langhaus, Chor später in Hochgotik
Sens	1140 -1168	Chor in einem Zug bis 1168	Langhaus u. Fassade später, Querhaus spätgotisch
Senslis	1153 -1191	Langhaus i. W. in einem Zug	Querhaus später, Langhaus- Mittelschiff später erhöht, Umbauten, 1200-1600
Laon	1155 -1235	romanisch	teilweise gotisch, Übergang Romanik zu Gotik
Noyon	1157	gesamte Kirche	Fassadentürme später -1221
N. Dame Paris	1163 -1191	erster Bau	weitere Bauphasen, Umbauten später, Chor , Kapellenkranz, etc.
Soisson	1180-	südl. Querhaus 1180	Turm und Fassade später
Chartres	1194 -1260	Kirche in einem Zug	Nordturm 1150 von Vorgän- gerbau, 1145 Königsportal auch
Bourges	ca. 1195 -1250	Chor	Langhaus, Westfassade, unte- rer Teil Türme ca. 1250

Abb. 5.1 Baubeginn der ersten gotischen Kathedralen in Frankreich[10]

Der Bedeutungszuwachs Frankreichs kann auch aus den Karten von 1200 und 1300 abgelesen werden[11]. Das Kernland vergrößerte sich, der Westteil des heutigen Frankreichs - um 1200 über die Normannen zu England gehörend - kam größtenteils zu Frankreich und auch der Süden, der vorher zu Aquitanien gehörte. Dies alles war mit einem Bedeutungsverlust Englands verbunden. Auch im Hl. Römischen Reich setzte nach dem Tod des Stauferkönigs Friedrich II mit dem Interregnum 1250 eine Zeit der Schwächung ein [A.Wi Sp]. Nach dessen Ende 1273 wurde die Zeit der Instabilität des

---

[10] Baubeginn und Bauzeit sind oft nicht präzise ermittelbar. Hinzu kommt, dass an jeder Kirche später weitergebaut, umgebaut oder hinzugebaut wurde. Nur Teile der Kirche sind damit für den Wettbewerb um die erste gotische Kirche verwendbar. Eine Rangfolge der frühesten gotischen Kirchen zu erstellen, ist also schwierig.

[11] s. [A.EU] euratlas.net/history/europe ‚Europe in Year' 1200, 1300, 1400.

Reichs durch Auseinandersetzungen mit den Kurfürsten und durch Gegenkönige fortgesetzt. Es fand eine Gewichtsverschiebung statt, vom Reich hin zu den lokalen Fürsten.

Das Erstarken Frankreichs und die Schwächung seiner westlichen und östlichen Nachbarn mag ein Grund für den *starken Auftritt* der Gotik vor 1300 in *Frankreich* sein. Die Gotik trat hier zuerst auf, aufgrund seiner gewachsenen Stärke hatte Frankreich einen Vorsprung. Wegen der geschichtlichen Verbindung mit Frankreich zog *England* mit einer *Zeitverzögerung* von ca. 50 Jahren nach, im *Hl. Römischen Reich* betrug dieser Rückstand fast 100 Jahre. Die politischen Entwicklungen in beiden Regionen hinderten daran, dem neuen Stil der Gotik unmittelbar zu folgen[12]. Italien hatte Reserve zu diesem Baustil (s. Kap. 3, Name „Gotik"). Spanien und Portugal waren mit der Rückeroberung der Gebiete von den Mauren beschäftigt.

Dass die *Entwicklung zur Gotik* in England und im Hl. Römischen Reich *nicht* zügig und *unmittelbar aufgeholt* werden konnte, lag auch daran, dass in Europa im 14. Jahrhundert Hungersnöte aufgrund einer klimatischen Erkaltung einerseits und Seuchen andererseits die Bevölkerung dezimierten und die Wirtschaftskraft schwächten. Das ist wohl auch einer der Gründe, warum viele gotische Bauprojekte in dieser Zeit stillstanden. Trotz dieser Zeitverzögerung wurde die Gotik in weiten Teilen Europas dennoch der dominante Baustil.

Größe, Wettbewerb, Organisationsformen und Finanzierung

Neu ist auch, wie *weit es die Gotik in der Baukunst gebracht hat* [B.Ho 16]. In der Gotik entstanden die höchsten Türme, die am weitesten und höchsten gespannten Gewölbe und die größten Dachstühle von Kirchen. Wenn wir heute die Liste der größten Kirchen der Welt betrachten, so fällt auf, dass darunter viele gotische Kirchen sind. Setzt man dies in Relation zu den Möglichkeiten (finanziell, bautechnisch, etc.) innerhalb einer geschichtlichen Epoche, so wird die Bedeutung der Gotik noch einmal zusätzlich unterstrichen.

Neu ist auch die *Finanzierung*, die verschiedene Quellen zu verbinden wusste, und die *Bauorganisation*, die verschiedene und lose Organisationen zu vereinen verstand (Bauhütten, Zünfte, verschiedene Bauherren, versch. Finanzierungsquellen, verschiedene Gewerke unterschiedlicher Traditionen). Wir gehen hierauf im Folgenden ein.

Wie konnte diese *Vielzahl großer gotischer Kirchen* in einem kleinen Gebiet - der Ile de France - zwischen 1140 und 1250 *entstehen*? Wie konnten die Regionen dieses Gebiets jeweils die Mittel für eine große Kirche aufbringen? Und dies in unmittelbarer Nähe zu einer anderen Region? Die Antworten auf diese Fragen sind wichtig für das Verständnis des Charakters und der Bedeutung der Gotik.

---

[12] Die Romanik behielt im Hl. Römischen Reich ihr Ansehen. So blieben viele romanische Bauten stehen, wurden nicht abgerissen und gotisch neu erbaut, s. z.B. die Dome im Rheinland.

Das Ganze war nur möglich durch einen Wettbewerb der Regionen. Die Region ist dabei normalerweise ein Bistum und die große Kirche war somit automatisch eine Kathedrale[13]. Dabei spielte der Bischof eine große Rolle, weiterhin der jeweilige Landesfürst, das Domkapitel und die Bürger der Stadt, in der die Kathedrale entstehen sollte. In Sonderfällen war auch der König beteiligt. Von enormer Bedeutung war auch, ob die Kathedrale Reliquien eines bedeutenden Heiligen besaß. Diese zogen Pilger an, die über ihre Gaben einen Großteil der Mittel beitragen konnten.

Alle Beteiligten engagierten sich für das *Heil in einem anderen Leben*, um Gott zu ehren, aber auch wegen des mit einem prächtigen Bau verbundenen *Prestiges*: Der Bischof, der Landesfürst, die Stadt und das Domkapitel wollten die schönste und prächtigste Kirche haben, um jeweils unter ihresgleichen zu glänzen, die Patrizier einer Stadt, um die Bedeutung der Stadt zu unterstreichen und um sich von den Nachbarstädten abzuheben. Die Kathedralen der Ile de France sind auch Bürgerkirchen; die Patrizier waren eine treibende Kraft, die mit der Bedeutung der Kirche ihre Bedeutung innerhalb der Stadt/ Region unterstrichen. Die Reliquie und die Pilger waren nötig, um die Anstrengung finanziell überhaupt zu stemmen.

Das Schema des Wettbewerbs und der Anstrengung für das Heil in einer anderen Welt sowie das Streben nach Prestige findet sich *auch* später in den Gebieten *außerhalb der Ile der France,* nicht nur in *Frankreich,* sondern auch *jenseits der Grenzen Frankreichs* in England, dem Hl. Röm. Reich, in den Ländern des Südens, im Osten und im Norden.

Die *Bedeutung der Reliquien* kann am Beispiel der Kathedrale von York abgelesen werden. York ist hinter Canterbury mit dem Sitz des Primas der englischen Bischöfe (heute der anglikanischen Kirche) in der Hierarchie der zweitbedeutendste kirchliche Ort. Canterbury hatte mit den Reliquien von Becket (s. Dramen von Anouilh und Eliot) ein gewichtiges Pfund. Erst nach dem Beschaffen der Gebeine eines Heiligen gelang es, den Bau in York weiter voranzubringen. Noch evidenter für die Bedeutung der Reliquien ist der Dom zu Köln. Hier war der Besitz der Gebeine der Hl. Drei Könige der Ausgangspunkt für den Bau[14]. Ohne die Gebeine wäre der Bau des Doms vermutlich nicht begonnen worden.

Gründe für die weitere Ausbreitung außerhalb Frankreichs

Die *Gründe* für die *Ausbreitung der Gotik außerhalb Frankreichs* waren zunächst die gleichen wie innerhalb Frankreichs. Für das ewige Heil und aus Prestigegründen gab es einen *Wettbewerb* der Regionen. Bischöfe, Landesfürsten, Domkapitel und auch das Bürgertum zogen an einem Strang und waren auch zu großen Opfern bereit. Reliquien zogen Pilger an, die wiederum für ihr Seelenheil bereit waren, Geld zu geben.

Die Konkurrenz und der Wettbewerb wurden dadurch *überregional* und nach heutigen Begriffen auch *international.* Pilger waren keineswegs auf die Region beschränkt, es gab Pilgerorte und Reliquien, für die man weite Strecken der Anreise in Kauf nahm. Auch die Landesfürsten, Bischöfe und Patrizier sahen nicht nur ihre Umgebung, sie

---

[13] In St. Denis war es eine Abtei, die mit den Königsgräbern eine überregionale Bedeutung besaß.
[14] Diese wurden 1164 aus Mailand „beschafft"; heute würden wir sagen, sie wurden gestohlen.

wurden durch ferne Vorbilder animiert. Betrachten wir als Beispiel wieder den Dom zu Köln, auf dessen Vorbilder St. Denis und Amiens wir noch eingehen. Es ist nicht davon auszugehen, dass nur die Werkmeister (für den Entwurfsteil und die technische Ausführung zuständig) sich in Frankreich umgesehen haben. Auch die Bauherren (für die Finanzen und den organisatorischen Teil zuständig) müssen solche Vorbilder gesehen haben. Diese haben sie angesteckt: ‚Eine solch große, hohe und prächtige Kirche wollen wir auch haben'.

Auch die *Kreuzzüge* tragen zum europäischen Bewusstsein bei und auch zur Ausbreitung des gotischen Stils[15]. Die Ritter kamen aus unterschiedlichen europäischen Ländern, sie verband der gemeinsame Glaube. Man kämpfte nicht nur, sondern tauschte sich auch aus. Ähnliches geschah bei der *Christianisierung* des Ostens von Europa, die bis ins 14. Jahrhundert dauerte. Als Beispiel sei an die politische Bedeutung des Deutschherrenordens in Preußen bis in das Baltikum erinnert. Die Einflüsse des Ordens und der *Hanse* sind maßgebliche Gründe für die Verbreitung der Backsteingotik. Schließlich sei auf den bedeutenden *Einfluss* der Gründung vieler *Klöster* und ihrer Ausbreitung über Europa erinnert, die vom 12. bis zum 15. Jahrhundert eine besondere Blüte besaßen. Ihre Ausbreitung diente auch der Ausbreitung der Gotik.

Bei der Verbreitung in Europa handelt es sich nicht um denselben Stil. Bedingt durch unterschiedliche und vorhandene Traditionen als auch durch unterschiedliche Vorlieben und Geschmack z. Z. des Baus bilden sich *Varianten* heraus, die typisch für eine Region oder ein ganzes Land sein können. Wir gehen hierauf im nächsten Teil des Buches ein, in dem wir für Frankreich, England, das Hl. Römische Reich als auch für den Süden Europas die Gemeinsamkeiten, insbesondere aber die Unterschiede charakterisieren. Insbesondere das Hl. Röm. Reich hat mit der sog. *Reduktionsgotik* besondere Stile entwickelt (süddeutsche Münster, Backsteingotik im Norden, Hallenkirchen).

5.3 Bau und Planung gotischer Kirchen

Bauzeit, Änderungen, Kompetenzen

Gotische Kirchen hatten in der Regel eine *lange Bauzeit* (von hundert oder mehr Jahren), zumindest nach heutigen Maßstäben (vgl. Abb. 5.4). In *Sonderfällen* ging es viel schneller. Dazu zählen gotische Kirchen, die nur z.T. neu gebaut wurden und mit den vorher vorhandenen Teilen eine Kirche bilden. Ein Beispiel hierfür ist St. Denis mit 15 Jahren bis zur ersten Fertigstellung. In Chartres entstand eine gesamte Kirche in 30 Jahren, was als extrem schnell bezeichnet werden muss.

Der *Normalfall* ist eine längere Bauzeit. In Noyon brauchte man 64 Jahre, in Laon 80, Reims 90 und in Amiens 116 Jahre. Das sind immer noch beachtlich kurze Zeiten, angesichts der technischen und finanziellen Anstrengungen für einen großen Kirchenbau.

---

[15] Kreuzzüge und die Christianisierung im Osten Europas werden hier nur als geschichtliches Phänomen [A.Wi Kr] betrachtet und nicht aus der Sicht der Religion oder Moral bewertet.

Wegen der enormen Kosten oder weil aus anderen Gründen die Treiber abhanden kamen, kam es oft zu einem längeren *Stillstand* und es wurde erst *deutlich später weitergebaut*. Das extreme Beispiel diesbezüglich ist der Dom zu Köln mit einer Bauzeit von 632 Jahren. Eine Bauzeit von einem Jahrhundert oder mehr bis zu mehreren Jahrhunderten ist bei Unterbrechungen keine Seltenheit. Dieses Muster (A) für lange Bauzeit ist kein Sonderfall, sondern in der Gotik fast die Regel.

Ein anderes Muster (B) für eine lange Bauzeit besteht darin, dass ein begonnener oder bestehender *Bau umgebaut* wurde und danach in verändertem Stil weitergebaut oder ein bereits bestehender gotischer Bau in Gänze umgebaut wurde. Zielsetzung war hier, *modernere gotische Bauweisen* einzubeziehen. Zum Wettstreit gehörte eben auch, dass die Kirche nicht nur groß und prächtig sein sollte, sondern auch den aktuellen Stand der Technik und Gestaltung wiedergeben sollte. Ein Musterbeispiel ist hier Notre Dame in Paris mit einer Gesamtbauzeit von 207 Jahren, ohne die nachträglichen Veränderungen.

Wir wollen uns dieses *Beispiel Notre Dame* nun etwas genauer ansehen, weil wir dieses Beispiel in diesem Kapitel und auch später - im Informatik-Teil - wieder aufgreifen wollen.

Der Bau wurde in 4 Phasen von 1163-1345 errichtet. Abb. 5.3 gibt die einzelnen Etappen (vergröbert) wieder (vgl. [A.Wi ND]).

- Bau des im Wesentlichen romanischen Chores, 1163-1182
- Bau des mittleren Teils der Kirche: Vierung und Querschiff (2 Joche des nördlichen und südlichen Querschiffs), 2 davorliegende Joche des Hauptschiffs in Richtung Westen, ohne Fassaden, 1183-1208
- Untere Geschosse der Westfassade, unteres Geschoss der Türme, vorderer Teil des Haupthauses aus 2 Jochen incl. der zugehörigen Seitenschiffjoche, 1220-1225
- Umbau der Seitenschiffe und des Mittelschiffs des Haupthauses: flache Pultdächer der Seitenschiffe ermöglichen größere Obergadenfenster; Einbau Kapellen zwischen den Strebepfeilern der Seitenschiffe; Entscheidung keine Turmhauben zu bauen, entgegen den ursprünglichen Plänen; Weiterbau der Türme, bis 1245
- Umbau des teilweise noch romanischen Querhauses nach dessen teilw. Abriss; Querhaus nach Norden und Süden verlängert, Querhaus erhält nördliche und südliche Fassade; Ersetzen der romanischen Strebepfeiler des Chores durch gotische; doppelter Chorumgang erhält Kapellenkranz aus Einsatzkapellen; die Holzdecke des Haupthauses wird durch ein gotisches Kreuzrippengewölbe aus Stein ersetzt; das Strebewerk des Haupthauses wird entsprechend verstärkt; 1240-1345, etc.

Abb. 5.3 Bau, Umbau, Erweiterungen von Notre Dame de Paris

Somit ist Notre Dame ein Beispiel für einen *Neubau* zum Zeitpunkt Spätromanik/ Frühgotik, späterer *Ergänzungen*, späterer *Umbauten*, um den aktuellen Ansprüchen zu genügen und weiterer *Ergänzungen im aktuellen Stil* zur *Fertigstellung*. Dabei wurde auf eine „Fertigstellung" im ursprünglichen Sinne der Planung verzichtet. Ein Beispiel hierfür sind die Turmhauben, die ursprünglich geplant waren, auf die aber verzichtet wurde[16]. Dass dabei ein so harmonisches Bauwerk entstand, grenzt fast an ein Wunder.

Ein drittes Muster (C) ist eine Kirche, die in *verschiedenen Epochen* zusammengefügt wurde, wobei die jeweiligen *Teile* die *jeweilige Epoche* widerspiegeln. Beispiele hierfür finden wir in erster Linie in England, z.B. in York. Dort sind Querhaus, Langhaus, Chor und Fassade in verschiedenen Stilen zu verschiedenen Zeiten gebaut worden. Dies ist klar zu unterscheiden von dem Fall, dass eine ursprünglich romanische Kirche stückweise durch gotische Teile ersetzt wurde und letztlich insgesamt eine gotische Kirche bildete (Bsp. Köln).

Kirche	*Bauzeit*	*Stil-Charakterisierung*
Mailänder Dom	1386-1813 427 Jahre	gotisch bis barock mit Unterbrechungen
Dom zu Köln	1248-1880 632 Jahre	hochgotisch, Bau bis 1528, Fortsetzung 1842
Notre Dame Paris	1163-ca.1370 207 Jahre	romanisch, frühgotisch, hochgotisch, spätgotisch, später Rep. u. Restaurierung
Straßburger Münster	1176-1439 263 Jahre	romanisch, frühgotisch, hochgotisch, spätgotisch
Kathedrale von Sevilla	1401-1833 432 Jahre	spätgotisch, barock, maurischer Turm von 1184 von Moschee
Minster of York	1230-1477 247 Jahre	früh-, hoch- und spätgotisch

Abb. 5.4 Lange Gesamtbauzeit einiger gotischer Kathedralen[17]

Planung und Ausführung

Wir hatten schon in Kap. 3 besprochen, dass gotische Kirchen so aussehen, als wenn sie im Detail geplant und nach dieser Planung realisiert worden wären, als wenn somit ein Gesamtkunstwerk im Kopf des Architekten oder als Plan vorab existiert hätte. Wir wollen die wesentlichen Charakteristika von *Planung* und *Ausführung* kurz wiederholen und *zusammenfassen*, da dieses Kapitel auch die Aufgabe der abschließenden Einordnung des Teils I des Buches hat.

---

[16] Diese „unfertigen" Türme wurden später das Muster für viele französische Kathedralen.
[17] Die Angaben entstammen den Wikipedia-Beschreibungen der Bauwerke. Die Bauzeitangaben sind meist ungenau, manchmal widersprüchlich. Spätere Erhaltungs- und Verschönerungsmaßnahmen werden nicht berücksichtigt. Wir betrachten die minimalen Angaben bis zum „heutigen Erscheinungsbild" der Kirche, ggf. incl. Stillstand und späterer Veränderungen.

Wir hatten zwischen *Baumeister* und *Werkmeister* unterschieden (s. [A.Bi 98, B.Bi 93]). Der Baumeister ist ein Repräsentant der Geldgeber, beauftragt mit der Idee und Organisation des Baus und insbesondere der finanziellen Überwachung. Es war z.B. ein beauftragter Patrizier der Stadt oder ein wichtiges Mitglied des Domkapitels, der evtl. selbst auch zu den Baukosten merklich beigetragen hat[18]. Der Werkmeister - heute würden wir ihn Architekten nennen - war hingegen ausschließlich für die künstlerische Gestaltung und für den technischen Teil der Bauausführung zuständig. Höherrangig war der Baumeister, da er mit der religiösen Dimension des Bauwerks direkt verknüpft war. Die Werkmeister hingegen schöpften ihr Ansehen aus der besonderen Begabung und ihrer Unersetzlichkeit. Ohne sie konnte das hehre Ziel nicht erreicht werden.

Die *Bauhütten* fassten die verschiedenen Handwerker und Experten am Bau zusammen [B.Ho 16]. Sie repräsentierten die gesamte künstlerische und technische Kompetenz. Die wichtigsten unter ihnen waren der Werkmeister und die bedeutenden Steinmetze und Zimmerleute. Diese waren unverzichtbar für die mit der Kirche verbundenen Ansprüche und Ziele, für die Qualität des gegenwärtigen Zustands des Baus, als auch für die nachfolgende Aussicht auf Erfolg des Baus durch seine Fertigstellung und die erzielte Wirkung.

Pläne waren z.Z. der Gotik nur *fragmentarisch* vorhanden und beschränkten sich auf bedeutende Teile der Kirche oder auf die Teile, die wiederholt realisiert werden mussten. Das *Wissen* über die Bauten war *keine Wissenschaft*. Es war hingegen Erfahrung, die aus Experimenten gewonnen wurde. Es gab Regeln, die sich als realistisch herausgestellt hatten, die aber keine wissenschaftliche Begründung besaßen. Die Wissenschaft von Bauingenieurwesen und Architektur beginnt erst wesentlich später.

Aufgrund der langen Bauzeit gab es zwangsläufig *Änderungen des Plans während des Baus*. Neue Strömungen der Gotik mussten eingearbeitet werden, Erfahrungen andernorts über Instabilitäten beachtet werden, Änderungen des bereits bestehenden Baus durchgeführt werden, wegen des künstlerischen Gesamteindrucks oder wegen der angespannten Finanzen. Der Entwurfsprozess bestand also aus einer stückweisen Planung mit permanenten Änderungen. Das teilt dieser Entwurfsprozess mit dem Entstehungsprozess heutiger Softwaresysteme, wie wir im Teil IV noch genauer sehen werden.

Die *Baukunst* gotischer Kirchen hatte große *Erfolge*, aber auch einige *Misserfolge* (s. Beauvais). Die Erfahrung wuchs von Bau zu Bau nach dem Prinzip „Trial and Error". War eine Kirche noch höher und schöner, so wurden die verwendeten Prinzipien und Muster Teil der Erfahrung, misslang die Kirche - im schlimmsten Falle, weil sie einstürzte - trug die Kirche dazu bei, dass der gesicherte Erfahrungsschatz die Fehler dieser Kirche in der Zukunft vermied.

---

[18] Wir haben betont und werden dies wiederholen, dass große gotische Kirchen kaum durchgeplant waren und dass sich die Pläne während des langen Baus dauernd verändert haben. Daraus erwuchsen hohe Baukosten, wie auch derzeit, wenn Planung und Bau verschränkt werden (Flughafen BER, Elbphilharmonie, etc.). Der Baumeister z.Z. der Gotik hatte - obwohl Repräsentant der Baufinanziers - aber ein persönliches Interesse an der finanziellen Stabilität des Vorhabens. Ein derartiges Interesse sollte man auch wieder für Auftraggeber moderner Bauten einführen.

Die *Bauhütten* waren es, die für die *Verbreitung des Know Hows* der Gotik in einer Region oder sogar überregional (heute würden wir sagen *international*) sorgten. Die führenden Köpfe zogen von einer Bauhütte zur nächsten - weil der Bau erledigt war, das Geld ausgegangen war oder die jeweilige Person sich eine bessere Entwicklung oder ein besseres Honorar versprach - und befruchteten dort den Wissensstand und die Aussicht auf den Erfolg des Bauprojekts. Da die Bauzeit Jahrhunderte dauern konnte, haben unterschiedliche Werkmeister zum Erfolg des Gesamtprojekts beigetragen. Auch das kennen wir von lange laufenden Softwareprojekten.

Bekannte Werkmeister (Steinmetze die die Bauleitung übernahmen) waren Wilhelm von Sens, der in St. Denis, Sens und Canterbury wirkte, Villard de Honnecourt (Chartres, insbesondere bekannt durch sein Skizzenbuch, eine Art erstes „Lehrbuch" der Gotik) und Gerhard von Rile (Troyes, Notre Dame und Sainte Chapelle in Paris und nach langer Zeit des Erfahrungssammelns der Dom zu Köln). Aus Ihrer Karriere können die Internationalität und die Vernetzung der Bauhütten abgelesen werden.

Diese *Werkmeister* waren *Allround-Talente* mit einem breiten Erfahrungshorizont: Sie waren ausgebildete Steinmetze, die sich zum „Architekten" hochgearbeitet hatten. Sie mussten aber auch als Manager mit einer großen Mannschaft von Handwerkern unterschiedlicher Gewerke umgehen und auch diese koordinieren. Sie mussten aufs Geld sehen, damit das Bauprojekt im Rahmen blieb und ggf. neues Geld durch entsprechende Begeisterung und Werbung zu beschaffen helfen. Sie waren sogar Konstrukteure von Baumaschinen, wie das Skizzenbuch von Villard de Honnecourt beweist, s. [B.Ho 16].

Beherrschung der Komplexität des Baus, der Organisation und Finanzierung

Die *Beherrschung der Baukomplexität* bei einem großen Kathedralbau war nichttrivial. Es gab dabei *hohe Ansprüche* bzgl. der Größe, Gewölbehöhe, des Strebewerks und der Statik, der Maßwerke und ihrer Detailgestaltung. Es handelte sich um ein riesiges Vorhaben bei „kurzer" Bauzeit von 30 bis 100 Jahren, d.h. bei der Realisierung der Kirche in „einem Zug".

Die Komplexität des Vorhabens wuchs noch einmal bei *Stillstand*, Wiederaufgreifen, Ergänzen bei Fortsetzung, Abreißen und Neubau (s. Beispiel Notre Dame in Paris) wegen der *Änderungen* der Bautechniken und der Stile. Insbesondere die *Verschränkung* von Planung und Realisierung war damals und ist auch noch heute eine Herausforderung.

Die Bauorganisation war dabei dezentral, heterogen und dynamisch. Baumeister, Werkmeister, Bauhütte, verschiedenste Handwerker unterschiedlicher Gewerke arbeiteten zusammen ohne eine strikte Organisationsform zur Steuerung der Dezentralität und Heterogenität, und dies verbunden mit einer permanenten Bewegung und einem stetigen Wechsel in der Bauhütte.

Zur *Baufinanzierung* trugen *unterschiedliche Geldgeber* bei (Bischof, Domkapitel, Adel, Bürger, Besucher/ Pilger), die natürlich unterschiedliche Ziele verfolgten und Interessen hatten. Wie kriegt man so viel Geld zusammen, wie schafft man die Fortsetzung nach langem Baustopp, wie verdaut man Misserfolge, die neue Anstrengungen erfordern, wie ersetzt man eine ausgefallene Finanzierung? Somit war auch der Stand der Baufinanzen oft *Änderungen* unterworfen, mit einer direkten Auswirkung auf den Plan und die Bauausführung.

Es gibt wohl keinen weiteren Baustil, der in Bezug auf die eben beschriebenen organisatorischen, finanziellen, aber auch technischen Aspekte (Beherrschung des Baus, seiner Finanzierung und des Bauprozesses) *der Gotik das Wasser reichen kann*. Angeblich sollen beim Bau der Abteikirche St. Denis allein über 200 Steinmetze im Steinbruch beschäftigt gewesen sein, die die Steine brachen und als behauene Quader zur Verfügung stellten [A.Fil Gi], nicht zu reden von den vielen Handwerkern auf der Baustelle selbst. Und dies bei einer langen Bauzeit. Zu beachten ist auch, dass bei dem Gesamtvorhaben überall Dezentralität, Verteilung und auch dynamische Änderungen eine Rolle spielen, was die Komplexität noch einmal erhöhte.

5.4 Harmonische Einheit und Zusammenfassung

Verschiedene Aspekte und Beitrag zur Harmonie

Wir greifen nun den Absatz bzgl. der *Multidimensionalität* (Zusammenspiel von Hintergrund, Idee, Bauelementen, Funktion, Form, Details und ihr Zusammenwirken) aus dem Vorwort auf und wollen die entsprechenden Aussagen erläutern und detaillieren. Zielsetzung ist, die *Verbindung* der eben erwähnten, *verschiedenen Aspekte* darzulegen und ihren Beitrag zur Harmonie des Gesamtwerks und dessen Geschlossenheit sowie Uniformität, vgl. Abb. 5.5. Dies ist ein anderer Aspekt als die oben beschriebene Komplexität des Baus und seiner Organisation. Auch hier hat es die Gotik weiter gebracht als jeder andere Baustil.

- Die zugrundeliegende *Idee* gotischer Kirchen ist die Errichtung neuer Tempel Gottes, die in Größe und Pracht hervorstechen sollten.
- Daraus erwuchsen *Anforderungen* für den Gesamteindruck: Der Bau soll hoch, licht, filigran sowie harmonisch sein und das bisher Dagewesene in den Schatten stellen.
- Die Anforderungen hoch, licht etc. erfordern neue *Strukturelemente* mit neuer Form: hohe Arkaden, Dienste/ Dienstbündel, Triforium, hohe Obergaden, Kreuzrippengewölbe und Mehrschiffigkeit.
- Es entsteht ein *Säulennetz* zu dessen Abstützung ein *Strebewerk* erforderlich ist.
- Strukturelemente und auch das Säulennetz haben alle sowohl eine *statische Funktion* als auch eine *ästhetische Bedeutung*.
- Sie erfüllen alle auch eine *Funktion in Bezug auf den angestrebten Gesamteindruck*.
- Durch die veränderte Statik können die Wände durchbrochen werden: große *Spitzbogenfenster* und *Rosetten* werden möglich und *verstärken* den lichten und filigranen Eindruck.
- *Maßwerke* in den *Fenstern* und *Rosetten* führen *Detailstrukturen*[19] ein, die wiederum eine ästhetische bis hin zu einer statischen Funktion erfüllen.

---

[19] Wir nennen sie auch Feinstrukturen.

- *Wimperge, Fialen* etc. als Detailstrukturen haben wiederum eine ästhetische und statische Funktion und verstärken den filigranen Gesamteindruck.
- Eine Vielzahl von *Figuren* im Inneren, in der Westfassade, an den Außenwänden, in den Einfassungen der Portale oder in den Fialen tragen als *Detailstrukturen* zur filigranen und kunstvollen Wirkung bei.
- Diese ästhetische Komposition wird durch *Detailstrukturen verschönert*, die wiederum eine theologische Bedeutung haben: Maßwerke in Fenstern und Rosetten, Figurenschmuck innen und außen (z.B. für Portale und Königsgalerie).
- *Alle diese Aspekte scheinen sorgsam aufeinander abgestimmt zu sein. Eine saubere Unterscheidung* von Idee, Anforderung, Funktion, Struktur, Form, Statik, Ästhetik, Detailstruktur und Schmuck scheint *kaum möglich* zu sein. Alle tragen zu dem harmonischen Gesamteindruck bei.

Abb.5.5 Aspekte der Harmonie gotischer Kirchenbauten

Wir hatten darüber hinaus in der Diskussion über Panofskys Aussagen zu Theologie/ Philosophie und Gestaltung von gotischen Kirchen (s. Anfang des Kapitels) noch von einer *weitergehenden* Verbindung im Sinne von Wirkungszusammenhängen gesprochen. Wenn wir auch strikte Wirkungszusammenhänge verneint haben, so stehen die obigen Aspekte zumindest in *inhaltlichen Analogien* zueinander.

Harmonie trotz unterschiedlicher Einflüsse

Wenn die Gebäude in „kurzer" Zeit und in einem Zug errichtet wurden, dann bestechen sie durch *Einheitlichkeit* und *Uniformität*, s. etwa Reims. Unterschiedliche Stile bei langer Bauzeit gehen zu Lasten der Uniformität, s. etwa York. Auf diese Aspekte gehen wir später genauer ein, wenn wir diese Kathedrale im Computer neu „erbauen".

Liegt eine lange Bauzeit vor, so bestechen viele dieser Gebäude dennoch durch die *harmonische Abstimmung* der verschiedenen Teile, trotz der unterschiedlichen, verwendeten Stilrichtungen. Dies setzt aber das Feingefühl der verschiedenen Werkmeister voraus (Beispiele hierfür sind Notre Dame de Paris, insbesondere auch Köln). In England, wo gotische Kirchen meist Teile unterschiedlicher Stilrichtung besitzen - spätromanisch, verschiedene Phasen der Gotik - gilt diese harmonische Abstimmung sogar über verschiedene Stilrichtungen hinweg.

Fassen wir zusammen: Es gibt keinen anderen Baustil, der in Bezug auf *enge Verbindung* aller obiger *Aspekte der Gotik nahekommt*. Dies gilt zusätzlich zur obigen Diskussion über Bauorganisation und Finanzierung. Es gibt eine Reihe guter Filme, z.B. [A.Fil Gi] und ferner Literatur in Abschnitt A, die die Verbindungen der Gotik zur Historie, die neue Idee des Bauens, die neuen Stilelemente, die internationale Bewegung der Gotik usw. plastisch (aber dabei manchmal vereinfachend) darstellen.

Zusammenfassung

Die Gotik hat theologische und philosophische Wurzeln, auch wenn ein strikter Zusammenhang nicht belegbar ist. Sie beginnt mit dem Chor der Abteikirche St, Denis und breitet sich in Frankreich aus. Entstehung und Wachstum sind mit dem Erstarken

Frankreichs im 12. und 13. Jahrhundert verbunden. Diese Ausbreitung ist zurückzuführen auf einen Wettbewerb der Regionen, der auch viele finanzielle Opfer abverlangte. Zeitlich verzögert breitete sich die Gotik nach England, ins Hl. Röm. Reich sowie in Süd-, Nord- und Osteuropa aus. Sie wurde damit zu einer *europäischen Bewegung*.

Gotische Kirchen haben meist eine lange Bauzeit, wegen der Kosten, wegen technischer Probleme und wegen des Umbaus im Bau und danach, s. Notre Dame de Paris. Dominate Rollen für einen Bau hatten der Baumeister (heute Bauherr genannt) und der Werkmeister (heute Architekt). Ihr Zusammenspiel war essentiell für den Erfolg. Bauhütten sorgten für den Wissenserhalt und den Wissenstransfer. Die Ausbreitung des Baustils über Europa ist ohne sie nicht zu erklären. Die Bauorganisation war dezentral und dynamisch, als Reaktion auf spezifische Probleme. Diese *Rollen* und die *Organisationsformen* sind auch derzeit noch von Bedeutung.

Die Gotik besticht durch große Kirchen, im Wettbewerb der Regionen entstanden, durch *Erfahrung und Intuition*. Durch noch höhere und noch reicher ausgestaltete Strukturen wurde die Erfahrung weiterentwickelt. Bei diesem "Learning by Doing" gab es auch große Misserfolge, s. Beauvais. Erst viel später wurde die Bautätigkeit auf eine wissenschaftliche Grundlage gestellt. Umso höher sind die Bauten der Gotik einzuschätzen.

Verschiedene Aspekte tragen zum harmonischen Gesamteindruck bei (Anforderungen, Struktur, Funktion, Form, Ausgestaltung und Details, s. Abb. 5.5. Es ist das dominante Wesensmerkmal der Gotik, dass diese nicht voneinander getrennt werden können. Ihre Gesamtheit ist für den *harmonischen Gesamteindruck* verantwortlich. Dies gilt auch bei unterschiedlichen Einflüssen, z.B. bei unterschiedlichen gotischen Stilrichtungen.

Die Gotik ist somit eine *bedeutsame Stilepoche* insbesondere für große Kirchen, siehe die Beliebtheit entsprechender Filme und einführender Bücher.

6.1 Konzentration auf große Kirchenbauten

Wir beschränken uns in diesem Buch auf *große Kirchenbauten*; oft sind dies *Kathedralen*, also Bischofskirchen, manchmal Abteikirchen. Viele Kirchen von Klöstern und von Gemeinden bleiben daher weitgehend unberücksichtigt, s. [A.Gi 39]. Insoweit sind auch die später gegebenen Länderübersichten zur Gotik unvollständig. Wieviel wir auslassen, ist aus den Karten in [A.Ko 14] abzulesen, die mit akribischer Genauigkeit alle wichtigeren gotischen Kirchen aufführen.

Diese Konzentration und *Einschränkung* ergibt sich aus dem Ziel des Buches, Kirchen strukturell zu betrachten und ihren Entwurf im Computer mit anderen Entwürfen zu vergleichen. Das kann nur bei der Restriktion auf überschaubar viele Beispiele gelingen. Im kunstgeschichtlichen Teil zur der Hinführung zu diesen CAAD-Entwürfen tauchen deshalb insbesondere auch die später betrachteten Kirchen auf.

Auch gotische *Profanbauten* werden hier *nicht erläutert*. Sie haben völlig andere Strukturen und sind auch weniger präsent, wenn wir an die Baukunst der Gotik denken. Abb. 6.1.a und b zeigen die Rathäuser von Münster und Löwen. Als Beispiel für gotische Steinmetzkunst zeigt die Abb. 6.1.c den lächelnden Engel von Reims.

Abb 6.1 Gotische Profanbauten: **a** Rathaus Münster, **b** Rathaus Löwen, **c** Engel von Reims

Auch das Wiederaufgreifen des gotischen Baustils im Zeitalter des Historismus, meist zu Ende des 19. Jahrhunderts und *Neugotik* genannt, spielt in diesem Buch *keine Rolle*. Die einzige Ausnahme ist die Sagrada Familia in Barcelona, die zwar auch in dieser Zeit begonnen wurde, aber die Gotik neu interpretiert.

© Springer-Verlag GmbH Deutschland, ein Teil von Springer Nature 2019
M. Nagl, *Gotik und Informatik*, Die blaue Stunde der Informatik,
https://doi.org/10.1007/978-3-662-55518-7_6

Ausgelassen wurden auch spezielle Teile der Architektur von Kirchen, wie die verschiedenen Formen, die *Dachstühle* einnehmen können und mit welchen verschiedenen Techniken Dachstühle durch Zimmerleute errichtet werden können. Das Gleiche gilt für *Fundamente* und Grundierungen. Diese sind zum Teil auch von romanischen Vorgängerbauten übernommen und erweitert worden.

Zur Innen- und Außenausstattung einer gotischen Kirche gehören auch *weitere Künste* und *Kunsthandwerke*, die nicht direkt der Gestalt des Baus zuzuordnen sind: Glasmalereien, Malereien, Plastiken aus Holz und Stein, Schmiedearbeiten. Auch diese kommen in diesem Buch nicht im entsprechenden Maße zur Geltung. Abb. 6.1 gibt wenigstens ein Beispiel für die Steinmetzkunst, Abb. 7.3.d für die Glasmalerei.

Hier sei noch einmal wiederholt, was bereits im Vorwort angesprochen wurde: Dieses Buch erhebt bezüglich der Gotik *keinen Anspruch auf Vollständigkeit.* Wir verweisen auf hervorragende Bücher, die alles, was wir hier nur kursiv behandeln oder weglassen, mit viel Liebe zum Detail und umfassender Kenntnis dem Leser nahebringen. Diese sind in den Literaturabschnitten A „Baugeschichte, Geschichte und Hintergründe" und B „Bauwesen im Mittelalter" am Ende des Buches aufgeführt.

6.2 Zusammenfassung Teil I

Wir haben die *Romanik gestreift*: Ihr Bild ist die Burg Gottes, was Stil, Festigkeit, dicke Mauern, Tonnen- und Kastendecken und kleine Rundbogenfenster anbetrifft. Wir haben aber auch Punkte skizziert, die auf die Gotik gleichermaßen zutreffen. Hierzu zählen Christianisierung, Ritterorden, Verbreitung des Stils, Legendenbildung, ebenso wie die Einteilung in die Phasen Vor-, Früh-, Hoch- und Spätromanik.

Das Beispiel Reims diente zur *ersten Erläuterung der Gotik*: Hauptbestandteile einer klassischen Kathedrale, neue Statik und Stabilität durch ein Säulennetzwerk, Architekturen des Übergangs, wie Limburg in Deutschland oder Vézelay in Frankreich. Nahezu jede gotische Kirche hat auch etwas mit Romanik zu tun.

Kap. 3 klärte eine Reihe von *Missverständnissen*: Name Gotik, Gotik ist ein völlig neuer Stil, alles bereits vorab geplant, Kirchen von Architekten gebaut, das Bauwesen eine Wissenschaft. Dieses Kapitel erklärt auch, wie es tatsächlich war und trägt damit bereits zur Charakterisierung des Baustils bei.

Kap. 4 beginnt mit der systematischen Erklärung: Baugeschichtliche Einordnung der *Phasen* der Gotik, Erläuterung der *Strukturelemente* (Spitzbogen, Joch, Kreuzrippengewölbe), *große Teile* wie Schiffe, *Innengestaltung* durch Wandaufbau, *Außengestaltung* durch Strebewerk, Fassaden und Türme. Hinzu kommt die Feinstruktur, innen wie außen, von Arkaden bis zu Fialen. Komposition der Strukturen zu *Grundtypen* von Kirchen: Basilika, Staffelbasilika, Halle, Staffelhalle.

Kap. 5 geht auf die *Hintergründe* ein: Theologisch/ philosophischer Hintergrund, die Rolle von Abt Suger, die Stärkung Frankreichs und die Ausbreitung in der Isle de France, die Ausbreitung in Frankreich und Europa, Wettbewerb, Organisation und Finanzierung, Bau und Planung, Harmonie gotischer Kirchen und die Gründe hierfür.

Teil II:

Gotische Kirchen - Stile, Ähnlichkeiten, Unterschiede

Gotik in Europa

Harmonische Kathedralen in Frankreich
Vielfältige Formen der Kathedralen in England
Verschiedene Kirchentypen im Hl. Römischen Reich
Sonderformen in Italien und auf der iberischen Halbinsel

**Wir bauen keine Kathedralen
- Aber die IT-Landschaften der Zukunft!**

Unser Technology Team unterstützt unsere Kunden bei der Modernisierung ihrer IT-Landschaften. Unsere Berater nehmen sowohl die Management- als auch die IT-Perspektive ein und sichern somit die Zukunftsfähigkeit des Unternehmens.

Bei uns sind Sie Teil der

- Entwicklung von **IT-Strategien**
- Einführung **modernster Technologien** wie KI, Big Data & Analytics und führenden Standardsoftwarelösungen
- Auswahl von **Software- und Hardwarelösungen**
- **Bebauungsplanung** für globale Systemlandschaften
- Entwicklung von **Architektur-Frameworks**
- Durchführung von **IT-Architektur-Audits**

Damit punkten Sie bei uns:

- Erfolgreicher Abschluss eines Studiums der Fachrichtung (Wirtschafts-) Informatik, (Wirtschafts-) Mathematik, (Wirtschafts-) Ingenieurwesen oder eines vergleichbaren Studiengangs.
- Affinität zu IT-Architektur
- Bereitschaft zu nationaler und internationaler Reisetätigkeit
- Gute deutsche und englische Sprachkenntnisse

Damit punkten wir bei Ihnen:

- Vielfältige Möglichkeiten, fachlich und persönlich zu wachsen und die Karriere selbst zu gestalten
- Zahlreiche Trainingsangebote und Coachings
- Diversität, Flexibilität und Internationaler Erfahrungsaustausch mit Kollegen
- Attraktive Arbeitszeit- und Gehaltsmodelle
- Flexibilität bei der Standortwahl

Haben wir Ihr Interesse geweckt oder haben Sie noch Fragen? Dann melden Sie sich doch einfach bei
Fabienne Ramb
+49 69 13022 1492
fabienne.ramb@bearingpoint.com

7.1 Entwicklung der Gotik in Frankreich

Übersicht

Im Teil I dieses Buches haben wir *bereits* einiges *über die Gotik in Frankreich berichtet*, über die geschichtliche Entstehung und ihren Hintergrund, über die neuen Bauelemente, über deren Bezug zu der neuen und hohen Kirchenstruktur, deren Ästhetik und deren Stabilität. Es begann alles mit St. Denis und dessen frühgotischem Chor, der in seiner ursprünglichen Gestalt in nur 4 Jahren von 1140-1144 errichtet wurde. Wir haben auch Abt Suger vorgestellt, eine bedeutende Persönlichkeit mit einem prägenden Einfluss auf die Entwicklung Frankreichs und der Gotik.

Abb. 7.1 zeigt eine *Übersicht* der für die Entwicklung der Gotik *bedeutendsten*[1] *Kirchen*. Diese Kirchen befinden sich alle in einem Kreis um Paris, mit einem Radius von etwa 200 Kilometern[2]. Dies erklärt sich zum einen aus der geschichtlichen Bedeutung dieser Region, auch bereits in der fränkischen Zeit, und aus der Tatsache, dass der Westen und der Süden des heutigen Frankreichs in der Zeit der Entwicklung der Gotik im 12. und 13. Jahrhundert z.T. unter anderem Einfluss standen. Der Osten, Elsass, Lothringen und ein Teil von Burgund, zählten zum Hl. Römischen Reich. Der Teil des heutigen Frankreichs, der in Abb. 7.1 dargestellt ist, wurde zur Keimzelle der Gotik in Frankreich und später auch in Europa.

Entwicklung der klassischen Gotik

In der Abteikirche St. Denis hatte die Gotik ihren *Ursprung*, die jetzige Kirche hat mit dem Übergang zur Gotik nicht mehr viel zu tun, sie ist später (13. und auch 19. Jahrhundert) vollständig umgebaut worden. Für den *Übergang zur Gotik* betrachten wir die Kathedrale von Laon (Abb. 7.2.a), für die *Frühgotik* Notre Dame de Paris (Abb.7.2.b) oder alternativ die Kathedralen von Chartres oder Bourges, für die *Hochgotik* Amiens und Reims (Abb. 7.2.c) und schließlich für die *Spätgotik* Beauvais (Abb. 7.2.e).

Wir erkennen aus den Beispielen Laon, Notre Dame und Reims den prägenden Einfluss von Laon auf die Gestaltung der Westfassade und aus allen drei Beispielen die Entwicklung der Westfassade (Portalzone, Rosettenzone, Galerie als Stufen der Westfassade sowie flache Türme als Charakteristikum). Abb. 7.2.d skizziert das deutliche Höhenwachstum der Türme und der Hauptschiffgewölbe dieser drei Kirchen.

---

[1] Die Auswahl der Kirchen nach Bedeutung ist stets subjektiv. Das gilt gleichermaßen auch für die Auswahl in England oder dem Hl. Römischen Reich sowie seiner Nachbarn in späteren Kapiteln. Wir werden diese Fußnote dort nicht wiederholen.

[2] Im Süden des heutigen Frankreichs gibt eine große Fülle gotischer Kirchen, s. Karte in [A. Ko 14], S. 153], die zum einen meist später entstanden und somit weniger zur Prägung der Gotik beitrugen, oder die z.T. anderen Gestaltungen folgen.

© Springer-Verlag GmbH Deutschland, ein Teil von Springer Nature 2019
M. Nagl, *Gotik und Informatik*, Die blaue Stunde der Informatik,
https://doi.org/10.1007/978-3-662-55518-7_7

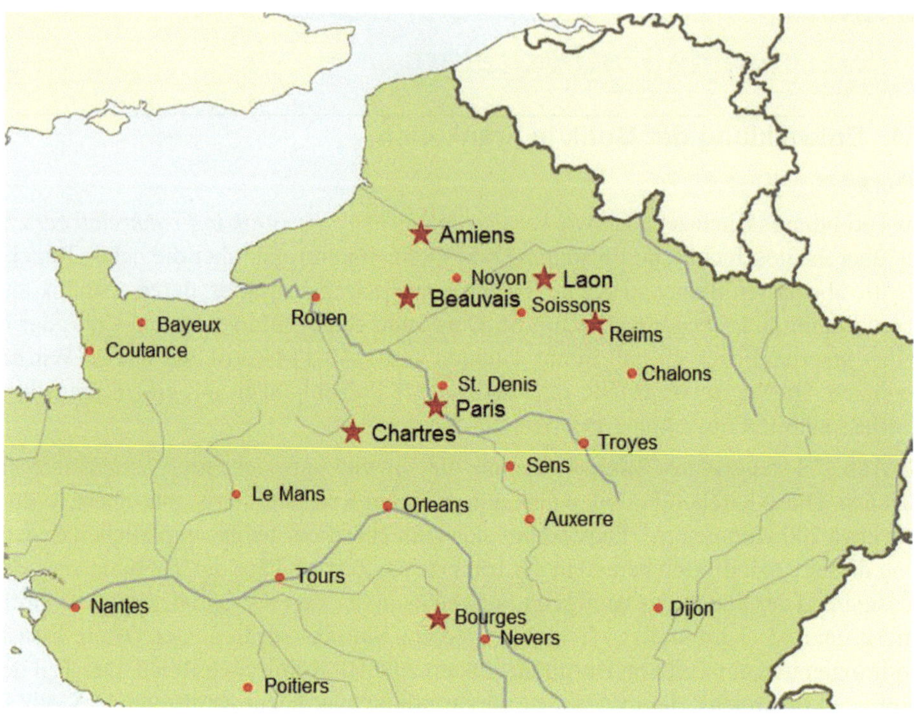

Abb. 7.1 Die bekanntesten französischen Kathedralen für die Prägung der Gotik

Verschiedene große Kirchen wetteifern um den Titel, die *erste gotische* Kirche zu sein, oder die Gotik am Deutlichsten *beeinflusst* zu haben: St. Denis, Sens, Senslis und Soissons. Dabei ist auch die Kathedrale von Laon, als Kirche des Übergangs zur Gotik, hier mit zu berücksichtigen, s. obige Argumentation über die Westfassade.

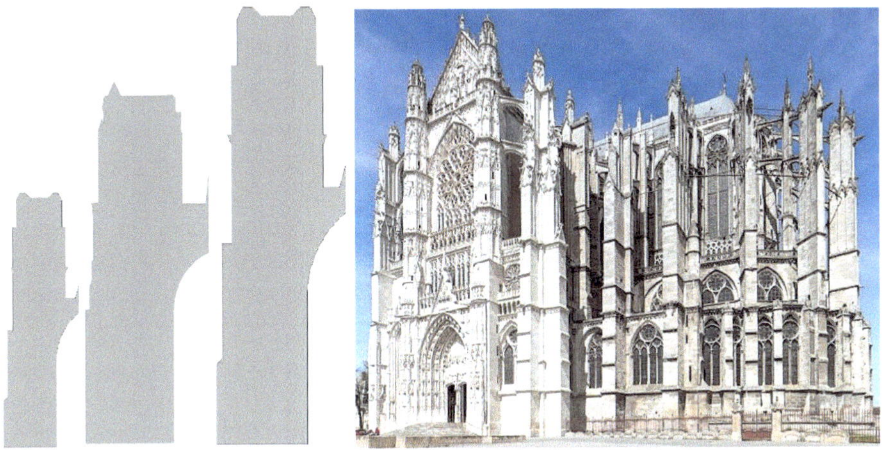

Abb. 7.2 Die Entwicklung der Gotik in Frankreich: **a** Laon, Übergang zur Gotik, **b** Notre Dame de Paris, Frühgotik, **c** Reims, Hochgotik, **d** Größenvergleich dieser Kathedralen und **e** Beauvais, Spätgotik

Einfluss auf die *Entwicklung der Hochgotik aus der Frühgotik* haben auch die Beispiele Chartres und Bourges. *Chartres* hat die klassische Linie der französischen, hochgotischen Kirchen (Beispiele Amiens und Reims) am stärksten beeinflusst. Wir finden dort bereits Langhaus, Querhaus, Vierung, Chor mit zwei Umläufen, wobei der äußere einen Kapellenkranz übergeht. *Bourges* ging einen anderen Weg: Die Kathedrale besitzt kein Querhaus und somit keine Vierung, sie ist keine Basilika, sondern eine Staffelbasilika (mittleres Schiff hoch, erstes Seitenschiff halbhoch, zweites niedrig). Die Kirche beeindruckt durch ihre Länge ohne Unterbrechung (von der Westfassade bis zum Chor) und durch ihre Helligkeit, resultierend aus dem 3-stufigen Wandaufbau auch der ersten Seitenschiffwände, ebenfalls mit hohen Obergaden. Diese Linie hat sich aber nicht durchgesetzt, Bourges blieb ein Einzelfall, die klassische, französische Kathedrale ist dem Weg von Chartres gefolgt.

7.2 Beispiele wichtiger Kirchen

Wir lernen jetzt einige der französischen Kathedralen kennen, indem wir diese in wenigen Sätzen charakterisieren und auch auf zugehörige Bilder kurz eingehen[3].

Auf dem Weg zur klassischen Kathedrale

Beginnen wir mit der frühgotischen Kathedrale von *Noyon*. In Abb. 7.3.a erkennen wir, dass es sich um eine *Emporenbasilika* handelt, wie auch Laon. Die Hauptwand des Mittelschiffs und des Chores haben einen *4-stufigen Wandaufbau*. Das Querhaus ist einschiffig und hat südlich und nördlich runde Abschlüsse, eine Besonderheit. Die Westfassade hat eine vorgezogene Portalzone, auch eine Besonderheit, s. Abb.7.3.b. Es könnten noch weitere Kathedralen hier aufgeführt werden, die alle als Vorläufer der

---

[3] s. die entsprechenden Wikipedia-Einträge dieser Kirchen für die Erläuterung

großen hochgotischen Kirchen Amiens oder Reims betrachtet werden können, nämlich Sens, Senslis und Soissons, die allesamt sehr frühe Bauteile aufweisen.

Die Kathedrale von *Chartres* stellt in ihrem *Grundriss* einen Schritt zur hochgotischen Kathedrale dar. Die spätromanische, frühgotische *Westfassade* blieb bestehen, vgl. Abb.7.3.c. Eine weitere Besonderheit ist, dass Chartres *Turmhauben* besitzt, der Nordturm der Westfassade ist durchbrochen, der Südturm hat eine geschlossene Haube, beides eher selten in Frankreich. Eine weitere Besonderheit ist die bei der letzten Renovierung angebrachte *Innenausmalung*, die bereits im Mittelalter vorhanden war und die derzeit dennoch nicht unumstritten ist. Bekannt ist Chartres auch für seine *Kirchenfenster*, die kein oder nur ein schlichtes Maßwerk aufweisen, vgl. Abb. 7.3.d.

Auch die Kathedrale von *Bourges* ist ein Baustein der Entwicklung der französischen Kathedrale. Sie repräsentiert eine Linie, die sich aber nicht durchgesetzt hat. Sie ist eine 5-schiffige *Staffelbasilika*, d.h. das erste Seitenschiff ist deutlich höher als das zweite. Wie Abb. 7.3.e zeigt, haben die Hauptwände des Hauptschiffs als auch des ersten Seitenschiffs einen 3-stufigen Wandaufbau. Durch die in beiden Wänden enthaltenen hohen Obergaden ist die Kirche *sehr licht*. Die Außenansicht in Abb. 7.3.f zeigt auch das hohe erste Seitenschiff. Die Fünfschiffigkeit zieht sich durch bis zum Chor, der deshalb zwei Umläufe besitzt. Eine weitere Besonderheit ist, dass die Kirche kein Querhaus besitzt. Dies erzeugt den großzügigen Eindruck eines sehr langen Kirchenschiffs. Nur der Nordturm ist hoch, der Südturm ist deutlich niedriger. Derart unterschiedliche, nur teilweise fertiggestellte Türme kommen häufiger vor. Die *Türme* sind weiter *auseinandergerückt*, sie stehen über den zweiten Seitenschiffen. Die Kirche hat eine große Unterkirche, was wir meist nur bei romanischen Kirchen finden.

Abb. 7.3.g zeigt *Notre Dame de Paris*, zum einen das Westwerk bei Nacht und zum anderen die später entstandene Querhausfassade im Norden (Abb. 7.3.h). (Aufnahmen bei Nacht, insbesondere in vertonten Lichtshows, in Frankreich „Sons et Lumières") genannt, sind interessant wegen ihrer unterschiedlichen Zielsetzungen. Beachtenswert ist die *Königsgalerie* im Westen oberhalb der Portale und die große *Rosette* der nördlichen und auch südlichen Querhausfront. Da wir uns noch einige Male mit Notre Dame beschäftigen werden, soll es vorerst bei diesen wenigen Eindrücken bleiben.

Abb. 7.3 Beispiele wichtiger französischer Kathedralen, Schritte zur Hauptlinie: **a** und **b** Noyon, **c** und **d** Chartres, **e** und **f** Bourges, **g** und **h** Notre Dame de Paris

Besonderheiten

Nicht weit von Bourges entfernt befindet sich die burgundische Kathedrale von *Auxerres*, exponiert auf einem Hügel. Hier wurde nur der Nordturm vollendet, s. Abb. 7.4.a. Der Chor ist fast so lang wie das Langhaus. Die Kirche besitzt ein Querhaus aus nur einem breiten Schiff. Abb. 7.4.a zeigt auch einen Ausschnitt des Hauptportals. Wir sehen das reichhaltig verzierte Tympanon und die ausgeschmückte Bogenlaibung des Hauptportals. Die Figuren der Gewände wurden bei den Hugenottenaufständen oder in der französischen Revolution zerstört, eine Situation die sich an mehreren Orten findet.

Einige Besonderheiten weist auch die Kathedrale von *Rouen* auf. Auch hier bestand eine romanische Vorgängerkirche. Der gotische Neubau begann von *Westen nach Osten*, also in umgekehrter Richtung, mit dem unteren Teil des Westwerks und einem Turm, der bereits vorher gebaut wurde. Danach folgten das Langhaus, die Vierung und der *lange Chor*. Das 3-schiffige Langhaus besitz zusätzlich Einsatzkapellen. Auffällig sind die sog. *falschen Emporen*: Die Arkaden sind zweigeteilt, beide als Spitzbogen (s. Abb.7.4.b), es fehlt aber das Gewölbe des Seitenschiffs. Dieses reicht nach oben bis zum Gewölbe der zweiten Arkaden für die Emporen. Die Türme haben *Hauben* und stehen *neben dem Langhaus*. Der *Vierungsturm* ist *höher* als die Westtürme und besitzt eine aufwändig gestaltete Innenstruktur mit Gewölbe (s. Abb. 7.4.c).

Die Kathedrale von *Beauvais* [A.Wi Be] war das ehrgeizigste Bauunterfangen, das auch schiefging, s. Abschnitt 3.2. Verblieben ist der Chor mit dem *höchsten gotischen Gewölbe* von 48,5 m, s. Abb. 3.2, 7.2.e. und 7.4.d. Der 3-zonige *Wandaufbau* wirkt gestreckt und *feingliedrig* (s. Abb. 4.8). Das schlanke und extrem hohe Hauptschiff erfordert eine *besondere Struktur des Strebewerks* (s. Abb. 7.4.e): Das Strebewerk geht über zwei Stufen zu den Außenpfeilern und besitzt zwei bzw. drei Strebebögen.

Als letztes und *völlig aus der Reihe fallendes* Beispiel führen wir die Kathedrale von *Albi* auf, s. Abb. 7.4.f. Sie wurde ab 1282 in hundert Jahren erbaut, aus *Backsteinen* und *ohne Strebewerk*. Dies erfordert dicke Außenmauern *bis zu 6 m*. Ein großer und *mittiger Turm* prägt das Westwerk, s. Abb. 7.4.f.

Abb. 7.4 Besonderheiten in Frankreich: **a** Auxerres, **b** und **c** Rouen, **d** und **e** Beauvais, **f** Albi (einschiffig ohne Querhaus)

7.3 Die Kathedrale zu Reims erneut

Wir haben die Kathedrale [A.EB 07] bereits dreimal kennengelernt, in den Abschnitten 2.1 und 2.2 als erstes Beispiel für eine gotische Kirche und deren Struktur, in Abschnitt 4.2 bei der Erläuterung eines 3-stufigen Hauptwandaufbaus (Abb. 4.4) und in Abschnitt 7.1 mit Westwerk und Größenvergleich zu Vorgängerkirchen (Abb. 7.2).

Weitere Erläuterungen

Reims hat viele *Gemeinsamkeiten* mit *Amiens*, beide gelten als Paradebeispiele der französischen Hochgotik. Die Kathedrale von Reims wird hier baugeschichtlich nicht weiter erörtert, s. aber Abb. 2.1.b und c für die Innenstruktur und für die Westfassade und schließlich Abb. 6.1 für den Engel aus der Außengestaltung.

Abb. 7.5 Reims: Langhaus innen zum Westen, Figurenschmuck im Seitenportal

Wir beschränken uns bei der zusätzlichen Erörterung von Reims auf zwei Bilder. Abb. 7.5.a zeigt den Blick im *Kircheninneren auf das Westwerk*. Wir sehen zum einen die große Rosette der zweiten Fassadenzone, die beleuchtete Innengalerie und das große Fenster mit Rosette direkt über dem Hauptportal.

Das zweite Bild von Abb. 7.5.b gibt ein Beispiel für einen reichen *Figurenschmuck* aus dem *Gewände eines der Seitenportale* der Westfront. Hier sind alle Figuren erhalten geblieben, im Gegensatz zu vielen anderen Kirche, die Zerstörungen durch die Hugenottenaufstände und die französische Revolution erleiden mussten.

Klassifizierung der Kathedrale

Wir fassen unsere Kenntnisse von Reims in einer Charakterisierung zusammen. Diese folgt einem *Klassifizierungsschema*, das wir später in Kap. 18 genauer besprechen werden, wo wir das Thema Klassifizierung/ Klassifikation behandeln.

Grobe Charakterisierung und Gemeinsamkeiten

Reims ist eine normale Basilika der klassisch franz. Hochgotik, homogen (auch wg. kurzer Bauzeit), die Hauptschiffe von Langhaus, Querhaus u. Chor haben ungefähr gleiche Gewölbehöhe, die Seitenschiffe sind niedriger und auch von gleicher Höhe; das Langhaus und Querhaus ist etwa gleich breit, der Chor fast so breit wie Querhaus lang; die Westfassade steht auf dem Langhaus, d.h. die Türme oberhalb der Seitenschiffe; überall Spitzdach, alle Seitenschiffe des Langhauses, des Querhauses und des 1. und 2. Joches des Chores sind mit Pultdächern gedeckt, die Dächer fallen nach außen ab; alle Hauptschiffe haben 3-stufiger Wandaufbau, überall fast gleiches Strebewerk.

Langhaus

3-schiffiges Langhaus aus 8 Jochen (ein weiteres, längeres Joch für die Westfassade)
Langhaus-Hauptschiffwand (Arkaden, Triforium, Obergaden),
Haupthaus-Hauptschiff-Außenwand 2-stufig (Obergaden, darunter verdecktes Triforium), der untere Teil ist die Seitenschiffaußenwand),
Seitenschiff-Außenwände einstufig: Fenster mit Mauersockel,
Offenes Strebewerk zweifach übereinander, das Seitenschiff überbrückend im Langhaus in 1 Stufe.

Querhaus

3-schiffiges Querhaus aus 4 Jochen (neben der Vierung),
Querhaus Hauptwand innen 3-stufig, außen 2-stufig,
2 seitenschiffhohe Türme geben Stabilität,
die vier Stummeltürme des Querhauses und die Kapellen des Chores mit stumpfen Spitzdächern.
Querhaus-Außenwand des Seitenschiffs einstufig: Fenster mit Mauersockel
Nordfassade mit 3 Portalen mit frühgotischen Teilen, asymmetrisch: linkes Portal zugemauert, rechtes Portal einfacher gestaltet, linkes und mittleres Portal reich verziert, mittleres Portal mit Doppeltüre
Nordfassade und Südfassade 5-stufiger Aufbau wieder mit frühgotischen Teilen
Südfassade ohne Portale, eine Türe.

Vierung

Säulen und Diensteverlauf in Vierung verstärkt
Vierung mit Turmstummel

Chor

Runder (polygonaler) Chor mit 2 Umläufen, Chor aus 5 Segmenten (5/10-Chor), äußerer Umlauf in
Kapellenkranz (5 Kapellen) übergehend, zwei 5-schiffige Joche vor der Rundung,
Alle Seitenschiff-Außenwände des 2. Umlaufes und der Kapellen einstufig: Fenster, Mauersockel,
Alle Joche bis auf Chorabschluss im Osten (Sektoren) und Kapellenkränze (sternförmig) als Kreuz-
rippengewölbe,
Strebewerk die beiden Chorumläufe überbrückend in zwei Stufen.

Westfassade

etwas breiter als das Langhaus (wg. der verstärkten Wände der Türme),
2 Türme integraler Teil der Westfassade (nicht neben dem Langhaus stehend),
die beiden Joche in den Türmen etwas breiter und länger als die Haupthaus-Seitenschiffjoche,
5-stufiger Aufbau der Westfassade inkl. der Türme (Portalzone, Mauerzone mit Fenster, Rosettenzone, Königsgalerie, Turmfenster),
Türme ohne Spitzen, Stummel für Haube in der Mitte und an den Ecken für Eckürmchen,
3 Portale (Doppeltüren in der Mitte ins Hauptschiff, 2 Türen durch die Türme in die Seitenschiffe),
Türme stehen im Hauptschiff auf Säulen,
Portale mit Wimpergen etwas nach vorne, jeweils reich verziert, klassische Westfassade.

Gesamt

Die gesamte Kirche wirkt überaus homogen und harmonisch:
sie wurde in 100 Jahren gebaut, eine relativ kurze Bauzeit ohne wesentliche Baustiländerungen,
überall gleiche Innenhöhe, Strebewerk überall ähnlich (Querhaus ohne Strebewerk) Haupthaus,
Chor und auch homogen,
Aufbau der Innenwände des Hauptschiffs, der Querschiffe, des Chores: gleichmäßig und 3-stufig,
alle Fenster haben gleiches Maßwerk (im Chor etwas schmaler),
5-stufiger Aufbau der Westfassade und der beiden Querhausfassaden.

Abweichend von der Gleichmäßigkeit ist das Querhaus (wohl etwas früher gebaut): Joche etwas
größer als im Haupthaus, Joche zum Chor ungleichmäßig und in Länge abnehmend (Optik?), Türme
(zur Stabilität im Querhaus und somit kein Strebewerk).

Abb. 7.6 Charakterisierung der Kathedrale von Reims

   Reims ist also überaus *homogen* und auch *uniform*. Wir beziehen uns später - wenn
wir Kirchen im Computer entwerfen und verändern - hauptsächlich auf diese homogene
Kirche und erläutern noch detaillierter, welche Facetten die Homogenität ausmachen.

7.3 Zusammenschau

Die Entwicklung der Hauptlinie

Die *Entwicklung* der Kirchen von St. Denis bis zur *Hauptlinie* der klassischen französischen Kathedrale, repräsentiert durch die hochgotischen Kirchen Amiens bzw.
Reims, wird geprägt durch Kirchen in einem Kreis von 200 km Radius um Paris.

   Die *hochgotische Kathedrale* ist eine Basilika mit folgenden Gemeinsamkeiten: Sie
hat ein 3-schiffiges Langhaus mit einem Querhaus und einen polygonalen Chor mit
Umlauf und Kapellenkranz, vgl. Abb. 2.1.a. Die Türme sind ohne Hauben und stehen
über den Seitenschiffen des Langhauses. Ebenso typisch ist der Querschnitt durch das
Langhaus, s. Abb. 2.3 Mitte. Die Kathedrale steht mitten in der Stadt, umgeben von
Bürgerhäusern. Die Vorfahren dieser Bürger habe auch viel beigetragen, um die Kirche

zu bauen, zu nutzen, zu unterhalten bzw. zu renovieren. Es gibt kaum *spätgotische Kirchen* (wie Beauvais), aber viele mit spätgotischen Einzelteilen.

Kulturgeschichtliche Einordnung

Es begann mit dem *Chor* von St. Denis ab 1140 Weitere Kirchen entstanden mit *gotischen Teilen*: Sens, Soisson, Senlis, z.B. Noyon mit dem Chor um 1157. Prägend war (obwohl noch romanisch) die gestufte Westfassade von Laon, der Grundriss der gotischen Kirche von Chartres, wie auch das Strebewerk von Notre Dame, vgl. Abb. 5.1.

Zwischenstadien waren: Emporen (Laon und anfangs in Notre Dame de Paris) mit 4-stufigem Hauptwandaufbau, gerader Chorabschluss Laon, Westfassaden mit nicht fertiggestellten Türmen, Türme mit Hauben (Chartres). Romanische Teile wurden umgebaut, seltener blieben große Teile erhalten, wie das noch weitgehend romanische Westwerk von Chartres.

Kurze *Bauzeiten* ohne große Unterbrechungen finden wir nicht oft (die von Chartres und Reims gelten als kurz). Nahezu überall gibt es später *Veränderungen*, bis hin ins 19. Jahrhundert, in dem die gotischen Kirchen als nationales Kulturgut erkannt wurden. Das vielleicht markanteste Beispiel für Veränderungen ist St. Denis, die heutige Kirche hat mit den Ursprüngen der Gotik kaum noch etwas zu tun. Gut dokumentiert sind die Umbauten von Notre Dame de Paris, auf die wir später zurückkommen.

Es ist oft *schwierig, die Bauteile einzelnen Epochen klar zuzuordnen*. Das gilt nicht nur für Frankreich. (i) Zum einen wurden Kirchen über einen langen Zeitraum hinweg gebaut. Es ergaben sich (ii) anschließend Änderungen durch Fehler und auch durch Änderungen in Stil und Geschmack. Im 19. Jahrhundert - dem Zeitalter des überall in Europa erwachenden Nationalismus - wurde (iii) der Wert der Gotik überhöht und die Kirchen wurden auch durch Ergänzungen nach Gusto „verschönert“. Die Baumeister der damaligen Zeit gingen sehr großzügig mit dem vorhandenen Kulturgut um und modifizierten dieses z.T. frei nach ihrem Geschmack.

Abweichungen und Nebenlinien

Neben der oben beschriebenen Hauptlinie gab es auch eine Reihe von *Abweichungen*, die auch mit dem Abstand von den die Hauptlinie prägenden Kirchen zu tun haben. (a) In Auxerres finden wir die burgundische Ausprägung (wuchtig, weniger hoch). (b) In Rouen stehen die Türme neben dem Langhaus, auf den anders als üblichen Hauptwandaufbau hatten wir bereits hingewiesen (Emporenkirche ohne Emporen?). In Bourges tritt (c) eine Staffelbasilika auf, sehr licht und ohne(!) Querhaus, ein sehr langes Langhaus. Dennoch hat sich diese Ausprägung nicht durchgesetzt. Ebenso finden wir (d) selten Hauben, insbesondere kaum offene Hauben

Völlig anders ist die Kathedrale von *Albi*: einschiffig, Backsteinbau, ein Westturm und extrem dicke Mauern. In Südfrankreich gibt es ferner *Kuppelkirchen*, die Gewölbe sind völlig verschieden; wir sind hierauf nicht eingegangen.

8.1 Geschichte und Eigenart

Übersicht und erste Einordnung

Die *berühmtesten gotischen Kathedralen* und ihre Bedeutung für die Kirche sind in Abb. 8.1 entsprechend gekennzeichnet[1]. Diese bedeutenden Kirchen finden sich fast ausnahmslos im heutigen England, weder in Wales, noch Schottland, noch Irland. Eine besondere *kirchliche und politische Bedeutung* haben Canterbury als die Kathedrale des Primas der Anglikanischen Kirche, York als die Kirche seines Vertreters und Westminster Abbey als Krönungsstätte und Grablege der Könige von England (und später von Großbritannien). Diese Kirche ist keiner Diözese zugeordnet, sie ist die Eigenkirche der britischen Monarchie.

Die englischen gotischen Kathedralen weisen eine *größere Formenvielfalt* auf als die französischen Kathedralen [A.Bö 84], bei denen einige Muster die Struktur vieler Kirchen mehr oder minder deutlich geprägt haben. Die meisten Kirchen haben zudem unterschiedliche *Teile aus verschiedenen gotischen Stilepochen*. Es gibt relativ wenige Kirchen eines einzigen gotischen Stils. Es wurde selten der Versuch unternommen, die Teile beim Bau oder später stilistisch aneinander anzupassen oder die Kirche im neuen Stil umzubauen. Insoweit ist die *Aneinanderreihung unterschiedlicher Bauteile* (Haupthaus, Querhaus, Chor, Westwerk, Kapitelhaus) oft in verschiedenen gotischen Stilen ein Hauptcharakteristikum englischer Gotik.

Ein deutlicher Unterschied zur Gotik in Frankreich ergibt sich auf den ersten Blick: Gotische Kirchen in England stehen außerhalb der Bürgerhäuser in einem *grünen Bereich*, in dem die Geistlichkeit wohnt und arbeitet. Dieser Bereich heißt *Close*, für getrennt, abgeschlossen. Dieser Close ist auch heute noch bei einigen Kirchen durch eine Wehrmauer abgetrennt, mit der sich die Geistlichkeit schützte. Die Kirchen kommen, weil sie frei und meist in einem Park stehen, sehr gut zur Geltung.

Geschichte und Zeitepochen

Nachdem Wilhelm der Eroberer 1066 England in Besitz nahm, wurde der vormals sächsisch *romanische Stil* der Kirchen nach und nach durch den *normannischen* ersetzt, der größere, wuchtigere, prächtigere und strukturiertere Kirchen hervorbrachte. Die Klöster und Bistümer erlangten wirtschaftliche Macht und waren so in der Lage - zusätzlich

---

[1] Wie im letzten Kapitel über Frankreich, ist die Auswahl der Kirchen, die wir ansprechen wollen, bestimmt durch eine gewisse Breite (für Gemeinsamkeiten, aber auch Unterschiede), durch deren Bekanntheit, aber auch durch eine subjektive Auswahl. Die folgende kurze Beschreibung fußt auf [A.Ko 14] sowie Wikipedia ‚Architecture of the medieval cathedrals of England'

© Springer-Verlag GmbH Deutschland, ein Teil von Springer Nature 2019
M. Nagl, *Gotik und Informatik*, Die blaue Stunde der Informatik,
https://doi.org/10.1007/978-3-662-55518-7_8

unterstützt durch Spenden der Pilger - reich gegliederte und ausgestattete Kirchen aufzubauen. So entstanden, z.T. in kurzer Zeit, stattliche Kirchen, z.B. in Winchester in 20
Jahren. Wie auch in Frankreich spielte es eine große Rolle, ob die Kirche Reliquien
bedeutender Heiliger besaß, wie etwa von Thomas Becket in Canterbury.

Abb. 8.1 Bedeutende gotische Kirchen in England

   Ab 1170 kam der gotische Stil von Frankreich nach England. Grob gesprochen entwickelte sich die Gotik dort etwa 50 Jahre später als in Frankreich, dann aber zeitlich
parallel zur Entwicklung in Frankreich und mit einer lokalen und unterschiedlichen
Ausprägung. Allgemein kann festgestellt werden, dass der vorausgegangene normannische Stil starken Einfluss nahm und dadurch der Übergang von der normannischen
Romanik zur Gotik auch derzeit noch vielen Kirchen anzusehen ist. Die englische Gotik ist anders als die französische, was noch genauer diskutiert wird. Die ersten goti-

schen Kirchen, Canterbury und Westminster Abbey, weisen noch stärkere Übereinstimmung mit den französischen Vorbildern auf, danach entwickelte sich ein eigenständiger englischer Stil. Die Zeit der Gotik in England dauerte etwa 400 Jahre.

Die Gotik in England weist *vier aufeinanderfolgende Zeitepochen* auf: die Hauptphasen Early Gothic (auch Lancet Gothic bzw. Early English genannt), Decorated und Perpendicular, die Nachphase Tudor Gothic. Zusätzlich wird Normannic als Vorläufer der gotischen Epochen betrachtet.

Der Name *Decorated* kommt von den reichen Verzierungen, z.B. der Maßwerke, *Perpendicular* von der Unterteilung in vertikale Sektoren, *Tudor* von dem damals herrschenden Adelsgeschlecht. Abb. 8.2 gibt die Stilperioden der Gotik in England wieder. Sie harmonieren nur ungefähr zur üblichen Einteilung in Früh-, Hoch- und Spätgotik. Z.B. tauchen in der Phase Decorated auch flamboyante Fenster auf, die man sonst der Spätgotik zuordnet. Die Todor-Gotik ist eine spezifisch englische Epoche, die bis in die Zeit reicht, in der es auf dem Kontinent bereits Formen der Renaissance gab.

Interessant ist auch, dass es innerhalb der Phasen am Ende *Transitionsphasen* gab, gekennzeichnet durch ein T in einer weiteren Zeile von Abb. 8.2, in denen bereits Elemente der nächsten Phase verwendet wurden, wie z.B. in der Early English von etwa 1275 bis 1300, in der bereits Decorated-Formen entwickelt und verwendet wurden.

	1200		1300		1375		1500	
Normannisch	I	**Early English**	I	**Decorated**	I	**Perpendicular**	I	**Tudor**
	I T I		I T I	I	T	I	I T I	

Abb 8.2 Einteilung gotischer Epochen in Stilphasen, ungefähre Zeitangaben, nach [A.Ko 14]

Die Abtrennung der Anglikanischen Kirche von Rom und die damit verbundene Auflösung von Klöstern, beschleunigt durch Zerstörung und Raub, führte im 16. Jahrhundert zum *Verfall* vieler gotischer Kirchen. Die Bilderstürmerei im 17. Jahrhundert tat ein Übriges. Glasmalereien und Statuen wurden beschädigt oder zerstört, Gemälde verschwanden. Erst das 19. Jahrhundert brachte die Wende: Die Gotik wurde wieder geschätzt, in der Viktorianischen Zeit wurden nahezu alle Kirchen restauriert und „vervollständigt", z.T. auch dem Geschmack der neueren Zeit folgend.

Das war auch für Frankreich zutreffend, gilt für England und wird auch in den folgenden Kapiteln gelten. Dem *Bewusstsein des 19. Jahrhunderts* verdanken wir, dass die gotischen Kirchen heute in einem *guten Zustand* sind, aber auch, dass an ihnen vielfach verfälschende Veränderungen vorgenommen wurden.

Für England (wie bereits für Frankreich festgestellt und auch für andere Länder in den folgenden Kapiteln) gilt: Es gab beim *Bau* einen *Wettbewerb* der Regionen. Das gleiche gilt für die *Wiedererweckung* der Kirchen zu erneuter kultureller Bedeutung im 19. Jahrhundert mit nachträglicher Fertigstellung. Der Wettbewerb war dann eher einer der Nationen um ihre Bedeutung für die Gotik.

Die Abb. 8.3 gibt jeweils ein *Beispiel* für die *vier gotischen Stilperioden* in England. Bemerkenswert ist für den gesamten angelsächsischen Raum, dass auch nachher gotisch weitergebaut wurde mit fließendem Übergang zur Neugotik. So sind fast alle Kirchen „irgendwie gotisch".

Abb. 8.3 Bildbeispiele für die 4 Stile: **a** Lancet, Nordfassade des Querhauses, **b** Decorated, Langhaus, **c** Perpendicular, Chor, alle drei Beispiel zeigen die Kathedrale von York, **d** Tudor, King's College Chapel, Cambridge

8.2 Vielfalt der Strukturen

Die folgenden Bilder sollen in die Vielfalt der Formen und Strukturen englischer Kathedralen einführen.

Beispiele englischer Kathedralen

Abb. 8.4.a zeigt den Ostteil der Kathedrale von *Canterbury*, mit der die Gotik in England begann. Der romanische Chor wurde frühgotisch erweitert. Die Westfassade dieser Kirche - aus späterer Zeit - ist mit zwei Türmen versehen.

Wir finden aber mit *Ely* in 8.4.b auch eine Westfassade mit einem Turm, ferner gibt es Fassaden ohne Türme, nur mit flankierenden „Türmchen" (8.4.e).

Die Abb. 8.4.c und auch 8.4.d zeigt das Hauptschiff des Langhauses von *Norwich* und *Lincoln*, das erste normannisch (bis auf das Gewölbe), das zweite frühgotisch.

8.4.e stellt die reich gegliederte Westfassade von *Salisbury* dar, reiche Fassaden finden wir auch in Peterborough und in Wells.

Strebewerke bestehen oft nur aus Strebepfeilern oder dickeren Mauern, ein aufwändiges, mehrstufig gegliedertes finden wir jedoch in *Westminster Abbey*, s. Abb. 8.4.f.

Die nächste Abbildung 8.4.h zeigt sog. Scherenbögen zur Verstärkung der Statik im Bereich der Vierung in *Wells*.

Manche Kirchen (auch Lincoln, St. Albans, Exeter) haben vor der Westfassade mit Türmen noch eine „Vorfassade". Abb. 8.4.h stellt die von *Peterborough* dar.

Abb. 8.4 Vielfalt englischer Gotik, Beispiele: **a** Canterbury, Inneres: romanisch/frühgotischer Teil im Osten, **b** Ely: Westfassade mit einem Turm, **c** Norwich: normannisches Langhaus, **d** Lincoln: frühgotisches Langhaus, **e** Salisbury: reich gegliederte Westfassade ohne große Türme, **f** Westminster Abbey: aufwändiges Strebewerk, **g** Wells: Scherenbögen zur Stabilisierung der Vierung, **h** Peterborough: weitere Fassade vor der Westfassade

Charakterisierung und Unterschiede

Trotz aller Verschiedenheit englischer Kathedralen, auf die wir unten genauer eingehen, zu Anfang eine Charakterisierung der *Gemeinsamkeiten*:

  (a) englische Kathedralen stehen in einem Close und kommen daher optisch gut zur Geltung.

  (b) Sie sind in der Regel Basiliken, nur Bristol und King's College in Cambridge sind Hallen, letzteres eine einschiffige. Die Basiliken sind oft Emporenbasiliken.

(c) Sie sind in der Regel ein Konglomerat verschiedener gotische Baustile, meist von normannisch bis zu perpendicular oder von frühgotisch bis zu perpendicular. Nur wenige Kirchen sind aus einem Stil, wie z.B. perpendicular in Bath oder Tudor in King's College Chapel.

(d) Sie besitzen in der Regel einen langen Chor, oft zweiteilig, meist mit geradem Chorabschluss.

(e) Im Westen findet sich meist ein großes gotisches Fenster, manchmal eine Rosette, in etlichen Fällen findet sich auch im Osten ein Fenster oder es finden sich einige Fenster.

(f) Die Hauptschiffwände sind 3-stufig aufgebaut, bis auf Bath.

(g) Das Haupthaus ist von der Vierung/ dem Chor meist durch einen Lettner abgetrennt.

(h) Die meisten Kirchen haben einen Vierungsturm.

(i) Die Türme haben - bis auf einige Vierungstürme - keine Hauben. Nicht selten ist der Vierungsturm der mächtigste aller Türme. In diesem befindet sich oft ein aufwändiges Gewölbe.

(j) Die Querhäuser sind oft die ältesten Gebäudeteile.

(k) Die Kirchen hatten in der Regel einen Kreuzgang. Dieser ist nur noch zum Teil erhalten.

(l) Viele Kirchen haben eine Verlängerung des Chores als Kapelle, die sog. Lady's Chapel oder einen weiteren Chor (Retrochor).

Trotz dieser häufigen, gemeinsamen Merkmale finden sich sehr *unterschiedliche Strukturen*, die wir kurz skizzieren wollen:
- Nur die Hälfte der Kirchen haben zwei Westtürme, bei Ely ist das nur ein Turm. Die anderen Kirchen sind im Westen turmlos, z.B. Exeter, Norwich, Salisbury.
- Einige Kirchen haben vor der Westfassade noch eine zusätzliche vorgestellte Fassade, z.B. Lincoln, Peterborough und Salisbury.
- Vierungstürme sind meist ohne Hauben, Ausnahmen sind Chichester, Norwich und Salisbury.
- Chöre sind oft zweigeteilt und haben einen geraden Abschluss. Einige haben dabei ein kleines, zweites Querhaus, wie z.B. York (s.u.). Polygonale Chöre mit Umlauf sind seltener.
- Gewölbe sind meist aus Stein, manchmal aus Holz. Letzteres ist manchmal schwer zu erkennen - z.B. im Langhaus von York - weil das Gewölbe wie Sandstein eingefärbt ist. Wir finden Kreuzrippen-, Netz- und Fächergewölbe, oft auch unterschiedlich von Bauabschnitt zu Bauabschnitt.
- Manche Kirchen haben kein Strebewerk, manche ein verdecktes, manche ein sehr aufwändig gestaltetes (Westminster Abbey). Auch das kann von Bauabschnitt zu

Bauabschnitt variieren.

- Einige Kirchen haben eine besonders reich gestaltete Westfassade. Diese weist mehrere übereinanderliegende Zonen auf mit zahlreichem Figurenschmuck, z.B. Lincoln, Peterborough, Salisbury und Wells.
- Einige Kirchen haben ein Kapitelhaus. Dieses ist polygonal (Lincoln, Westminster Abbey, York und Wells) oder rechteckig (Canterbury, Ely).
- Einige Kirchen haben eine Krypta (York, Wells, Winchester) oder eine Unterkirche (Canterbury). Diese sind Relikte romanischer Vorgängerkirchen.

Einzigartige Besonderheiten finden wir
- in Bristol, als einzige Hallenkirche,
- in der King's College Chapel als einschiffige Halle,
- in Ely mit der achteckigen Vierungskuppel,
- in Exeter mit zwei Türmen seitlich am Hauptschiff, die eine Art „Querhaus" bilden,
- in Westminster Abbey und Wells mit einem Triforium aus aneinandergereihten gotischen Spitzbögen,
- in Wells mit seinen Scherenbögen zur Stabilisierung der Vierung,
- durch ein sehr gedrungenes Aussehen (Durham, Chichester).

Auf die Frage, ob sich bei dieser Strukturvielfalt auch Unterklassen der englischen Gotik finden lassen, gehen wir später ein.

8.3 Das Beispiel des Minsters zu York

Unterschiedliche Teile und Umbau

Die Kathedrale von York[2] ist ein weiteres interessantes Beispiel: Die anfangs romanisch-normannische *Kirche* mit einer beträchtlichen Größe befand sich ab 1220 für *250 Jahre im Umbau*, indem romanische Teile durch gotische ersetzt wurden, bis letztlich eine vollständig gotische Kirche resultierte. Die Kirche war während des gesamten Umbaus und meist in Gänze betriebsbereit. Der Beginn des gotischen Umbaus resultierte aus der Konkurrenz zur bedeutenden Schwester in Canterbury.

Der *Umbau* lief in *vier verschiedenen Phasen* ab, vgl. Abb. 8.5.a: (a) das normannische Querhaus wurde durch ein frühgotisches (Lancet) ersetzt, (b) das Langhaus wurde durch einen Neubau in ein hochgotisches (Decorated) verwandelt und das achteckige Kapitelhaus wurde dabei angefügt, insgesamt von 1290-1360, (c) der Chor wurde in zwei Teilen umgebaut und erweitert (Perpendicular), (d) der Vierungsturm wurde erweitert und verstärkt und die Westtürme wurden angereichert, von 1420 bis 1474. Diese Bauphasen können an den verschiedenen Stilen abgelesen werden, s. Abb. 8.5.b. Somit steht die Kathedrale als Beispiel für die geschichtliche Entwicklung der

---

[2] Die Erläuterung fußt auf [A.Wi Yo]. Der Begriff „Minster" (deutsch Münster) steht in England für eine Kirche, die sich bereits in der angelsächsischen Zeit als Missionarskirche hervorgetan hat, es ist somit eine Art Ehrentitel. Obwohl die Kathedrale der Sitz des Erzbischofs ist, sind - wie oft bei gotischen Kirchen - Domkapitel und der Dekan die Betreiber der Kirche.

Gotik in England von Lancet bis Perpendicular. Sie steht auch als bekanntes Beispiel für das Nebeneinander verschiedener gotischer Stile in einer Kirche. Dennoch entstand ein harmonisches Ganzes.

Wir betrachten den *Aufbau* dieser Kirche später in Kap. 12 genauer und kommen auf den *Umbau* der romanischen zur gotischen Kirche als CAAD-Entwurf in Kap. 14 zurück[3]. Spätere Umbau-, Wiederaufbau- und Restaurierungsphasen nach Zerstörungen werden hier nicht diskutiert.

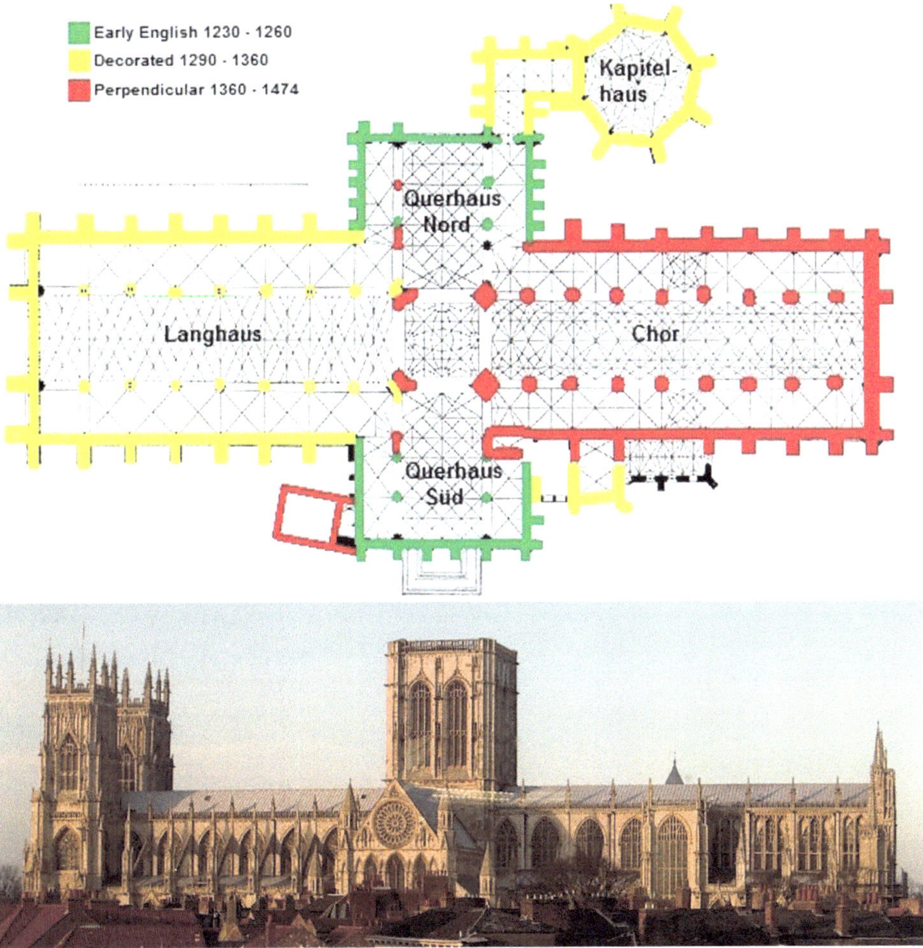

Abb. 8.5.a das Münster von York: eine normannische Kirche wird stückweise durch Gotik ersetzt[4], **b** Bild der gesamten Kathedrale von Süden

---

[3] Im Haupthaus unterhalb der Bodenplatte gibt es seine sehr schöne Ausstellung, die den Übergang von der letzten romanisch-normannischen Kirche zur jetzigen Kirche in 5 Stufen zeigt, in der Reihenfolge: Querhaus, Langhaus und Türme sowie Kapitelhaus, hinterer Teil des Chores, vorderer Teil des Chores mit Anschluss an die Vierung und Vierung selbst, wohl noch mit Verschönerungen von Vierung und Westfassade. Die Kirche blieb stets funktionsfähig.

[4] Grundriss nach Georg Dehio, eingefärbt nach Daten aus [A.CB 99]

Auch das Innere des Münsters spiegelt die verschiedenen Stilepochen wider. Abb. 8.6.a zeigt die frühgotische Hauptwand des Querhauses und die Nordfassade von innen, 8.6.b die Wand des hochgotischen Langhauses. Das Langhaus ist vom Rest der Kirche durch einen Lettner abgetrennt 8.6.c, wie in vielen englischen Kathedralen.

Abb. 8.6 York innen: **a** frühgotisches Querhaus, **b** hochgotisches Langhaus, **c** Lettner im Langhaus vor der Vierung

Klassifizierung der Kathedrale von York

Grobe Charakterisierung und Gemeinsamkeiten

Engl. Basilika, drei versch. Gotikstile: Querhaus Lancet, Langhaus u. Kapitelhaus Decorated, Chor in
zwei Teilen Perpendicular, inhomogen (auch wg. langer Bauzeit, s. Bem. am Schluss),
Hauptschiffe von Langhaus, Querhaus u. Chor ungefähr gleiche Gewölbehöhe, Seitenschiffe we-
sentlich niedriger und auch gleiche Höhe,
Langhaus, Chor und Querhaus etwa gleich breit,
Satteldach mit kleinerer und ungefähr gleicher Neigung auf allen Teilen (Langhaus, Querhaus,
Chor),
Westfassade oberhalb des Langhauses, d.h. Türme stehen oberhalb der Seitenschiffe,
alle Seitenschiffe des Langhauses, des Querhauses und des Chores mit Pultdach, flach geneigt, die
Dächer fallen nach außen ab.

Langhaus

3-schiffiges Langhaus aus 6 Jochen (weiteres längeres u. breiteres Joch für die Westfassade), Holz-
gewölbe, 3-stufige Langhaus-Hauptschiffwand (Arkaden, geschlossenes Triforium, Obergaden),
Haupthaus-Hauptschiff-Außenwand 2-stufig (Obergaden darunter verdecktes Triforium, der untere
Teil ist mit dem Seitenschiff verbunden),
Seitenschiff-Außenwände einstufig: Fenster mit Mauersockel,
Offenes Strebewerk ein Bogen, jeweils das Seitenschiff überbrückend,
Langhaus mit Holzgewölbe Kreuzrippen, mit zusätzlicher Verzierung durch Rippen.

Querhaus

3-schiffiges Querhaus aus 3 Jochen (neben der inneren Vierung) nach Norden und Süden,
Querhaus Hauptwand innen 3-stufig (Arkaden, romanisch/frühgotisches hohes Triforium, niedrige
Fensterreihe, außen 2-stufig,
Querhaus ohne Strebewerk,
Querhaus hat Holzdecke mit Netzgewölbe,
2 mittelschiffhohe Pfeiler (kleine Türme) an der Süd- und Nordfassade geben Stabilität,
Querhaus-Außenwand des Seitenschiffs einstufig: Fenster mit Mauersockel,
Nordfassade 3-stufiger Aufbau: Mauersockel, Lancet Fenster (5 Sisters), Lancet-Fenster nebenei-
nander in Dreiecksform, Nordfassade hat keine Türen/ Portale,
Südfassade ebenfalls 3-stufiger Aufbau: Fenster/ Portal, Lancet-Fenster, Rosette.

Vierung

kein Diensteverlauf in Vierung, Gurtbögen von Langhaus und Querhaus massiv verstärkt, mit meh-
reren Bögen ausgearbeitet, auf dicken Pfeilern ruhend,
Vierung viereckig, reich verziert, aufwändiges Gewölbe in der Vierung, vermutl. Holz,
Vierungsturm ist deutlich höher als Westtürme, mit großen gotischen Fenstern,
Vierungsturm ohne Haube.

Chor

Gerader (planer) Chorabschluss, Chor aus 2 Teilen, beide 3-schiffig,
erster Teil (Choir) 5 Joche incl. eines kleinen Querhauses, dieser Teil hat kein Strebewerk,
zweiter Teil (East End) drei Joche mit Strebewerk,
beide Chorteile so breit wie Langhaus,
riesiges Perpendicular-Fenster im Osten als Abschluss,
Chorabschluss im Osten mit Pfeilern an den Rändern mit Spitzen Türmchen),

Chor durch reich verzierten Lettner von der Vierung getrennt,
kleinerer Lettner trennt East End vom Hauptchor,
Hauptschiffwand 3-stufig (bis auf das kleine Querhaus im Chor, dort 2-stufig),
Netzgewölbe in beiden Chorteilen (vermutlich wieder Holz),
Alle Seitenschiff-Außenwände: Fenster mit Mauersockel, kl. Querhaus hat großes Fenster.

Westfassade

So breit wie Langhaus und Chor,
2 Türme integraler Teil der Westfassade (nicht neben dem Langhaus stehend),
die beiden Joche in den Türmen so breit und lang wie die anderen Hauptschiffjoche, Verstärkung nur außen, hauptsächlich fassadenseitig,
4-stufiger Aufbau der Westfassade bei den Türmen (Portalzone, 3 Fensterzonen), 3-stufig bei Hauptschiff(Portalzone Doppelportal, riesiges Fenster mit Flamboyant-Maßwerk, Dreiecksgiebel),
Türme ohne Hauben, Ecktürmchen,
3 Portale (Doppeltüren in der Mitte ins Hauptschiff, 2 Türen durch die Türme in die Seitenschiffe),
Türme stehen im Hauptschiff auf Säulen,
Doppelportal mit Wimpergen als Vorbau, reich verziert, „klassische Westfassade".

Weitere Charakteristika

Krypta unter Chor,
Kapitelhaus achteckig mit schönem Stern- und Netzgewölbe,
riesiges Fenster für Chor im Osten.

Gesamt

Die gesamte Kirche wirkt überaus harmonisch trotz der verschiedenen Baustile:
lange Bauzeit von 1230-1474, die Kirche steht separat „im Close",
überall gleiche Innenhöhe, Strebewerk im Haupthaus und im östl. Teil des Chores, sonst ohne Strebewerk,
Aufbau der Innenwände des Hauptschiffs, der Querschiffe, des Chores: 3-stufig, unterschiedlich,
Maßwerke nach Bauabschnitt: Lancet, Decorated, Perpendicular.

Alle Bauphasen unterschiedlich, normannische Kirche wurde stückweise ersetzt, blieb aber jeweils funktionstüchtig,
Von Struktur her eine der Kirchen in England, die noch etwas frz. Einfluss zeigen,
Baureihenfolge: Querhaus, Langhaus u. Kapitelhaus, östl. Teil des Chores, westlicher Teil des Chores und Vierung, nachträgliche „Verschönerung Türme, Vierungsturm.

Abb. 8.7 Klassifizierung der Kathedrale von York

8.4   Das Kapitelhaus von York als Zentralbau

Es gibt wenige *Zentralbauten* in der Gotik. Die Kapitelhäuser, die es in engl. Kirchen gibt, sind zwar keine ganzen Kirchen, aber dennoch interessante Beispiele für Zentralbauten. Deshalb soll auf das *Kapitelhaus von York* hier kurz eingegangen werden.

Es hat einen *achteckigen Grundriss*, wie auch das Kapitelhaus von Wells und Westminster Abbey. Das Kapitelhaus von Lincoln hat zehn Ecken. Ferner weist York eine aufwändige *Gewölbegestaltung* auf, mit einer Mischung aus Fächer- und Sterngewölbe. Das Gewölbe besitzt in der Mitte *keine Abstützung*, s. Abb.8.8.a.

Andere Kapitelhäuser mit Zentralbaustruktur, nämlich Lincoln, Westminster Abbey und Wells, haben alle eine *abstützende Säule* in der Mitte, vgl. Abb.8.8.b für das Kapitelhaus in Lincoln. Hier finden wir in der Mitte ein Fächergewölbe das auf Fächer von den Polygonecken trifft.

Der Vollständigkeit halber sei erwähnt, dass es eine solche polygonale Struktur mit acht Ecken auch in Batalha in Portugal gibt. Zum einen ist der Chor achteckig gestaltet, zum anderen gibt es eine quadratische Kapelle mit achteckigem Innenteil. *Polygonale Gewölbestrukturen* finden wir auch in den *Vierungen* englischer Kirchen, mit vier Ecken in Canterbury, Peterborough, Lincoln, etc. und mit acht Ecken in Ely. Auch hier gibt es wieder eine Beziehung nach außen, nämlich zum achteckigen Vierungsgewölbe in Burgos in Spanien.

Abb. 8.8.**a** Das Kapitelhaus von York ohne Mittelsäule und **b** das von Lincoln mit Mittelsäule

8.5 Englische Kathedralen und Unterklassen

Englische Kathedralen, allgemein

Die bereits am Ende des Abschnitts 8.2 beschriebenen Gemeinsamkeiten beschreiben die *Klasse der englischen Kathedralen*. Sie werden nicht wiederholt. Diese Gemeinsamkeiten lassen noch eine Fülle von Besonderheiten und Varianten zu, wie ebenfalls bereits beschrieben. Die Ähnlichkeiten innerhalb der Klasse der englischen Kathedralen sind somit nicht streng. Die Unterschiede, die ebenfalls bereits beschrieben wurden, zeigen, dass es eine reiche Formelvielfaltgibt. Im Folgenden nehmen wir deshalb nur noch Ergänzungen dieser Beschreibungen vor [A.Bi 06 und Bö 84].

Engl. Kirchen sind meist eine *Komposition selbstständiger Einheiten*: Langhaus, Querhaus, Chor, etc. Die Kirchen betonen eher die Aneinanderreihung als die Geschlossenheit eines Bauwerks. Die aneinandergereihten Teile haben in der Regel rechteckigen Grundriss (bis auf das Kapitelhaus) und entstammen *unterschiedlichen Phasen* (normannisch, frühgotisch, hochgotisch, spätgotisch, Tudorstil. Kirchen einer einzigen gotischen Epoche sind seltener (Bath Abbey, Cambridge Kings Chapel), solche mit verschiedenen Stilen häufig (in Canterbury findet sich alles).

Vage Unterklassen nach Stil, Struktur und Aussehen

Einteilung nach *Stil*: Es gibt normannische, frühgotische (Lancet), hochgotische (Decorated) und spätgotische (Perpendicular) Kirchen und solche im Tudorstil. Nur wenige Kirchen sind jedoch stilrein, somit sind auch hier die Ähnlichkeiten nicht strikt, da alle normannischen und alle frühgotischen Kirchen auch Stilelemente aus späteren Phasen enthalten. Sie sind also nur hauptsächlich normannisch, frühgotisch, etc. Es existieren nur wenige Ausnahmen von dieser Regel.

In diesem Sinne erkennbar *normannische* Kirchen sind Chichester, Durham, Ely, Norwich und Peterborough. Sie finden sich meist im Osten Englands. Hauptsächlich *frühgotische* Kirchen sind Lincoln oder Salisbury. Eine reine Kirche im Perpendicular-Stil ist Bath, eine im Tudorstil King's College Chapel.

Es gibt keine Unterklassen nach *französischem. Einfluss*, sondern nur Kirchen, denen man noch diesen Einfluss ansehen kann. Hier sind eigentlich nur Canterbury (Ostteil) und Westminster Abbey aufzuführen. Der Einfluss gilt hauptsächlich wegen des jeweiligen polygonalen Chores. Canterbury wurde durch die späteren Erweiterungen - großen neues Langhaus mit gedrungenen Westtürmen und mächtigem Vierungsturm - zu einer „englischen" Kathedrale.

Eine Einteilung kann nach der *Form* und dem *Ort* von *Türmen* vorgenommen werden: Etwa die Hälfte haben zwei Westtürme. Ansonsten kommt alles vor: keine Türme, nur Vierungsturm, Türme seitlich vom Haupthaus usw. Die meisten Türme haben keine Hauben und sind oben flach.

Eine weitere Einteilung kann nach der *Strebewerksform* vorgenommen werden: Es gibt Kirchen oder Kirchenteile ohne Strebewerke, solch mit einfachen oder verdeckten Strebewerken bis hin zu ausgestalteten Strebewerken. Das korrespondiert meist mit dem Alter dieser Kirche oder dieses Kirchenteils.

Geometrische und ästhetische Einzelcharakterisierungen

Hier gibt es verschiedene *Dimensionen* der Charakterisierung:

Der *Chor* ist lang, manchmal länger als das Langhaus, die gesamte Kirchen auch.

Die *Türme* sind nicht so hoch aber breit,

Manche Kirchen haben einen mächtigen *Vierungsturm* (82,5 Meter mit oben flachem Abschluss in Lincoln, 123 Meter mit spitzer Haube in Salisbury) der teilweise der einzige Turm ist (in Salisbury, Gloucester, etc.) oder in Kombination mit Westtürmen

(York, Canterbury, etc.)

Kirchen besitzen oft eine mächtige *Fassade*, manchmal breiter als die dahinter liegende Kirche (z.B. Durham, Ely vor Zerstörung des Nordturms), manchmal davorgesetzt (Lincoln). Die Fassaden sind figurenreich ausgestattet (z.B. Salisbury), selten die
Portale.

Einige Kirchen weisen eine starke Betonung der Fassadenbreite durch mehrere *Geschosse* und *Arkadenreihen* auf (Peterborough, Wells).

Bei einer zweitürmigen Westfassade findet sich in der Mitte der Westfront oft ein
großes Fenster (York, Canterbury, Westminster) oder eine *Reihe* von Lancet-Fenstern
(Wells).

Bei einer *Westfront ohne Türme* finden sich seitlich *zwei Türmchen* mit Spitzen. In
Lincoln liegt eine solche Westfront vor den Türmen, die dann nur oberhalb der Westfassade erscheinen.

Die Türme sind meist *haubenlos* und *flach* (Ausnahme z.B. Salisbury) und haben
Türmchen oder Zinnen am Plattformrand.

Betonung *wiederkehrender Elemente* in Reihe: 5 Sisters in Nordfassade des Querhauses in York, Reihen vieler Figuren in den Fassaden.

Im Osten oft die *Lady Chapel* als (manchmal nachträgliche) Ergänzung vorgesehen
(Salisbury, Lichfield, Exeter, etc.).

Reichhaltige *Gewölbestrukturen* im Inneren, von romanischen Kastendecken (Peter-
borough), Kreuzrippengewölben (viele, z.B. Salisbury), Fächergewölben (Exeter,
King's College Chapel Cambridge) bis hin zu raffinierten Netzgewölben (Oxford
Cathedral).

Kompakte Gesamtcharakterisierung

große Länge, geringe Gewölbehöhe, kraftvolles Aussehen

Betrachtet man die Länge historischer Kirchen der Welt, so finden sich unter den ersten
6 Kirchen, 5 gotische und englische[5]. Sie haben eine Länge von 170 bis 160 Metern
(Winchester, St. Albans, Ely, Westminster Abbey und Canterbury). Lediglich der Pe-
tersdom im Vatikan ist noch länger. Ein herausragendes Merkmal der *englischen Gotik*
ist also die *Länge der Kirchen*.

In der *Höhe fallen sie dagegen ab*. Die meisten englischen Kathedralen haben eine
Gewölbehöhe von 20 bis 26 Metern. Das ist nur gut die Hälfte dessen, was wir in Beauvais, Amiens und Köln mit über 40 Metern vorfinden.

Kirchen haben ein *kraftvolles Aussehen,* manchmal bis hin zu einer gewissen Derb-
heit (z.B. Durham). Die Säule/ Pfeiler sind dicker, die Arkaden niedriger, die Kirchen
sind weniger grazil als in Frankreich.

Die *vielfältigen Gestaltungen* in England heben sich ab von dem Streben hin zu der
hohen, grazilen, klassischen Kathedralform, die wir in Frankreich finden.

---

[5] s. Wikipedia 'List of largest church buildings in the world'

Die dominante Rolle der Gotik in England

Die mittelalterlichen Kirchen in England sind fast *ausnahmslos gotisch,* oft auch, weil sie aus normannischen nachträglich gotisch umgebaut wurden.

Die Gotik wird *verlängert* durch eine weitere Phase, die *Tudor-Gotik.* die es sonst nirgendwo gibt (in Spanien und Portugal wurde auch gotisch weitergebaut, aber auf eine völlig andere Weise).

Direkter *Übergang zur Neugotik,* es gibt *praktisch nur „gotische" Kirchen* in Großbritannien. Dies liegt daran, dass Stile wie Renaissance, Barock oder Klassizismus im England relativ selten auftreten. Diese Aussage gilt - etwas abgeschwächt - auch allgemeiner im angelsächsischen Raum.

Die *College-Architektur* in England und auch in den USA ist oft gotisch, meist aber neugotisch.[6]

---

[6]s. Robinson Meyer: How Gothic Architecture Took Over the American College Campus, The Atlantic, Sept 2013

9.1 Einordnung

Die Gotik ist heterogener

Die Beschreibung der Gotik ist hier anders als in den beiden letzten Abschnitten über Frankreich und England: In Frankreich finden wir hauptsächlich ein Hauptschema (eine Hauptklasse) für Kathedralen, von dem es Abweichungen gibt. In England ergaben sich verschiedene Schemata für Kathedralbauten oder Abteikirchen, die (fast) alle Basiliken sind und die nebeneinander Bedeutung haben. Wiederum anders ist die Situation im Hl. Römischen Reich. Hier stehen die verschiedenen Unterklassen (Kathedralen nach französischem Vorbild, Münster, Hallenkirchen und Kirchen der Backsteingotik) nebeneinander. Sie haben alle Bedeutung und sind nur bedingt miteinander verwandt.

Das *Hl. Römische Reich* entspricht nicht Deutschland oder dem heutigen Deutschland. Es gehörte dazu auch Böhmen, das heutige Österreich und Oberitalien, der Elsass sowie Lothringen und noch andere Länder[1]. Weitere Länder waren nicht Teil, ihm aber eng verbunden, z.B. slawische und andere östliche Gebiete. Der „deutsche" Kaiser sollte, nach der Goldenen Bulle[2], deshalb neben Deutsch und Latein auch Welsch (Italienisch) und Wendisch (Slawisch/ Tschechisch) verstehen. Das Hl. Römische Reich war also multinational, als Nachfolger des Frankenreichs Karls des Großen bereits in gewisser Weise auch europäisch. Der Leser sei sich bewusst, dass der Begriff der Nation viel später geprägt wurde. Die Verwendung des Adjektivs „deutsch" bei der Bezeichnung ‚Hl. Römisches Reich deutscher Nation' ist deshalb nicht ohne Probleme[3].

Der Stil der Münster, Hallen und der Backsteingotik-Kirchen wird mit dem Begriff *„Reduktionsgotik"* gekennzeichnet. Dieser Begriff bringt zum Ausdruck, dass der gotische Baustil im Hl. Röm. Reich Vereinfachungen gegenüber dem französischen Vorbild aufweist. Er ist andererseits aber missverständlich, weil die Gotik dort auch Verfeinerungen und weitere Raffinements gegenüber dem frz. Vorbild hervorgebracht hat. Auch der Begriff „*Deutsche Sondergotik*", der von Gerstenberg in 1913 [A.Ge 69] in einem Anflug nationaler Überhöhung geprägt wurde, wird verwendet, um die Besonderheiten der Gotik im Hl. Röm. Reich zu charakterisieren. Auch dieser Name ist zum Ersten unpräzise, da das Hl. Röm. Reich ein multinationaler Verbund war, wie bereits

---

[1] Wie z.B. Flandern/ Brabant oder Teile von Burgund. Die Zugehörigkeit wechselte auch über die Zeit, da sich das Gebiet des Hl. Röm. Reiches änderte.

[2] s. Wikipedia ‚Goldene Bulle'. Die Goldene Bulle (Name nach dem goldenen Siegel) war das „Grundgesetz des Hl. Röm. Reiches". Sie wurde unter Karl IV 1356 festgelegt. Im Kapitel 30 wird für die ersten Söhne der weltlichen Kurfürsten bestimmt, dass diese mehrsprachig zu erziehen sind, über entsprechende Aufenthalte in anderssprachigen Gebieten oder Hauslehrer. Karl IV war in Paris erzogen worden und deshalb darüber hinaus auch noch wohl vertraut mit dem Französischen.

[3] Wir vermeiden deshalb den oft gebrauchten Zusatz „deutscher Nation".

© Springer-Verlag GmbH Deutschland, ein Teil von Springer Nature 2019
M. Nagl, *Gotik und Informatik*, Die blaue Stunde der Informatik,
https://doi.org/10.1007/978-3-662-55518-7_9

festgestellt wurde. Zum Zweiten finden sich diese Sonderformen auch außerhalb des Hl. Röm. Reiches, in vielen Fällen wohl induziert durch Muster in diesem Reich. Zoe Opacic bringt in einem Aufsatz in [A.GO 07] zum Ausdruck, dass das Zeitalter der Hoch- und Spätgotik in ganz Europa zu neuen Formen und Strukturen geführt hat, neben den klassischen Formen in Frankreich.

Abb. 9.1 Übersicht: Gotik im Hl. Röm. Reich. Dieses umfasste Gebiete verschiedener heutiger Staaten und stand in enger Beziehung zu weiteren.

Romanik und erste Gotik

Wir haben den *Übergang von der Romanik zur Gotik* bereits besprochen, s. Abschnitt 2.4. Dort tauchten zwei Beispiele von vielen möglichen auf: der dritte Bamberger Dom (s. Abb. 2.4) mit seiner Beziehung zur Kathedrale von Laon wegen der Form der West-türme und der Limburger Dom (s. Abb. 2.5), der ebenfalls mit dieser Kathedrale ver-wandt ist, z.B. wegen der Anzahl von 7 Türmen, die auch für Laon geplant waren. Beide *Kirchen verbinden* in ihrer heutigen Erscheinung *beide Baustile*.

Wir hatten auch die enge Verbindung von Romanik und Gotik in dem Sinne besprochen, dass es viele Kirchen gibt, die romanisch begonnen und danach gotisch weitergebaut oder nachträglich verändert wurden. Es entstand so eine *gotische Kirche mit romanischen Teilen*, oft nur mit Mühe zu erkennen. Diesen Fall gibt es in Frankreich und England, aber auch überall sonst in Europa. Er ist fast der Standardfall. Dominante Beispiele haben wir in England kennengelernt, nämlich gotische Kirchen mit starkem normannischen Anteil.

Zu der Zeit, in der in Frankreich bereits gotisch gebaut wurde, entstanden noch *romanische Kirchen* im Hl. Röm. Reich, die aber bereits *Merkmale gotischer Kirchen* aufweisen, z.B. den 3-zonigen Hauptwandaufbau. Beispiele finden sich in Köln.

Die *Romanik behielt* im Hl. Röm. Reich ihre *Bedeutung* und *Wertschätzung*. Viele Kirchen blieben romanisch und wurden nicht umgebaut, z.B. die Kaiserdome, Kirchen in Westfalen oder im Rhein-Maas-Gebiet.

Die *ersten* rein *gotischen Bauten* im Hl. Röm. Reich finden wir in der Liebfrauenkirche Trier (1227-43) und der Kirche St. Elisabeth in Marburg (1235-83), vgl. Abb. 9.2. Die Liebfrauenkirche ist ein Zentralbau und St. Elisabeth ist eine Hallenkirche. Es ist erstaunlich, dass die Gotik im Hl. Röm. Reich mit diesen Sonderformen beginnt. Der Zentralbau ist in der Gotik im Hl. Röm. Reich und auch andernorts kaum anzutreffen. Hallenkirchen sind hingegen häufig, allerdings meist erst zur Zeit der Spätgotik. Typisch für die Gotik im Hl. Röm. Reich sind stattdessen Langhausbauten mit Basilikastruktur. Die Beispiele des Beginns der Gotik im Hl. Röm. Reich sind also recht untypisch, ihr Stil hat die Gotik dort somit nicht geprägt.

Wir erläutern nun in den folgenden Abschnitten die Hauptlinien gotischer Kirchen im Hl. Röm. Reich: Kathedralen, Hallenkirchen, süddeutsche Münsterkirchen und die Backsteingotik. Die Niederlande werden in einem eigenen Kapitel behandelt, wie auch (der nördliche Teil von) Italien, obwohl beide damals zum Hl. Röm. Reich zählten.

 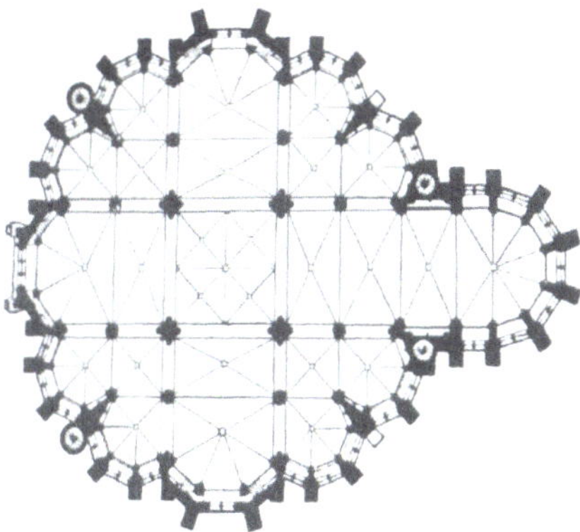

 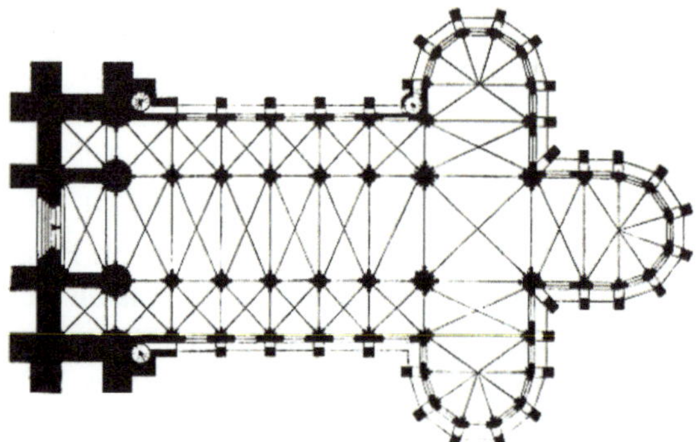

Abb. 9.2 a Liebfrauenkirche Trier Außenansicht und Grundriss, **b** Elisabethkirche Marburg
Westansicht und Grundriss

9.2 Kathedralen

Typische *Kathedralbauten nach französischem Vorbild* gibt es wenige im Hl. Röm.
Reich. Aufzuführen sind der Kölner Dom, der Regensburger Dom, der Straßburger
Dom[4] und der Veitsdom in Prag. Auf diese wollen wir kurz eingehen. Der Stephansdom
in Wien ist ebenfalls eine bedeutende gotische Kirche, die aber wenig Anleihen bei den
französischen Kathedralen nimmt.

Dom zu Köln

Der *Bau des Domes* zu *Köln*[5] [A.Wo 09, Sch 97] begann 1248, die Planungen hierzu
datieren 1225. Grundlage des Baus war, dass die Gebeine der Hl. Drei Könige aus Mailand[6] überführt worden waren, der Pilgerstrom zu groß und die alte romanische Kirche
zu klein wurde. Wir hatten bereits darauf hingewiesen, wie wichtig Reliquien und Pilger für die Finanzierung einer großen gotischen Kirche waren. Die Baugeschichte des
Domes ist auch die Geschichte der *etappenweisen Umwandlung* des letzten romanischen Vorgängerbaus zu einer neuen, gotischen Kirche.

Der erste *Bauabschnitt* von 1248 - 1322 widmete sich dem *Chor* und war geprägt
durch den Werkmeister Gerhard und durch Anleihen bei der Kathedrale von Amiens,
insbesondere was den Grundriss betrifft. Es entstand ein 5-schiffiger Chor, also mit
zwei Umläufen, wobei der zweite Umlauf in einen Kapellenkranz übergeht, s. auch

---

[4] Man beachte, dass Straßburg bis 1681 zum Hl. Röm. Reich gehörte (s. Wikipedia ‚Straßburg‘),
danach gehörte es zu Frankreich bzw. die Zugehörigkeit wechselte. Straßburg ist also eine europäische Stadt, was wohl der Grund dafür war, dass dort das Europäische Parlament angesiedelt
wurde.
[5] s. auch Wikipedia ‚Kölner Dom‘
[6] Sie wurden als Kriegsbeute geraubt und dem Bischof von Köln als dem Reichserzkanzler über-
geben.

Erläuterungen zu Reims. Die Weihe des Chores erfolgte 1322. Die Kirche war nutzbar, insbesondere zusammen mit dem Langhaus der romanischen Kirche.

Der zweite *Bauabschnitt* begann 1331 und zog sich hin, geplant war von Anfang an ein 5-schiffiges *Langhaus*. Ein Plan der Westfassade[7], entstanden 1280 oder 1350/60[8], gab eine gewisse Anleitung. Dieser sah durchbrochene Turmhauben vor, eher weniger typisch für eine französische Kathedrale[9]. Die beiden südlichen Seitenschiffe des Langhauses, etwa die Hälfte des *Südturms* der Westfassade und ein Viertel des Nordturms wurden bis 1530 fertiggestellt, bevor der Bau eingestellt wurde. Damit hatte man für das Langhaus eine Vorgabe. Diese fehlte – bis auf die Ostwand - völlig für das Querhaus. Abb. 1.6 zeigt den Zustand um 1530, der dann weitere über 300 Jahre bestand[10], Ab. 4.11.b gibt einen Schnitt durch das Langhaus wieder, Abb. 14.6 zeigt den Grundriss. Abb. 9.3 enthält die Ost- und Südwestansicht.

Abb. 9.3 Kölner Dom: **a** Chor von Osten, **b** Westwerk von Südwest

Wir übergehen die Phase von 1530 bis zum *Weiterbau* mit Restaurierung, da diese i. W. nur Stillstand bedeutete. *Ab 1848* beginnt eine neue Phase mit den maßgeblichen Architekten Zwirner und Schinkel. Das Westwerk wurde weitgehend nach dem alten

---

[7] Er wurde in zwei Teilen gefunden. Der erste und kleinere Teil (Nordturm) des über 4 Meter hohen und aus 20 Pergamentrollen zusammengesetzten Plans fand sich 1814 auf einem Speicher eines Gasthauses in Darmstadt. Der größere Teil (Mittelteil und Südturm) wurde 1816 in Paris bei einem Antiquar entdeckt.
[8] Die Fachwelt ist geteilter Meinung. Ein Lager schreibt den Plan der ersten Bauphase zu, nämlich etwa 1260 dem Dombaumeister Arnold, dem Nachfolger Gerhards. Das zweite und überwiegende datiert den Plan auf 1350/60, erstellt vom Dombaumeister Michael.
[9] Diese werden auch „deutsche" Türme genannt, da sie hauptsächlich im Hl. Römischen Reich auftauchen.
[10] Es gab später den Kölner Spruch „Wenn der Dom steht, geht die Welt unter".

Fassadenplan errichtet. Für die Seitenschiffe gab es bereits mit der Südseite eine Vorlage, ebenso für das Hauptschiff wegen der Wandgestaltung des Chores. Neu waren hingegen das Querschiff, das neugotisch mit Strebewerk - analog zum Strebewerk des Hauptschiffs - errichtet wurde[11]. Ebenfalls neu war der dem Kenntnisstand der Statik zum Ende des 19. Jahrhunderts entsprechende Dachstuhl aus Stahl. Dann begann etwas Erstaunliches. Der *Dom* wurde von 1848 bis 1880, *fertiggestellt,* also in einer relativ kurzen Zeitspanne.

Es gibt dafür im Wesentlichen *zwei Gründe*: (a) die nationale Bewegung im 19. Jahrhundert mit dem Glauben, dass die Gotik etwas Deutsches sei, und die Konkurrenz der Nationen um das schönste gotische Bauwerk. (a1) Die Bürger waren aber so zu motivieren. (a2) Der preußische König war im Rheinland nicht sehr beliebt und er wollte sein Ansehen verbessern. Also gab er einen wesentlichen Betrag zum Aufbau des Domes. (b) Es war erstaunlicherweise ein Franzose, der die Bewegung zur Fertigstellung des Doms zu Köln initiierte, nämlich Sulpiz Boisserée.

Wie konnte aus einer *Baustelle* letztendlich doch eine so *prächtige Kirche* entstehen. Es gab dafür wieder zwei Gründe. (i) Es fand sich der Bauplan für die Westfassade, wie bereits erwähnt. Dieser wurde ziemlich getreu Jahrhunderte später umgesetzt, lediglich die Türme wurden wohl aus statischen Gründen etwas massiver durch eine Vielzahl von Strebepfeilern. Einige weitere Teile der Kirche - z.B. das Mittelschiff und die Seitenschiffe des Langhauses - konnte man aus den bereits fertiggestellten Teilen ableiten. (ii) Es war ferner das Talent und das Einfühlungsvermögen der Architekten des 19. Jahrhunderts, die dafür sorgten, dass wir heute den Eindruck haben, dass der Dom den Zustand von etwa 1300 widerspiegelt.

Die Kirche wurde nach über 632 Jahren Bau- und Stillstandszeit im Jahre 1880 geweiht. Die Fertigstellung war dem Engagement des Domkapitels, des Dombauvereins und der finanziellen Beteiligung des Königs von Preußen und der Bürger zuzuschreiben. Dass trotz der *langen Bauzeit* ein letztlich so *harmonisch geschlossener Bau* entstand, ist dem Können und Fingerspitzengefühl der Architekten Zwirner und Schinkel geschuldet. Gotische Kirchen haben oft eine lange Bauzeit, der Dom zu Köln ist eines der extremen Beispiele. Der Dom hat eine reichhaltige Innenausstattung (Dreikönigsschrein, Chorgestühl, Altäre, Glasfenster, Gemälde, Skulpturen). Er ist mit 6 Millionen Besuchern pro Jahr das meistbesuchte Bauwerk in Deutschland.

Veitsdom in Prag

Wir fahren in unserer Erläuterung fort mit dem *Veitsdom in Prag*, weil dieser einige Parallelen zu Köln aufweist. Er hat eine große Bedeutung als Krönungs- und Grabeskirche der böhmischen Könige, die allerdings schon seinem romanischen Vorgängerbau zukam. Der gotische Neubau wurde durch Karl IV, König von Böhmen und Kaiser des Hl. Röm. Reiches, im Jahre 1344 in Auftrag gegeben. Prag war in diesem Jahr Erzbistum geworden.

---

[11] In den klassischen hochgotischen Kirchen in Frankreich waren vier „Stummeltürme" angelehnt an das Querhaus für die Statik mit verantwortlich.

Die Kirche folgte, wie auch Köln, dem *französischen Vorbild*. Erster Werkmeister zu Beginn des Baus war der Franzose Matthias von Arras, ab 1352 gefolgt von Peter Parler und seinen Söhnen. Die Familie Parler wird uns noch mehrfach als Gotik-Spezialisten im Hl. Römischen Reich begegnen.

Der böhmische König war als weltlicher Fürst auch *Kurfürst*, d.h. einer der Wahlberechtigten für den deutschen König und den Kaiser des hl. Röm. Reiches, und hatte als Erzschenk auch eine wichtige *Rolle im Reich,* ähnlich zum Bischof von Köln als Reichserzkanzler. Das mag einer der Gründe sein, dass die Entwicklung des Veitsdomes einen ähnlichen Verlauf nahm wie der Kölner Dom.

Der *Chor* hat eine ähnliche Struktur wie der in Köln und folgt dem französischen Vorbildern. Außerhalb des ersten Umlaufs findet sich auch hier ein geschlossener Kranz von Kapellen. Der Chor und auch der Grundstock eines mächtigen Turmes[12] westlich vor dem südlichen Querhaus war *bis 1420* fertig, s. Abb. 9.4.a. Der Chor weist ein *Parallelrippengewölbe* auf, man sieht daran, dass er später als der Kölner Dom gebaut wurde. Der Chor ist ein Musterbeispiel *lichter Gotik*, s. Abb. 9.4.b, das andersartige Gewölbe erzeugt einen neuen Eindruck.

Abb. 9.4 Veitsdom Prag: **a** Südansicht mit später entstandenem Turm, **b** Chor innen: viel Licht und mit neuem Gewölbe

Auch hier ging es nicht weiter. Es stand lediglich der Chor und der untere Teil des seitlichen Turmes. Erst ab 1851, also mehr als 430 Jahre nach dem Stillstand, begannen Überlegungen zur Weiterführung und Vollendung des Baus. *Ab 1861 begann* der *Weiterbau* geleitet durch Dombaumeister Kramer, später Mockler[13]. Erst 1929 wurde die vollendete Kirche, mit Querhaus, Haupthaus und Westfassade, geweiht. Diese folgen

---

[12] Dieser Turm gibt der Kirche eine zusätzliche Nord-Süd-Ausrichtung, die zur Stadt Prag hin gerichtet ist. Wir finden Ähnliches in Wien.
[13] Ist der Beginn des Weiterbaus 13 Jahre nach Köln ein Zufall? Vermutlich spielten auch hier Ehrgeiz und Konkurrenzüberlegungen eine Rolle.

wieder dem französischen Vorbild bis auf das neuartige Gewölbe der Schiffe und die wiederum durchbrochenen Turmhauben. Auch der Veitsdom besitzt eine überaus *reichhaltige Innenausstattung* und viele Besucher finden den Weg zu ihm.

Dom zu Regensburg

Der *Regensburger Dom*[14] fällt ebenfalls in die Kategorie der Kathedralbauten im Hl. Röm. Reich nach französischem Vorbild, weicht aber gegenüber den beiden bisher erläuterten Kirchen von Köln und Prag auch davon ab. Wie Köln hat auch Regensburg eine lange römische Vergangenheit und es gibt seit 739 bereits eine romanische Bischofskirche. Der Bau der 3-schiffigen gotischen *Basilika* begann - unüblich - im Westen. Dies erklärt, dass *nur der westliche Teil* nach der Vierung *dem klassischen Kathedralbau* folgt: Im Osten wurden bereits vorhandene romanische Teile verwendet[15] oder auf ihnen gegründet.

Abb. 9.5 Regensburg von außen aus Südosten: Romanische Teile erkennbar, einschiffiger hochgotischer Chor, Westteil klassisch hochgotisch, Querhausgiebel neugotisch

Der *Westteil* mit hohem Hauptschiff, 3-stufigem Wandaufbau und niedrigeren Seitenschiffen wurde ab 1273 bis 1442 errichtet, mit einer Neuplanung ab 1285 im Stil der frz. Hochgotik. Der *Chor* (einschiffig also ohne Umläufe, 2 große Fensterreihen übereinander, die obere Reihe beleuchtet das Triforium, seitlich finden sich auf einem Sockel links und rechts jeweils zwei Kapellen, die über Spitzbögen mit dem Hochchor verbunden sind) hat eine deutlich von der klassischen Chorform abweichende Struktur und wurde ab 1320 bereits genutzt.

Wie bei den beiden Vorgängerkirchen Köln und Prag ruhte auch hier (ab 1520) der Bau. Die Kirche war aber weitgehend fertig. Ab *1859 begann der Ausbau* der Türme (ein weiteres Stockwerk plus die durchbrochenen Turmhauben) und der südliche Querhausgiebel, alles mit etwas neugotischem Geschmack verziert. *1870* wurde der Dom nach über 600 Jahren Bau- und Stillstandszeit *vollendet*.

Straßburger Münster

Straßburg hat eine lange römische und auch fränkisch/romanische Geschichte. Das *Straßburger Münster*[16] steht an einem bedeutsamen Ort: Bereits 510 gab es hier eine

---

[14]s. Wikipedia ‚Regensburger Dom‘

[15] Z. B. wurde der romanische Eselsturm verwendet, er steht auch heute noch. Er heißt so, weil er dem Transport von Baumaterialien in die Höhe diente, der im Inneren über eine flache Steigung mithilfe von Eseln bewerkstelligt wurde.

[16]s. Wikipedia ‚Straßburger Münster‘

steinerne Kirche, die der Frankenkönig Chlodwig I errichten ließ. Damit begann seine fränkisch-deutsch-französisch-europäische Geschichte. Nach drei Erweiterungen/ Neuaufbauten dieser Kirche wurde *1176* mit dem Bau der *spätromanischen Kirche* (Chor und Querschiff, im Querhaus erste frühgotische Elemente) begonnen, die auch heute noch Teil des Münsters sind. Der östliche Teil hat also einen spätromanischen Grundriss, ähnlich zum Regensburger Dom (einschiffiger Chor, von seitlichen Kapellen gerahmt, er ist aber romanisch und hat nur ein einziges Fenster, ebenso taucht hier ein Vierungsturm auf).

Von 1245 bis 1275 wurde das 3-schiffige *Langhaus* als Basilika im aus Frankreich kommenden neuen *gotischen Stil* errichtet, ab 1277 begann der Bau der *Westfassade*. Baumeister waren Erwin von Steinbach und sein Sohn Johannes, Ulrich Ensinger und viele andere. Der Bau der Westfassade zog sich bis 1439 hin. Es wurde nur der Nordturm der als zweitürmig geplanten Fassade errichtet, mehrmals wurde die Fassade geändert. Berühmt ist die Fassade durch ihr *Schleiermaßwerk* vor den gotischen Fenstern und ihren bereits zur Zeit der Gotik - und nicht im Nachhinein - errichteten *durchbrochenen Turmhelm*.

Johann Wolfgang von *Goethe* und auch Victor *Hugo* bewunderten den *Münsterbau*. Goethe ließ sich sogar zu der falschen Ansicht verleiten, dass die Gotik eine deutsche Erfindung sei. Dieser Irrtum geisterte noch einige Zeit durch die Geschichte.

Abb. 9.6 a fein ziselierte Westfassade, **b** Hauptportal

Stephansdom in Wien

Der *Stephansdom* in *Wien* fällt als große Kirche aus dem Rahmen. Er ist kein Kathedralbau nach französischem Vorbild. Der älteste Teil ist das romanische Westwerk (das

später gotisch erweitert wurde). Danach begann der Chor, der wieder - ähnlich zu Regensburg - deutlich von dem Chor frz. Kathedralen abwich. Noch später kam das spätgotische Langhaus hinzu. Die größte Abweichung vom üblichen Schema ist der große spätgotische Turm als Querhausabschluss (der entsprechende Nordturm wurde erst um 1500 und nur zur Hälfte errichtet) und ein Teil des Langhauses als Halle, s. folg. Abschnitt.

Eine ähnlich starke Abweichung vom üblichen Kathedralschema weist der *Kaiserdom zu Frankfurt* auf, der eher als Hallenkirche oder als Zentralbau einzuordnen ist. Viele weitere Kirchen könnten hier noch beschrieben werden. Wir verzichten darauf aus Platzgründen.

Abb. 9.7 Stephansdom nach über 600 Jahren Bauzeit, andersartiger Grundriss

9.3 Münsterkirchen

Zur *Reduktionsgotik* werden auch die *Münster* von Ulm und Freiburg gezählt, die wir in diesem Abschnitt behandeln. Aber auch die Hallenkirchen und die Backsteingotik zählen dazu, auf die wir in den beiden darauffolgenden Abschnitten eingehen. Wir erörtern die Backsteingotik zuletzt, da sie sich in erster Linie nur durch das Baumaterial unterscheidet und verschiedene Bauformen zulässt, so z.B. auch Hallenkirchen. Auf die sog. Bettelordenskirchen, eine besonders reduzierte Form der Kirchen von Bettelorden (Franziskaner, Dominikaner u.a.) gehen wir in diesem Buch nicht ein, für eine Übersicht s. [A.Gi 39].

Ulmer Münster

Das Ulmer Münster[17] war nie eine Bischofskirche, sondern immer eine *Bürgerkirche*. Kein Bischof oder Landesherr hat die Finanzierung geleistet oder maßgeblich unterstützt. Das Münster wurde in verschiedenen Etappen von 1377 bis 1543 erbaut, später von 1843 bis 1890 noch einmal maßgeblich erweitert und umgeändert. Es ist die *größte evangelische Kirche* in Deutschland, kann bis zu 20 000 Besucher fassen, wenn diese

---

[17] Kurzcharakterisierung nach Wikipedia ‚Ulmer Münster‘, s. auch [A.Bö 11]. Der Begriff Münster wird in Deutschland ab dem 13. Jahrhundert synonym für Großkirchen verwendet. Vorher war er für Klosterkirchen gebräuchlich.

stehen, was im Mittelalter üblich war. Dies bei einer damaligen Größe der Stadt von etwa 10 000 Einwohnern.

Zuerst wurde der relativ niedrige Chor im neuen Stil errichtet, er hat kein Strebewerk. Der Chor besteht aus 5 Sektoren, die einen Halbkreis füllen. Er wird von zwei Türmen im Westen gestützt. Später kam das hohe und *5-schiffige Langhaus* mit 2-zonigem Hauptwandaufbau hinzu, mit einer Zwischenwand zwischen dem hohen Langhaus und dem niedrigeren Chor. Das Langhaus hat Basilika-Struktur, die niedrigeren Seitenschiffe wie auch der Chor werden durch *Netzgewölbe* geschmückt. Die Kirche besitzt *kein Querhaus*. Ein *großer Turm* steht inmitten der Westwand. Ein aufwändiges Strebewerk überbrückt die jeweils zwei Seitenschiffe im Norden und Süden. Die Kirche ist in großen Teilen eine Backsteinkirche, lediglich Pfeiler, Strebebögen, Turm und Teile der Außenwand bestehen aus Sandstein.

Abb. 9.8 Ulmer Münster: **a** Blick vom Süden auf Langhaus und Chor, **b** der gewaltige Turm entstand erst im 19. Jahrhundert

Das Münster besitzt auch heute noch den *höchsten Kirchturm* mit 161,5 Metern, der aber erst Ende des 19. Jahrhunderts von der damaligen Höhe von 60 Metern erweitert wurde. Das Gleiche gilt für zwei weitere Türme im Chor, die ebenfalls in dieser Bauphase erhöht und neugotisch verziert wurden. Auch das heutige Strebewerk stammt erst aus dieser Zeit.

Freiburger Münster

Das Münster in Freiburg[18] [A.Mi 18 u. Mi 15] hat ebenfalls eine lange Bauzeit, von 1200 bis 1513. Es war im gesamten Mittelalter die *Stadtkirche*, erst 1817 wurde sie zur Bischofskirche des neuen Bistums. Das Münster gehört nicht der Kirche, sondern Stiftungen der *Bürger*.

Abb. 9.9 Freiburger Münster: **a** Turm von 1330, **b** offene Turmspitze von Innen

Der *Umbau der Vorgängerkirche* begann mit dem spätromanischen, einschiffigen Querhaus, wie auch zwei Türmen hinter dem Querhaus zur Stabilisierung desselben und des kurzen Chores. Der zweite Bauabschnitt, der wiederum drei Unterabschnitte aufweist, fügte das gotische, hohe und 3-schiffige Langhaus und den großen Westturm hinzu sowie die gotische Erhöhung der romanischen Chortürme. Der dritte Abschnitt errichtete den hohen Chor mit Umlauf, zusätzlichem Kapellenkranz und mit aufwändigem Strebewerk, der erst 1536 beendet wurde. Die einzelnen Bauabschnitte können auch derzeit noch deutlich festgestellt werden.

Der bekannteste Teil des Münsters ist der mittige *Turm auf der Westseite* mit einer *Höhe von 116* Metern *bereits* im Jahre *1330*. Er war für eine längere Zeit der höchste Kirchturm und er ist der einzige und hohe, der noch *im Mittelalter vollendet* wurde. Der *offene Maßwerkturmhelm* verleiht ihm ein graziles Aussehen. Wir kommen auf die Konstruktion des Münsters später zurück.

---

[18] s. Wikipedia ‚Freiburger Münster' und Ergänzung Benedikt Schaufelberger: Wie die Freiburger Ihr Münster bauten, Faltblatt, Herder, Freiburg (2002). Der Bau wurde durch das Straßburger Münster beeinflusst.

Zwischen den Münstern von Ulm und Freiburg besteht eine Gemeinsamkeit. Beide Städte wurde im 2. Weltkrieg im Innenstadtbereich fast völlig zerstört. Die Luftbildaufnahmen zeigen nur Trümmerhaufen, die beiden *Münster blieben* aber weitgehend *erhalten* trotz der enormen Druckwellen durch das Bombardement. Dies als Nachtrag zur Stabilität gotischer Kirchen in Abschnitt 2.3.

Auch hier gibt es wieder eine Reihe weiterer bedeutender Kirchen im Hl. Röm. Reich und auch außerhalb, die eine detaillierte Erläuterung verdienen würden, z.B. das Berner Münster oder St. Nikolaus in Freiburg der Schweiz[19]. *Münsterbauten* gibt es in *verschiedensten Formen*, sie sind keineswegs immer Basiliken mit einem großen westlichen Turm, wie die beiden prominenten Beispiele, die wir hier diskutiert haben.

9.4 Hallenkirchen

Übersicht Hallen

Noch zahlreicher und weiter verbreitet sind die Hallenkirchen[20], insbesondere in der Spätgotik. Kennzeichnend für die Halle (auch für die Staffelhalle) ist, dass die inneren Schiffe keine Fenster besitzen, das Licht kommt ausschließlich von den Fenstern der äußeren Seitenschiffwände.

Bekannte Beispiele sind *St. Lamberti* in Münster, die *Wiesenkirche* in Soest (Abb. 9.10.a), beide fast so breit wie lang, typisch für Westfalen, *St. Martin* in Lauingen mit gleich breiten Schiffen, die *Heiligkreuzkirche* in Schwäbisch Gmünd, die *St. Annenkirche* in Annaberg (Abb. 9.10.b), letztere mit prächtigen Fächer-und oder/Sterngewölben.

Abb. 9.10 a Wiesenkirche in Soest, geordnet, **b** St. Anna in Annaberg, üppig

---

[19] Wikipedia ‚Münster‘ enthält eine lange Liste von Münstern, z.T. bereits aus romanischer Zeit aber hauptsächlich aus gotischer Zeit, auf die wir hier nicht eingehen können.
[20] s. Wikipedia ‚Hallenkirche‘ und ‚Liste der Hallenkirchen‘

St. Sebald in Nürnberg

Bekannte Hallenkirchen finden sich auch in Nürnberg mit St. Sebald und St. Lorenz. Genauer betrachtet, haben beide Hallenchöre als Anbau/ Erweiterung romanisch/ gotischer Basiliken. Wir gehen hier auf *St. Sebald* etwas genauer ein. Abb. 9.11.a und b zeigen den Hallenchor von außen und innen (Abb. 13.3 den Grundriss).

Es handelt sich um einen 3-schiffigen Chor mit nahezu quadratischen Jochen fast gleicher Größe mit einem polygonalen Abschluss. Die beiden Seitenschiffe gehe in einen Umlauf über. Die Kirche hat außen nur wandverstärkende Pfeiler. Innen fallen die hohen Säulen ohne Kapitelle auf, deren Halbsäulen direkt in das Gewölbe übergehen. Durch die sehr hohen Wand- und Chorfenster wirkt die Kirche sehr licht.

Abb. 9.11.a Bild St. Sebald außen: romanisch mit Gotik **b** Hallenchor innen

Glashaus in Aachen

Der *hochgotische Chor* des Aachener Doms [A.Wi AC] entstand als Erweiterung des karolingischen Zentralbaus (vgl. Abb. 1.2), weil dieser Bau die Vielzahl der auswärtigen Pilger nicht mehr zur Messe und zur Wallfahrt aufnehmen konnte. Der Chor ist eine einschiffige Halle, die wegen der enormen Fläche der Fenster und dem „Verzicht" der Wände auch *Glashaus* genannt wird, s. Abb. 9.12, Bauzeit 1355 bis 1414. Vorbild dieses Chorbaus ist die Sainte Chapelle in Paris.

Abb. 9.12 Einschiffige Halle, Glashaus in Aachen: **a** Außensicht, **b** Innensicht

Der Chorbau besteht aus zwei Jochen und einem darauffolgenden polygonalen Chor aus 9 Segmenten, er ist 25 m lang, 13 m breit und 32 m hoch. Abb. 9.12 zeigt die Sicht von außen und das Gewölbe von unten. Im Gegensatz zur Ste. Chapelle hat die Chorhalle keine Unterkirche.

Weitere Hallen

Neben der schon unüblichen einschiffigen Halle sollen noch zwei weitere Beispiele angeführt werden, die durch ihre ungewöhnliche Form auffallen. Das erste Beispiel ist der *Dom der heiligen Barbara* in Kutna Hora (Kuttenberg) in Tschechien, s. Wikipedia ‚Dom der Hl. Barabara'. Der Ort war durch Silberminen und Münzenprägung reich geworden. Der Bau begann 1403 nach einer Planung zweier Werkmeister aus der Parler-Dynastie (später auch Änderungen durch Prager Architekten Rejsek und Ried) und dauerte bis 1512, mehrmals unterbrochen durch Hussitenkriege und Geldmangel. Ende des 19. Jahrhunderts gab es wie an so vielen Orten eine weitere Bauphase, die zur heutigen Gestalt führte.

Das Langhaus ist eine *5-schiffige* Kirche, die in einen Chor mit Umgang übergeht. Es handelt sich um eine *Emporenhalle*: Oberhalb der Arkaden der Mittelschiffwand befindet sich ein zweites Geschoss, dessen Gewölbe mit dem Gewölbe des Mittelschiffs eine 3-schiffige Halle bildet. Zwei weitere tiefere Seitenschiffe werden durch ein Strebewerk überbrückt. Das Äußere der Kirche besticht durch sein reichhaltiges Strebewerk und drei ungewöhnliche Zeltdächer über Chor und Langhaus, vgl. Abb. 9.13.a.

Abb. 9.13 a: Barbaradom von außen, **b** Hallenkirche im Hieronymuskloster Lissabon

Das zweite Beispiel - außerhalb des Hl. Röm. Reiches aber eben eine Halle - findet sich im Hieronymuskloster in Lissabon, s. Abb. 9.13.b. Die Klosterkirche ist eine 3-schiffige spätgotische Halle, deren reich verzierte Pfeiler und Netzgewölbe der Halle einen ungewöhnlich leichten Charakter geben. Das Beispiel soll auch darauf hinweisen, dass es gotische Hallen überall in Europa gibt, auch unter den Backsteinkirchen, die noch besprochen werden.

9.5 Backsteingotik

Übersicht

Die Backsteingotik [A.Bö 88, Eu 18, Wi BG] ist nicht auf das heutige Deutschland beschränkt, auch nicht auf das Gebiet des Hl. Römischen Reiches: Der kulturelle und politische Austausch und damit die *Verbreitung der Backsteingotik* wurde hauptsächlich durch die *Hanse*[21] [A.Wi Ha] vorangetrieben, ein Handelsverbund, der von den Westniederlanden und über das heutige Deutschland und Polen zu den baltischen Staaten bis nach Tallin in Estland reichte und darüber hinaus auch nach Skandinavien. Die Hanse hatte ihre Blütezeit von 1250 bis 1400, also mitten im Zeitalter der Gotik. Dieses Gebiet der Hanse umfasste insbesondere die Städte um die Ostsee, aber auch viele Städte weiter innen im Land sowie entlang der Küste der Nordsee in Deutschland, den Niederlanden und auch Belgien. Ein weiterer Faktor für die Backsteingotik war - insbesondere im heutigen Polen und den Baltischen Staaten - der nicht gerade friedlich agierende *Deutschherrenorden* [A.Wi DO], der über seine Machtergreifung auch die Christianisierung vorantrieb und gotische Kirchen errichtete.

Abb. 9.14 Backsteingotik: **a** Halle Sandkirche Breslau innen, **b** St. Anna, Vilnius, einschiffige, spätgotische Kirche außen

In den Gebieten der Backsteingotik gab es *keine* auskömmlichen *Sandsteinvorkommen*. Dies führte zur Verwendung von *Ziegeln* als *Baumaterial*. Da Ziegel weniger Fes-

---

[21] Die Hanse war keineswegs nur ein Handelsverbund. Ihre Gebiete bildeten einen ziemlich einheitlichen Kulturraum, wieder multinational im heutigen Sinne, mit ähnlichem Aufbau der Städte.

tigkeit als Sandstein aufweisen, müssen die *Mauern* der Wände, Pfeiler und Türme dicker ausgeführt werden. Das andere Baumaterial hat somit großen Einfluss auf Strukturen und Formen. Andererseits hat die Backsteingotik auch andersartige Zierstrukturen hervorgebracht. Wir finden in der Backsteingotik *alle gotischen Baumuster* wieder, Basiliken, Hallen und auch Zentralbauten (z.B. die Gertrudenkapelle in Wolgast).

Wir beschränken uns für die Erläuterung der Backsteingotik auf wenige Beispiele, die hauptsächlich die Breite der Formgebung skizzieren sollen. Die Sandkirche in Breslau ist eine lichtdurchflutete *Hallenkirche*, vgl. Abb. 9.14.a. Die Abb. 9.14.b zeigt St. Anna, eine *einschiffige* Kirche im *spätgotischen Flamboyantstil* in Vilnius, Litauen.

St. Marien in Lübeck

Das Beispiel, das wir hier gründlicher erläutern wollen, ist die *Basilika* St. Marien in Lübeck. St. Marien[22] gilt als eine Art *Mutterkirche* der Backsteingotik. Sie ist gleichzeitig eine Kirche *imposanten Ausmaßes*. Sie besitzt mit 38,5 m das höchste Backsteingewölbe und hat zwei mächtige Türme mit 125 m Höhe, vgl. Abb. 9.15. Wie die anderen der großen Backsteinkirchen ist sie eine Basilika. Nach den Türmen folgen ist Ostrichtung 9 Joche und danach der Chor.

Abb. 9.15 St. Marien in Lübeck, eine mächtige Basilika

Backsteinbauten entstehen ab dem 13. Jahrhundert, hauptsächlich in Form von Hallenkirchen ohne Strebewerk, oft mit Einsatzkapellen. Basiliken sind seltener, bei den großen Kirchen aber häufig vertreten. In vielen Fällen wurden Basiliken in Hallenkirchen umgebaut. Der umgekehrte Fall - eine bestehende Halle wird in eine Basilika umgewandelt - ist selten. Bei St. Marien war dies jedoch der Fall.

Einfache Bauten gibt es bereits in der Frühgotik; in der Spätgotik sind sie z.T. sehr groß. Zierformen (Maßwerk, Fensterrose, Kapitelle, Wimperge etc.) werden durch sog. Formsteine realisiert., Friese durch Terrakottaplatten, tiefe Portale und Fenster durch Staffelung von Formsteinen. Die Mauern sind nicht so stark durchbrochen, die Fenster kleiner (Statik), weitere Gewölbeformen treten auf.

Backsteinkirchen gibt es auch *anderswo*: in Süddeutschland, z. B. Frauenkirche in München, in Frankreich, z.B. Kathedrale von Albi, (1282-1390), die Kirche der Jako-

---

[22] s. Wikipedia ‚Marienkirche Lübeck'

biner in Toulouse, bis nach Galizien. Auf der anderen Seite Europas finden sich Backsteinkirchen auch im heutigen Südostpolen bzw. der heutigen Ukraine. Die Backsteinkirchen der Niederlande und belgisch Flanderns besprechen wir im folgenden Kapitel.

9.6 Zusammenschau

Weniger Gemeinsamkeiten und Wettbewerb

Die Kirchen dieses Kapitels zeigen weniger Gemeinsamkeiten als die der beiden vorangehenden Kapitel: Während in *Frankreich* die Stile der Kathedralen in Richtung Gemeinsamkeiten - die klassischen französischen Kathedralen - drängen und wir in *England* viele Variationen des Themas Kathedralen finden, zeigen sich im *Hl. Röm. Reich* vier *verschiedene Baumuster*: Kathedralen mehr oder minder stark beeinflusst von ihren Vorbildern in Frankreich, Münsterkirchen, Hallenkirchen und auch Backsteinkirchen, letztere wieder in Form von Basiliken, Hallen oder Zentralbauten [A.Bö 88, Eu 18]. Für alle diese Formen gibt es zudem noch eine beachtliche Variationsbreite.

Wir haben die wichtigsten *Kathedralen* (Dome) und *Münsterkirchen* kennengelernt, einige der *Hallen* und auch nur einige der bekannten *Backsteinkirchen*. Dieses Buch ist keine Konkurrenz zu den umfassenden Werken der Baukunst und der Baustilkunde.

Wie in Frankreich oder in England gab es auch im Hl. Röm. Reich den *Wettbewerb* der Regionen um die größte und prächtigste Kirche. Aufgrund der stärkeren Verschiedenheit des Hl. Röm. Reiches gab es verschiedene Wettbewerbe, um die größte *Kathedrale* (Köln, Prag, etc.), in Konkurrenz zu den französischen Kathedralen, um die schönste *Münsterkirche* (Freiburg, Ulm, etc. angeregt durch das Straßburger Münster), um die prächtigsten *Hallen* und um die mächtigsten *Backsteinbauten* im Norden und auch in den östlich davon liegenden Gebieten, die nicht zum Hl. Röm. Reich zählten.

Höhen und Bauzeiten

Diesen Wettbewerb gab es nicht nur beim Bau, sondern auch bei *Weiterbau und Vollendung*. Ihm verdanken wir die Fertigstellung des Kölner Domes, des Veitsdoms in Prag, des Regensburger Domes aber auch das Streben nach dem höchsten Turm.

Den Wettbewerb um den höchsten gotischen Turm markieren die Daten:
1330 bis 1640 Freiburger Münster mit 116 m
1647-1874 Straßburger Münster 142 m
1880-1890 Kölner Dom 157,4 m
1890 bis heute Ulmer Münster mit 161,5 m

Auch was *lange Bauzeiten* inklusive der Zeiten des Stillstands anbetrifft (ohne spätere Restaurierungen) fallen Köln, Prag und Ulm aus dem sonst üblichen Rahmen: Köln mit 632 Jahren, der Veitsdom in Prag mit 585 Jahren und das Münster in Ulm mit 513 Jahren. Dies sind nur einige, aber besonders spektakuläre Beispiele.

Vier der in diesem Kapitel erörterten *Kirchen greifen wir* später in Teil III, der den CAAD-Konstruktionen gewidmet ist, *wieder auf*, nämlich den Kölner Dom, das Freiburger Münster, den Hallenchor von St. Sebald in Nürnberg und die Backsteinkirche St. Marien in Lübeck.

Nach den Abschnitten über gotische Kirchen in Frankreich, England und im Hl. Röm. Reich stehen wir nun vor der schwierigen Frage, ob die Besprechung in Form eines eigenen Kapitels mit allen weiteren Ländern so fortgesetzt werden soll. Das ist aus Platzgründen leider nicht möglich. Wir besprechen die Bauwerke in diesen anderen Ländern deshalb kürzer, hauptsächlich unter dem Aspekt, die Unterschiede zu den bisher erläuterten herauszuarbeiten.

10.1 Niederlande und nördliches Belgien

Im *Gebiet* Niederlande, Flandern, Brabant finden sich viele bemerkenswerte gotische Kirchen. Dieses Gebiet weist *Einflüsse* auf aus Frankreich, aus dem Hl. Röm. Reich, dem es zu dieser Zeit angehörte, und aus England. Besonders erwähnenswert sind die Verbindungen und die Einflüsse der Hanse, dem die Küstenstädte meist angehörten, von Groningen bis Brügge.

Die Kirchen weisen zahlreiche *Erweiterungen* auf, des Chores durch seitliche Kapellen oder der Kirche durch Anbauten. Wir finden Kirchen aus Sandstein, Backstein oder solche, die beides verbinden. Wir finden auch oft Holzdecken oder aus Holz nachgebildete Gewölbe, was die Statik wesentlich erleichtert. Wie in vielen Backsteinkirchen der Hanse gibt es Zuganker aus Holz, die oft als Auflager für die Decke fungieren.

© Springer-Verlag GmbH Deutschland, ein Teil von Springer Nature 2019
M. Nagl, *Gotik und Informatik*, Die blaue Stunde der Informatik,
https://doi.org/10.1007/978-3-662-55518-7_10

Abb. 10.1 a Delft: Nieuwe Kerk, **b** Leiden: Pieterskerk, **c** s'-Hertogenbosch St. Johannes-Kathedrale

Wir beschränken uns hier auf wenige Beispiele: Abb. 10.1.a enthält ein Bild der *Nieuwe Kerk in Delft*, eine Backsteinkirche zu großen Teilen mit einem großen Turm im Westen und Holzgewölbe, die auch die Grabeskirche des niederländischen Königshauses ist. Abb. 10.1.b zeigt die *Pieterskerk in Leiden* von innen, eine turmlose Backsteinkirche mit 3-schiffigem Langhaus, polygonalem Chor und einschiffigem Querhaus. Den größten Einfluss klassischer Gotik weist die *St. Johannes-Kathedrale in Hertogenbosch* auf, wie man dem Blick von Osten aus Abb. 10.1.c entnehmen kann. Sie besitzt aber auch einen mächtigen Vierungsturm und einen noch höheren Backsteinturm im Westen. Die wenigen Beispiele zeigen bereits die Vielfalt der Strukturen.

10.2 Italien

Die Gotik in Italien hätte eigentlich im letzten Kapitel abgehandelt werden müssen, da die bekannten Bauten alle in Norditalien stehen und dieses zum Hl. Römischen Reich gehörte, wenn auch die kulturelle Bindung loser war als zu anderen Teilen. Da aber die *Gotik in Italien* eine *andere Ausprägung* besitzt, behandeln wir sie hier. Wir erinnern uns: Die Gotik war in Italien weniger beliebt. Dies war nicht nur die Einzelmeinung von Georgio Vasari, die zu dem abfälligen Namen „Gotik" geführt hat. Zwar gibt es bekannte Beispiele für die Gotik, etwa den Mailänder Dom, die Dome von Bologna und Florenz. Die Anzahl großer gotischer Kirchen ist jedoch nicht mit dem Raum nördlich und westlich der Alpen vergleichbar.

Gotische Kirchen in Italien haben zudem eine *andere Struktur* [A.Wi Go], Abschnitt Italien): Man verzichtet auf schmale, in die Höhe strebende Räume, auf großflächige Durchbrüche in den Wänden mit Maßwerkfenstern, auf offenes Strebewerk, auf reichen Bauschmuck durch große Figurenportale, und auf Westfassaden mit Doppeltürmen. Typische Baumaterialien sind Backsteine und Marmor.

Die Zisterzienser brachten die Gotik nach Italien. Unter diesen Einflüssen wurde mit S. Francesco in Assisi die italienische Gotik und auch die Bettelordensarchitektur begonnen. Die Bauplastik wurde reduziert, die großflächigen Wände mit Fresken gestaltet, s. Abb. 10.2.a. Romanische Dome wurden gotisiert (Siena, Padua).

Ab 1390 entstand die 5-schiffige *Basilika San Petronio in Bologna*, ein riesiger Bau von 132 m Länge und 45 m Gewölbehöhe. Die Basilika besitzt einen klar gegliederten Innenraum, typisch für die italienische Gotik. Sie ist eine Backsteinkirche mit einer unvollendeten und nur teilweise verkleideten Fassade, vgl. Abb. 10.3.a. Über viele Jahrhunderte hinweg wurde an dieser Kirche gebaut und erweitert.

Ab 1387 begann durch den Stadtherrn Visconti, dem späteren Herzog von Mailand, der *Bau des Mailänder Dom*s, der erst etwa 1890 fertiggestellt wurde [A.Wi MD]. Zunächst war eine 3-schiffige Kirche geplant, die später auf eine 5-schiffige erweitert wurde. Der Bau wuchs in die Höhe, das Mittelschiff hat eine Gewölbehöhe von 46,8 m. Der Grundriss ist nicht unähnlich zu dem des Kölner Doms, obwohl der Mailänder Dom im Inneren und auch Äußeren völlig anders gestaltet ist.

Um diese Gestalt des Domes wurde *viel und lange gestritten*, er sollte gotisch aber nicht zu gotisch (deutsch) werden. Das galt insbesondere für den Vierungsturm aus dem 15. und 16. Jahrhundert und die Westfassade, an der vom 14. bis zum 19. Jahrhundert gestaltet wurde. Dennoch entstand eine Kirche, die als die gotischste und größte Italiens gilt. Man zog auch Baumeister aus Frankreich und aus Deutschland zu Rate (s. den Dialog über Statik, über den wir bereits in Abschnitt 3.2 berichtet haben, s. auch die Reaktion Heinrich Parlers, der sich gekränkt vom Baubetrieb zurückzog, da sein Vorschlag zur Erhebung des Mittelschiffs als zu unitalienisch abgelehnt worden war). An der Gestalt

Abb. 10.2.a Oberkirche S. Francesco in Assisi, **b** Westfassade des Doms zu Mailand

des Äußeren und der Westfassade wurde bis 1813 gebaut, in eine Mischung aus Gotik, Renaissance, Barock sowie Neugotik.

Nachdem ein Vorschlag im 17. Jahrhundert von C. Buzzi, die Westfassade[1] mit zwei seitwärts begleitenden Türmen zu versehen, die die gleiche Höhe wie der Vierungsturm erreichen sollten, nicht realisiert wurde, gab es später *Versuche der Romantisierung* und nationalen Überhöhung (im 20. und 21. Jahrhundert angeblich auch von Mussolini), durch große Türme an der Westfassade die Bedeutung des Bauwerkes zu unterstreichen, die jedoch glücklicherweise unterblieben.

So entstand trotz der vielen Diskussionen unter den Mitgestaltern ein *harmonisches und überaus prächtiges Bauwerk*. Es konkurriert mit der Kathedrale von Sevilla um den Titel, die größte gotische Kirche zu sein. Jeder Besucher Mailands sollte einen Spaziergang über die Dächer des Domes einplanen. Die Vielfalt und der Formenreichtum der Figuren und der Strebewerke aus Marmor sind überwältigend. Von der Straßen- und Platzhöhe ist diese Pracht kaum zu sehen.

Das Langhaus ist ein „Mittelding" aus *Staffelbasilika* (wie Bourges) *und Staffelhalle*, wegen der relativ kleinen und im Inneren kaum zu sehenden Fenster der Haupt- und Nebenschiffwände. Mächtige und hohe Säulen tragen die Arkaden, oberhalb befinden sich nur die kleinen Obergaden. Auch die Westfassade ist eine wohlgestaltete Mischung der bereits erwähnten Baustile.

Abb. 10.3 Sonderstil: **a** unvollendete Fassade Basilika San Petronio, Bologna, **b** dekorative Flächen in der Kathedrale von Florenz

Wir finden in der Gotik in Italien somit *andere Stilausprägungen* (wie dies ähnlich zur Zeit der Romanik auch bereits der Fall war, wo eine Reihe von regionalen Sonderformen entwickelt wurden), die wir sonst nirgendwo wiederfinden: Andere Grundrisse (z.B. Florenz), kontrastreiche, farbige Außenstrukturen (Florenz Abb. 10.3.b, Siena), Kirchen ohne Türme (Bologna, Mailand), innen ausgemalt, außen kontrastreich durch

---

[1] Er ist wohl dennoch derjenige, der den größten Einfluss auf die Gestalt der Westfassade genommen hat.

unterschiedlich helle Materialien, mit wenig Strukturen und Figuren (S. Francesco, Assisi, Dom zu Orvieto), Holzdecken anstelle von Gewölben (Dom Orvieto) etc. Der Gesamteindruck dieser Kirchen ist deutlich anders als derjenige der bisher erläuterten außerhalb Italiens.

10.3 Spanien und Portugal

Spanien

Die Zeit der Gotik in Spanien [A.CP 88] begann nach Siegen über die Mauren (zweite Phase der Reconquista, d.h. der Wieder- oder Rückeroberung der Gebiete von den Mauren) ab 1212. *Gotische Kirchen* wurden und werden somit in Spanien insbesondere als *religiöses* und politisches *Symbol* des Christentums verstanden.

Trotz des großen Gegensatzes zwischen *Mauren und Christen*, gibt es auch Zeichen der *Zusammenarbeit*[2]: Wir finden (i) vereinzelt auch maurische Stilelemente und Einflüsse in den Kirchen, manchmal wurden (ii) sogar maurische Teile von Moscheen übernommen (der Turm in Sevilla, der größte Teil der Kirche von der Moschee in Cordoba) und (iii) die maurischen Baumeister wurden wegen ihrer Kunstfertigkeiten geschätzt und für christlichen Bauten eingesetzt.

Wie auch sonst außerhalb Frankreichs begann die *Gotik später*, etwa zum Ende des 13. Jahrhunderts. Typisch ist auch, dass viele Kirchen spätgotische Elemente enthalten und vielerorts auch solche der Renaissance. Wie überall, wurde an gotischen Kirchen lange gebaut und es wurde auch in einer deutlich späteren Zeit noch gotisch gebaut. Man spricht in Spanien auch von der Epoche der Nachgotik[3]. Zu erinnern ist noch, dass der Süden bis fast 1400 muslimisch war, dort die Gotik somit noch später begann. So finden sich im Süden hauptsächlich spätgotische Kirchen.

In Spanien finden sich *wuchtige gotische Kirchen*: Die größte gotische Kirche Spaniens (und auch die größte weltweit) ist die *Kathedrale von Sevilla* (1401-1519, s. Abb. 10.4.a), danach kommen Segovia (1525-1558) und Burgos (1221-1567). Die erstere ist 5-schiffig mit zusätzlichen Einsatzkapellen auf beiden Seiten, einem einschiffigen Querhaus und offenem Dach (das Gewölbe ist das Dach). Der Turm der maurischen Moschee dient als Turm der Kathedrale.

Die früh- bis hochgotische *Kathedrale von Leon*[4] (1225-1302, bzw. 1439 für Ergänzungen und Erweiterungen z.B. die später erbauten Westtürme) - nach dem Bild der Kathedrale von Chartres, Reims oder Bourges - folgt dem *französischen Vorbild*. Wir sehen dies am deutlichsten, wenn wir das Hauptschiff von innen betrachten, 3-stufiger Hauptwandaufbau, große Obergadenfenster, beleuchtetes Triforium, s. Abb. 10.4. b.

---

[2] Zu erinnern ist auch an das doch recht friedliche Zusammenleben von Mauren, Christen und Juden in Südspanien bis zur Reconquista und auch an die große Bedeutung der Wissenschaft in diesem Gebiet. Das Wissen aus der Antike und auch aus Arabien wurde über Südspanien nach Europa transportiert.
[3] Nicht zu verwechseln mit der Neugotik des 19. und 20. Jahrhunderts.
[4] s. Wikipedia ‚Kathedrale Leon'

Abb. 10.4 wuchtige Kathedralen **a** von Sevilla und **c** Segovia, hier nur der Chor, **b** französischer Aufbau innen in Leon, **d** spätgotische Vierung in Burgos mit maurischen Elementen

Die *Kathedrale von Burgos* (hoch- und spätgotisch, 1221 - 1260, folgt dem Beispiel der Gotik der Normandie nicht der Isle de France (nach 180jähriger Pause 1440 – 1567 fertiggestellt, Abb.10.4.d), weist viele spätgotische Dekorationen auf und auch Elemente des Übergangs zur Renaissance, s. etwa die Ausgestaltung der Vierung mit maurischen Elementen. Später wurden weitere Ergänzungen vorgenommen, sogar in barocker Bauweise. Viele Anbauten (Kreuzgang, erzbischöflicher Palast, Einsatzkapellen neben den Seitenschiffen) erschweren die Gesamtschau. Zwei Besonderheiten kennzeichnen das Bauwerk: der mächtige Vierungsturm und die Westfassade mit durchbrochenem Turmhelm[5].

---

[5] Ersterer geht wohl auf den gotischen Baustil in der Normandie zurück, die Westfassade ist von der Baudynastie Hans, Sohn Simon und Enkel Franz von Köln beeinflusst bzw. gebaut. Der durchbrochene Turmhelm, manchmal als „deutscher" Turm bezeichnet, verrät den Einfluss des Hl. Röm. Reiches.

Aufgrund der langen Bauzeit und regionaler Einflüsse entwickelten sich in Spanien auch Stile spezieller Prägung. Zwei davon sollen kurz skizziert werden. (a) In Katalonien finden wir einen strengen und massiven Baustil, vgl. Maria del Mar in Barcelona, s. Abb. 10.5 a. (b) Der spät- oder nachgotische Baustil zum Ende der Gotik und zum Übergang zur Renaissance wird als isabellinische Gotik bezeichnet, nach dem Namen der Königin Isabella I. von Kastilien, 1474-1504 (verheiratet mit König Ferdinand II. von Aragon, beide zusammen werden die katholischen Könige genannt). Der Stil zeichnet sich durch überaus reichhaltige Dekorelemente aus. Er ist eine Sonderform der Gotik, die es nur in Spanien gibt, vgl. Abb. 10.5.b und c.

Die Kirchen bargen und bergen auch heute noch unglaubliche Kunstschätze: Viele Gemälde, Steinplastiken und Holzschnitzereien (z.B. Chorgestühle), Gobelins und Glasfenster. Bilder und Plastiken weisen weit über die Gotik hinaus auf die Renaissance und auf den Barock. Bemerkenswert ist auch die enge Verbindung der Künstler aus Spanien mit großen Meistern von außerhalb, aus Flandern, Frankreich, Italien und Deutschland.

Abb.10.5 a katalonische Strenge in Maria del Mar (Staffelbasilika), **b** und **c** isabellinische Gotik im Colegio de San Gregorio in Valladolid: Innenhof und Tor

Zusammenfassung: Große Kirchen, sie zählen zu den größten; bis auf Nordspanien (Leon, Burgos, mit Einfluss aus Frankreich, Katalonien Sonderrolle) wurden sie später begonnen; Hauptschiffe relativ flach gedeckt, Sevilla sogar ohne Dach; Orte finden sich oft auf einem Hügel und die Kirche ragt heraus; massiver Turm oder massive Türme; Kirchen später (oft Nachgotik oder sogar Renaissance) erweitert/ umgebaut; Südspanien: spät begonnen u. Teile einer Moschee verwendet. In spanischen Kathedralen liegt der Chorraum mit dem Gestühl für die Domherren mitten im Hauptschiff, was einen Blick auf den gesamten Kircheninnenraum verhindert.

Portugal

Wir begnügen uns mit einem kurzen Abschnitt[6]. Wir finden massive Kathedralen erbaut in einer Art *Festungsstil* im 14. Jahrhundert, wie die Kathedralen von Lissabon, Coimbra und Evora. Die wohl erste große Kirche im gotischen Stil ist die Klosterkirche von *Alcobaca* (1178 – 1252), sie stammt bereits aus dem Übergang des 12. zum 13. Jahrhundert. Diese ist hoch und beeindruckend wegen ihrer *Schlichtheit*, die auf die zisterziensische Abstammung verweist. Diese Kirche hat aber keinen merklichen Einfluss auf Portugal gehabt in dem Sinne, dass sie andere Kirchen geprägt hätte und Nachahmer gefunden hätte.

Später, im 15. und 16. Jahrhundert, finden wir beeindruckende Bauwerke, von denen wir zwei kurz ansprechen wollen. Das eine ist die spätgotische Kirche des *Monasterio de Batalha* (1402 – ca. 1555). Diese wurde auf Initiative Königs Johann von Portugal nach seinem Sieg über die zahlenmäßig stärkere kastilische Armee des spanischen Nachbarn errichtet. Sie besitzt keine Westtürme und ihr Chor ist unvollendet, sprich noch nicht gewölbt. Die Kirche diente für 140 Jahre als Grablege der portugiesischen Könige.

Auch in Portugal finden wir wieder eine Sonderform der Spätgotik, überaus reich verziert mit Dekors. Man nennt sie *manuelinische Gotik*, benannt nach Manuel I, König von Portugal 1495-1521. Seine Regierungszeit gilt in Portugal als eine besonders glückliche Zeit, zum einen wegen des wirtschaftlichen Wohlstands und der künstlerischen Blüte. Zum anderen folgte bereits 1580 eine weniger glückliche Periode, nämlich die Auseinandersetzung mit Spanien um die Unabhängigkeit Portugals. Als das bedeutendste Beispiel dieser Zeit gilt das Kloster des Hl. Hieronymus von Belem, westlich von Lissabon, erbaut von 1501 bis 1601, vgl. Abb. 10.6.

Abb. 10.6 Kloster des Hl. Hieronymus: **a** Hauptkapelle als elegante Hallenkirche innen und **b** Kreuzgang im manuelinischen Stil

---

[6] s. Wikipedia ‚Portuguese Gothic Architecture'

10.4 Zusammenfassung und Vergleich

Zusammenfassung des Kapitels

Das Kapitel behandelte Sonderfälle verschiedener Form in unterschiedlichen Ländern, alle *zeitlich* deutlich *nach* dem Vorbild der französischen Gotik und auch alle mit *besonderen Ausrichtungen.*

Niederlande und Belgien: Wir finden Einflüsse aus Frankreich, dem Hl. Röm. Reich und England, insbesondere aber von der Hanse. Die Kirchen sind oft Backstein und Sandsteinkirchen und weisen alle möglichen Formen auf bzgl. der Türme, der Gewölbe oder der Grundrisse.

Italien hat eine deutlich andere Ausrichtung. Wir finden turmlose Basiliken, als Backsteinbauten mit kontrastreicher Verkleidung. Man sieht den Willen, sich von der üblichen Gotik zu unterscheiden.

Spanien: Einen deutlichen französischen Einfluss gibt es nur bei einigen Kirchen (Leon, Burgos). Wir finden große spätgotische Kirchen hauptsächlich im Süden. nahezu alle Kirchen besitzen spätgotische Elemente, die Spätgotik dauert lange (Nachgotik). Eine besondere Ausprägung ist die isabellinische Gotik mit fließenden Übergängen zu späteren Baustilen, maurische Einflüsse sind spürbar. Auch im Inneren gibt es eine Besonderheit: der Chorraum ist nicht im Osten, sondern im Mittelschiff des Langhauses,

Portugal: Nach Alcobaca setze die Gotik keineswegs stürmisch ein, es herrschte ein Stil mit massiven Bauten vor, später folgt Formenreichtum in der Spät- und Nachgotik, wieder mit fließendem Übergang der Stile und besondere Ausprägung, manuelinische Gotik genannt.

Alle Länder hätten umfangreicher beschrieben werden können. Noch *kursiver* wurde *Polen, Tschechien* und die *baltischen Staaten* sowie auch die skandinavischen Länder behandelt. Wir haben Polen, das Baltikum sowie Böhmen im Kapitel Hl. Röm. Reich erörtert, bei Polen und dem Baltikum wegen der Zugehörigkeit zur Hanse und der großen Verbundenheit des Ostseeraumes und auch wegen des großen Einflusses des Deutschherrenordens. In Polen allein gibt es eine große Zahl von Backsteinkirchen, s. etwa Breslau oder Danzig. Böhmen hatte eine enge Beziehung zum Hl. Röm. Reich (s. etwa Karl IV). Auch in *Skandinavien* existieren bedeutende gotische Bauwerke: die Kathedrale von Trondheim (1235-1290) in Norwegen und in Schweden die Kathedrale von Uppsala 1235-1290. Diese Verkürzung ist dem Umfang und dem Ziel des Buches geschuldet.

Zusammenfassung des Teils II

In Frankreich finden wir als Hauptthema die *Entwicklung die Linie der klassischen französischen Kathedrale* (hoch, licht, grazil, auch durch aufwändige Strebewerke). Es gibt aber auch *Abweichungen* (Auxerres, Dijon, Lyon), in stärkerer Form (Rouen) und in starker Form (Albi) sowie bei den Kirchen Südwestfrankreichs.

In England ist die Hauptmelodie die *Variationsbreite von Basiliken* und das *Nebeneinander von Stilen* in einer gotischen Kirche. Trotz aller Unterschiede: wir finden lange, niedrigere Kirchen, gedrungene Türme und unterschiedliche Grundrisse. Die Vielfalt ist beeindruckend. Die Kirchen stehen meist im Grünen.

Im Hl. Röm. Reich finden wir die allgemeinen Abweichungen charakterisiert durch den Begriff der *Sondergotik*. Gleichzeitig treten völlig *unterschiedliche Baumuster* hervor: Kathedralen, Münster, Hallen und Kirchen der Backsteingotik. Diese finden sich aber auch außerhalb des Hl. Röm. Reiches.

Wiederum anders ist es bei den Niederlanden/ Belgien, Italien und Spanien/ Portugal. Die Niederlande und das nördliche Belgien sind hauptsächlich durch die *Backsteingotik* der Hanse beeinflusst, Kirchen haben aber mit Holzgewölben und vielen Anbauten ein *spezielles Aussehen*. In Spanien und Portugal kam die Gotik zwar auch relativ früh an, die entsprechenden Bauten haben aber nur in Nordspanien Bedeutung erlangt. Dominant sind in beiden Fällen die riesigen *spät- und nachgotischen Bauten*, der isabellinischen bzw. manuelinischen Gotik mit eigenständig anders aussehenden Kirchen und Klöstern.

Im Teil II des Buches gibt es von Kap. 7 bis 10 somit eine deutliche *Zunahme der Heterogenität*.

Typisch für gotische Kirchen in *Europa* [A.Bi 06] sind der regionaler Wettbewerb um die prächtigste Kirche zur Bauzeit, aber auch der nationale Wettbewerb zur Vervollständigung bzw. Verschönerung gotischer Kirchen zum Ende des 19. Jahrhunderts. Leider auch typisch sind die Zerstörungen zur Kriegszeit (Reims, Rouen, Köln, Freiburg, Ulm, Coventry, etc.) im 1. und 2. Weltkrieg und die dabei bewiesene Stabilität trotz ernster Schäden. Hinzu kommen noch Beschädigungen und Zerstörungen durch Revolutionen und religiös motivierte Kriege, insbesondere durch die Hugenottenaufstände und die Revolution in Frankreich.

Die Gotik ist europäisch, sie ist eine *gemeinsame europäische Bewegung* mit vielerlei und *unterschiedlichen Ausprägungen*, ein Spiegelbild der vielfältigen Kulturen in Europa.

Teil III:

Virtuelle Entwürfe - Nachbau, Modifikation, Neubau

Gotik und CAAD

Kathedrale von Reims: Homogenität und einfache Nachbildung

Mehrere Stile und Inhomogenität: York, Freiburg

Weitere Kirchentypen: Hallen im Hl. Röm. Reich
Backsteinkirchen, Kapitelhaus als Zentralbau

Veränderungen: Reims, Mailand, Köln, York

Neubau: Gemeindekirche mit modernen Gewölben

DU BAUST AUS ENTWURFSMUSTERN UND BAUSTEINEN MEHR ALS NUR GOTISCHE ARCHITEKTUREN?

Dann stelle bei uns Deine Geschicklichkeit unter Beweis: Bei der REWE Systems entwirfst, entwickelst, konfigurierst und betreibst Du effiziente und innovative IT-Systeme für den Handel – für 7.500 Märkte und 80 Logistikstandorte. Werde Teil eines starken und schlagkräftigen Teams mit flachen Hierarchien. Übernimm Verantwortung und erweitere Dein Wissen durch maßgeschneiderte und karrierefördernde Aus- und Weiterbildungsprogramme.

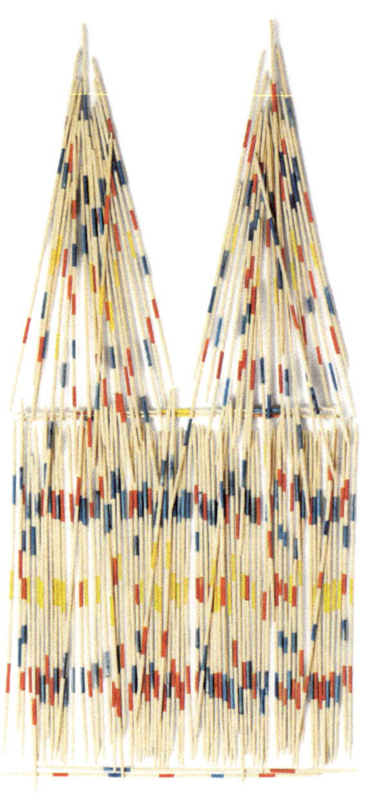

Bei uns kannst Du mehr bewegen.
www.rewe-systems.com

Wir beginnen wieder mit der Kathedrale von Reims, einem der Paradebeispiele französischer Kathedralen der Hochgotik. Wir behandeln dabei die Themen *Nachbau* im Computer, die Klasse der frz. *Kathedralen* und ein oder sogar <u>das</u> Paradebeispiel für eine *homogene Kirche*. Die Erläuterung ist ausführlich, weil wir das hier vorgestellte Vorgehen im gesamten Teil III des Buches - später auch mit Abwandlungen - benutzen.

11.1 Entwurf mit einem CAAD-System

Konstruktion mit Volumenelementen

Der Nachbau beginnt mit dem Aufbau eines *Volumenelements des Haupthauses*, das quer über das gesamte Haupthaus reicht, vgl. Abb. 11.1 oben. Es umfasst das Hauptschiffjoch mit dem Wandaufbau (Arkaden, Triforium, Obergaden), das zugehörige Gewölbe, die beiden Seitenschiffjoche, und die entsprechende Außengestaltung der Wände mit Strebewerk (Strebepfeiler und -bögen). Der Entwurf des Volumenelements umfasst *verschiedene Granularitäten*, von den groben geometrischen Daten (z.B. Höhe, Breite, Länge), deren Verfeinerungen (z.B. als Wandzonen), über Formen der Elemente (z.B. der Arkaden), bis hin zu den Details (z.B. Feinstruktur der Arkaden), so weit wie wir diese Details in unserem virtuellen Entwurf überhaupt betrachten. Der Zusammenhang obiger Strukturen wird auch Travée genannt. Das Volumenelement ist also die CAAD-interne Struktur für eine Travée.

Dieses Volumenelement findet sich im gesamten Langhaus, bis auf das westliche Element, welches das Westwerk (gegliederte Türme und Westfassade) darstellt und deshalb etwas anders aussieht. Wir können das *Volumenelement* somit nicht nur einmal, sondern *achtmal einsetzen* und erhalten damit fast das ganze *Haupthaus*, vgl. Abb. 11.1 unten. Wenn wir mehrfach einsetzen, verschmelzen wir zwei benachbarte Volumenelemente an deren identischer Ost- bzw. Westseite.

Wir setzen die Konstruktion mit dem *westlichen Teil des Chores* - die ersten beiden Volumenelemente des Chores vom Westen her gesehen - fort. Das *Volumenelement*, das wir hier verwenden, bauen wir nicht von neuem auf, sondern wir *erweitern das Haupthaus-Volumenelement* um ein weiteres Seitenschiffjoch südlich und nördlich, vgl. Abb. 11.2 oben. Der Chor hat in seinem westlichen Teil viel Ähnlichkeit mit dem Haupthaus, er ist aber nicht drei- sondern 5-schiffig. Wir *wenden* dieses Volumenelement jetzt *zweifach an*, vgl. Abb. 11.2 unten.

© Springer-Verlag GmbH Deutschland, ein Teil von Springer Nature 2019
M. Nagl, *Gotik und Informatik*, Die blaue Stunde der Informatik,
https://doi.org/10.1007/978-3-662-55518-7_11

Abb. 11.1 Haupthaus aus Langhaus-Volumenelementen

Abb. 11.2 westlicher Teil des Chores mit modifizierten Volumenelementen

Bei der Konstruktion des *östlichen Chorabschlusses* (innerer Chor mit einem weiteren Umlauf, der zweite Umlauf geht hier in einen Kapellenkranz über) sehen wir wieder die Ähnlichkeit zu dem Volumenelement des westlichen Chorteiles. Wir *modifizieren* also dieses Volumenelement, um zu dem *Volumenelement für das Segment* des Chores zu gelangen. Dazu nehmen wir die Hälfte des westlichen Chorelements (s. Abb. 11.3), also vom Außenpfeiler bis zur Mitte des Daches. Wir lassen die Firstlinie zu einem Punkt in der Mitte des Firsts schrumpfen, woraus ein dreieckiges Segment für

Chorinnenteil, für das erste und das zweite Seitenschiff entsteht. Das äußere wird in eine Kapelle überführt. Das Ergebnis findet sich in Abb. 11.3, oben. Dieses Segment-element wird *fünfmal angewandt*, vgl. Abb. 11.3 unten. (Hinzu kommt noch eine leichte Vergrößerung der Scheitelkapelle, ein Dachreiter am Ostende des Chordaches, beide erfordern jeweils eine einfache, einzelfallorientierte Modifikation.)

Abb. 11.3 Chor im Osten aus Chorsegmenten

Das Volumenelement für die *Vierung* hat ein besonderes Aussehen. Hier lässt sich also kein Volumenelement nach Modifikation wiederverwenden, sondern nur die Be-standteile anderer Volumenelemente. Das Vierungsjoch ist größer und die Säulen der Arkaden sind dicker. Wir bauen dieses Volumenelement auf und setzen es ein (vgl. Abb. 11.4).

Wir fahren mit der Konstruktion des *Querhauses* fort. Das *Volumenelement für das äußere Joch* im Norden und Süden ist 3-schiffig und ähnelt wieder dem Hauptschiff-Volumenelement. Allerdings hat es keine Strebepfeiler und keine Strebebögen. Wir können es somit wieder durch *Modifikation* - hier durch eine Vereinfachung - aus dem Volumenelement für das Langhaus (Abb. 11.1) - gewinnen, s. Abb. 11.5. Hinzu kom-men noch die kleinen Ecktürme zur Stabilisierung des Querhauses. Dieses Volumen-element *wenden wir zweimal an*, einmal im nördlichen und einmal im südlichen Quer-haus.

Abb. 11.4 Vierung mit neuem Vierungselement

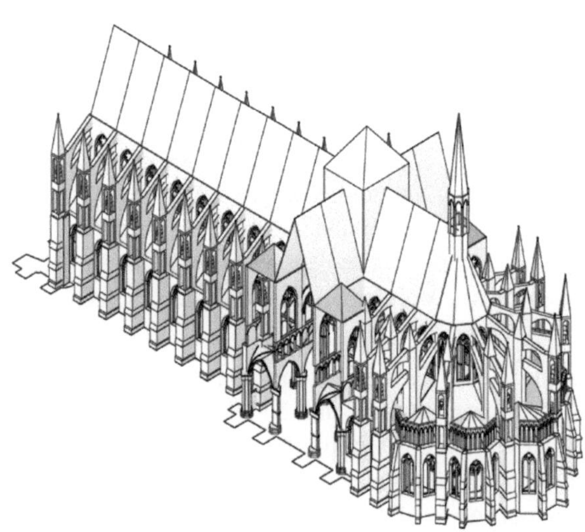

Abb. 11.5 Volumenelement Querhaus im Anschluss an die Vierung

Die *Südfassade* des Seitenschiffes ist neu zu erstellen und sie ist ein *flächiges Element*; sie wird einmal angewandt. Die *Nordfassade* kann durch Modifikation aus der Südfassade gewonnen werden (beide Fassaden haben starke Ähnlichkeiten) sie wird einmal angewandt. Das Ergebnis beider Ergänzungen zeigt die Abb. 11.6.

Wir wenden uns nun der Konstruktion der *Westfassade* zu. Hier beginnen wir mit dem *Mittelteil*, welches aus den vorhandenen Grundelementen z.T. neu aufgebaut werden muss. Wir setzen dieses in die Westfassade ein, vgl. Abb. 11.7.

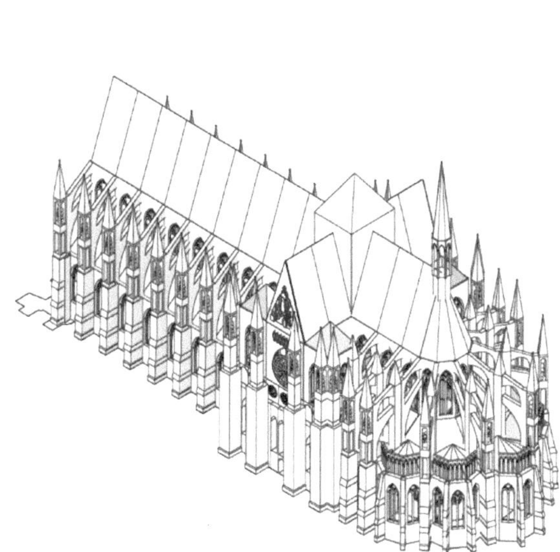

Abb. 11.6 Süd- und Nordfassade des Querhauses

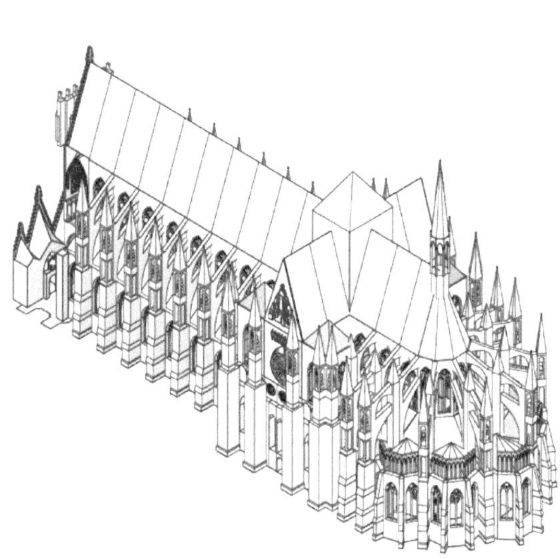
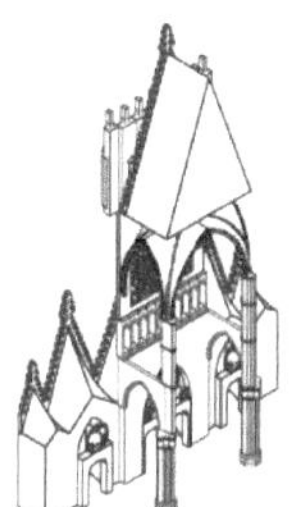

Abb. 11.7 Westfassade mit Portalzone

Verbleiben noch die beiden *Westtürme*. Wir bauen den *Südturm* auf, s. Abb. 11.8 oben. Der *Nordturm* kann aus diesem durch Spiegelung gewonnen werden. Nach Einsatz beider Türme sind wir mit der *Nachkonstruktion* fertig. Abb. 11.8 unten zeigt das Ergebnis.

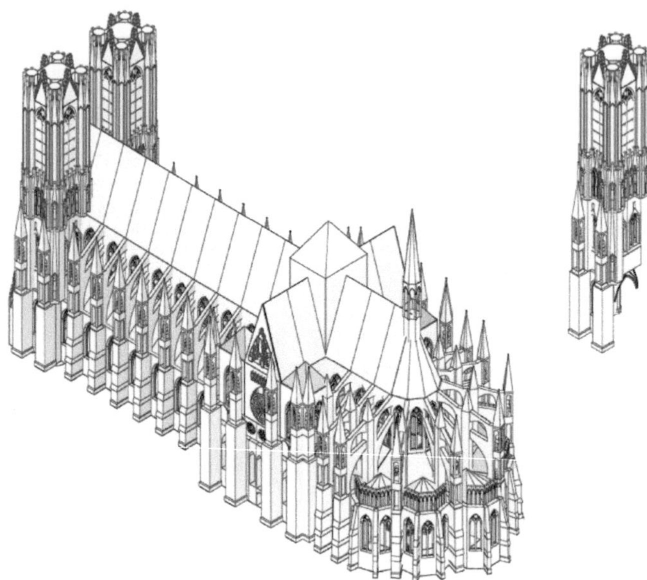

Abb. 11.8 Westfassade mit Türmen

Gesamtsicht

Was haben wir *anders gemacht*? (i) nicht nur Nachzeichnen der Kirche, (ii) nicht der übliche Architekturentwurf mit 2D-Rissen für jede Himmelsrichtung, Grundriss und Etagenplänen und anschließend 3D-Zusammenfügen über das CAD-System, (iii) nicht 3D-Entwurf mit Erstellen der Volumenmodelle für die großen Teile, z.B. Haupthaus, um dann in diese Fenster einzufügen und außen Strebewerksanteile.

Stattdessen sind wir so vorgegangen: Wir suchen nach den *Volumenelementen* der großen Teile Langhaus, Querhaus, Chor, Fassade, Türme, die sich in diesen Kirchenteilen meist mehrfach wiederfinden. Darüber hinaus werden die Volumenelemente nicht jeweils von Grund auf neu aus bereits vorausgehend erstellten Elementen (Arkaden, Pfeilern, etc.) zusammengefügt, sondern es wird versucht, diese durch *Modifikation* aus vorausgehend erstellten Volumenelementen zu gewinnen. Diese Vorgehensweise gelingt besonders gut bei der Kathedrale von Reims, die sich durch besonders große Homogenität auszeichnet (s.u.).

Über den Link https://www.springer.com/de/book/9783662555170 erreichen Sie die Produktseite des Buches. Dort finden Sie eine Tour durch die Kathedrale von Reims als vorgefertigte Bildsequenz (Video), die das Innere der Kirche enthält und anschließend auch das Äußere zeigt, von Norden und Westen aus gesehen. Die Tour ist fixiert. Aus dieser Tour zeigen wir hier zwei Bilder (Abb. 11.9.a und b): einmal den Blick im Inneren vom Westen in Richtung Chor und zum zweiten außen den Blick von Nordwest auf die Westfassade und die Nordseite. Beide perspektivischen Bilder sind mit Schattierung und Lichteinfall erstellt.

Abb. 11.9 Zwei Bilder aus der Tour: **a** Im Inneren zum Osten und **b** außen, Blick auf die West-fassade schräg aus halber Höhe

Das oben beschriebene Schema zur virtuellen Konstruktion mit *starker Wiederver-wendung* bisheriger Ergebnisse lässt sich in dieser Einfachheit nur bei *homogenen Kir-chen* anwenden. Bei Inhomogenität - starke Unterschiede in Stil und Gestaltung inner-halb der Kirche und somit auch beim Entwurf der Teile - ist die Wiederverwendung von bereits entworfenen Teilen für den weiteren Entwurf deutlich kleinteiliger, der

Aufwand der Erstellung somit wesentlich größer (s. nächstes Kapitel über das Minster zu York und die folgenden Kapitel für weitere Kirchen).

Wir widmen uns der *genaueren und systematischen Beschreibung* des Aufbaus der wieder zu verwendenden *Volumenelemente* (wie werden sie aufgebaut, damit sie selbst wiederverwendbar sind) und deren *Wiederverwendung* (einerseits als n-fache Anwendung und andererseits als Basis zur Modifikation, um das nächste Volumenelement zu erhalten) später in Teil IV des Buches.

11.2 Der Entwurfsprozess kompakt

Informelle Beschreibung

Die *Beschreibung des Prozesses des Entwurfs* erfolgt hier im Folgenden als Zusammenfassung der obigen Ausführungen nur *umgangssprachlich*, vgl. obige Abb. 11.1 bis 11.8. Wir werden diese Prozessbeschreibung in Teil IV des Buches noch einmal und dann formal betrachten.

Wir haben das Haupthaus-Volumenelement V_H aufgebaut und dieses dann achtmal eingesetzt. Darauf folgte die Modifikation dieses Volumenelements zum Volumenelement V_W des westlichen Choranfangs, das daraufhin zweimal eingefügt wurde. Dieses wurde zum Chorsegment V_C modifiziert, das dann fünfmal eingesetzt wurde. Der Chordachreiter und die Vergrößerung der Zentralkapelle sind einmalige und kleine zusätzliche Konstruktionen. Ebenso einzigartig ist das Vierungselement V_V. Aus V_H kann das Querhaus-Volumenelement V_Q durch Modifikation gewonnen werden, das im nördlichen und südlichen Querhaus angewendet wird. Die Südwand des Querhauses wird als flächiges Element F_S aufgebaut, einmal angefügt, dann zum Nordwand-Flächenelement F_N modifiziert und wieder nur einmal eingesetzt. Das Volumenelement Mitte der Westfassade V_{WM} wird neu aufgebaut und einmal eingesetzt. Nach Aufbau des Volumenelements für den Südturm V_{TS}, dessen einmaligem Einsetzen, der Spiegelung zum Nordturm V_{TN} und dessen Einsetzen ist die Konstruktion fertig.

Die wesentlichen *Schritte des Prozesses* - bis auf die individuellen und einmalig einzusetzenden Elemente - sind also: Aufbau des Volumenelements V_i in Schritten, Mehrfachanwendung von V_i sowie Modifikation des Volumenelements V_i, um ein neues V_j zu gewinnen, dessen Mehrfachanwendung usw.

Verschiedene Prozesse sind möglich

Natürlich hätte es auch viele *andere Reihenfolgen* für den Prozess gegeben. Zwei Beispiele sollen dies erläutern.

Für die Westfassade gibt es verschiedene Möglichkeiten: (a) Südturm, der das Gewölbe des Seitenschiffs enthält, also den Turm von unten bis oben. Dieser wird gespiegelt und ergibt den Nordturm. Vorab oder danach kommt das Mittelteil der Fassade hinzu, das aus dem verstärkten Joch des Hauptschiffs, dem entsprechenden Teil der Westfassade und der Portalzone für das Hauptschiff und die Seitenschiffe besteht.

Alternativ hätten wir (b) das Joch der Westfront insgesamt mit den unteren Turmteilen, dann die darauf sitzenden Turmteile und danach die gesamte Westfassade mit

Portalzone modellieren können. Wir hätten auch (c) mit dem westlichen Chor-Volumenelement V_W beginnen können um daraus das Volumenelement des Haupthauses V_H durch Vereinfachung gewinnen zu können. Es gibt also zahlreiche Möglichkeiten, den Entwurfsprozess zu variieren.

Die obige Beschreibung der Konstruktion und des Prozesses legt eine *Wiederverwendungs-Infrastruktur für die Konstruktion gotischer Kathedralen* nahe. Mit ihrer Hilfe können erstellte Elemente - von großen Volumenelementen bis hin zu kleineren Details, wie Maßwerken - abgelegt, aufgefunden, wiederverwendet und eingesetzt werden. Das vermindert den Aufwand der Konstruktionen. Die Infrastruktur-Datenbasis wird mit der Zeit immer umfangreicher, was ihren Nutzen fortwährend steigert. Wir werden darauf ebenfalls in Teil IV näher eingehen.

Insbesondere wäre der *CAAD-Prozess* deutlich anders verlaufen, wenn bereits eine klassische französische Kathedrale vorab modelliert worden wäre und die entsprechenden Ergebnisse in der Datenbank abgespeichert wären und zur *Wiederverwendung* zur Verfügung stehen würden: Wir würden dann nicht völlig von vorne anfangen und wir hätten zur Verminderung des Aufwandes nicht nur die oben beschriebene Modifikation von Volumenelementen (z.B. Volumenelement für den Choranfang erstellt durch Modifikation des Langhaus-Volumenelements) zur Verfügung. Wir könnten stattdessen auch in die Datenbank greifen und für das zu erstellende Volumenelement eine Vorlage aus einer anderen, bereits modellierten Kirche nehmen und diese Vorlage modifizieren.

11.3 Homogenität von Reims

Wir hatten in Abschnitt 5.4 bereits über *Uniformität und Harmonie* diskutiert, dort für die *Gotik* allgemein und auch bezogen auf Aspekte wie Geschichte, theologischer Hintergrund und die unauflösliche Verbindung von Idee, Anforderung, Funktion, Struktur, Form, Statik, Ästhetik, Detailstruktur und Schmuck.

In diesem Abschnitt sprechen wir ausschließlich über die *Kathedrale von Reims* und ausschließlich über den Aspekt der *Homogenität*. Die Kathedrale von Reims ist homogen und deshalb beispielhaft für die Kathedralen der französischen Hochgotik. Hierfür haben wir einige Argumente aufgesammelt, nachdem wir diese Kirche mithilfe eines CAAD-Systems nachgebaut haben und auch die Erkenntnisse vorausgehender Kapitel hinzugefügt haben.

Argumente für die Homogenität

- Die Kathedrale besitzt eine klassische Aufteilung in Langhaus, Querhaus, Chor in bestimmten Proportionen.
- Alle Langhaus-Volumenelemente sind gleich, durch Multiplikation erhalten wir das Langhaus.
- Das Gleiche gilt für die Querhaus-Volumenelemente, sieht man von der unterschiedlichen Gestaltung der Nord- und Südfassade und von der andersartigen Form der Vierung ab.
- Die Chor-Volumenelemente in den ersten beiden westlichen Jochen sind gleich.
- Die Chorsegmente sind gleich, bis auf die etwas längere zentrale Kapelle.

- Die einzelnen Volumenelemente konnten durch relativ einfache Modifikation auseinander gewonnen werde, s. obige Erläuterung. Das ist viel einfacher, als sie jeweils neu zu konstruieren. Hätte es eine Wiederverwendungs-Infrastruktur bereits gegeben (auf die wir später eingehen), hätten wir die Elemente u.U. aus dieser bereits fast fertig entnehmen können.

- Das schließt Ähnlichkeiten und auch Gleichheit in den Teilen, in den Bögen der Gewölbe, den Arkaden, der Triforiumsgestaltung, der Obergaden bis hin zu den Maßwerken (überall das klassische Reimser Maßwerk) ein. Das schließt auch eine enge Verwandtschaft der Strebewerke und Strebepfeiler mit ein, bis hin zu deren Verzierung durch Fialen, Blendmaßwerke und Figuren.

- Die Türme sind gleich. Sie verwenden auch alle die gleichen Teile, gotische Fenster, Fialen, Krabben, etc.

- Die Portalzone ist vollkommen symmetrisch.

- Die Königsgalerie ist in ihrer Struktur einheitlich, die darin eingestellten Figuren unterscheiden sich natürlich. Auf diese Detailebene der Modellierung sind wir aber nicht vorgedrungen.

Die Kathedrale von Reims gilt deshalb als eine oder sogar _die klassische hochgotische Kathedrale_ in Frankreich. Deshalb ist sie auf dem Umschlag dieses Buches abgebildet.

11.4 Ausflug: Zusammenfügen von Volumenelementen

Fügen wir zwei Volumenelemente, beispielsweise des Langhauses zusammen, und vervielfachen diese in einem Entwurf, so gibt es für dieses _Zusammenfügen unterschiedliche Vorgehensweisen_ (vgl. Abb.11.10). Zu berücksichtigen ist auch der Fall, dass zwei verschiedenartige Elemente zusammengefügt werden, z.B. für die Vierung mit benachbarten Elementen.

- In Abschnitt 11.1 haben wir die Bögen und Säulen, die zwei Volumenelemente verbinden, jeweils zu jedem der beiden Volumenelement hinzugenommen. Die Joche müssen gleich sein. Das Zusammenfügen bei der Vervielfachung der Joche sieht dann so aus, dass die beiden Jochränder (Gurtbögen, Dienste, Säulen) übereinander gelegt und _miteinander identisch verschmolzen_ werden, vgl. Abb. 11.10.a.

- Eine andere Vorgehensweise ist die, dass nur der Teil, der zu dem Joch selbst gehört, als Teil des Volumenelements betrachtet wird. Der Teil, der die Verbindung darstellt, wird in zwei Hälften geteilt. Zusammenfügen ist dann lediglich das Verkleben beider Hälften. Durch das _Verkleben_ entsteht erst die gesamte _Verbindungsstruktur_, vgl. Abb. 11.10.b. Der Verbindungsteil sieht letztlich nach dem Kleben gleich aus wie in Abb.11.10.a.

- eine dritte Möglichkeit erlaubt, dass die Verbindungsstruktur verschieden sein kann und beim Zusammenfügen entschieden wird, _welche der Verbindungsstrukturen_ eines Teils hier auszuwählen und _einzusetzen_ ist. Ein Anwendungsfall ist der, dass das erste Hauptschiffjoch, das die Türme trägt und deshalb stabiler sein muss (s. Abb. 11.10.c links oben, Bogen und Säulen sind dicker), gegenüber dem nächsten (beide sind dünner) bevorzugt wird, vgl. Abb. 11.10.c. rechts oben. Dies heißt in der Regel aber auch, dass noch etwas modifiziert werden muss, nämlich an den Stellen, an denen die Rippen des zweiten Joches in das bevorzugte Volumenelement laufen.

Es ist ratsam, verschiedene Möglichkeiten vorzusehen. Bei dem Zusammenfügen gleichartiger Teile kann die erste oder zweite Möglichkeit genommen werden. Für die zweite muss die Verbindungsstruktur einfach in zwei gleiche Hälften teilbar sein. Für das Zusammenfügen des westlichsten Joches mit dem Langhaus ist die dritte Möglichkeit vorteilhaft, weil dann die Verbindungsstrukturen verschieden sein können und die gewünschte ausgewählt werden kann.[1]

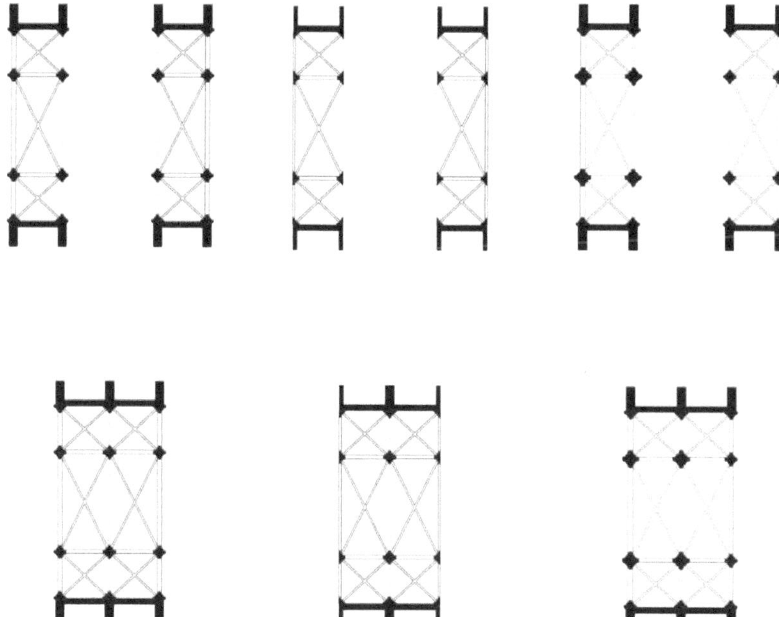

Abb.11.10 Vorgehen beim Zusammenfügen: **a** Verschmelzen, **b** Kleben, **c** Auswählen

11.5 Zusammenfassung

Wir haben die *Kathedrale* von Reims in einem CAAD-System *nachgebaut* und dabei (a) ihren Aufbau studiert, (b) die Ähnlichkeiten der Teile der Kirche erkannt und (c) ihre Symmetrie und Homogenität beschrieben. Der Nachbau erlaubt (d) einen virtuellen Besuch der Kathedrale durch einen vorgegebenen Rundlauf.

Die Homogenität der Kirche lässt es zu, dass wir *Wiederverwendungs-Prinzipien* beim Nachbau einsetzen. Das macht den Nachbau wesentlich einfacher. Diese Prinzipien vereinfachen auch die Erkennung von Strukturen, ihrer Ähnlichkeiten und ihrer

---

[1] zwischen dem westlichsten Joch unterhalb der Türme und dem ersten normalen Joch des Langhauses. Z.B. sind die Säulen des westlichsten Joches dicker. Allerdings muss dann dennoch etwas im Einzelfall modifiziert werden, da die dickeren Säulen dickere Dienste zur Folge haben, die in das erst Joch des normalen Langhauses einzufügen sind.

Unterschiede. Eine Wiederverwendungs-Infrastruktur, die später in Teil IV beschrieben wird, wird den Nachbau noch einmal wesentlich einfacher machen.

Den *systematischen Aufbau der Volumenelemente* – mit dem Ziel, den Aufbau und die Modifikationen der Elemente allgemein und zeitsparend zu gestalten, *verschieben* wir ebenfalls auf den Teil IV des Buches. Er wurde in diesem Kapitel lediglich *skizziert*, weil wir ein grobes Verständnis für die Diskussion innerhalb des Kapitels benötigen. Das Gleiche gilt für eine präzisere Beschreibung des *Entwurfsprozesses* und die Beschreibung einer *Wiederverwendungs-Infrastruktur*.

Wir haben eine neue *Entwurfs-Vorgehensweise* entwickelt, den Entwurf weitgehend über den Entwurf von Volumenelementen zu lösen, die sich mehrfach einsetzten lassen und die auseinander durch Modifikation hervorgehen. Natürlich kommen an der einen oder anderen Stelle noch einzelfallorientierte Modifikationen hinzu. Die Homogenität der Kirche erleichtert die Vorgehensweise und vermindert damit das folgende Nachmodifizieren.

12.1 Der CAAD-Nachbau

Übersicht

Wie am Ende von Kap. 8 festgestellt, haben englische Kathedralen spezielle Charakteristika: Sie sind in der Regel ein Gemisch aus verschiedenen gotischen Stilen, oft auch noch mit normannischen Teilen. Sie sind meist aus unterschiedlichen Teilen zusammengesetzt, und diese sowie die Kirchen weisen eine enorme Vielfalt auf bzgl. Strukturen und Formen. Eine lange Bauzeit ist ebenfalls typisch. Die Kirchen sind lang und nicht so hoch. *Inhomogenität und Formenvielfalt* sind somit die Hauptmerkmale.

Sie unterscheiden sich insbesondere von den französischen Vorbildern, die hoch, hell und filigran sind, jedenfalls die meisten. Die *Eigenschaften englischer Kathedralen* schlagen sich in einem erhöhten *Aufwand* bei der *Modellierung* im Rechner nieder, im Vergleich zu der uniformen Kathedrale von Reim, die wir im letzten Kapitel besprochen haben. Das Minster von York ist, wie viele englische Kathedralen, bestimmt durch Zusammenfügung von Unterschiedlichkeit.

Wir stützen uns in diesem Kapitel auf die Erläuterung der Kathedrale von York, die wir in Abschnitt 8.3 bereits kennengelernt haben. Dieses Kapitel behandelt den *Nachbau* der jetzigen Kirche im Rechner. Der *Nachbildung* des in Abschnitt 8.3 ebenfalls bereits angesprochenen Vorgangs der stückweisen *Ersetzung* der Teile der romanischen Kirche durch gotische widmen wir uns im Kap. 14.

Vorgehen im Modellierungsprozess

In diesem Kapitel modellieren wir die Kathedrale von York. Die *CAAD-Modellierung* läuft aber *anders* ab als im letzten Kapitel über Reims, da York - wie bereits ausgeführt - Teile aus *unterschiedlichen* gotischen *Stilrichtungen* von Lancet Gothic bis Perpendicular besitzt, und diese Teile in insgesamt 5 Bauabschnitten zusammengefügt wurden. Trotz ihrer Verschiedenartigkeit haben die Teile auch einige Gemeinsamkeiten, wie ungefähr gleiche Höhe der Gewölbe oder Dächer oder auch, dass sie an den Nahtstellen übereinstimmen müssen.

Trotz dieser Erschwernis durch unterschiedliche Stile könnten wir *prinzipiell genauso vorgehen*, wie im letzten Kapitel: Wir bauen Volumenelemente für die Teile der Kirche und wenden diese mehrfach an. Das im letzten Kapitel praktizierte Modifizieren von Volumenelementen (etwa vom Volumenelement für das Haupthaus von Reims zum Volumenelement für den Anfang des Chores) ist nicht so einfach, da sich die Kirchenteile, wegen der Zugehörigkeit zu unterschiedlichen gotischen Stilrichtungen, doch in vielen Punkten und auch strukturell deutlich unterscheiden. Durch Neuanfang

© Springer-Verlag GmbH Deutschland, ein Teil von Springer Nature 2019
M. Nagl, *Gotik und Informatik*, Die blaue Stunde der Informatik,
https://doi.org/10.1007/978-3-662-55518-7_12

bei der Modellierung der Volumenelemente für die Teile kommen wir so - zwar *mit deutlich erhöhtem Aufwand* - zum Ergebnis für die gesamte Kirche.

Wir beginnen so bei jedem *Teil der Kirche* (nach Baubeginn geordnet: Querhaus; Langhaus; Chorteil 1; Chorteil 2; Westwerk, seine Türme, wie auch Vierungsturm) jeweils wieder mit einem *neuen Modellierungsabschnitt*. In der folgenden Erläuterung beginnen wir - abweichend von der Chronologie - mit dem Langhaus und seiner Modellierung und gehen danach zu den weiteren Teilen der Kirche, Querhaus; Chor, etc. über.

Eine besondere Aufmerksamkeit widmen wir danach dem *Kapitelhaus*, zum einen, weil es Vergleichbares in Reims nicht oder andernorts nicht so oft gibt, und zum anderen, weil das Kapitelhaus ein Zentralbau ist. Wie wir bereits festgestellt haben, sind Zentralbauten in der Gotik recht selten. Das Kapitelhaus wird deshalb in einem *eigenen Abschnitt* behandelt.

Lernen von der Modellierung von Reims für das Langhaus?

Betrachten wir also zunächst das *Langhaus*, in dem wir *ähnlich zu Reims* vorgehen wollen. Natürlich können wir das Wissen wiederverwenden, wie in Reims vorgegangen wurde und dies hier für York zur Anwendung bringen (Wiederverwendung der Erfahrung des Vorgehens). Also Volumenelement für das Langhaus erstellen und dann mehrfach anwenden.

Wir würden dabei wieder von vorne anfangen und das Langhaus-Volumenelement völlig neu aufbauen. Oder gibt es etwa eine Möglichkeit, das *Langhaus-Volumenelement* von Reims zumindest in Teilen zu verwenden, um durch *Modifikation* zu dem von York zu gelangen? Um diese Frage zu beantworten, stellen wir ein Joch des Hauptschiffs und der zugehörigen Seitenschiffe sowie die entsprechende Außengestaltung von Reims der von York gegenüber, vgl. Abb. 12.1.

Von *außen betrachtet* sind beide ähnlich: die Seitenschiff-Außenwand, das Pultdach für das verdeckte Triforium, die Haupthauswand außen mit Obergaden. Wir sehen aber auch den Unterschied. Das Seitenschifffenster von York ist breiter und kürzer, das Obergadenfenster noch weit mehr. Die Erklärung ist die, dass das Kirchenschiff von York weit weniger hoch ist. Die Maßwerke der Fenster sind natürlich verschieden, York besitzt nicht die klassischen Spitzbögen, z.T. sind sie spitzer, zum Teil leicht gedrückt (vgl. Abschnitt 4.2). Reims hat zwei Strebebögen, York nur einen.[1] Die Strebepfeiler sind deutlich anders strukturiert.

Auch im *Kircheninneren* gibt es Ähnlichkeiten (vgl. wieder Abb. 12.1), wie auch deutliche Unterschiede. Betrachten wir zuerst das Hauptschiff. In beiden Fällen haben wir einen 3-stufigen Aufbau der Hauptschiffwand aus Arkaden, verdecktem Triforium und Obergadenfenster. Der Arkadenteil ist bzgl. Formen und Details anders, ebenso das Triforium und die Obergaden. Wir kommen auf die Unterschiede gleich zurück. Es

---

[1] Das Schiff ist deutlich niedriger und das Gewölbe ist aus Holz. Es muss also weit weniger gestützt werden.

gibt sogar noch deutlichere Unterschiede. Reims hat ein klassisches Kreuzrippengewölbe, York eines mit mehr Rippen (und aus Holz); das Gewölbe von York besitzt einen deutlich tieferen Auflagepunkt. In York bilden Obergaden und Triforium eine gestalterische Einheit. Die Struktur der Dienste ist ebenfalls deutlich verschieden. Die Seitenschiffe sind in beiden Fällen relativ ähnlich.

Abb. 12.1 a Reims und **b** York: Langhaus-Abschnitte von außen und innen

Volumenelement von York: Nutzung des Volumenelements von Reims

Stellen wir uns nun das *Volumenelement* für Reims vor und überlegen wir, was wir davon für York verwenden können, und diskutieren wir den Änderungsaufwand, vgl. Abb. 12.1 und 12.2.

Wir beginnen wieder *von außen*. Die Maßwerkfenster sind deutlich verschieden, hier lohnt die Modifikation nicht, wir modellieren besser von neuem. Die zugrundeliegende Geometrie der Fenster ist auch verschieden. York verlangt also neue, geometrische Parameter. Die Höhen sind verschieden, ebenso die Proportionen für Außenwand, Pultdach und Hauptwand außen sowie auch die Dachhöhe. Wir vergessen also alle Details und gehen bis auf grundlegende geometrische Parameter zurück. Die Strebepfeiler haben im unteren Teil Ähnlichkeiten, die oberen Teile sind verschieden. Auch hier gehen wir bis auf die Parameter der Zoneneinteilung zurück. Einfacher ist es bei den Strebebögen. Der eine Strebebogen von Reims kann weggelassen werden, der andere lässt sich durch eine neue Parametersetzung verwenden.

Von innen ergeben sich ähnliche Modifikationen, vgl. wieder Abb. 12.1 und 12.2. Die Seitenschiffe lassen sich relativ einfach verändern. Bei der Hauptschiffwand werden alle Feinheiten bzgl. Form und Details vergessen, wir kehren bis zur Zoneneinteilung (Arkaden, Triforium, Obergaden) und darin wiederum zur Unterteilung (z.B. für die Arkadenzone: Parameter für Basis, Säule und Kapitell, Bogen und seine Lage innerhalb des Arkadenteils) zurück. Analoges geschieht für das Triforium und den Obergadenteil. Auch beim Gewölbe gehen wir zurück bis auf die Grundparameter des Kreuzrippengewölbes und seine Auflagepunkte. Alle Formen und Details werden neu modelliert. Insbesondere der Diensteverlauf ist in York deutlich anders.

Wenn wir die Schnitte von Reims und York von Abb. 12.2.a miteinander vergleichen, so fällt der Unterschied doch deutlich auf. Er gilt allgemein zur *Unterscheidung* zwischen *französischen* und *englischen Kathedralen*: Reims ist mit einer Gewölbehöhe von etwa 39 m deutlich höher als York mit etwa 27 m. Dabei ist das Hauptschiff von York sogar noch etwas breiter. Somit ergibt sich ein gravierender *Unterschied* im *Verhältnis von Höhe zu Breite* für die Hauptschiffe. Das im Falle von Reims sehr hohe und im Falle von York niedrige Satteldach verstärkt den Eindruck, dass York deutlich niedriger ist (Dachhöhe 59 zu 33m). Abb. 12.2.b gibt das Volumenelement von York in einer 3D-Sicht an.

Abb. 12.2 a Schnitte von Reims und von York für die Überlegung, was von Reims für die Modellierung von York genutzt werden kann, **b** Volumenelement von York entstanden aus der Modifikation des Volumenelements von Reims

Beispielhaft diskutieren wir nun die Vorgehensweise des *Zurückgehens* in der Konstruktion und der *Neugestaltung* anhand der *Veränderung des Arkadenteils*. Nach Neusetzen der Parameter ergibt sich eine andere Zoneneinteilung und ein anderer Bogen von Abb. 12.3.b. Die Säulengestaltung incl. Basis und Kapitell leitet sich von der Geometrie des Säulenquerschnitts ab, hier eine Raute (s. Abb. 12.3.a). Ebenso leiten sich die Wulste der Bogenrippenausgestaltung vom Säulenquerschnitt ab. Die Dienstestruktur ist in York viel einfacher als in Reims. Die Rippen des Gewölbes werden zu einem einzigen Dienst vereint, der bis zu den Säulen nach unten gezogen wird.

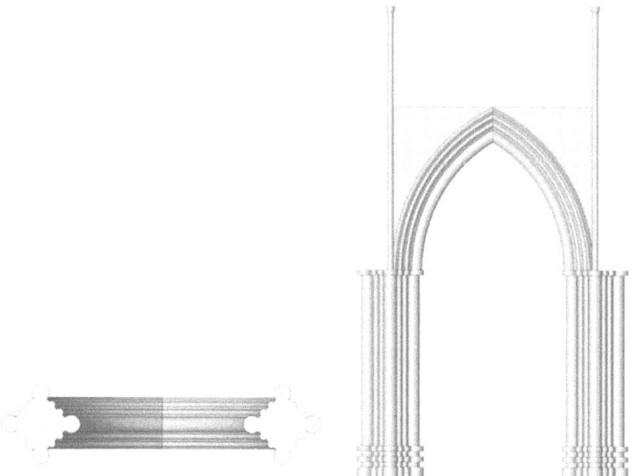

Abb. 12.3 Neumodellierung des Arkadenteils: **a** Arkaden von unten, **b** von der Mitte des Hauptschiffs

Nach Modellieren des Volumenelements von York (durch Modifikation des Reimser Volumenelements) kann dieses n-mal vervielfacht werden und liefert die *Modellierung für das das Haupthaus*. Die Modellierung eines Turmes - der zweite wird gespiegelt - und der Westfassade laufen ähnlich ab wie in Reims, trotz der doch deutlich sichtbaren Unterschiede beider Westteile. So erhalten wir das Modell von Haupthaus und Westfassade mit Türmen aus Abb. 12.4.

Bisher ist die *Modellierung* des Minsters, nach der „Ableitung" des Volumenelements für das Haupthauses aus dem Volumenelement von Reims, *ähnlich* verlaufen wie die Modellierung des Haupthauses von Reims.

Wie bereits gesagt, wir könnten so weitermachen für die anderen Teile der Kirche, also die Volumenelemente neu aufzubauen, z.B. für Querhaus (Lancet Gothic), Chorteile und Vierung (jeweils in Perpendicular, aber unterschiedlich).

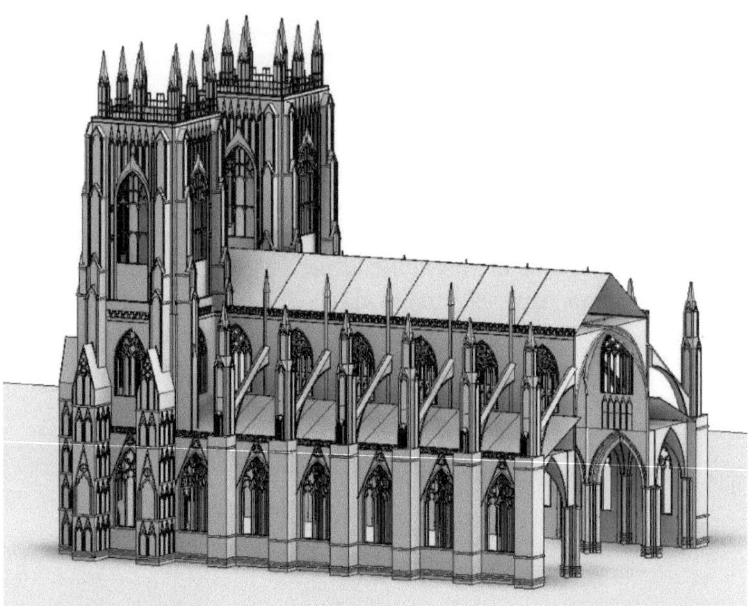

Abb. 12.4 Modellierung von York: Das Haupthaus und die Westfassade mit Türmen

12.2　Alternative Modellierung: Querhaus und Chor

Bei diesem Vorgehen - analog zur Modellierung von Reims - hätte es allerdings eine maßgebliche Erschwernis gegeben. Eine Möglichkeit der *Wiederverwendung* von *Volumenelementen* durch deren *Modifikation*, so wie im letzten Kapitel für Reims vorgeführt, *sehen wir nicht*, so z.B. aus dem Langhaus-Volumenelement von York eines für das Querhaus von York zu gewinnen, wegen des unterschiedlichen gotischen Stils. Die entsprechenden Teile von York sind - weil aus verschiedenen Epochen stammend - so verschieden, dass es sich nicht lohnt, über diese Modifikation nachzudenken. Wir könnten natürlich die neuen Volumenelemente, für die weiteren Teile der Kathedrale von York, neu aufbauen. So entstünde dann das Modell der gesamten Kirche.

Hätten wir bereits andere englische Kathedralen modelliert, so sähe die Lage anders aus: Wir könnten in der *Wiederverwendungs-Datenbank* nachsehen, ob dort eine Kathedrale zu finden ist, deren Querhaus oder Chor ähnlich zu dem von York ist, um dann aus diesen Volumenelementen diejenigen von York zu gewinnen.

Wir beschreiten nun für die Modellierung von Querhaus, Chor und Vierung einen Weg der *vereinfachten Modellierung*. Wir wollen dabei herausfinden, wie weit dieser Weg trägt. Insbesondere wollen wir seine Vor- und Nachteile diskutieren gegenüber der Vorgehensweise, die wir bei der Kathedrale von Reims oder beim Langhaus von York angewandt haben.

Die *Idee dieses Weges* ist die folgende: Anstelle der strukturellen Modellierung der Kirche oder eines Teils davon durch Volumenelemente, die die Zusammensetzung von Teilen, die Festlegung ihrer Bezüge bis hin zur Bestimmung von Formen und Details enthält, beschränken wir uns auf eine *grobe Außenmodellierung*. Das entspricht in der obigen Diskussion in etwa der Festlegung bis auf Zonen und deren Unterteilung.

Alle weiteren *Feinheiten* bzgl. Form und Details werden durch das Überlagern *mit Texturen* erzielt, die auf ebene Flächen (und in Grenzen auch gewölbte Flächen) aufgetragen werden kann. Das entspricht einer Wandfläche, die mit einer Tapete mit passendem Muster versehen wird. Die in der groben Außenmodellierung nicht gelieferten Angaben werden also über die Textur hinzugefügt. Das Ergebnis der groben Außenmodellierung für das Querhaus, für die Teile des Chores und den Vierungsturm sehen wir in Abb. 12.5.

In Abb. 12.6 sind auf diese grobe Außenmodellierung die Formen und Details über die Textur bereitgestellt worden. Die Abbildung zeigt auch die perspektivische *Darstellung der gesamten Kirche*. Die beiden Ansätze - klassische Modellierung für Langhaus und Westwerk einerseits und Grobmodellierung mit zusätzlichen Texturen für Querhaus, Chor und Vierung andererseits - sind dem Bild deutlich zu entnehmen.

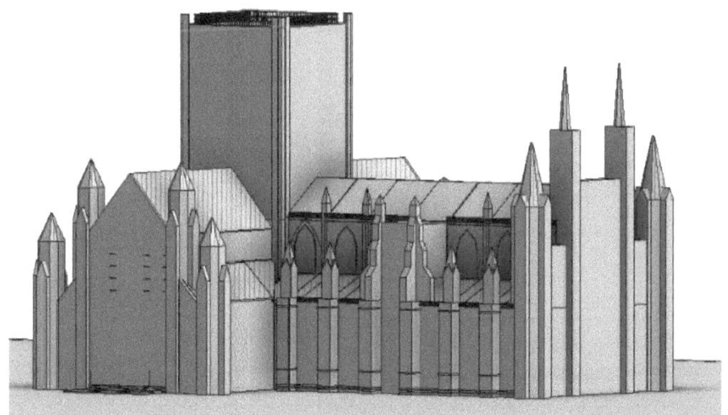

Abb. 12.5 Grobe Volumenmodellierung von Querhaus, Chor und Vierung

Diskussion *Vor-* und *Nachteile* beider Methoden:

Diese *vereinfachte Modellierungsmethode spart Aufwand*. Das zahlt sich insbesondere dann aus, wenn Teile modelliert werden, deren Strukturen man bisher noch nicht oder nur sehr rudimentär erfasst hat. Das ist bei dem Querhaus, den Teilen des Chores und der Vierung von York der Fall.

Über die Textur lassen sich auch *Strukturen einführen*, deren Modellierung *viel Aufwand* erfordern würde. Wir sehen dies z.B. an dem Maßwerk des großen Spitzbogenfensters im Osten des Chores.

Mit dem vereinfachten Verfahren erhalten wir aber *keine Innenmodellierung*, da wir nur die Außenhülle erfassen. Somit ist es nicht möglich, einen Gang durch das Innere der Kirche vorzunehmen, wie wir dies in Kap. 11 für Reims dargestellt haben.

Natürlich ließe sich *das Innere* der Kirche ebenfalls grob über Flächen und fein über Texturen *darstellen*. Wir hätten dann doppelten Aufwand, der Vorteil der neuen Methode wäre also beseitigt. Trotz der Innenmodellierung wäre immer noch kein Gang durch die Kirche möglich, eine „transparente" Fläche über Texturen ist nicht durchlässig. Die Innenmodellierung müsste also so weit getrieben werden, dass Arkaden modelliert werden. Dann ist der Gesamtaufwand vermutlich größer als bei der klassischen 3D-Modellierung, die wir für Reims angewendet haben.

Wir kommen auf die Verbindung der beiden Ansätze - grobe Modellierung und Textur für die Feinheiten - noch zweimal zurück.

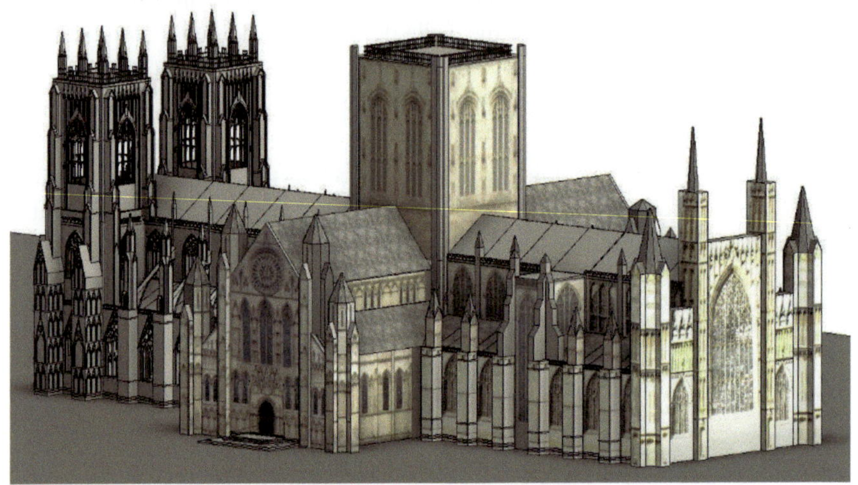

Abb. 12.6 Perspektivische Gesamtsicht von York, entstanden aus unterschiedlichen Modellierungen

12.3 Das Kapitelhaus, Beispiel für einen Zentralbau

Wie bereits erwähnt, sind *Zentralbauten* in der Gotik relativ *selten*. Im Hl. Röm. Reich ist die Liebfrauenkirche in Trier (eine der ersten beiden gotischen Kirchen) ein Zentralbau, der jedoch keine Nachahmung fand. In England finden wir eine Reihe von *Kapitelhäusern* als Zentralbauten. Es finden sich auch innen und außen aufwändig gestaltete *Vierungstürme*, z.B. in Ely, die ebenfalls als Zentralbauten betrachtet werden können.

Modellierung des Oktogons von York ohne Mittelsäule

Wir kehren zunächst wieder zur reinen Strukturmodellierung zurück und betrachten das Beispiel des *Kapitelhauses von York*, ein *Oktogon* mit *freitragendem Gewölbe*.

Wenn wir das Kapitelhaus als freistehend annehmen - also ohne Verbindung zum Querhaus wie in York - so genügt es, ein *Segment des achteckigen Hauses* zu modellieren. Wir sehen das Ergebnis in Abb. 12.7.a. Das Segment enthält eine ebene Fläche, die das Fenster aufnimmt, eine weitere für die steinerne Sitzbank, ein Gewölbe, das aus einem Teil eines Kugelgewölbes besteht, in welches das Segment eines gotischen Spitzbogengewölbes mit horizontalem Grat eingeschnitten ist.

Dieses *Segment* ist zu *vervielfachen*. Wir sehen in Abb. 12.7.b drei Segmente aneinandergefügt von innen und in 12.7.c alle acht Segmente und damit das vollständige

Kapitelhaus von außen. Das Vorgehen ist somit analog zu dem, das wir bei der Modellierung des von Reims oder York bereits kennengelernt hatten, hier allerdings Vervielfachung nicht in Längsrichtung, sondern Segment für Segment, bis sich ein *geschlossenes Polygon* ergibt. Die Vorgehensweise entspricht also eher der Modellierung des polygonalen Chorabschlusses von Reims.

Um die Modellierung der bzgl. der *Feinstruktur aufwändigen Teile* (Maßwerk der Fenster, Wand unterhalb des Fensters innen, und vor allem des Sterngewölbes) zu vermeiden, werden diese Feinstrukturteile jeweils stets durch eine *Textur* aufgebracht. Das ist für die ebenen Flächen (Fenster und Wand) kein Problem, wie den Bildern d und e von Abb. 12.7 entnommen werden kann. Das CAAD-System REVIT, in dem die Beispiele modelliert wurden, bietet sogar die Möglichkeit, eine Textur auf eine gewölbte Fläche aufzutragen. Davon haben wir für das Sterngewölbe Gebrauch gemacht. Wir sehen in Abb. 12.7.e das Sterngewölbe, aufgebracht durch eine Textur.

Wir haben in diesem Beispiel *Strukturmodellierung* und *Texturmodellierung kombiniert*. Um Aufwand zu sparen, werden die Feinstrukturdetails (Maßwerk-, Wand-, und Gewölbedetails) über eine Textur eingebracht. Das vermeidet die Nachteile der Texturmodellierung, wie sie in Abschnitt 12.2 vorgestellt wurden. Bis auf diese Details wird die Struktur hier aber vollständig vorab modelliert. Das ist anders als in Abschnitt 12.2 für Querhaus und Chor beschrieben.

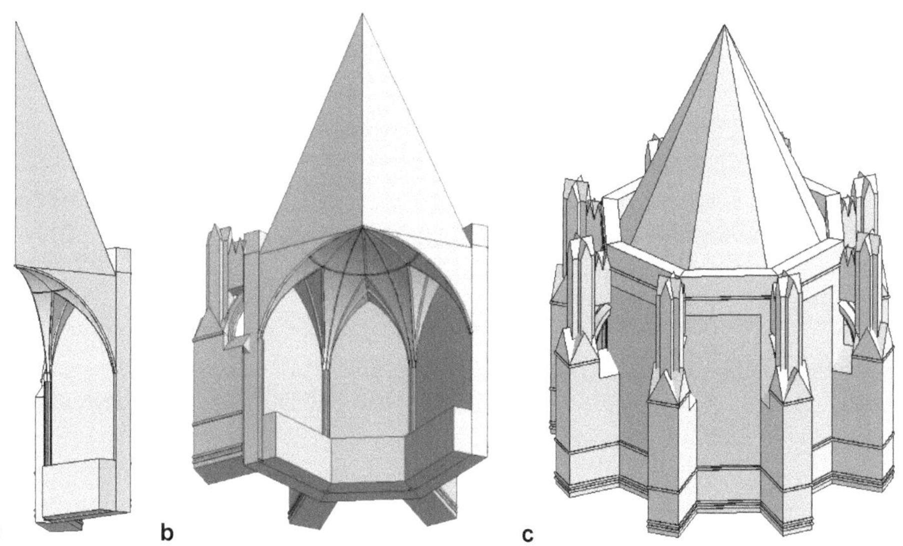

Abb. 12.7 a Oktogon Kapitelhaus York: Strukturmodellierung, **b**, **c** Volumenelement mit Vervielfältigung, **d**, **e** Feinstrukturen über Texturen

Wir erkennen in der Modellierung insbesondere eine *Ähnlichkeit* zu *Modellierung eines polygonalen Chors*, s. Reims. Das Deckengewölbe, hier zusammengesetzt aus einem Teil des Kugelgewölbes und aus Segmenten eines gotischen Rippengewölbes, wäre hier allerdings aufwändiger.

Mit einem ähnlichen Vorgehen ließe sich auch das Gewölbe einer *reich und detailliert strukturierten Vierung*, wie z. B. in Ely in England oder Burgos in Spanien, modellieren.

Polygonale Strukturen mit Mittelsäule

In England finden sich auch polygonale Kapitelhäuser mit einer stützenden Säule in der Mitte, wie z.B. in Wells, Westminster Abbey und Salisbury, jeweils achteckig, sowie zehneckig in Lincoln, vgl. Abb. 8.8.b.

Wir verzichten auf die *Modellierung* dieser Kapitelhäuser mit Säule. Bei der Modellierung des Polygonsegments wird der Ausschnitt des gesamten Gewölbes inclusive des Teils der Mittelsäule modelliert. Das Vorgehen ist somit ähnlich *einfach* wie in York.

12.4 Zusammenschau

Modellierung

Aufgrund der *Inhomogenität* von York müssen die einzelnen Teile Langhaus, Querhaus, die beiden Chorteile, die Westfassade und das Kapitelhaus einzeln und weitgehend getrennt modelliert werden, was den *Gesamtaufwand* erhöht.

Was haben wir bei *Modellierung gelernt*? (i) Im Gegensatz zu Reims geht es hier um die Modellierung kleinerer Einheiten, nicht ein (ggf. abgewandeltes) Volumenelement für fast alles. (ii) Wir können das passende neue Volumenelement nicht durch Modifikation eines vorhandenen gewinnen, stattdessen fangen wir neu an. (iii) Die Modellierung von Reims kann nur in engen Grenzen genutzt werden.

Wir haben alternativ einen *weiteren Modellierungsweg* ausprobiert, nämlich *Texturen* zu verwenden. Für das Querhaus, die Chorteile und den Vierungsturm haben wir (a) die Außenhülle grob modelliert, um dann strukturelle Details und Formdetails mit Texturen hinzuzufügen. Das hat auch einige Nachteile, wie diskutiert. Im Fall (b) des Kapitelhauses haben die Strukturmodellierung weiter getrieben, wir haben nur die Details ausgelassen, die dann über Texturen eingeführt werden. Bei dieser Vorgehensweise vermeiden wir Aufwand, aber auch einige Nachteile der Vorgehensweise von (a).

Insgesamt haben wir sehr *unterschiedliche Kirchenteile modelliert*: das Querhaus in Lancet Gothic, das Langhaus in Decorated, die Chorteile in Perpendicular und das Kapitelhaus in Decorated.

Unterschiedliche Modellierungswege

(a) Der *Langhausteil* von York wurde auf dem gleichen Wege gewonnen, wie in der Kathedrale von Reims, nämlich über ein Volumenelement, das die gesamte Struktur enthält incl. Formen und Details, und das mehrfach angewendet wurde.

(b) *Querhaus, Chorteile* und *Vierung* wurden über grobe Strukturmodellierung der Außenhaut gewonnen, um danach Strukturen (Wandgliederung) und Feinheiten (Maßwerke) über Texturen hinzuzufügen.

(c) Beim *Kapitelhaus* haben wir strukturell durchmodelliert bis auf die Feinheiten (Maßwerke, Gewölbestruktur), um diese danach über Texturen hinzuzufügen.

Die Vorgehensweisen (a) und (c) haben Vorteile, (b) fällt dagegen ab, s. Diskussion.

(d) Für die *Türme* wurde eine kleinteiligere Modellierung gewählt, wie bereits im Reims.

Vorbereitung auf die methodische Entwicklung

Volumenelemente enthalten *Festlegungen verschiedener Granularitäten*. Wir legen damit grobe geometrische Daten fest, wie die Breite, Höhe und Länge eines Volumenelements. Wir legen damit auch die Zonenfest, z.B. beim Hauptwandaufbau für Arkaden,

Triforium und Obergaden. Innerhalb dieser Zonen legen wir fest, wo Triforium, Arkadenteil, etc. beginnt und endet, wo die Auflagepunkte für das Gewölbe liegen usw. Daraufhin folgt die grobe Form und die Detailform. Wir werde dies in Teil IV genauer diskutieren.

Insgesamt legen wir für ein Volumenelement somit recht *unterschiedliche Parameter* fest.

Ein Volumenelement bestimmt das Langhaus, es ist ein bestimmendes Muster, weil sich das Langhaus durch n-malige Anwendung ergibt. Das Langhaus selbst folgt einem *Muster* (Pattern), z.B. französische Kathedrale als eine Spielart einer gotischen Basilika.

Wir haben in diesem Kapitel das Minster von York mithilfe eines CAAD-Systems im Rechner nachgebildet. Die Nachbildung erzeugt ein virtuelles Bild der derzeitigen Kathedrale. In Kap. 14 werden wir uns mit der Frage beschäftigen, wie die derzeitige Kirche aus der normannisch-romanischen hervorgegangen ist, wie also die Umwandlungsschritte ausgesehen haben.

Wir greifen die Gedankenlinie von Kap. 9 auf und versuchen, einige dort behandelte Kirchen des Hl. Römischen Reiches im Computer mithilfe eines *CAAD-Systems nachzubauen* oder den Nachbau zu skizzieren. Dort finden wir völlig *unterschiedliche Kirchentypen*, nämlich Kathedralen nach französischem Muster, Münster aus Süddeutschland, Hallenkirchen und Bauten der Backsteingotik. In dieser kommen wiederum Kirchen obiger Arten vor. Von diesen werden wir nur einige im Sinne eines virtuellen Nachbaus behandeln.

In der Literatur bezeichnet man die Eigenheiten der Gotik im Hl. Röm. Reich - bis auf die Kathedralbauten, die stark französisch beeinflusst sind - als *Sondergotik*, manchmal als deutsche Sondergotik. Der Begriff deutet an, dass es eine andere Ausprägung der Gotik gibt, nämlich durch Vereinfachungen. Hierfür ist auch der Begriff *Reduktionsgotik* üblich. Gleichzeitig tauchen aber auch Verfeinerungen und Raffinements auf, z.B. in Form der Netzgewölbe oder durchbrochenen Turmhauben. Wie bereits in Kap. 9 ausgeführt, ist der Begriff Reduktionsgotik somit nicht sehr hilfreich. Der Begriff Sondergotik ist es auch nicht, insbesondere in der Form „deutsche Sondergotik", da diese Sonderformen auch in anderen Gegenden Europas auftauchen.

Auch in diesem Kapitel modellieren wir die Kirchen, die wir als Beispiele betrachten von Grund auf neu. Die im Kapitel über Reims und York gemachten Bemerkungen, dass die Lage anders aussehen würde, hätten wir bereits verfügbare Beispiel in einer Wiederverwendungs-Datenbank, trifft somit für jede der hier betrachteten Kirchentypen ebenfalls zu.

13.1 Kathedralen im Hl. Röm. Reich

In Kap. 9 über die Kirchen im Hl. Röm. Reich tauchten die Dome von *Köln* (Abb. 9.3) und *Regensburg* (Abb. 9.5) auf und das Münster von *Straßburg* (Abb. 9.6), jetzt Frankreich, der *Veitsdom* von Prag (Abb. 9.4), jetzt Tschechien, der *Stephansdom* in Wien (Abb. 9.7) in Österreich und weitere. Diese sind alle - bis auf den Stephansdom - mehr oder minder stark durch den Stil der *französischen Kathedralen beeinflusst* und geprägt.

Für alle obengenannte Kathedralen könnten wir die *Strukturmodellierungs-Vorgehensweise* anwenden, die wir in dem Kapitel 11 über Reims kennengelernt haben: Volumenelement aufbauen, mehrfach anwenden, Volumenelement aus vorhandenem durch Modifikation gewinnen, mehrfach anwenden, weitere Einzelfallmodifikationen oder Modellierungen usw. Oder wir könnten die alternativen Wege von Kap. 12 verwenden, nämlich (i) *Grobmodellierung* über vergröberte Volumenelemente und den Rest über *Textur* (Münster York) oder alternativ (ii) Strukturmodellierung vollständig bis auf die Details und Textur nur für diese restlichen Details (Kapitelhaus York). Bei

© Springer-Verlag GmbH Deutschland, ein Teil von Springer Nature 2019
M. Nagl, *Gotik und Informatik*, Die blaue Stunde der Informatik,
https://doi.org/10.1007/978-3-662-55518-7_13

der Nachmodellierung obiger Kirchen (Köln, Regensburg, Straßburg, Prag, Wien) ist kein weiterer Wissensgewinn bzgl. der Modellierung zu erwarten.

Für die stark *abweichenden Teile* (für Regensburg und Straßburg die östlichen Teile, für Prag der große südliche Turm und weite Teile für Wien) ist ohnehin eine *einzelfall-orientierte Modellierung* anzuwenden.

Wir präsentieren für diese *Kathedralen* hier deshalb *keinen Nachbau*. Aufgrund der eben angegebenen Skizzen für den CAAD-Nachbau verzichten wir auf weitere Erläuterungen. Das bereits erworbene Wissen ist auch hier anwendbar bis auf die Teile, die aus dem Rahmen fallen.

13.2 Münster in Süddeutschland: Ulm und Freiburg

Auch hier knüpfen wir an die Erläuterungen von Kap. 9 an, nämlich an den Abschnitt 9.3 über die *Münster* von *Freiburg* und *Ulm*. Beide Kirchen sind in verschiedenen Bauabschnitten über eine längere Zeit hinweg errichtet worden, teilen somit die Charakterisierung, die wir am Beispiel York bereits herausgearbeitet haben, dass alle *Teile* separat zu betrachten sind, da sie *nicht* allzu *viele Gemeinsamkeiten* besitzen.

Warum betrachten wir diese Kirchen dann überhaupt? Sie sind zwar beide Basiliken, besitzen aber einige *Teile* und *Formen*, die wir bisher bei der *Modellierung noch nicht betrachtet* haben, nämlich 2-stufigen Hauptwandaufbau, einen Turm im Westen mit feingliedriger Struktur und offener Haube, wir finden auch noch vorhandene romanische Teile, und wir finden z.T. abrupte Übergänge zwischen den Teilen.

Die Entscheidung, welche der Kirchen wir im Computer nachbauen wollen, war nicht einfach. Um es kurz zu machen: Wir haben uns für *Freiburg* entschieden, *wegen seines berühmten Turms*, der bereits zur Zeit der Gotik errichtet wurde und der auch zur damaligen Zeit als der höchste Kirchturm galt.

Wir beginnen die *Modellierung* von Freiburg mit dem *Langhaus*, das an das romanische Querhaus anschließt. In diesem Langhaus-Teil sind wir wieder auf vertrautem Terrain. Obwohl die Hauptwand 2-zonig ist (Arkaden und Obergaden) können wir das *Volumenelement* aus dem für das Langhaus von York durch Modifikation ableiten. Diese Modifikation ist ähnlich zu der, die wir für York kennengelernt haben (wo wir das Langhaus-Volumenelement aus dem von Reims abgeleitet haben). Beide Langhäuser sind nicht sehr hoch und das Triforium wird einfach ausgeblendet.

Bei der Modellierung des *Langhaus-Volumenelements* gehen wir *strukturell* nicht so weit hinunter wie in York. Alle *feingliedrigeren Teile*, wie Fenster, modellieren wir ausschließlich über *Textur*. Wir wenden hier also die Vorgehensweise an, mit der wir das Kapitelhaus von York gestaltet haben. Das Ergebnis zeigt die Abb. 13.1.a. Dieses Volumenelement mehrfach angewendet, liefert das Langhaus, s. Abb. 13.1.c.

Analog gehen wir für den *Turm* vor. Er wird nicht bis in die Feinheiten strukturell modelliert. Die Details von Portal, Fenstern, Blendmaßwerken sowie der durchbrochenen Haube liefern Texturen. Wir machen das am Beispiel des offenen Helms deutlich. Abb. 13.1.b zeigt die Textur für ein Segment des Helmes, das - achtfach angewandt -

die Feinstruktur des offene Helms liefert. Abb. 13.1.c zeigt das Gesamtergebnis für das Münster westlich des Querhauses, also für Langhaus und Turm.

Die Modellierung erfolgte somit insgesamt nach der Vorgehensweise, die wir im Kapitelhaus von York kennengelernt haben: Wir modellieren strukturell alles, bis auf die Feinstrukturen, die wir über Texturen einführen.

Für das romanische Querhaus wählen wir den einfacheren Ansatz, wie für das Querhaus in York: einfache Volumenmodellierung nur für das Äußere, den Rest über Texturen.

Für den Chor wählen wir eine Modellierung wie für das Langhaus, allerdings nur für das Äußere. Die Modellierung des Inneren könnte analog ergänzt werden. Das gesamte Ergebnis zeigt Abb. 13.2.

Abb. 13.1 Freiburg: **a** Langhaus-Volumenelement, **b** Textur Turmsegment, **c** Langhaus mit Westwerk und Turm in 3D-Darstellung, überall Details über Texturen

Wir haben aus Aufwandsgründen bei der Modellierung des Freiburger Münsters eine *Reihe von Vereinfachungen* vorgenommen, die von der derzeitigen Struktur der Kirche abweichen: (a) Das Langhaus ist bei uns homogen, de facto ist praktisch jedes Volumenelement verschieden vom nächsten. (b) Wir lassen hier Nebengebäude weg, z.B. den Renaissance Baldachin über dem Eingang in der südl. Querhausfassade außen und innen, das Gleiche gilt für einige Kapellen. (c) Wir machen Teile uniform, die nicht uniform sind. (d) Asymmetrien im Chor werden vernachlässigt, bei uns sind auch (e) alle Maßwerkfenster der Ober- und Untergaden gleich.

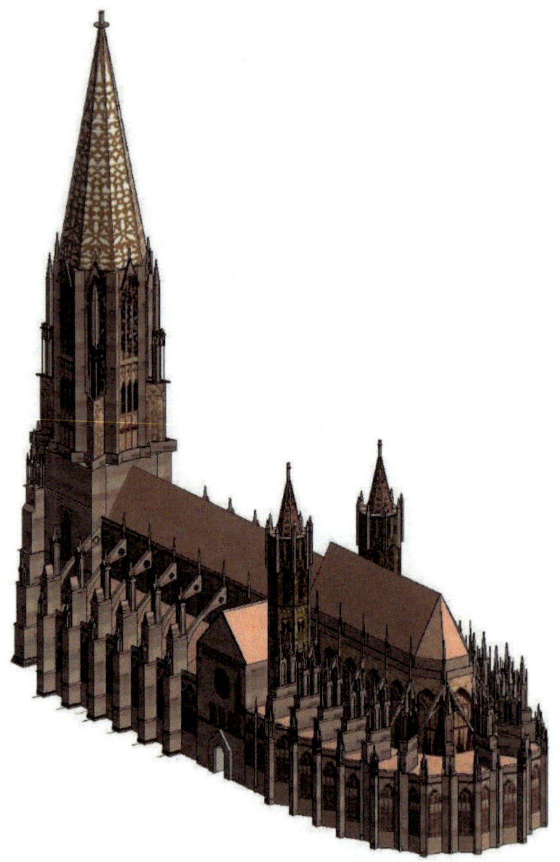

Abb. 13.2 Modellierung der gesamten Kirche: 3D-Ansicht von Südwest

13.3   Hallenkirchen: Der Chor von St. Sebald

In Abschnitt 9.4 haben wir die Hallenkirchen erläutert und einige bekannten Beispiele gezeigt. Für die Modellierung betrachten wir im Folgenden das in 9.4 behandelte Beispiel der Kirche *St. Sebald in Nürnberg*. Diese Kirche war ursprünglich romanisch, wurde später teilweise gotisiert und schließlich mit einem großen spätgotischen Hallenchor versehen, um ihre Kapazität für den Gottesdienst zu erhöhen. Dieser Hallenchor ist allerdings bemerkenswert und soll nun genauer betrachtet werden.

Was ist bei *Hallen anders*? Alle Schiffe sind gleich hoch, wodurch die zwei-, drei- oder 4-stufige Hauptschiffwand wegfällt; sie besteht hier nur aus Arkaden und Gewölbe. Hallenkirchen haben meist keine komplexen Strebewerke, der Druck zur Seite wird allein durch die Strebepfeiler in der Außenwand abgefangen. Allerdings ist die Statik insofern einfacher, da kein hohes Hauptschiff gegen niedrige Seitenschiffe abgestützt werden muss. Die Außenwände sind strukturiert, die Pfeiler sind in die Wand integriert, vgl. Abb. 9.11 und 9.12. Meist enthalten die Außenwände Fenster, die einen beträchtlichen Teil der Höhe der Wand einnehmen.

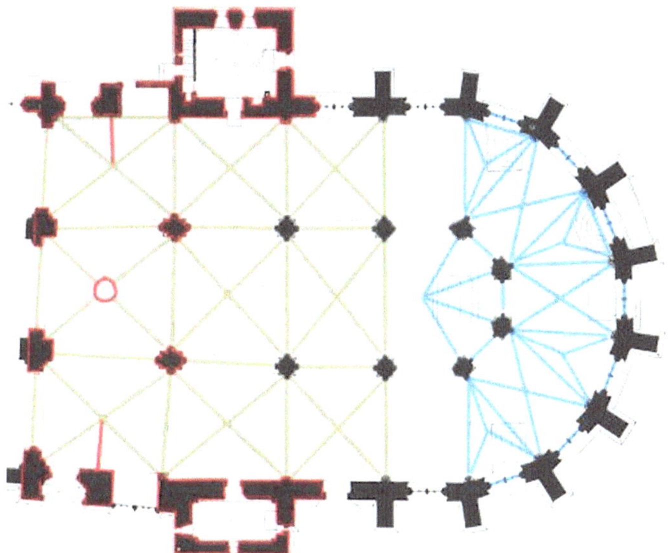

Abb. 13.3 St. Sebald, Grundriss für die Erläuterung koloriert

Wir beziehen uns nun auf den Grundriss dieser Halle, der in Abb. 13.3 wiedergegeben ist. Die *systematische Modellierung der Halle* läuft ähnlich ab, wie wir das bereits bei Reims kennengelernt haben, man vergleiche hier insbesondere die Modellierung des Chorteils von Reims. Wir erzeugen ein Volumenelement für den geraden Teil und ferner Segmente für den Chor.

Das Volumenelement aus Abb. 13.4.a ist für den Längsteil dreimal anzuwenden, s. helle grünbraune Einfärbung im Grundriss von Abb. 13.3. Danach beginnt der polygonale Teil des Chores, der alternierend aus Vierecksteilen mit anhängendem Dreieck (vgl. Abb. 13.4.b, bis zum Chorschlussstein) und Dreiecksteilen (vgl. Abb. 13.4.c, die zwischen den Vierecksteilen liegen) zusammengesetzt wird. Man vergleiche hierzu den Grundriss aus Abb. 13.3 und dort die hellblau kolorierten Teile.

Verbleibt noch die Behandlung des grauen Teils im Grundriss von Abb. 13.3, der aus den beiden Seitenschiffjochen und einem Dreiviertel des Mittelschiffsjoches besteht. Die Vorgehensweise der Modellierung ist die gleiche wie für die vorausgehenden Joche 1 bis 3, nur das zum Chor gerichtete Viertel wird herausgenommen.

Insgesamt ergibt sich hier allerdings eine *stärker durch Änderungen geprägten Vorgehensweise* im Vergleich zu Reims und auch zu York: Das hellgraue Volumenelement 4 vor der Rundung verlangt nach besonderer Behandlung, Volumenelemente / Joche 1, 2, 3 haben unterschiedliche Länge mit 9,5, 8 und 7 m, was durch eine geometrische Anpassung mittels Parametrierung gelingt.

Abb. 13.4 a Volumenelement Längsteil, Volumenel. Segment: **b** Vierecks- und **c** Dreiecksteil

Es gibt aber *weitere strukturelle Änderungen*: Das erste und tiefere Volumenelement hat zusätzlich Scheitelrippen, die später nicht mehr auftauchen und der linke Rand ist anders, da er sich an den romanischen Teil der Kirche anschließt. Schließlich sind die Schlusssteine verschieden und nördlich und südlich gibt es Anbauten, die auch noch unterschiedlich sind. Diese Abweichungen von einer einheitlichen Struktur sind im Grundriss (Abb. 13.3) rot gekennzeichnet. Wir sehen hier also Änderungen von Joch zu Joch. Einige sind durch unterschiedliche geometrische Parametrierung zu lösen, andere verlangen einzelfallorientierte Modifikationen. Bei genauer Betrachtung haben wir somit Änderungen von Joch zu Joch, auch wegen der aus dem Grundriss zu entnehmenden Abweichungen von der Rechtecksform und wegen der Abweichung von der geraden Linie im Längsteil der Halle, insbesondere aber von dem Anschluss an den romanischen Teil, an den die Halle später angefügt wurde, sowie auch von den Mauerverstärkungen im Außenmauerbereich herrührend.

Weiterhin verlangt auch der *polygonale Teil noch Modifikationen*: Der Chorschlussstein oberhalb des Altares gehört einerseits zu dem bereits modellierten polygonalen Chor, hellblau koloriert. Es verbleibt noch die Modellierung des hellgrau im Grundriss hinterlegten Teils, der aus zwei Seitenschiffjochen und dem Mittelschiffjoch besteht, wobei bei letzterem ein Viertel bereits mit dem polygonalen Chor behandelt wurde.[1]

Wir sehen also gegenüber Reims und York eine nochmalige Steigerung der Unterschiedlichkeit der Teile der Kirche oder - anders ausgedrückt - eine nochmalige Abnahme der Homogenität. Daraus folgt eine *wesentlich kleinteiligere Modellierung* mit deutlich weniger Wiederverwendung und entsprechendem *höheren Aufwand* durch vielfache Modifikationen.

---

[1] Wir hätten den größten Teil dieses Restes auch über den Chor modellieren können. Ein besonders breites Viereckteil mit anhängendem Dreieckteil, jeweils im Norden und im Süden, hätte bis auf die vorab nötige geometrische Vergrößerung behandelt werden können wie die anderen drei Viereckteile. Dann wäre nur noch der „Zwickel" zur Bearbeitung übriggeblieben, im Grundriss etwas dunkler als die anderen grauen Teile gekennzeichnet.

Abb. 13.5.a zeigt die perspektivische *Darstellung der gesamten Kirche* von außen: Der hier diskutierte Teil (Halle) ist *detailliert*, die nicht betrachteten romanischen/ gotischen Teile der Kirche sind nur *grob* dargestellt. Ferner sehen wir eine perspektivische Darstellung des Innenraums des Hallenchores, vgl. Abb. 13.5.b.

Abb. 13.5 St. Sebald **a** Gesamte Außensicht, **b** perspektivische Innensicht der Chorhalle

Hallen weisen - da sie meist zur Zeit der Spätgotik entstanden sind - oft *Netzgewölbe* auf. Diese spielen in diesem Buch keine große Rolle. Ein Beispiel wollen wir aber dennoch betrachten. Abb. 13.6 zeigt ein Teil des Netzgewölbes von Str. Lorenz, der später entstandenen großen Schwester von St. Sebald (ebenfalls mit Hallenchor) in perspektivischer Ansicht und als Blick von oben. Die Modellierung solcher Gewölbe ist deutlich aufwändiger als die eines Kreuzrippengewölbes.

Abb. 13.6 Beispiel eines Netzgewölbes zu einer Halle (Chor St. Lorenz, Nürnberg)

Ähnlich zu obiger Vorgehensweise können auch 5-schiffige Hallen, Hallen mit anderen Chorabschlüssen, Hallen mit anderen Wandstrukturen usw. modelliert werden.

13.4 Einschiffige Halle: Glashaus zu Aachen

In Abschnitt 9.4 sind wir auch kurz auf das sog. *Glashaus in Aachen* eingegangen, das östlich an den karolingischen Dom angebaut wurde, um die vielen Pilger aufzunehmen. Diese Glashaus-Erweiterung des karolingischen Doms wurde beeinflusst durch die Sainte Chapelle in Paris. Letztere weist allerdings zusätzlich eine Unterkirche auf.

Wir *modellieren* nun diese *einschiffige gotische Halle*: Das Volumenelement für das Längsteil taucht zweimal, für das Chorsegment neunmal auf. Ferner gibt es ein Sondervolumenelement zwischen Längsteil und Chor (D-Zwickel) sowie eine Sonderkonstruktion für den Anschluss an den karolingischen Bau. Die Modellierung funktioniert nach dem gleichen Schema, wie wir dies bereits bei den mehrschiffigen Hallen kennengelernt haben.

Abb. 13.7.a zeigt den Grundriss des Glashauses, 13.7.c die zugehörige Deckenansicht sowie das Volumenelement für den Längsteil (13.7.b für 2 Joche anzuwenden) und auch für das Chorsegment (13.7.d für 9 Segmente einzusetzen).

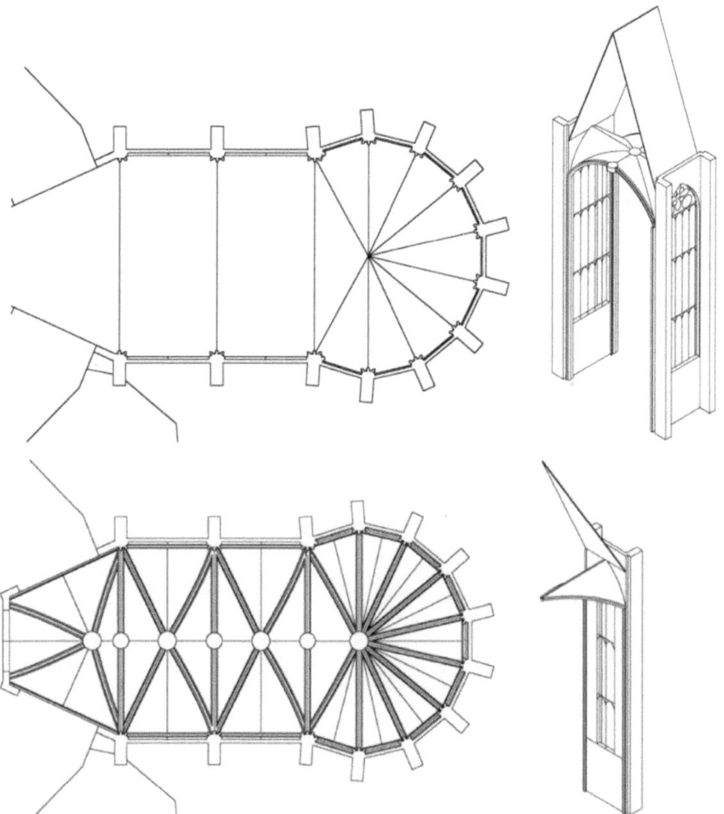

Abb. 13.7 Glashaus zu Aachen, mit Sonderform Chorkonstruktion: **a** Grundriss, **c** Deckenansicht, **b** Volumenelemente Längsteil und **d** Volumenelement Chorsegment

Abb. 13.8.a gibt eine perspektivische Sicht des gesamten Doms wieder, mit detaillierterer Darstellung des Glashauses und vergröberter der karolingischen und neoromanischen sowie auch der weiteren gotischen Teile. Die Abb. 13.8.b zeigt das Innenleben des Glashauses, ebenfalls perspektivisch.

Abb. 13.8 Glashaus, Sonderform Chorkonstruktion: **a** Gesamtschau außen und **b** innen

Die *Modellierung* des Glashauses verlief wenig überraschend. Eine *Sonderbehandlung* verlangte der Anschluss des Längsteils an den polygonalen Teil und auch der Anschluss des Glashauses an den karolingischen. Eine freistehende Halle wäre einfacher. Hätten wir das gesamte Gebäude des Doms modelliert, so wäre einiger Aufwand entstanden, da hier Vorromanik, Spätgotik (für Glashaus und auch weitere gotische Kapellen), Barock und Neoromanik aufeinandertreffen.

13.5 Backsteingotik: St. Marien zu Lübeck

Wir hatten in Abschnitt 9.5 auf die Bedeutung der Hanse, die Ausbreitung der *Backsteingotik, hauptsächlich im Ostseeraum* aber auch darüber hinaus, und auf die enge politische und wirtschaftliche Verflechtung bereits hingewiesen. Weitere Bachsteinkirchen finden sich in Belgien, Frankreich (Albi), Süddeutschland, Italien bis zur Ukraine.

Der Begriff Backsteingotik bezieht sich auf die *Ziegel als Baumaterial*. Dieses Material erlaubt verschiedene Strukturen: Basiliken, Hallen, Staffelhallen und auch Zentralbauten. Backsteinkirchen haben, wegen der geringeren Festigkeit der Ziegel, gröbere Strukturen. Sie haben deshalb oft Zusatzstrukturen zur *Stabilitätserhöhung*, wie Klammern, Zuganker und Ringanker.

Die meisten der Backsteinkirchen sind *Hallen*, bei den großen Kirchen sind es oft *Basiliken*. Die Blütezeit der Backsteingotik ist die Hoch- und Spätgotik. Die *gröbere Struktur* der Kirchen wird kompensiert durch *Dekors*: Formsteine und Glasurziegel werden für Friese und Ornamente verwendet.

Als *Beispiel* für die Modellierung greifen wir die *Marienkirche in Lübeck* auf, die bereits in Abschnitt 9.5 als eine der bekanntesten Bauten der Backsteingotik erkannt wurde. Die *CAAD-Modellierung* ist nicht sehr verschieden von dem, was wir bisher kennengelernt haben. Die Erläuterung kann also kurz ausfallen.

Die Abb. 13.9.a gibt den *Grundriss* der Marienkirche wieder, der doch *deutlich* von den bisherigen Grundrissformen *abweicht*: dicke Mauern für die Türme, kein Querhaus aber Einsatzkapellen, was zusammen wie ein „Querhaus" wirkt, eine andersartige Chorgestaltung.

Die Modellierung beginnt wieder mit dem *Volumenelement für das Langhaus*, im Grundriss rot eingefärbt, vgl. Abb. 13.9.b. Als *Besonderheit* ergibt sich, dass Backsteinkirchen - wegen der geringeren Festigkeit des Baumaterials - in ihren Säulen, Pfeilern und Türmen massiver ausfallen. Wir sehen das dem Volumenelement des Langhauses an. Darüber hinaus, haben Backsteinkirchen, entweder von Anfang an oder später eingefügt, wegen der geringeren Stabilität meist Zuganker auf der Höhe der Obergaden. Dieses Volumenelement findet sich sechsmal im Langhaus.

Die Modellierung des Chores ist ähnlich zu der, die wir oben bei den Hallenkirchen kennengelernt haben, hier allerdings mit gleichen *Chorsegmenten*, eines davon ist im Grundriss blau eingefärbt. Das entsprechende *Volumenelement* ist in Abb. 13.9.c angegeben. Dieses Chorelement wird dreimal angewendet. Etwas zusätzliche Modifikation ist notwendig, wegen der vergrößerten Marienkapelle und auch im Übergang zwischen „Querhaus" und Chor. Die Westfassade mit den massiven Türmen muss getrennt modelliert werden. Das Volumenelement für das „Querhaus" (St. Marien hat kein echtes Querhaus) ergibt sich aus dem Volumenelement des Langhauses durch Verbreitern um die Joche der zusätzlich angebauten Kapellen. Abb. 13.10.a gibt die *Marienkirche* in *perspektivischer Darstellung* von außen wieder und 13.10.b von innen.

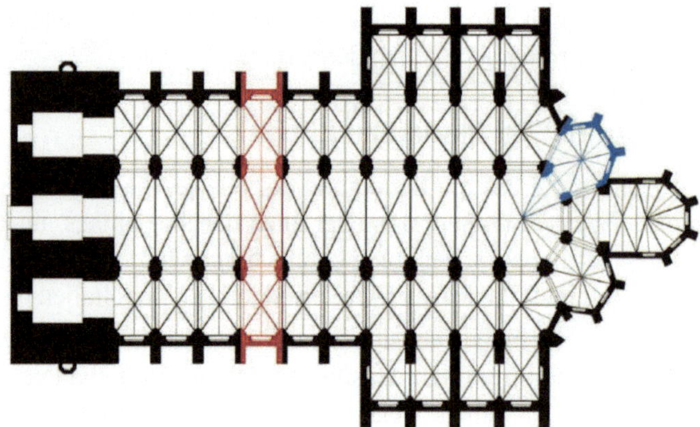

Abb. 13.9 Marienkirche zu Lübeck: **a** Grundriss, **b** Volumenelement Langhaus, **c** Chorsegment

Abb. 13.10 Perspektivische Ansichten **a** außen von Nordosten und **b** Innensicht

Wir verzichten hier auf die Modellierung eines Beispiels einer Backstein-Hallenkirche. Die Ähnlichkeit zur Modellierung einer Hallenkirche aus Sandstein (s. Abschnitt 13.3) ist recht groß, es ergäben sich kaum neue Erkenntnisse.

13.6 Ausflug: Chormodellierung und Gewölbe

Nachdem wir mit Reims (frz. Kathedrale), York (engl. Kathedrale), St. Sebald (3-schiffige Halle), Glashaus Aachen (einschiffige Halle), Freiburg/ Ulm (Münster), Lübeck (Backsteinkirche) doch eine Reihe verschiedener Kirchen mit entsprechend verschiedenen Chören untersucht haben, gehen wir im Folgenden auf eine *systematischere Behandlung des polygonalen Chores* ein.

Dabei *ergeben sich folgende Fragen*: Welche Formen gibt es bzgl. der Anzahl und Lage der Segmente, die den Chor bilden? Welche Anteile des vollen Kreises sind es, in dem die Segmente liegen? Wann brauchen wir noch ein Extraelement („Zwickel"), um den Anschluss an das Haupthaus oder den geraden Teil des Chores zu bewerkstelligen? Die Erläuterungen schließen auch die Fälle mit ein, dass der Chor aus verschiedenen Apsiden gebildet wird oder nur einen Teil der Kirchenbreite im Chorbereich einnimmt. Sie gelten auch, wenn der Chor Umläufe und Kapellen besitzt. Die Tiefe der Erläuterung ist abgestimmt auf das hier erreichbare Niveau baugeschichtlicher Details. Wir diskutieren nur anhand schematischer Zeichnungen für die Grundrisse.

In den allermeisten Fällen haben die vollen und geschlossenen *Polygone*, aus deren Segmenten sich der Chor zusammensetzt und die einem Vollkreis einbeschrieben sind, eine gerade *Anzahl von Ecken*, wie 4, 6, 8, 10, 12,14 in den folgenden Abb. 13.11 bis 13. In allen folgenden Abbildungen stelle sich der Leser vor, dass das Haupthaus bzw. der gerade Teil des Chores vor der Rundung links von den dargestellten Chorteilen und der gestrichelten blauen Linie liegt. Wir betrachten zuerst den Fall, dass der Winkel, der die Chorsegmente überdeckt, mehr als einen Halbkreis (180 Grad) umfasst; die Chorsegmente werden anhand der Rippen im Gewölbe festgestellt.

Der zuerst betrachtete Fall der Chorformen ist der, dass der Chor mit *Segmenten anschließt, deren Außenwand parallel zum Langhausteil* liegen, wenn wir in Längsrichtung und in die Mitte des Chores blicken, vgl. Abb. 13.11. Das Bild a ist der Sonderfall des Chores mit geradem Abschluss im Osten auf den wir hier nicht weiter eingehen, alle anderen b bis f haben einen polygonalen Abschluss. In der Abb. b umfasst der Chor vier von sechs möglichen Segmenten, wir sprechen dann von einem 4/6 Chor, entsprechend bei den anderen Bildern c (5/8-Chor) bis e (7/12 Chor).

Bei einer *geraden Anzahl* im Zähler *blicken wir* in der Mittellinie *auf eine Säule* (Abb.13.11.b und d) bei einer *ungeraden* Zahl im Zähler blicken wir auf ein *Fenster* (c und e). Wir konzentrieren uns auf die zweite Möglichkeit, da sie in der Gotik in großen Kirchen zumeist genutzt wird, vgl. 13.11.a, c, e, etc. Bekannt sind der *5/8-* und der *7/12-Abschluss*. Das heißt, dass 5 Segmente eines 8-eckigen, symmetrischen Polygons (einem Kreis eingelagert) den Chor bilden (13.11.c) oder 7 eines 12-eckigen Polygons (e).

In allen obigen Fällen ist zum Anschluss an den geraden Teil des Chores ein *Zwischenstück* nötig. Dieses hat, weil alle Segmente mehr als einen Halbkreis ergeben, die Form eines *dreieckigen D* (D-Zwickel).

Wir betrachten hier nur den inneren Teil des Chores. Hat der Chor *Umläufe und Kapellen*, so ist deren *Lage* durch die Einteilung des inneren Teiles i.d.R. *bestimmt,* vgl. 13.11.f. Hier sehen wir einen 7/12-Chor mit einem *Umlauf* mit *Kapellenkranz*. Die ersten beiden Segmente sind etwas breiter geraten, das Polygon ist also nicht symmetrisch. Umlauf und Kapellenkranz haben verschiedene Gewölbe, alle Segmente zusammen überdecken mehr als 18o Grad. Das Zwischenstück hat D-Form.

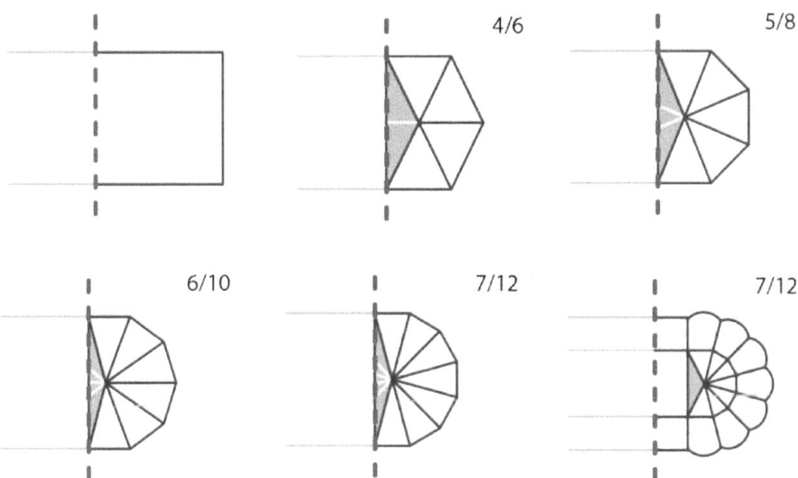

Abb. 13.11 Symmetrische Polygone als Chorabschlüsse mit horizontalen Segmenten oben und unten: **a**, **c**, **e**, **f** mit Fenster im Scheitel, **b**, **d** mit Säule im Scheitel, **f** zusätzlich mit Umlauf und Kapellenkranz

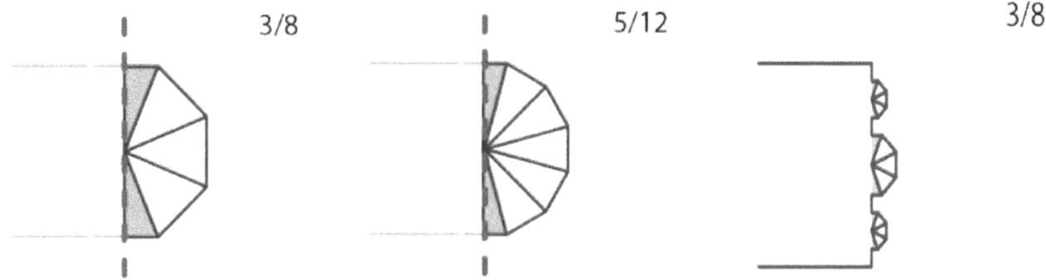

Abb. 13.12 Das Chorpolygon umfasst weniger als einen Halbkreis, es bedarf eines Zwischenstücks zum Anschluss, **a** 3/8-Anschluss, **b** 5/12, **c** Nutzung für einen Ostabschluss mit 3 Apsiden

Diskutieren wir als nächstes den Fall, dass die *Chorsegmente weniger als einen Halbkreis* umfassen, vgl. Abb. 13.12. Wir finden hier in Abb. 13.12.a einen 3/8- und in Abb. b einen 5/12-Chor als Beispiel. Zum Anschluss an den Langhausteil muss ein *Zwischenstück* eingefügt werden. Dieses hat hier eine *K-Form*, da alle Segmente einen Winkel von weniger als 180 Grad überstreichen (K-Zwickel). Abb. 13.12.c enthält den Sonderfall, dass ein 3/8 Chor für drei Apsiden genutzt wird.

Nur kurz besprechen wir den Fall, dass der Chor *mehr als einen Halbkreis* umfasst und auch breiter ist als der Mittelteil des Langhauses. Diesen Fall finden wir in Abb. 13.13.a. Das Bild zeigt den Grundriss des Chorteils des Aachener Glashauses, den wir bereits kennengelernt haben. Es ist ein 9/14-Chor. Der Chor verjüngt sich, bevor er in den langen und geraden Teil übergeht. Auch hier brauchen wir ein Zwischenstück zum Anschluss, hier in Form eines D-Zwickels.

Bisher haben wir Chorformen diskutiert, bei denen die *Chorsegmente* alle die gleiche Form haben. In der Diskussion der Hallenkirche St. Sebald traten Chorsegmente auf, bei denen sich *Vierecks-* und *Dreiecksformen* im Umlauf abgelöst haben, s. Abb. 13.3.b für St. Sebald. Auch hier brauchen wir ein Zwischenstück zum Anschluss an den Langhausteil. Der Anschluss an den Längsteil der Halle wird durch zwei Segmente erzielt, die zwei Seitenschiffjoche enthalten.

Zuletzt diskutieren wir den Chor von Soissons. In diesem Falle ergeben die inneren *Chorsegmente* genau einen *Halbkreis*, hier ist kein weiteres Verbindungssteil zum Langhausteil nötig, dieser schließt sich direkt an. Zu bemerken ist auch, dass die *Gewölbe* von Umlaufjochen und Kapellen hier zusammengefasst, also nicht getrennt sind. Es gibt noch viele *weitere Formen von Chorgestaltungen* und auch weitere Besonderheiten, auf die wir aber nicht eingehen können.

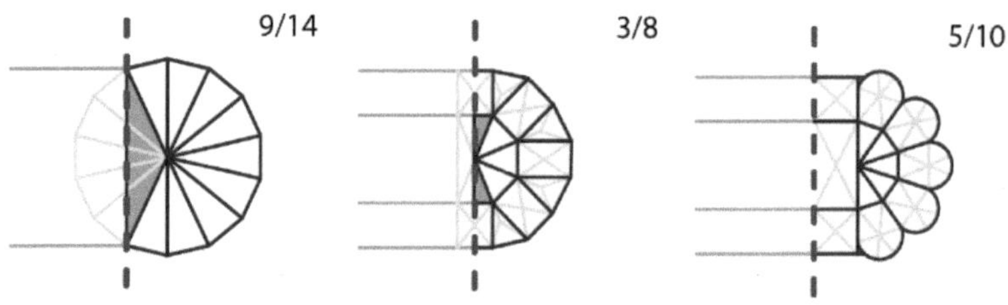

Abb. 13.13 a Chor des Aachener Glashauses, **b** Chor von St. Sebald mit Umlauf, **c** Soissons mit Kapellenkranz und verschmolzenen Gewölben

13.7 Zusammenschau

Wir haben in diesem Kapitel verschiedene Strukturen modelliert, die wir noch nicht kannten (bis auf die Kathedralen nach französischem Muster, bei diesen war keine neue Erkenntnis zu erwarten). Bei *Münstern* gab es den großen Turm und den 2-stufigen Wandaufbau sowie Heterogenität, wegen älterer und späterer Teile. Bei *Hallen* ergaben sich andere Strukturen (keine Hauptwand, kein Strebewerk, andere Außenwand), die aber mit den gleichen strukturellen Ideen modelliert werden konnten. Bei *Backsteinkirchen* traten gröbere und weniger grazile Strukturen auf. Neu war auch die Modellierung einer *einschiffigen Halle* (Glashaus) sowie die Zusammenstellung der *Chorformen*.

Bei den Beispielen gab es eine weitere *Zunahme der Inhomogenität*: Beim Freiburger Münster durch die Teile mit unterschiedlichen Stilen sowie die Abweichungen von Joch zu Joch, bei St. Sebald sogar durch unterschiedliche geometrische Parameter von Joch zu Joch, bei der Backsteingotik durch die andersartige Gestaltung wegen des anderen Baumaterials.

Die *Haupttypen der Kirchen*, nämlich Basiliken, Münster als andere Formen von Basiliken, Hallen, auch einschiffige und Backsteinkirchen (hier als Basilika) haben wir behandelt. Einen Zentralbau hatten wir im letzten Kapitel besprochen. Als Modellierungsbeispiele fehlen Staffelbasiliken und Staffelhallen. Diese besprechen wir später.

In diesem Kapitel experimentieren wir mit der *Veränderung des gegenwärtigen Anblicks* gotischer Kathedralen im Computer: Wie würden sie aussehen, wie hat es geplant ausgesehen? Dabei streben wir keinen Anspruch auf Originalität oder bauhistorische Qualität dieser Veränderungen an. Wir zeigen aber, dass durch Veränderungen des Bestehenden neue baugeschichtliche Diskussionen angeregt werden und dabei neue Einsichten reifen könnten.

Wir variieren dabei das *Aussehen der Kathedralen* Reims, Mailand, Köln und York für unterschiedliche Ziele: (i) Die Homogenität des Entwurfs oder dessen Symmetrie zu erhöhen, (ii) „Stilreinheit" zu diskutieren, (iii) Veränderungen der Struktur einzuleiten, um so Variationen zu erfassen, oder (iv) Übergänge zwischen Romanik und Gotik zu dokumentieren.

Als Beispiele betrachten wir (a) Kathedrale von Reims: mit Turmhauben und mit ähnlichen Seitenschifffassaden, (b) den Dom zu Mailand nur mit Gotik, ohne Renaissance oder Barock, (c) den Dom zu Köln mit verbreiterter Westfassade und mit um zwei Joche verlängertem Langhaus. Schließlich modellieren wir einen Schritt des Umbaus der normannischen Kirche in York zum gotischen Münster. Es gibt viele weitere Möglichkeiten, die wir hier betrachten könnten.

14.1 Veränderung von Reims: Querhaus und Türme

Wir haben in Kap. 11. die Kathedrale im Rechner mithilfe eines CAAD-Systems nachgebaut. Wir wollen nun diese *Kirche* im *Computer* *verändern*. Wir tun dies mithilfe zweier Beispiele.

Vereinheitlichung der Fassaden des Querhauses

Reims erweckt den Eindruck als wenn das *Querhaus* der *erste Teil* der gotischen Kirche gewesen wäre. Dieser Teil wirkt von außen frühgotisch. So hat das Querhaus 4 kleine Türme, üblich vor und auch noch in der Hochgotik, aus statischen Gründen, da das Querhaus kein Strebewerk besitzt. Möglicherweise auch, weil die „ideale" gotische Kirche eine mit vielen Türmen sein sollte (s. Kap. 15). Diesen Entwurf finden wir bereits bei der Kathedrale von Laon.

Die *Nordfassade* des Querhauses hat Portale, die *Südfassade* nicht. Dennoch sind beide ähnlich, aber nicht so ähnlich, wie sie sein könnten. Wir wollen nun diese Ähnlichkeit verstärken. Wenn wir die derzeitige Süd- und die Nordfassade vergleichen, so fällt auf, dass beide in ihrer Grundstruktur vieles gemeinsam haben. Die Grundstruktur ist in Abb. 14.1.a zu sehen. Die Nordfassade unterscheidet sich im Wesentlichen dadurch, dass zusätzlich eine Portalzone vorgesetzt wurde und entsprechende Öffnungen in der Fassade vorgenommen wurden. Diese Portalzone ist aber nicht symmetrisch

© Springer-Verlag GmbH Deutschland, ein Teil von Springer Nature 2019
M. Nagl, *Gotik und Informatik*, Die blaue Stunde der Informatik,
https://doi.org/10.1007/978-3-662-55518-7_14

und homogen (Portale haben verschiedene Höhen und unterschiedlichen Reichtum an Verzierungen, s. Abb. 14.1.b). Die *Vereinheitlichung* betrifft die Nordfassade: Dort wird die Struktur der Südfassade jetzt 1:1 übernommen und es wird eine symmetrische Portalzone davorgesetzt. Das Ergebnis zeigt Abb.14.1.c. Die Veränderung ist zweidimensional, wir hätten aber auch das Volumenelement von Abb. 11.6 ändern können.

Abb. 14.1 Querhausfassaden Reims: **a** derzeit im Süden, **b** im Norden des Querhauses, **c** vereinheitlichte Nordfassade

Eine weitergehende Vereinheitlichung des Querhauses bestünde darin, die beiden *Fassaden der Hochgotik anzupassen*, etwa nach dem Vorbild der Westfassade. Die strukturelle Vereinheitlichung von Süd- und Nordfassade sollte dabei erhalten bleiben. Darüber hinaus könnte das Querhaus auch innen stärker hochgotisch gestaltet werden, und es könnte ein Strebewerk erhalten, wie es zur Zeit der Spätgotik üblich ist (vgl. Köln, Beauvais, s. Abb. 7.2.b, 14.8.a). Wir erwähnen diese Möglichkeiten hier nur, gehen aber nicht weiter auf sie ein.

Reims mit Turmhauben

Wir gehen nun zum zweiten Beispiel für Reims über. Betrachtet man die Türme des Westwerks, so stellt man fest, dass bei diesen *Turmhauben vorgesehen* waren, vgl. Abb. 14.2, in der die Basis für Turmhauben und für Ecktürme zu sehen ist. Die Türme der

Abb. 14.2 die Türme von Reims
derzeit:
Westfassade ohne Hauben,
mit Vorkehrungen für Hauben

Kathedralen sind oft erst viel später gebaut oder vollendet worden. Die Kirche war bereits funktionsfähig und während der gesamten Bauzeit der Kirche fehlte das Geld. Es ist nicht verwunderlich, dass die unvollendeten Türme ohne Turmhauben oft auftreten. Die flachen und „unvollendeten" Türme sind sogar zu einem Charakteristikum der französischen Kathedrale geworden (Ausnahmen sind Chartres, Coutance, Rouen).

Wir erproben nun, wie die *Türme und die Kathedrale mit Turmhauben* ausgesehen hätten. Reims hat Turmhöhen von 81 m. Aus der Literatur kann man entnehmen, dass es 120 m mit Hauben werden sollten. Betrachtet man die vorhandenen Stummel, so ergibt eine Schätzung aufgrund deren Neigung (leicht konische Zuspitzung) eine ähnliche Höhe. Schließlich kann auch das vorhandene und oftmals genutzte Teilungsverhältnis 2:1 für Türme ohne Hauben zu Turmspitzen als Argument genutzt werden.

Wir betrachten zwei Beispiele, wie die Hauben ausgesehen haben könnten. Einerseits lehnen wir uns an die Kathedrale von Chartres an, die *geschlossene Turmhauben* aufweist. Zum zweiten sehen wir *offene Hauben* vor. Wir haben als Beispiel die ursprünglichen Hauben von Köln grob nachgebildet. Wir erinnern uns, dass Köln mit einem Plan ähnlich zu Amiens gebaut wurde. Es ist deshalb möglich, dass der ursprüngliche Entwurf der Westfassade ebenfalls auf französische Vorbilder zurückgehen könnte oder durch diese beeinflusst worden ist.[1]

---

[1] Erinnerung: Die Literatur ist nicht einer Meinung, auf welches Jahr der Westfassadenentwurf von Köln zu datieren ist. Früher wurde angenommen, er wäre zum Beginn der Bauzeit entstanden, also 1250. Das andere Lager datiert diesen Westfassadenentwurf später, nämlich auf etwa 1360. Weil durchbrochene Hauben hautsächlich im Hl. Röm. Reich vorkommen (Köln, Regensburg; Straßburg, Münster im heutigen Süddeutschland und auch in der Schweiz) bezeichnet man diese als „deutsche Hauben". Das könnte wiederum falsch sein, wenn der Entwurf aus Frankreich kommt oder von dort beeinflusst wurde.

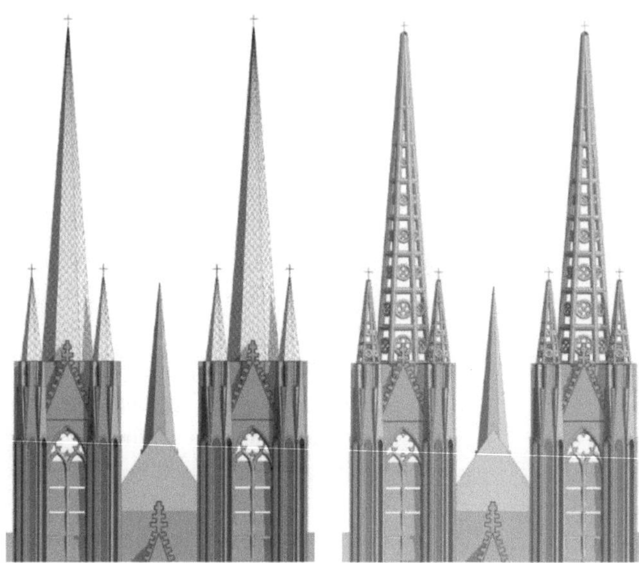

Abb. 14.3 die Türme von Reims neu: **a** geschlossene Hauben und **b** offene Hauben.

Wir stellen nun die gesamte *Kirche* von Nordosten und von Nordwesten her gesehen dar, einmal mit geschlossener Haube und einmal mit offener Haube, vgl. Abb. 14.4. Es ergibt sich ein völlig anderer als der gewohnte Eindruck. Das Bild hat sich bereits verfestigt: Die klassische französische Kathedrale hat keine Hauben. Wir empfinden die Kathedralen - obwohl sie nicht wie geplant fertiggestellt wurden - dennoch als äußerst harmonisch.

Abb. 14.4 Reims: **a** mit geschlossenen und **b** offenen Turmhauben: ein anderer Eindruck

Analog hätten wir als Beispiel auch das *Straßburger Münster* heranziehen können und seine Fassade - wie ursprünglich geplant - mit einem zweiten Turm ausstatten können. Wir hätten auch dessen Chor durch einen gotischen ersetzen können. Oder wir hätten die Asymmetrie im *Westwerk von Amiens* (beide Türme haben unterschiedliche Höhe) beseitigen können. Da die Westfassaden der meisten französischen Kathedralen unvollständig oder asymmetrisch sind, finden sich beliebig viele Beispiele für eine nachträgliche „virtuelle Vollendung bzw. Harmonisierung".

14.2 Der Dom zu Mailand in rein gotischer Form

Der Dom zu Mailand ist eine sehr *große* gotische Kirche, nach Innenfläche die größte und nach Bauvolumen die zweitgrößte [Wi Li]. Sie ist eine *Staffelbasilika* mit einer *späten Bauzeit*, nämlich von 1386 bis 1572 [Wi MD][2]. Auch Florenz und Bologna tauchen unter den größten gotischen Kirchen auf. Dennoch hatte der Geschmack in Italien ein gewisses Problem mit der üblichen Auffassung der Gotik, was wir bereits diskutiert haben, vgl. Abschnitte 3.1 und 3.2.

Die Zeit der Gotik war teilweise bereits abgelaufen, als der Mailänder Dom gebaut wurde. Man war in der Bauzeit bereits in der *Renaissance* / im *Frühbarock* angekommen, die in Italien früher begann als anderswo. Wir finden deshalb im Innen- und Außenbereich viele *Verschönerungen* aus diesen späteren Epochen. Hinzu kommt, dass die Westfassade noch später, nämlich erst 1813, vollendet wurde.

Als Beispiel betrachten wir die *Westfassade* und fragen uns, wie diese wohl ausgesehen haben würde, wenn die Kirche früher vollendet worden wäre oder man bei der späteren Fertigstellung beim ursprünglichen *Baustil Gotik* geblieben wäre. Wir beschränken uns auf die Veränderung als 2D-Entwurf, d.h. wir modellieren nicht die Struktur der Kirche im Rechner neu, sondern beschränken uns auf *flächenartige Zeichnungsmodifikationen*. Wir ersetzen lediglich die Fenster, Portale und Wimperge durch solche mit gotischen Formen

Das Ersetzen der Renaissance- / Barock-Bauelemente durch gotische erzeugt einen völlig *anderen Eindruck*, was die Gegenüberstellung der jetzigen Kirche einerseits und der gedacht gotischen Variante andererseits in Abb. 14.5 zeigt. Wir empfinden die jetzige Westfassade dennoch als harmonisch, vielleicht auch, weil die kontrastierenden Baustile eine gewisse Spannung erzeugen.

Bereits vor der *Fertigstellung der Westfassade* des Mailänder Doms gab es Pläne, z. B. von Carlo Buzzi[3] für die Fertigstellung der Westfassade zum ursprünglich gotischen Stil zurückzukehren. Bei der Fertigstellung im 19. Jahrhundert und auch im 20. Jahrhundert wurden weitere Entwürfe vorgelegt, die vielerlei „Verschönerungen" enthielten, z.B. einen riesigen Glockenturm, der damals der höchste der Welt werden sollte. Aus heutiger Sicht sind wir froh, dass diese Pläne nicht realisiert wurden.

---

[2] Neben den lombardischen Baumeistern waren auch französische und deutsche Baumeister beteiligt.
[3] s. Wikipedia ‚Carlo_Buzzi'

Abb. 14.5 Mailänder Dom: **a** heute und **b** in rein gotischem Baustil als Modifikation

14.3 Kölner Dom: Westwerk und Langhaus

Wir hatten bereits in Kap. 9 die *lange Bauzeit* des Kölner Doms beschrieben, die sich dadurch ergab, dass Geld in der ersten Bauphase von 1248 bis etwa 1510 fehlte und der Bau danach über 300 Jahre ruhte (1530-1848). Wir hatten ebenfalls bereits erörtert, dass die *Fertigstellung der Kirche besonderen Umständen* zu verdanken ist, nämlich einer Bewegung, die aus dem Engagement der Kölner Bürger, wie auch der finanziellen Beteiligung des Königs von Preußen gespeist wurde. Auch das Auffinden eines alten Plans für das Westwerk trug dazu bei. Durch großes Fingerspitzengefühl der Architekten Zwirner und Schinkel u.a. entstand so ein prächtiges Gebäude mit einer einheitlichen Wirkung, dem man die einzelnen Bauepochen und die lange Bauzeit nicht ansieht.

Breiteres Westwerk

Wir experimentieren mit der Westfassade und probieren zuerst aus, wie sie aussähe, wenn die *Türme* nicht im Norden und im Süden jeweils über den beiden ersten Seitenschiffen stünden, sondern weiter *nach außen gerückt* werden, somit nur jeweils über dem zweiten Seitenschiff und dadurch auch ein Stück neben dem Haupthaus stehen. Das verändert natürlich den Grundriss (vgl. Abb. 14.6.a und 14.6.b).

Wir haben für diese Modifikation nicht eine 3D-Neumodellierung vorgenommen, wie etwa für Reims in Kap. 11 oder für York im Kap. 12. Stattdessen haben wir in der Skizze lediglich mit „Cut and Paste" die beiden Türme im Grundriss und in im Aufriss der Fassade um eine Seitenschiffbreite nach außen gerückt. Die ‚Modellierung' verbleibt also in der Ebene, s. Abb. 14.7.a und b.

Bleibt man bei der *basilikalen Struktur* (beide Seitenschiffe jeweils rechts und links des Hauptschiffs haben gleiche Höhe und sind wesentlich niedriger als das Hauptschiff), so würde das Hauptschiff nur den mittleren Teil des verbreiterten Westwerks einnehmen. Daneben stünden links und rechts zwei vertikale Teile, die oben nur eine Wand repräsentieren, die von hinten zu sehen sind, wenn man etwa vom Vierungsturm nach Westen blickt. Die Seitenschiffe sind nämlich wesentlich niedriger.

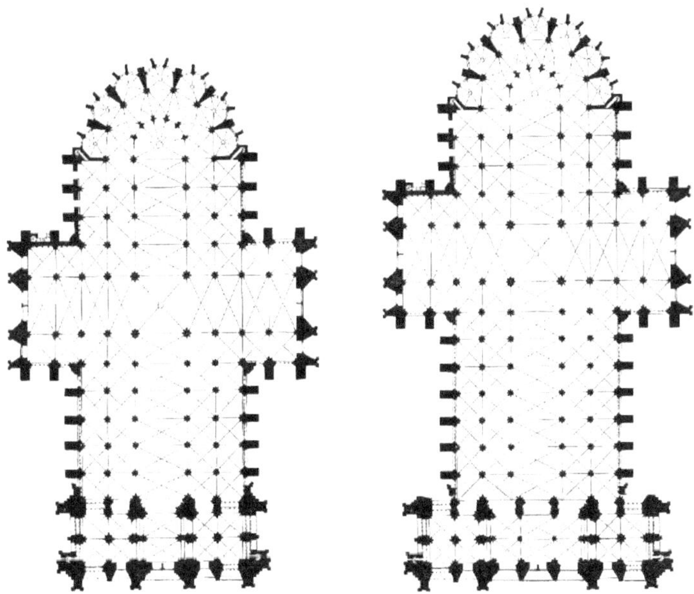

Abb. 14.6 Grundriss der Westfassade: **a** derzeit (links) und **b** mit um eine Seitenschiffbreite auseinandergerückten Türmen, und ein um zwei Joche verlängertes Langhaus (rechts)

Abb. 14.7 Westfassade **a** jetzt und **b** mit auseinandergerückten Türmen

Verlängerung des Haupthauses

Betrachtet man den Grundriss und die neue und breitere Fassade (vgl. Abb. 14.6 und 7, jeweils b), so hat man ferner den Eindruck, dass das *Hauptschiff durchaus um zwei Joche nach Westen verlängert* werden könnte. Die Kirche wirkt mächtig, das Langhaus könnte gestreckt werden. Abb. 14.8.b zeigt diese Streckung um zwei Joche.

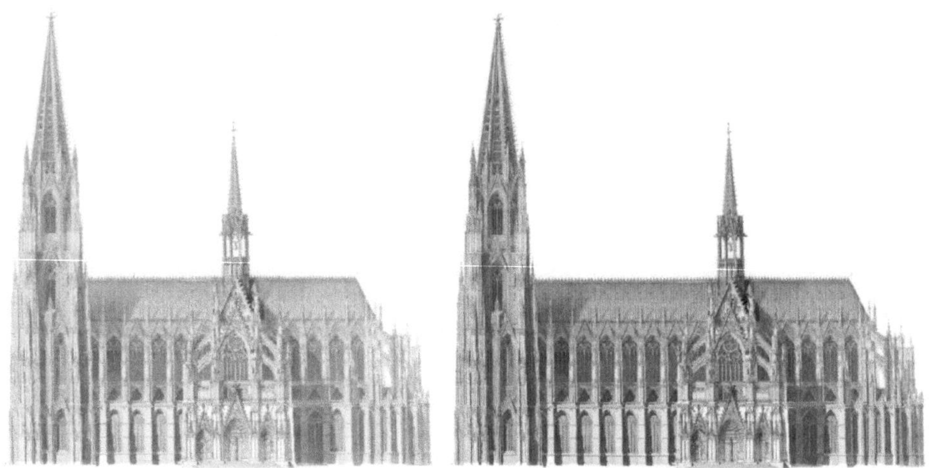

Abb. 14.8 Seitenansicht: **a** mit jetzigem Langhaus und **b** mit verlängertem Langhaus

Es soll kein falscher Eindruck entstehen: Wir verändern die Kirche nicht virtuell, weil wir mit ihrem Gesamteindruck unzufrieden sind. Dieser Gesamteindruck ist äußerst harmonisch, eine großartige Bauleistung, wie bereits und des Öfteren gesagt. Wir haben durch die obige Argumentation nur darlegen wollen, dass die *Nachstrukturierung und die daran anschließende Modifikation im Computer viele Freiheitsgrade* für vielfältige Varianten eröffnet. Diese erleichtern auch die Diskussion bzgl. der Ähnlichkeiten, der Unterschiede und auch der Übergänge.

Eine weitere Umgestaltung könnte den Dom zu einer *Staffelbasilika* verändern. Das wäre insofern angebracht, als in obiger Umgestaltung das niedrige erste südliche und nördliche Seitenschiff durch die verbreiterte Westfassade eine hohe Abschlusswand erhält, die eine Art hohe Verblendung darstellt, hinter der sich ein niedriges Seitenschiff verbirgt. Eine Staffelbasilika würde das ausgleichen. Die Staffelung kann sich allein auf Langhaus beziehen, oder auf Langhaus und Chor oder auf Langhaus, Chor und Querhaus. Im letzteren Falle sind alle Schiffe gegenüber den derzeitigen Mittelschiffen gestaffelt. Wir haben diese Modifikationen nicht durchgeführt und werden sie auch nicht weiter diskutieren.

14.4   Umbau von York als bauhistorischer Prozess

Wir hatten das Langhaus des Münsters von York in Kap. 12 mithilfe eines CAAD-Systems strukturell modelliert. Wir hätten diesen Prozess auch für die anderen Teile bis zum Ende führen können und damit ein *vollständiges, virtuelles Abbild* dieser Kirche in ihrem gegenwärtigen Zustand nach der für Reims praktizierten strukturellen Methode erzeugen können. Stattdessen haben wir die weiteren Teile vergröbert modelliert und durch Texturen die restlichen Feinheiten hinzugefügt.

Wir betrachten jetzt *Umbau* in der Geschichte dieser Kirche. Wir wollen die *normannisch-romanische Kirche stückweise verändern* und ihren *Übergang zur gotischen Kirche nachvollziehen*. Am Ende dieses Prozesses stünde ein Ergebnis, das gleich zu dem Resultat von Kap. 12 ist.

Wenn man die ursprünglich normannisch-romanische Kirche nachbildet, kann man die gesamte *Entstehungsgeschichte des Umbaus* vom normannischen Münster bis zur heutigen Kirche mit ihren unterschiedlichen Teilen (Early English Querhaus, Decorated Langhaus, Chor in zwei verschiedenen Teilen Perpendicular, Westfassade mit Türmen und Vierungsturm) im Detail nachvollziehen und auch dokumentieren[4]. Das ist natürlich nur dann möglich, wenn man den alten und den neuen Zustand mit allen seinen Übergangsphasen kennt.

Ein neues *Anwendungsfeld für das Gebiet CAAD* tut sich *in der Kunst- und Baugeschichte* auf: In vielen Kirchen finden sich romanische Teile, in vielen wurde eine romanische Vorgängerkirche ersetzt durch eine gotische. In wenigen Kirchen sind die Übergangsschritte alle gut dokumentiert. Der Dom zu Köln, die Kathedrale Notre Dame zu Paris und das Minster zu York sind hier rühmliche Ausnahmen. Der Betrachter und auch der Kunst- oder Baugeschichtler fragen sich, wie die Entwicklung des *Umbaus/ der Veränderung* wohl genau ausgesehen hat. Sie fragen insbesondere, wie die *Zwischenzustände* des Umbaus in den *verschiedenen Epochen* ausgesehen haben könnten.

Diese sind oftmals nicht mehr lückenlos nachvollziehbar. Modelliert man diesen Umbau in einem CAAD System, so ist nicht nur eine der möglichen Varianten, sondern es sind *mehrere oder alle Varianten nachvollziehbar*. Durch die Betrachtung der expliziten Varianten ergibt sich eine Diskussion, welche denn die plausibelste oder die wahrscheinlichste für eine der Umgestaltungen ist.

Wir könnten nun *alle* in Kap. 8 und 12 angegebenen *Schritte des Umbaus nachvollziehen*, s. Abschnitt 8.3: (1) Ersetzen des Querhauses durch eines im Stil Early Gothic 1230-60, (2) Erweiterung durch das Kapitelhaus 1280, (3) Ersetzen des Langhauses durch eines im Stil Decorated mit unteren Teilen der Türme bis 1360, (4) Ersetzen des östlichen Teils des Chores durch einen im Stil Perpendicular bis 1373, (5) Ersetzen des westlichen Teils des Chores durch einen anderen im Stil Perpendicular bis 1415, (6) Vervollständigung der Westfassade bis 1450, Ersetzen des Vierungsturmes durch einen größeren im Stil Decorated / Perpendicular und schließlich Einsetzung des großen Ostfensters bis 1472.

---

[4] In der Unterkirche von York gibt es eine hervorragende Dokumentation dieser einzelnen Phasen, sowohl des normannisch-romanischen Baus als auch seiner stückweisen Veränderung in gotischen Stilen zu seinem heutigen Aussehen.

Die genaue Reihenfolge dieser Modifikationen ist im Falle von York bekannt, so suggeriert es die Dokumentation in der Unterkirche. Das ist bei anderen Kirchen nicht der Fall. Weder sind die einzelnen Modifikationen genau bekannt, noch deren Schritte und exakte Reihenfolge. Hinzu kommen noch nachträgliche Veränderungen bereits eingesetzter Teile. Verschiedene *Modifikationen, Schritte* und *Reihenfolgen* sowie *nachträgliche Änderungen können* könnten *ausprobiert* werden.

Die besondere Herausforderung der Umbauten von York besteht darin, dass bei einigen Schritten des Umbaus geometrische *Vorgaben* zu erfüllen sind (Breite, Höhe, etc.), damit die neuen zu den alten Teilen passen. Einige Schritte des Umbaus sind *vollständig* bzgl. der Ausmaße *determiniert*. Der Leser erinnere sich, dass die Kirche bei allen Umbauten von Romanik zu Gotik in einem Zeitraum von 1230 bis 1472 stets funktionsfähig blieb.

Wir geben hier *ein Beispiel für diesen Umbau* an, nämlich den Umbau des romanischen Querhauses *zu einem im Stil Early Gothic* innerhalb des sonst und weiterhin noch normannisch-romanischen Münsters[5]. Hier ergaben sich die Höhe des Querhauses aus den Maßen der vorhandenen romanischen Kirche. Abb. 14.9.a zeigt das normannische Münster um 1230 und den ersten Schritt der Ersetzung des Querhauses durch ein frühgotisches. Die Modellierung des neuen Querhauses ist so, wie in Kap. 12 angegeben.

Mit einem ähnlichen Ansatz könnten wir die *weiteren Schritte* der Umgestaltung zu der gotischen Kirche nachvollziehen. Wir verkürzen diese Diskussion, indem wir es bei dem ersten Schritt belassen. Bei den weiteren Schritten ist keine neue Erkenntnis zu erwarten.

Als weiteres Beispiel kommen wir in Kap. 19 auf die diversen *Umbauten der Kathedrale von Notre Dame* in Paris zu sprechen. Deren erste beziehen sich auf den Übergang von der Romanik zur Gotik, wie hier beim Münster zu York. Die weiteren ersetzen frühgotische durch gotische Teile späterer Epochen. Das wird in Kap. 19 beschrieben, wird hier aber nicht nachmodelliert.

Da die meisten gotischen Kirchen im Laufe der viele hundert Jahre dauernden Geschichte umgebaut wurden (inklusive der vielerorts auftretenden Verschönerungen im 19. Jahrhundert), diese vielen Umbauten und ihr Zusammenspiel nicht im Detail bekannt ist, ergibt sich durch die Nachmodellierung mithilfe eines CAAD-Systems die Möglichkeit, diese *Umbaugeschichte genauer zu diskutieren*: Was sind die möglichen Alternativen eines Umbauschritts? Welche Umbauschritte folgten wie aufeinander? Was liefert die Diskussion der CAAD-Ergebnisse, worauf kann man sich einigen, was kann verworfen werden?

---

[5] Auch dieses wurde von 1100 bis 1230 in mehreren Stufen erweitert und ergänzt. Wir haben den gotischen Umbauprozess mit dem Zustand von 1230 begonnen. Vorher wurde in der Zeit zwischen 1200 und 1230 noch der Vierungsturm frühgotisch erhöht, s. Abb. 14.9.b.

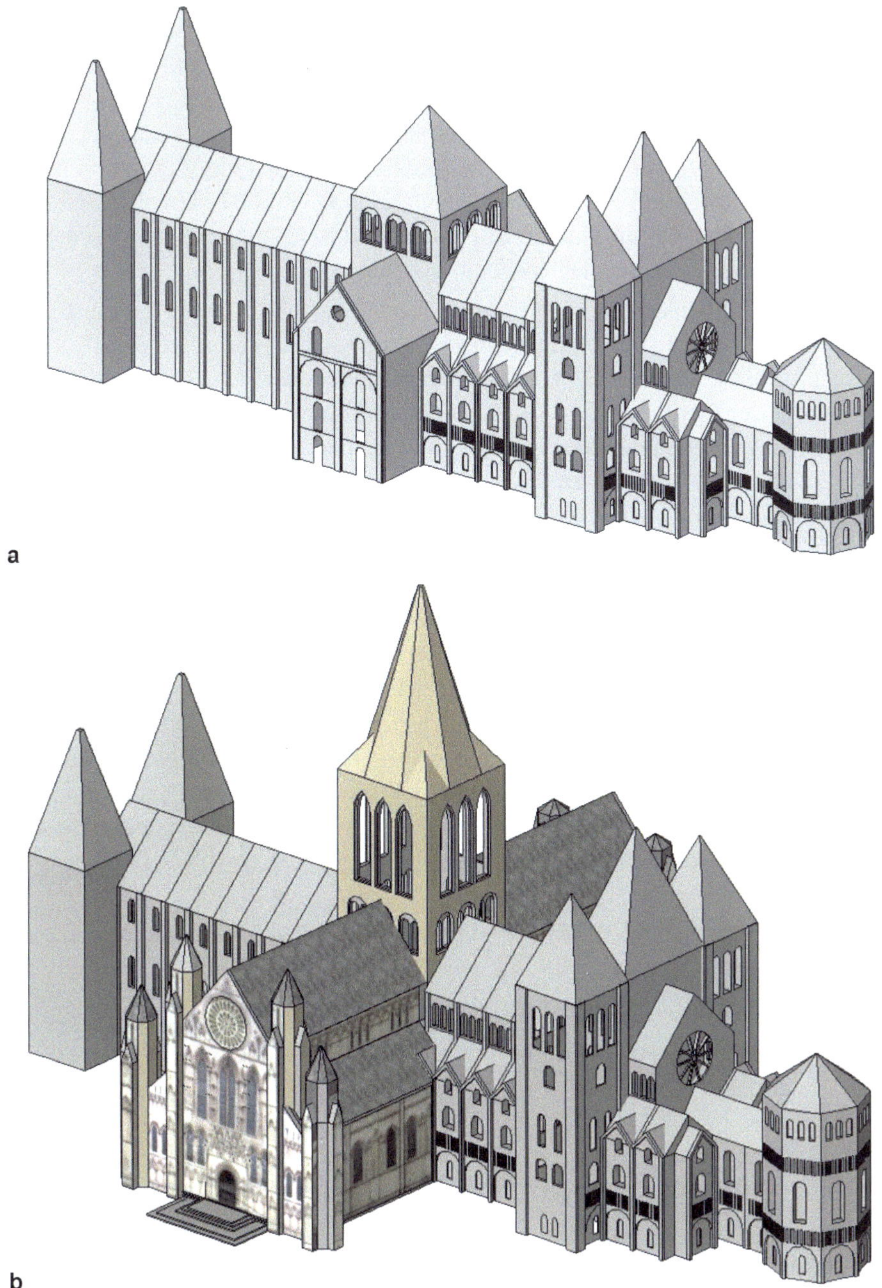

Abb. 14.9 Münster von York: Ersetzen des normannischen durch ein frühgotisches Querhaus.

14.5 Zusammenfassung

Wir können auf vielerlei Weise die *Gegenwart virtuell verändern*, wir haben dies oben für die Beispiele Reims (Harmonisierung der Seitenschiffe, geschlossene und offene Turmhauben), Mailand (rein gotische Westfassade), Straßburg (symmetrische Westfassade, hier nicht durchgeführt), Köln (breitere Westfassade, längeres Langhaus, Übergang zur Staffelbasilika, hier nicht durchgeführt), York (Nachvollziehen des gesamten Umbaus von der normannischen Vorgängerkirche zur heutige gotische Kirche aus verschiedenen gotischen Teilepochen) diskutiert.

Dies kann Einsichten liefern. Der Autor hofft, dass die Kollegen aus der Bau- und Kunstgeschichte diesen Abschnitt nicht als Blasphemie empfinden, er soll lediglich zeigen, dass man experimentieren kann. Die größte Hochachtung vor den Künsten der Werkmeister der Gotik und dem Engagement der Baumeister, wie auch vor dem Geschick der vielen Ausführenden des Baus einer Kathedrale bleiben unverändert. Diese Hochachtung war ein Grund, die Mühe des Schreibens dieses Buches in Kauf zu nehmen. Insoweit ist eine Veränderung nicht als Wunsch zu sehen, den Entwurf zu verbessern, sondern neue *Diskussionen über den Entwurf* einer Kirche zu ermöglichen. Diese Diskussionen können *neue Einsichten* liefern. Eine Diskussion über Variationen lässt sich mit dem Instrument der virtuellen Veränderung leichter führen.

Das Nachvollziehen der historischen Entwicklung hat eine große Bedeutung für das *Verstehen der Geschichte eines Baus*. Wir haben dies für das Münster von York an einem Schritt gezeigt. Dies kann für viele andere Kirchen ebenfalls von Bedeutung sein. Ist die genaue Historie des Entstehens bekannt - was nur für einige Kirchen der Fall ist - so haben wir dieselbe durch die Modellierung der Veränderungen auch dokumentiert. Ist sie nur teilweise bekannt, so ergeben sich Diskussionen bzgl. der Frage, wie die Geschichte gewesen sein könnte bzw. bezüglich deren unterschiedlicher Möglichkeiten.

Abb. 15.1 die „ideale" gotische Kirche nach Viollet-le-Duc, einer der Vorschläge des 19. Jahrhunderts

In der Literatur taucht das Beispiel einer „*vollkommenen, gotische Kathedrale*" auf. Es spiegelt den Geschmack der zweiten Hälfte des 19. Jahrhunderts wider. Wir zeigen den Entwurf von Eugene-Emmanuel Viollet-le-Duc[1] (1814-1879) in Abb. 15.1, verzichten aber auf die Erörterung dieser „ausgewogenen" gotischen Kirche. Sie entspricht weniger dem ästhetischen Empfinden der heutigen Zeit, eher dem der Zeit des 19. Jahrhunderts. Die Kirche hat 7 Türme, die bei keiner der bekannten gotischen Kirche auftauchen. Die Kathedrale von Laon hat 5 Türme, war für 7 geplant, 2 reichen nur bis zur halben Höhe. Der Dom zu Limburg besitzt 7 Türme. Beide zählen aber zu den Kirchen des Übergangs von der Spätromanik zur Gotik.

Neugotische Kirchen - i.d.R. entstanden diese in der Zeit des Übergangs vom 19. ins 20. Jahrhundert, in Großbritannien in der gesamten Zeit nach den üblichen gotischen Epochen - gibt es wie Sand am Meer. Sie werden hier nicht behandelt, da sie im Wesentlichen alte Stilformen wiederverwenden, die es bereits lange vorher gab.

Den Hauptteil dieses Kapitels bildet der *virtuelle Neubau* einer modernen „gotischen" Kirche mit einfacher Form. Das Beispiel ist also keine große Kathedrale, sondern eher eine *Gemeindekirche*. Wir spielen dabei mit gotischen Formen. Wir variieren auch Entwürfe und gehen damit von einem Exemplar einer Kirche über zu einer Familie ähnlicher Kirchen.

---

[1] Viollet-le-Duc (s. Wikipedia) war eine sehr bekannte Persönlichkeit des 19. Jahrhunderts. Er trug zur Restaurierungsbewegung mittelalterlicher Bauten und auch etlicher Kathedralen in Frankreich bei. Zu seinen bedeutenden Leistungen zählt ein zehnbändiges Werk über die Architektur des 11. bis 16. Jahrhunderts in Frankreich. Die Restauration der Kathedralen Notre Dame de Paris, St. Denis und weitere wurden durch ihn stark beeinflusst. Restaurierte Bauten konnten ein Aussehen bekommen, das sie vorher nie hatten. Er und seine Schüler wurden deshalb von Kritikern auch als „Restaurierungs-Vandalen" bezeichnet. Abb. 15.1 zeigt die „vollkommene" Kathedrale, die der Leser als „Verschönerung" der Kathedrale von Reims erkennen wird.

© Springer-Verlag GmbH Deutschland, ein Teil von Springer Nature 2019
M. Nagl, *Gotik und Informatik*, Die blaue Stunde der Informatik,
https://doi.org/10.1007/978-3-662-55518-7_15

15.1 Neue Ideen in der Sagrada Familia

Das bekannteste Beispiel der *Neuinterpretation der Gotik* ist die *Sagrada Familia* aus Barcelona[2], die es geschafft hat, zum Wahrzeichen dieser Stadt zu werden. Auf diese Kirche gehen wir hier nicht detailliert ein. Das Bauprojekt hat ziemlich langweilig damit begonnen, eine übliche neugotische Kirche zu bauen, dann aber einen völlig anderen Verlauf genommen. Besonders bemerkenswert ist das zugehörige Bauprojekt, das derzeit bereits 135 Jahre andauert. Da diese Kirche heute mit modernen CAD-Systemen weitergebaut wird, muss ein virtueller Entwurf in einem CAAD-System für die gesamte Kirche vorhanden sein. Es ist also nichts mehr zu tun, um die Kirche im Computer neu entstehen zu lassen.

Die Beschäftigung mit dieser Kirche ist reizvoll, ist sie doch das wohl bekannteste Beispiel der Neubeschäftigung mit der Gotik, mit einer *Vielzahl kreativer Ideen, abseits von den vielen Kirchen der Neugotik*, die nur alte Ideen wiederaufleben lassen. Der Ansatz, eine neue gotische Kirche zu bauen, wurde von Josep Maria Bocabella ins Leben gerufen, der erste Architekt war Francesc de Paula del Villar, der 1882 mit dem Bau begann. Die Sagrada Familia war zunächst als übliche, große, neugotische Kirche geplant. Erst später wuchs der Entwurf in einer Gruppe um Gaudi im Stil des Modernisme (katalanische Variante des Jugendstils), und wiederum viel später und nach Antoni Gaudi durch Teile im Stil der Moderne. Eine große Zahl von Architekten hat bereits mitgewirkt.

Das *Projekt und das Engagement der Betreiber* nötigen höchsten Respekt ab: Wie schafft man es, eine solche Idee für so viele Jahre lebendig zu halten, wie schafft man es, das nötige Geld für ein so großes Bauprojekt aufzutreiben? Dabei war das Projekt keineswegs unumstritten. Es gab verschiedene Versuche, das Projekt zu stoppen, auch von prominenten Architekten und insbesondere von Personen, denen der ungewöhnliche Stil gegen den Strich ging. Die Kirche soll 2026 zum 100. Todestag von Gaudi fertig werden. Sie wurde in der Zeit bisher hauptsächlich durch *Spenden* und wird derzeit weitgehend durch die *Eintrittsgelder finanziert*, also fast wie im Mittelalter durch Spenden und Besucher.

Der Besucher findet *neuartige Formen* vor, außen wie innen, vgl. Abb. 15.2. In der Außengestaltung fallen die vielen *Türme* auf und drei reichhaltig gestaltete *Portalzonen* (zwei große Fassaden an den Enden des Querhauses, eine weitere, derzeit noch kleinere am Ende des Langhauses). Nach der Fertigstellung hat die Kirche 18(!) Türme. Innen ergeben sich neue Eindrücke durch *Säulen*, die sich wie Bäume nach oben hin verzweigen und die durch Parabelflächen als Gewölbe nach oben abgeschlossen werden. Die *Gewölbe* erinnern eher an die Natur als an von Menschen geschaffene hohe Räume.

Das Hauptschiff des Langhauses und des Querhauses weisen eine *Gewölbehöhe* von 60 Metern auf, der Chor im Inneren eines Turmes eine von 75 Metern. Der höchste Turm über der Vierung wird eine Höhe von 172,5 Metern aufweisen und damit der weltweit höchste Kirchturm sein. Die *Ausmaße der Kathedrale* sind also *gigantisch*. Betrachtet man den Grundriss, so stellt man eine frappierende Ähnlichkeit im Innenteil

---

[2] s. Wikipedia ‚Sagrada Familia'

der Kirche fest mit einer klassischen gotischen 5-schiffigen *Basilika*, mit 3-schiffigem Querhaus, einem Chor mit einem Umlauf und einem weiteren Kranz von sieben Kapellen. Von außen ist diese Parallele kaum erkennbar, die vielen Türme und der geplante Kreuzgang, der die gesamte Kirche umgeben wird, lassen dies nicht einmal erahnen.

Abb. 15.2 Sagrada Familia **a** außen: eine der drei Portalfassaden und **b** innen: neue Säulen- und Gewölbeformen

Diese Kirche ist *hochgradig bemerkenswert*, s. [A.Bu 08]. Wir skizzieren hier lediglich dieses *großartige Bauwerk* „außerhalb der üblichen Reihe gotischer Kirchen". Da die Baupläne heute mit CAAD-Werkzeugen erstellt werden sowie die bestehende Kirche sicher nachkonstruiert worden ist, liegt diese Kirche auch in virtueller Form vor. Für unser Beispiel einer modernen gotischen Kirche greifen wir unten lediglich auf die Gewölbeform der Sagrada Familia zurück.

15.2 Moderne Gotik und zwei Gewölbeideen

Wie könnte eine moderne gotische *Gemeindekirche* aussehen? Wie überträgt man die *Idee der Gotik* auf die heutige Zeit? Können wir selbst *Beispiele* für solche Kirchen erfinden?

Wir greifen dabei auf *zwei Ideen* zurück, die es bereits gibt, und die das Aussehen der geplanten Gemeindekirche stark prägen. Beide betreffen die Form eines *gotischen Gewölbes moderner Art*.

Die erste Idee stammt von St. Foillan aus Aachen, eine spätgotische Pfarrkirche unmittelbar neben dem Dom. Die Kirche wurde im letzten Weltkrieg zerstört. Die Hälfte wurde modern aufgebaut (Architekt und Aachener Dombaumeister war Leo Hugot). Wir betrachten das „Gewölbe" dieser Kirche, das auf schlanken Trägern ein gotisches *„Gewölbe" aus ebenen Flächen* zusammenfügt. Damit ist die Decke weder gewölbt noch direkt gotisch, da die Gotik auf der Idee des Spitzbogens aufbaut. Zur Verdeutlichung stellt Abb. 15.3.a ein gotisches Kreuzrippengewölbe dar, dem in b die neue „Gewölbeform" gegenübergestellt wird. Abb. 15.3.c zeigt das obere Ende der Träger von St. Foillan, die das „Gewölbe" tragen. Die Träger haben Streben, die den Rippen des Kreuzrippengewölbes entsprechen und - wie diese - bis zu den höchsten Punkten der Gewölbe reichen.

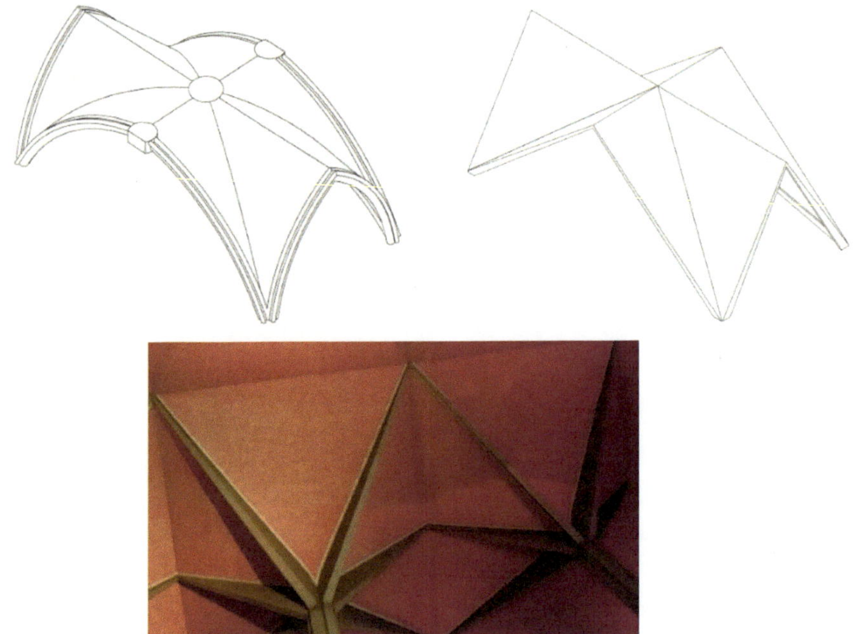

Abb. 15.3 Idee der Gewölbeform von St. Foillan, Aachen: **a** gotisches Kreuzrippengewölbe mit Gewölbekappen und **b** moderne und vereinfachte Interpretation mit ebenen Flächen, **c** Form des Trägers für die neue Gewölbeform

Die zweite Idee für das *Gewölbe* entstammt der *Sagrada Familia*, wird hier aber wesentlich *vereinfacht* (vgl. Abb. 15.2.b oben für das Original und Abb. 15.4 für die neue, vereinfachte Form). Zum einen sehen wir (i) keine Verzweigung der Träger in Richtung Gewölbe vor, der Träger reicht bis zum Gewölbe. Zum anderen (ii) beschränken sich die Streben auf die Ecken. Dies geschieht, weil wir (ii1) die Streben sonst bogenförmig ausgestalten müssten und (ii2) weil derzeit Materialien verfügbar sind - wie etwa Faserbeton oder Kunststoff - die eine gewölbte Fläche stabil machen, so dass sie nur an den Ecken gehalten werden muss. Zu erwähnen ist auch, dass wir (iii) nur ein Gewölbe zwischen den Pfeilern haben. Die Gewölbe sind Freiformflächen[3], deren Ränder jeweils Parabeln bilden.

---

[3] Eine Freiformfläche ist eine beliebig geformte glatte Fläche, die in der Regel mathematisch stückweise definiert ist und dennoch glatte Übergänge besitzt.

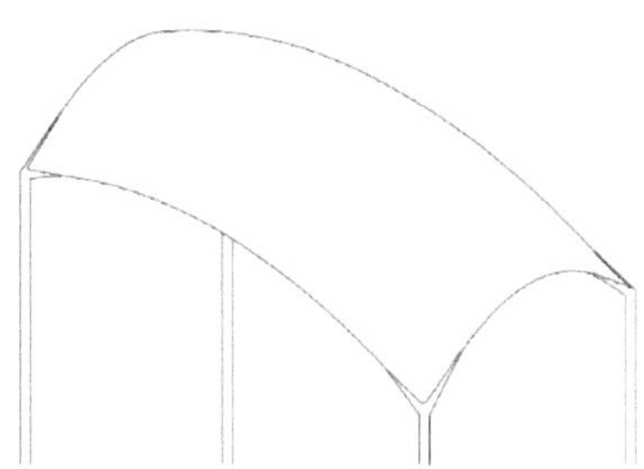

Abb. 15.4 Sagrada Familia, vereinfachte Nachbildung von Träger und Gewölbe

Als Kirchentyp betrachten wir hier die *Staffelhalle als Beispiel*, weil sie in diesem Teil III, der sich der Nachkonstruktion, Veränderung und Neukonstruktion gotischer Kirchen mit einem CAAD-System widmet, noch nicht vorkam. Wir experimentieren mit den beiden obigen Ideen (a) aus St. Foillan bezüglich der Gewölbegestaltung aus ebenen Stücken und (b) der Sagrada Familia mit Gewölben aus gekrümmten Parabelflächen, deren Schnitte für Scheid- und Gurtbogen jeweils Parabeln bilden.

15.3 Staffelhalle mit Gewölbe aus Ebenenstücken

Wir betrachten jetzt eine *Gemeindekirche* als *Staffelhalle* mit der bereits erläuterten ersten Idee für das Gewölbe von St. Foillan, nämlich schlanke Träger und „Gewölbe" aus *Ebenenstücken* (vgl. Abb. 15.3.b und c).

Die *Struktur der Staffelhalle* ergibt sich aus dem *Grundriss*, der in Abb. 15.5 wiedergegeben ist: Die Kirche ist eine 3-schiffige Halle, das Hauptschiff ist höher als die Seitenschiffe (Staffelhalle), was wir dem Grundriss nicht entnehmen können. Die Kirche hat einen polygonalen Chor (hier 5/10, s. Abschnitt 13.6), der aus dem Innenchor und einem Umlauf besteht. Unsere Kirche hat einen Turm im Norden der Westfassade. Dem Grundriss können wir nicht entnehmen, ob es sich um eine klassisch gotische Hallenkirche/ Staffelhalle mit gotischem Gewölbe handelt, oder ob die Kirche ein abstraktes und vereinfachtes Gewölbe besitzt.

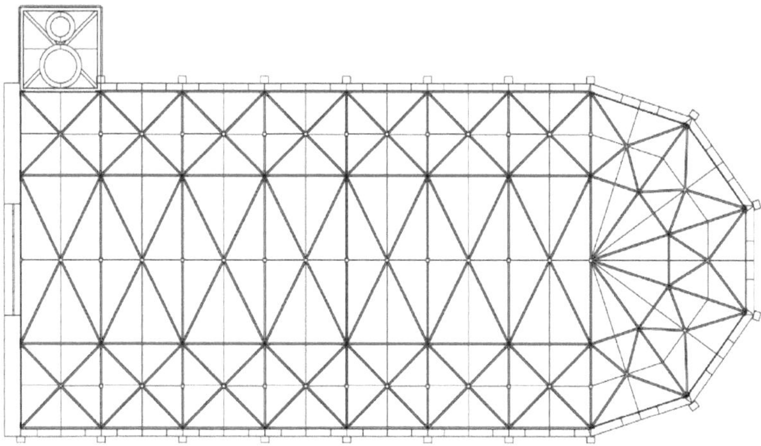

Abb. 15.5 Grundriss der neuen Gemeindekirche

Wir konstruieren nun die neue Kirche analog zu der Konstruktion einer gotischen Hallenkirche, die wir in Abschnitt 13.3 kennengelernt haben. Wir betrachten dazu ein *Volumenelement* für eine 3-schiffige Kirche, jetzt aber für eine *Staffelhalle*, das in

Abb.15.6 wiedergegeben ist. Alle Bögen des „Gewölbes" werden zu Geradenstücken. Säulen (aus Metall oder Beton) gehen hoch bis zu den „Gewölben". Diese werden durch sich in Richtung Decke verjüngende Streben (alternativ durch gleichmäßige dicke Streben) gehalten, die nur von unten zu sehen sind. Für jeden der gotischen Bögen gibt es zwei Streben. Das Außenmauerwerk ist schlicht gestaltet, auch mit Fenstern, die oben durch Dreiecke abgeschlossen werden. Abb.15.6.a gibt das Volumenelement schräg von oben wieder, 15.6.b schräg von unten und ein Stück zur Seite gekippt. Wir sehen, dass wir hier die Säulen in zwei Hälften geteilt haben, wobei nur eine Hälfte dem Volumenelement zugeordnet ist. Wir machen hier also von Zusammenfügen im Sinne von Zusammenkleben gebrauch (s. entsprechende Diskussion in Abschnitt 11.4).

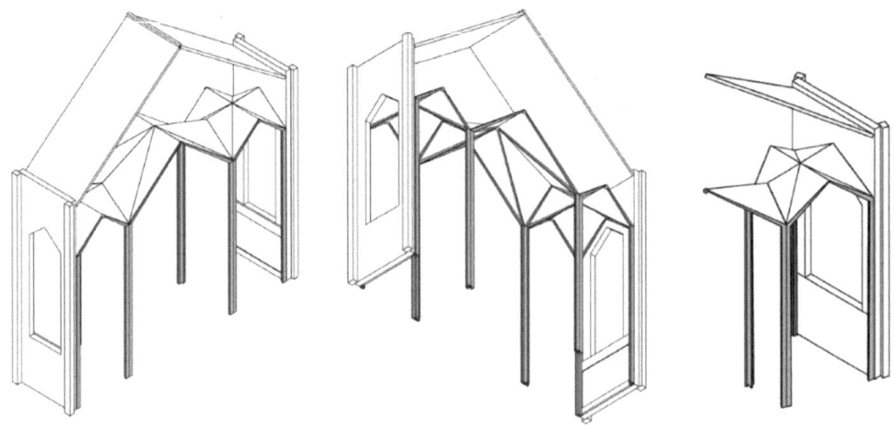

Abb. 15.6 Volumenelement, **a** Sicht von oben und **b** von unten, **c** Chorsegment von oben

Die Staffelhalle besteht aus einer bestimmten *Anzahl* solcher *Volumenelemente*, hier sieben. Der Chor soll, wie wir es bei St. Sebald in Abschnitt 13.3 kennengelernt haben, aus einem Innenteil und einem Umlauf bestehen. Abb. 15.6.c zeigt das entsprechende *Chorsegment*. Abb. 15.5 gibt die gesamte *Deckenstruktur* von unten wieder, wenn wir die Abbildung nicht als Grundriss deuten, sondern als Blick auf die Decke (der Turm steht dann natürlich auf der falschen Seite).

Schließlich zeigt Abb. 15.7.a die Gesamtschau der Kirche als *Schnitt* senkrecht zur Hauptachse (*quer durch die Kirche*) in West-Ost-Richtung und Abb. 15.7.b den Schnitt *längs durch die Kirche*. Der rot gekennzeichnete Schnitt von Abb. 15.7.a entspricht den Scheitellinien im letzten Joch vor dem Chor, der schwarze den Linien der Jochgurte. Entsprechend ist der rote Längsschnitt der der Scheitellinien und der schwarze der der Schildgurte der Joche bzw. des mittleren Chorsegments. Schließlich zeigt uns Abb. 15.7.c und d die *Gesamtansicht* von *innen* und von *außen* in einer perspektivischen Darstellung.

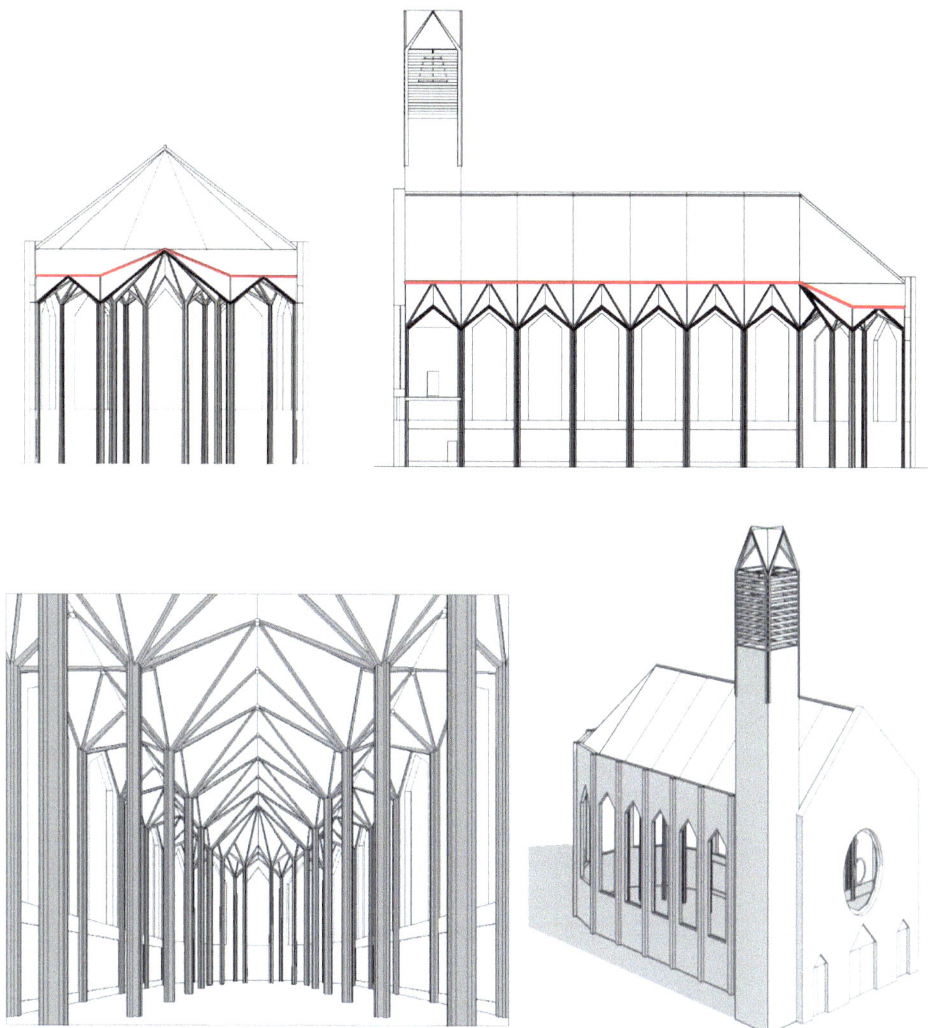

Abb. 15.7 Kirche mit „Gewölben" aus Ebenenstücken: Schnitt **a** quer und **b** längs durch die Staffelhalle, perspektivisch: **c** Innensicht, **d** Außensicht

15.4 Gewölbe mit Parabelflächen

Wir wiederholen nun die Konstruktionsidee für die von der Struktur her gleiche *3-schiffige Staffelhalle*, nun aber mit den vereinfachten Gewölben der Sagrada Familia. Der Grundriss (oder die Deckenansicht, wenn man den Teil für den Turm weglässt) wird durch die Abb. 15.8 wiedergegeben.

Abb. 15.8 Grundriss (oder Deckenansicht) der Staffelhalle mit Parabelgewölben

Als Gewölbe treten hier *gewölbte Flächen* auf, die bei jedem Schnitt gemäß der Gurt- oder Scheidrippen eines gotischen Gewölbes jeweils eine Parabel ergeben.[4] Die von der Säule verzweigenden Streben sind verkürzt, sie tragen nur die verlängerten Ecken des Parabelgewölbes, was wir aus Abb. 15.9.b entnehmen können.

Unterhalb der Parabelgewölbe finden sich ebene Flächen, die im Hauptschiff eine *Ellipse* und im Seitenschiff einen *Kreis* als Außenberandung besitzen. Man stelle sich vor, dass diese ebenen Flächen abends oder nachts eine *flächige Beleuchtung* erhalten, weil sie aus einem leuchtenden oder durchscheinenden Material bestehen.

Abb. 15.9.a zeigt das entsprechende *Volumenelement* von oben, 15.9.b von unten und 15.9.c das Volumenelement für das Chorsegment von oben. Die Säulen haben in diesem Beispiel runden Querschnitt und sind sehr schlank. Sie werden wieder geteilt, so dass ein Volumenelement nur eine halbe Säule enthält und wir nutzen wieder das Zusammenfügen durch Verkleben, s. Abschnitt 11.4.

Abb. 15.10.a enthält wieder den *Schnitt quer* durch das *Langhaus* in West-Ost-Richtung, Abb. 15.10.b. längs durch das Langhaus. Die Erläuterungen zur Farbe rot und schwarz der Schnitte sind analog zu den bereits oben gegebenen.

---

[4] Wir sprechen verkürzt von Parabelgewölben. Wie schon gesagt, könnten diese gewölbten Flächen aus faserverstärktem Beton (Sichtbeton, besonders leicht) oder einem anderen stabilen Material (z.B. faserverstärkten Kunststoff) gefertigt werden.

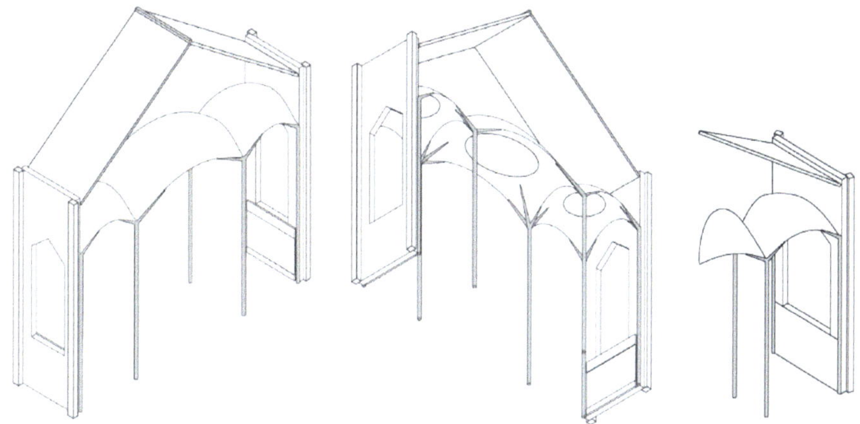

Abb. 15.9.a Volumenelement von oben, **b** von unten, **c** Chorsegment von oben

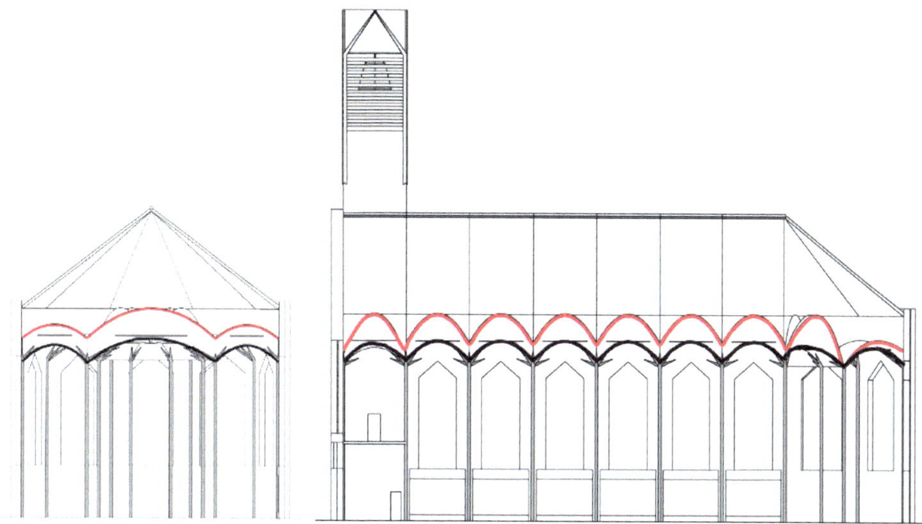

Abb. 15.10.a Schnitt quer und **b** längs durch die gesamte Kirche

Schließlich zeigt Abb. 15.11 die *Innensicht* der Kirche in *perspektivischer Darstellung*. Die Kirche präsentiert sich innen in einer harmonischen Gesamtansicht. Die Außensicht haben wir nicht wiederholt. Sie ändert sich nicht, solange wir die Fenster (z.B. durch Fenster mit Parabelbögen oben), Portale (entsprechende Bögen in den Portalen) oder die Turmspitze (Turmhaube mit Parabelgewölbe) nicht ändern. Dann beschränken sich die Unterschiede beider Konstruktionen auf das Innere und dort hauptsächlich auf die Deckengewölbe. Die perspektivische Darstellung enthält auch den Lichteffekt, der sich durch die abgehängten, beleuchteten Ellipsen und Kreise der Decke ergibt.

Wenn wir dieses Bild mit dem der Sagrada Familia vergleichen (s. Abb.15.2.b), so sehen wir, dass wir das dortige Schema für das Gewölbe deutlich vereinfacht haben.

Abb. 15.11 Staffelhalle: Innensicht perspektivisch

15.5 Variationen obiger Konstruktionen

Hallenvarianten

Von beiden Variationen, Deckenkonstruktion durch Ebenenstücke oder durch Parabelflächen gibt es viele *Untervarianten*, von denen wir hier nur einige betrachten.

Varianten für Kirchen mit *Gewölben aus Ebenenstücken* sind: (i) Unterschiedliche Höhen und Dicken für Säulen und auch für Streben, (ii) Die Streben können gleichmäßig dick sein oder sich nach oben verjüngen. (iii) Alle Streben, die den Gurten / Bögen entsprechen, tauchen auf oder es werden einige weggelassen, wie dies Abb. 15.12 für die entlang der Außenwand gehenden Streben oder für die den Jochgurten entsprechenden Streben zeigt. (iv) Die Streben können steiler oder flacher gestellt werden und dadurch steilere oder flachere Gewölbe erzeugen. (v) Die Fensterspitzen können flacher oder steiler sein. Man kann sie auch gleichspitz wie die Streben einstellen, s. Abb. 15.12. Dies sind nur einige wenige der Variationsmöglichkeiten.

Abb. 15.12 zeigt die Staffelhalle mit einem „Gewölbe" aus Ebenenstücken, bei dem die Streben für die *Joch-* und *Fenstergurte weggelassen* wurden. Der Gesamteindruck der perspektivischen Darstellung ist dadurch bereits merklich anders als in Abb. 15.7. Darüber hinaus haben wir die Struktur des *Chores vereinfacht*. Nur das Mittelschiff hat eine Apsis, die Seitenschiffe enden im Osten mit einer Wand. Auf solche strukturellen Änderungen kommen wir gleich zurück.

Insbesondere hätten wir hier auch die *Variationen* der Gewölbe diskutieren können, die sich bei *Parabelflächen* ergeben.

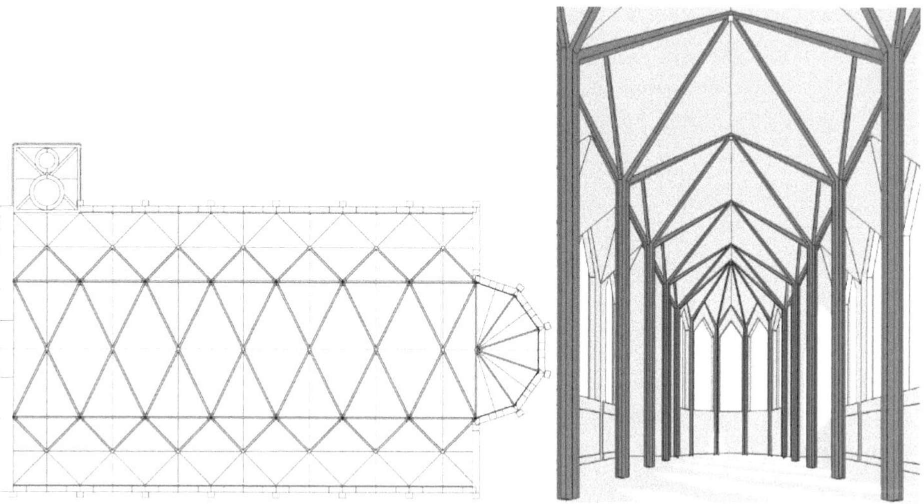

Abb. 15.12 Staffelhalle mit Ebenenstücken, vereinfacht gegenüber Abb. 15.7, einige Streben wurden weggelassen, nur das Hauptschiff hat eine Apsis, der Chor hat keinen Umlauf, Grundriss und perspektivische Innensicht

Einschiffige Halle

Nach der Vorstellung moderner 3-schiffiger Staffelhallen mit unterschiedlichen Gewölbeformen machen wir einen Ausflug, abweichend von der bisherigen Gedankenlinie. Wir vereinfachen die *Kirche*, so dass sie nur aus *einem Schiff* besteht. Wir vereinfachen also die *Grundstruktur*. Das macht natürlich auch den Chor einfacher, da es keinen Umlauf gibt. Wir versuchen uns somit mit einer einfachen und modernen Variante des Glashauses zu Aachen, s. Abschnitt 13.4.

Wir können wieder beide Gewölbeformen anwenden (a) Gewölbekonstruktion durch Ebenenstücke oder (b) durch Parabelflächen. Der Kürze halber beschränken wir uns hier auf (b). Ferner werden die Streben verjüngt, d.h. sie nehmen nach oben in der Dicke ab. Die Volumenelemente für ein Joch und für einen Sektor sehen wir in Abb. 15.13. Diese Abbildung enthält ferner ein Bild der Deckenuntersicht. Wir erkennen aus dieser, dass wir hier eine einfachere Lösung für den Übergang des Chorteils zum Langhausteil gewählt haben, die sich aus der größeren Flexibilität der Parabelgewölbe ergibt. Wir vermeiden damit den „Zwickel", der sich in Abb. 13.7 findet.

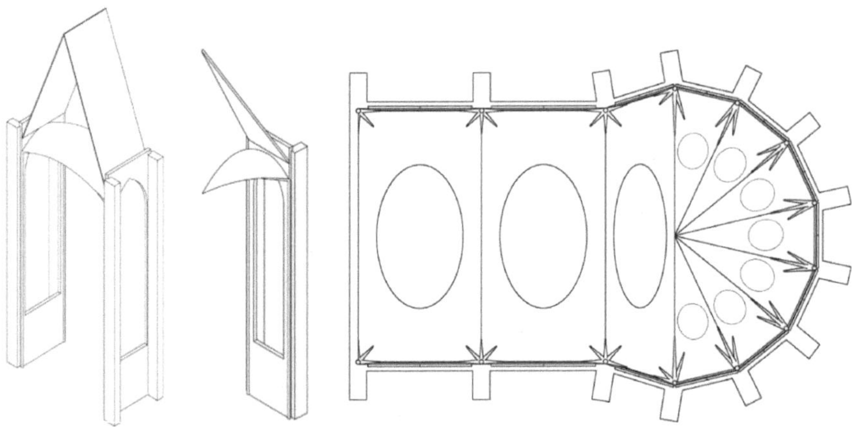

Abb. 15.13 Gewölbe der einschiffigen Halle mit Parabelflächen: vereinfacht, mit verjüngten Streben und mit einfacherem Übergang

Der *Konstruktionsprozess* wird entsprechend *einfach*: Die Säulen werden zu Halbsäulen, die in die Wände zu integrieren sind. Die Säulen haben eine Strebe weniger, das Volumenelement wird einfacher, wieder mehrfach angewandt, das Chorsegment vereinfacht sich ebenfalls deutlich. Die Chorhalle (das Glashaus) in abstrakter Form ist in Abb. 15.14 perspektivisch und von innen zu sehen.

Abb. 15.14 Die einschiffige Chorhalle mit der Grundstruktur des Glashauses des Aachener Domes: Innenansicht perspektivisch

15.6 Die Konstruktion von Kirchenfamilien

Wir gehen in diesem Abschnitt systematischer auf die möglichen Variationen einer Kirche ein. Wir betrachten zunächst die *Staffelhalle aus diesem Kapitel mit „Gewölbe" aus Ebenenstücken*. Welche *Parameter* lassen sich *variieren*, ohne die Struktur dieser Kirche weitergehend zu verändern, vgl. hierzu Abb. 15.6 und 15.7. Wir unterscheiden Geometrievariationen und Formvariationen.

Für die *Geometrievariationen* kommen in Frage: (a) die Höhe der Kirche, (b) die Säulenhöhe und Strebenlänge sowie der Winkel der Strebe gegenüber der Säule; mit letzteren Werten ist die Gewölbehöhe bestimmt. Ebenso kann (c) die Fensterhöhe und -breite variiert werden sowie (d) wie spitz/ stumpf das oben abschließende Dreieck im Fenster ist. (In obigem Beispiel haben wir die Winkel der Streben bei Haupt- und Seitenschiffen sowie bei den Fenstern gleich gewählt. Dadurch ergab sich eine Staffelhalle, weil das Seitenschiff nur die halbe Breite besitzt.) Bei allen diesen Variationen bleibt die Struktur der Kirche weitgehend gleich, wie auch deren grundlegende Form.

Für die *Formvariation* können wir (e) wählen, ob ein Volumenelement außen zwei berandende Pfeiler besitzt oder nicht (und dann natürlich zusätzlich deren Dicke variieren), ob (f) das Dach über die Außenwand gehen soll oder, wie in Abb. 15.6 und 15.7 gezeigt, die Außenwand höher sein soll als die Traufhöhe des Daches.

Wie auch immer die Parameter (a) bis (f) gesetzt sind, die resultierenden Kirchen zeichnen sich durch große *Ähnlichkeit* aus. Wir sprechen von einer *Kirchenfamilie*, die alle Kirchen mit unterschiedlichen Parameterwerten umfasst.

Gehen wir nun über zu der zweiten Form des *Gewölbes aus Parabelflächen* von Abb. 15.8 bis 15.11 über. Dort kann analog argumentiert werden. Wir können hier die Gewölbehöhe variieren, die Winkel der Streben und damit die Neigung der gewölbten Flächen am Rand des Gewölbes, die Länge der unterstützenden Streben usw. Es ergibt sich eine *andere Kirchenfamilie*, deren Exemplare wieder eng verwandt sind.

Die *Konstruktion* von Kirchen aus beiden obigen Kirchenfamilien wurde bereits *stark* durch die *Säulenkonstruktion bestimmt*. Hat man dort die Parameter festgelegt (Höhe des Pfeilers, Winkel und Länge der Streben, so ist die Kirche nach *Wahl der Gewölbeform* mehr oder minder festgelegt. Diese Festlegung durch wenige Parameter erlaubt auch, Kirchen aus einer solchen Familie mit wenig Aufwand mit einem CAAD-System nachzubauen, wenn man die entsprechenden Wiederverwendungselemente - wie das Volumenelement für das Haupthaus (vgl. Abb. 15.6 oder 9) evtl. bereits zur Verfügung hat, aus einem verfügbaren durch Modifikation gewinnen kann oder sogar ein parametrierbares Volumenelement besitzt, bei dem die Parameter leicht entsprechend gesetzt werden können.

Wir hätten auch beide *Familien* (Kirchen mit Gewölben aus Ebenenstücken und Gewölben aus Parabelflächen) zu einer größeren Familie *zusammenfassen* können. Das geht *zu Lasten der Ähnlichkeit* aller Exemplare der Familien. In der Familie gibt es dann Ähnlichkeit, aber auch deutliche Unterschiede, nämlich hier der Gewölbeform.

Insbesondere hätten wir auch vorausgehend *die Struktur variieren* können, d.h. *Strukturparameter* einführen können, die dann bedeutsame Veränderungen der resultierenden Kirchen ergeben: (s1) Anzahl der Schiffe (ein-, 3- oder 5-schiffig), (s2) Anzahl der Joche, (s3) Chorabschluss gerade, dreieckig, polygonal über die gesamte Hallenbreite (evtl. mit Umläufen), oder nur für das Hauptschiff, für alle anderen Schiffe durch mehrere Apsiden Wandabschlüsse, (s4) Anzahl der Sektoren (3, 5, 7 etc.) für den polygonalen Chorabschluss, (s5) ein Turm, mehrere Türme, Türme an Westseite oder woanders, Turme am Haupthaus oder abseits usw.

Die *Verschiedenheit der Familie nimmt deutlich zu*, wenn innerhalb der Familie verschiedene Werte für die Struktur zugelassen werden. Obige Abbildungen zeigen bereits einige dieser Varianten:
Abb. 15.10. zeigt eine 3-schiffige Staffelhalle mit polygonalem Chor und Gewölbe aus Parabelflächen,

Abb. 15.12 stellt eine 3-schiffige Halle mit Gewölbe aus Ebenenstücken dar, bei nur das Hauptschiff eine Apsis besitzt,
Abb. 15.13 und 14 bilden eine einschiffige Kirche ab, mit Parabelflächen-Gewölbeform, aber mit polygonalem Chor (natürlich ohne Umlauf) und mit 7 Sektoren.

Fassen wir alle Parameter zusammen und erlauben somit große Familien, so ist es nützlich, auf oberster Ebene Kirchentypen, wie Hallen, Staffelhallen festzulegen. Wir sprechen dann von *Strukturklassen* von Kirchen, nicht von Familien. Ist die Variationsbreite einer Familie groß, durch unterschiedliche Struktur-, Geometrie-, Form- und Detailparameter, dann ist die Ähnlichkeit innerhalb der Familie entsprechend vermindert. Dann ist auch der CAAD-Konstruktionsprozess innerhalb der Familie von Exemplar zu Exemplar entsprechend verschieden und damit aufwändig. Wir gehen auf diese Fragen zu Struktur, Ähnlichkeit und Wiederverwendung in Teil IV dieses Buches ein.

Die *Variationsbreite* in einer Menge von Entwürfen wird aufgespannt durch
- unterschiedliche *Strukturklassen*: (Staffel)Halle, (Staffel)Basilika, Zentralbau,
- unterschiedliche *Strukturparameter* wie (hier für die Halle): Anzahl der Schiffe der Halle (einschiffig, 3- oder 5-schiffig); Anzahl der Joche; unterschiedliche Chöre (senkrechter Abschluss, ein großer Chor (ohne oder mit Umläufen, Anzahl der Segmente eines polygonalen Chores (drei, fünf, sieben. neun etc.)), ein Chor oder mehrere Apsiden; Türme (kein, ein, zwei Türme an der Westseite oder seitlich; getrennt stehend oder an der Kirche; ohne oder mit Dachreiter),
- unterschiedliche *Geometrieparameter* (hier wieder nur für die Halle oder Staffelhalle), wie Höhen oder Höhenrelationen der Schiffe, Höhen der Gewölbe und Bögen, Fensterhöhe und -breite in einem Volumenelement, Pfeilerdicke außen und innen, Pfeiler-Höhenunterteilung in Basis, Schaft und Kapitell,
- unterschiedliche *Formparametern*, für Fenster, Gewölbe, Säulen (Basen, Kapitelle, etc.),
- unterschiedliche *Detailparameter*, wie die Detailform der Säulen (rechteckig, aus Rechtecken zusammengesetzt, gewählte Maßwerkform, etc.).

15.7 Zusammenfassung des Kapitels und des Teils III

Zusammenfassung des Kapitels

Wir haben in diesem Kapitel die Idee der *Gotik* (hoch, licht, filigran) auf eine *neue Weise* interpretiert. Wir haben dabei nicht nur neue Formen ausprobiert, sondern auch neue Bauweisen (Säulen, Streben, Parabelflächen) und neue Materialien.

Dabei haben wir die Konstruktion von *Staffelhallen* oder *Hallen* genauer betrachtet. Die Konstruktion folgte der Linie von Kap. 11, nämlich passende *Volumenelemente* zu entwerfen und diese mehrfach anzuwenden. Liegen Konstruktionen bereits vor und sind diese zugreifbar, so kann die Konstruktion vereinfacht werden. Bereits vorhandene Wiederverwendungselemente werden modifiziert, um sie passend zu machen. Eventuell sind diese passenden Elemente bereits in der gewünschten Art vorhanden oder es sind sogar Elemente vorhanden, die nur parametriert und dann angewendet werden.

Eine besondere Rolle spielten in diesem Kapitel die Säulen. Sie und ihre Parameter bestimmen bei den hier betrachteten modernen Kirchen bereits weitgehend die Gestalt der Kirchen. Je nach *Gewölbekonstruktion* entsteht eine *Kirchenfamilie*, die unterschiedlich aussehende Einzelkirchen zulässt. Unterschiedliche Strukturparameter (ein-, 3- oder 5-schiffig) führen zu unterschiedlichen Volumenelementen. Diese können aber, wie Kap. 11 bereits gezeigt hat, durch Modifikation auseinander gewonnen werden, müssen also nicht von Grund auf neu entwickelt werden.

Zusammenfassung des Teils III des Buches

Im gesamten Teil III dieses Buches haben wir unterschiedliche *Grade von Uniformität* kennengelernt. Im Kapitel über Reims waren nicht nur die Teile (Langhaus, Querhaus, Choranfang und polygonaler Abschluss und auch die Westfassade) einigermaßen homogen. Die bedeutete, dass wir entsprechende, parametrische Elemente (Volumenelemente) vervielfachen konnten. Wir konnten sogar für die Konstruktion parametrischer Elemente vorhandene verwenden, um so nicht jeweils am Anfang beginnen zu müssen. Im Beispiel York musste die Modellierung von Volumenelementen viermal neu beginnen, weil die Teile unterschiedlichen Stilen folgten (Lancet, Decorated und zwei verschiedene Stile von Perpendicular). Die Uniformität war also kleiner und der Modellierungsaufwand größer. Im Beispiel des Hallenchores von St. Sebald in Nürnberg und auch des Glashauses in Aachen war die Modellierung noch einmal kleinteiliger, weil die Volumenelemente (Joche des Längsteils der Halle) parametrisch verändert werden mussten und auch strukturell. *Je verschiedenartiger* eine Kirche von Teil zu Teil ist, *umso mehr Modifikationsaufwand* bei den parametrischen Elementen ist nötig.

In allen Fällen gab es auch *einzelfallorientierte Modifikationen*, einmal wegen Abweichungen von der „geraden Linie": In Reims bei den Fassadenwänden des Querhauses, In St. Sebald wegen Abweichungen[5] in der Länge der Joche, etc. Auch die *Größe der Wiederverwendungseinheit* ist verschieden, auch innerhalb eines Gebäudes. So kann in Reims ein ganzes Langhaus-Volumenelement verwendet werden, während die Wiederverwendungseinheiten in der Fassade doch deutlich kleiner sind (z.B. eine Fiale und Nische für die Figuren).

Auch bzgl. der Methodik der Konstruktion sind wir verschiedene Wege gegangen: Den *strukturellen* Weg bei der Kathedrale in Reims, indem wir Volumenelemente erstellt oder modifiziert haben für die verschiedenen Gebäudeteile, die dann vervielfacht wurden. Für die Kathedrale von York haben wir für das Querhaus und den Chor eine einfachere Methodik gewählt. Wir modellieren die Struktur nur grob und bringen die Details über Texturen auf die Flächen der groben Modelle. Beide Vorgehensweisen haben Vor- und Nachteile, wie diskutiert wurde.

Wir haben in Teil III Kirchen (Kathedrale Reims, Minster York, Münster Freiburg, St. Sebald in Nürnberg, Glashaus Aachen, St. Marien zu Lübeck) mithilfe eines CAAD-Systems *nachgebaut*. Wir haben auch Kirchen *modifiziert* (Reims, Dom zu Mailand, Dom zu Köln, Umbauschritt in York vom normannischen zum gotischen Querhaus).

---

[5] Das sind nicht notwendigerweise Fehler: In St. Sebald haben die Volumenelemente unterschiedliche Länge, wahrscheinlich um einen harmonischeren Eindruck zu erzeugen.

Wir haben eine Gemeindekirche *neu entstehen lassen* (mit Ebenstücken-Gewölbe, mit Parabelflächen-Gewölbe, in vereinfachter Form, was Joche oder den Chor anbetrifft. Schließlich haben wir das Glashaus in moderner Interpretation der Gotik durch Parabelflächen entstehen lassen.

Auf der Ebene von *CAAD-Konstruktionen* heißt *intelligenter Entwurf*, dass wir *Wiederverwendung* angewendet haben, z.B. durch mehrfache Anwendung eines Volumenelements, dass wir Volumenelemente, wo möglich, aus anderen durch Modifikation gewonnen haben und diese nicht völlig neu aufgebaut haben, dass wir einzelfallorientierte Vorgehensweise vermieden haben, bis auf die Fälle, wo sie unvermeidbar ist. Wir haben dabei auch verschiedene *Klassen von Kirchen unterschieden* (Basilika, Halle, Zentralbau). Wir werden diese Diskussion in Teil IV vertiefen, wo wir verschiedene methodische Ansätze im Entwurf aus der Sicht der Informatik kennenlernen. Die in diesem Kapitel und auch im gesamten Teil III angestellten Überlegungen zur Konstruktion lassen sich natürlich auch auf *moderne Gebäude* übertragen, die keine Kirchen sind, wie z.B. Büro- oder Fabrikgebäude. Wir gehen darauf in einem Ausblick am Ende des Buches ein.

Arbeiten anderer Gruppen

Die verfügbaren technischen Mittel erlauben heutzutage die Nachkonstruktion mit modernen *CAD-Werkzeugen.* Solche Projekte finden sich an verschiedenen Architekturfakultäten: (a) Kathedrale von Wells mit ArchiCAD, ausgewählt vermutlich wegen seiner Scherenbögen. Solche Projekte sind derzeit in Mode. Diese sind geometrisch anspruchsvoll [C.AW 17]. Ein anderes Beispiel ist (b) eines des Minecraft-Projekts, in dem das Minster von York im Computer teilweise nachgebaut wurde. Ein weiteres Beispiel ist (c) der Nachbau eines Turms der Sagrada Familia in [C.AS 17].

Die Zielsetzung solcher Arbeiten ist es, zu zeigen, dass komplizierte *Konstruktionen* mit einem modernen CAD-Systems *bewerkstelligt* werden können, da das CAD-System mit komplexen Formen und deren Komposition umgehen kann. Den Rest erledigen Copy und Paste sowie einzelfallorientierte Modifikationen. Die erzeugten Bilder sind z. T. detaillierter als die in diesem Buch vorgestellten [C.AS 03]. Unsere Zielsetzung ist eine andere: Wir sind an *strukturellen Zusammenhängen im Aufbau einer Kirche* interessiert und daran, die Beziehungen zu den Entwurfsdisziplinen in Informatik und den Ingenieurwissenschaften herauszuarbeiten. Insoweit versuchen wir, den Beispielen ein passables Aussehen zu geben, gehen aber nicht in alle geometrischen Details.

Weitere Arbeiten versuchen, den inneren *Plan einer Kirche zu ergründen* und zu beschreiben (z.B. für den karolingischen Dom in Aachen). Eine andere Herangehensweise der Modellierung liefert das sog. Kettenmodell, das die *Kräftebalance* z.B. im Glashaus zu Aachen beschreibt, für beides siehe ages.rwth-aachen.de/cms/AGES/Forschung/. Weitere Ansätze erzeugen realitätsnahe Bilder von Gebäuden [C.Ko 18], auch vom Aachener Dom. Da diese aus dem Bereich Computer Graphics kommen, der der Informatik zugerechnet wird, besprechen wir sie im Teil IV des Buches.

Teil IV:

Intelligenter Entwurf und Bezüge zur Gotik

Gotik und moderne Entwurfsmethoden

Wiederverwendung: Formen und Verwendung

Parametrische Elemente und ihr Nutzen

Klassifizierung und Klassifikation

Ordnung von Typen

Entwurfsprozess und Agilität

Veränderungen beim Wiederholen

Architekturen in verschiedenen Disziplinen

Klassen, Wiederverwendung, Domänenwissen

Unterstützung des intelligenten Entwurfs

DSA
Wir bestehen jeden
Check
Job-Check
Spannende Aufgaben
Innovative Technik
Spannende System-
architekturen
Tolles Team
Wohlfühlen
Aachen
Flexible Arbeitszeiten
Individualität
Nachhaltigkeit
DSA
DEIN LINK ZU UNS
www.dsa.de/de/karriere

Dieser Abschnitt verfolgt folgende *Ziele der Erläuterung*: (a) Rundumschlag, welche Arten von Wiederverwendung es gibt. (b) Wiederverwendung ist mit Aufwand verbunden, dies gilt insbesondere für die fortgeschrittenen Arten. Diese Aussagen (a) und (b) gelten nicht nur für die Disziplin Architektur, sondern auch für die Informatik und alle Ingenieurwissenschaften. (c) Welche Wiederverwendungsarten gibt es für die Architektur, insbesondere gab es zur Zeit der Gotik? Verschiedene Erörterungen werden in diesem Kapitel nur übersichtsartig angerissen. Die Vertiefung erfolgt in den folgenden Kapiteln.

16.1 Wiederverwendungskatalog: Praxis und Vision

Wir skizzieren im Folgenden die verschiedenen Arten der Wiederverwendung. Wir stellen dabei fest, dass es für jede Art von *Wiederverwendung* im *Gebäudeentwurf* auch eine entsprechende im *Softwareentwurf* gibt. Diese Aussage gilt sogar auch für alle Ingenieurwissenschaften. Bei der Erläuterung gehen wir schrittweise von einfachen Formen der Wiederverwendung zu komplexeren und ausgefeilteren über.

Ein Katalog der Wiederverwendungsformen

Definition Wiederverwendung: Was wenden wir an bei der erneuten Lösung einer Aufgabe, um einen Vorteil aus der alten Lösung zu ziehen? Welche Ergebnisse/ Teilergebnisse der alten Lösung, welche Erfahrungen, welche Hinweise für das Vorgehen, welches Wissen und welche Methodik kann wiederverwendet werden?

(a) *Mach es so, wie beim letzten Mal.* Das ist die Standardform im Softwareentwurf, in der Architektur, in allen Ingenieurwissenschaften und darüber hinaus. Man verwendet seine eigenen Erfahrungen wieder, fängt aber wieder von vorne an. Es handelt sich also um eine implizite Wiederverwendung der Entwurfskenntnisse und -erfahrungen von vergangenen Entwürfen, die man auf einen neuen Entwurf anwendet. Der Prozess läuft wieder von Anfang an los, und es werden keine Zwischenergebnisse oder die Endergebnisse vorangehender Entwürfe wiederverwendet.

(b) Nimm das *letzte Ergebnis und modifiziere es* gegebenenfalls. Das war früher, vor der Zeit der CAD-Entwurfswerkzeuge, aufwändig. Alles musste neu gezeichnet und vorab neu geplant werden. Heute geschieht dies durch Copy, Paste und Modify mithilfe eines CAD-Systems für den Gebäudeentwurf unter Nutzung eines alten Entwurfs, der im CAD-System zur Verfügung steht oder von außen besorgt werde kann. Das Problem, alles neu zeichnen zu müssen, tritt allenfalls dann auf, wenn für den neuen Entwurf ein neues und zu bisherigen Entwürfen inkompatibles Werkzeug verwendet wird oder kein Standardformat für das Ergebnis vorhanden ist. Im Regelfall ist eine Modifikation des letzten Entwurfs erforderlich, selten kann oder will der Architekt denselben Entwurf verwenden.

(c) Kläre den *Entwurfsprozess* und *halte ihn fest*. Der Entwurfsprozess für ein Gebäude wird modelliert und steht damit als Ergebnis und Handlungsanleitung für den nächsten Entwurfsprozess zur Verfügung. Was bei (a) implizit war, wird nun explizit festgehalten. Das ist insbesondere dann (oder nur dann) von größerem Nutzen, wenn das neue Gebäude zur gleichen Gebäudeklasse gehört wie das, für das der Prozess festgehalten wurde, z.B. ein Bürohaus einer ähnlichen Gestalt und Größe.

(d) Lege eine *Bibliothek* von *einfachen, wiederverwendbaren Teilen* an, die in einen Entwurf direkt eingefügt werden können. Dies sind Details, die wiederholt genutzt werden sollen, wie z.B. Fenster- und Türformen, Dekorationselemente um Fenster, Türen etc., die in einer Datenbank abgelegt werden. Im Softwareentwurf entspricht dies der Verwendung einfacher Bausteine, die intern nicht weiter strukturiert sind und deshalb nicht entworfen werden müssen, sondern bei der Entwicklung direkt realisiert werden können (*Module* genannt).

(e) In der Bibliothek finden sich *komplexere, wiederverwendbare Einheiten*. Dies sind etwa Räume, Raumgruppen, Etagen, Aufgangsstrukturen etc. die in einen neuen Entwurf eingefügt werden. Dies entspricht im Entwurf von Softwaresystemen der Verwendung von *Teilsystemen*, die aus Modulen und anderen Teilsystemen aufgebaut sind. Oder es finden sich Dachlösungen, solche für Keller, etc. Dies entspricht in Softwaresystemen einzelnen *Schichten* des Softwaresystems, wie etwa der Basisschicht.

(f) Verwende *grobe schematische* und *implizite Gebäudepläne*. Entweder geschieht dies nur implizit, durch Verwenden von Erfahrung im Entwurf eines Gebäudes aus einer Gebäudeklasse, wobei aber jeweils neu entworfen wird. Dies entspricht dem Fall (a) von oben, wobei jedoch zusätzlich ein „impliziter" Plan „im Kopf des Architekten" existiert. Oder dieses Schema eines Gebäudes liegt als „expliziter" Plan im Kopf des Architekten vor, was dem Fall (b) mit einer impliziten Abstraktion entspricht. Ein Beispiel hierfür ist das Aachener Dreifensterhaus (von etwa 1850 bis 1915), das nicht nur eine ähnliche Fassadenfront besitzt, sondern auch einen genormten Innenaufbau über Etagen und auch für den Aufbau jeder Etage. Nirgendwo wurde dessen Struktur explizit festgehalten. In der Software entspricht dies einem „Muster" für ein Softwaresystem, ohne dass dieses Muster explizit spezifiziert wurde.

(g) Verwende einen *expliziten schematischen Gebäudeplan* (für eine Gebäudefamilie/ -klasse). Dieser Gebäudeplan bezieht sich selten auf ein einzelnes Gebäude, sondern eher auf eine *Familie/ Klasse* von Gebäuden, wie z.B. dem erwähnten Dreifensterhaus. Das ist der Plan für ein Gebäude mit einer Annotation, was gleich ist und was sich ändern kann oder es werden die Varianten in dem Gebäudeplan explizit skizziert oder festgehalten. Der Plan entspricht somit nicht einem Gebäude, sondern einer Menge von Gebäuden, die eine gewisse Ähnlichkeiten haben. Dies ist eine Gebäudeklasse, wenn die Ähnlichkeit in Struktur und Funktionalität deutlich erkennbar ist. Besteht die Ähnlichkeit nur darin, dass größere Teile ähnlich oder gleich sind, die Gebäude sich aber deutlich unterscheiden, so sprechen wir von einer Gebäudefamilie. In der Softwaretechnik entspricht dies einem Entwurf etwa für ein „eingebettetes System" für eine bestimmte Anwendung mit einer bestimmten Entwurfsphilosophie (also einer gemeinsamen Struktur), wobei die variablen Stellen annotiert werden oder formal notiert werden. Sind die eingebetteten Systeme strukturell verschieden, teilen sich aber große Anteile (Basisstrukturen, wie Netzwerk, Betriebssystem, Datenhaltung, Mechanismen für eingebettete Systeme) so ist dies keine Systemklasse sondern eine Systemfamilie.

(h) Halte die *Gemeinsamkeiten und die Unterschiede* eines Gebäudeplans in Form eines *Rahmenwerks* fest. Dies ist wiederum nur sinnvoll für eine Familie von Gebäuden, insbesondere für eine Gebäudeklasse. Die *Gemeinsamkeiten sind in einem fixen Teil* des Gebäudeplans (bis auf einfache Parametrierung, wie etwa Bemaßung) festgelegt. Diese Gemeinsamkeiten treten in jedem Entwurf dieser Gebäudeklasse auf. Dieser Teil des Entwurfs kann somit jeweils übernommen werden und muss nicht neu erstellt werden, es werden nur die variablen Anteile hinzugefügt. In der Softwaretechnik spricht man von einem Rahmenwerk für eine Familie/ Klasse von Systemen. Für die veränderlichen Teile besprechen wir gleich verschiedene Entwurfsstrategien. Für unser Beispiel Dreifensterhaus, ist die Struktur des Gesamtgebäudes mit Keller, Treppenhaus, (evtl. zusätzlich mit halbem Anbau, den sich zwei Häuser teilen), die Anzahl der Geschosse, die grobe Nutzung der Geschosse bis auf einfache Unterschiede fest oder parametrierbar. Im Etagenplan kann es aber Unterschiede geben. Das sind somit die variablen Teile, die noch ausgestaltet werden müssen. Die *Variabilität* bezieht sich also auf *spezifizierte Teile* innerhalb eines Gesamtplans, der für die konstanten Teile ein Rahmenwerk besitzt, das die Gesamtstruktur des Systems bereits erkennen lässt.

(i) Gebäude *teilen* sich eine *Basisstruktur*, die *Gesamtstruktur* ist noch *nicht bestimmt*. Dies sind etwa Keller, Treppenhaus, das Raster für Etagen, die Versorgungsinstallation, etc. Die Basisstruktur findet sich im Gebäude, lässt die Gesamtstruktur des Gebäudes aber noch weitgehend offen. So ist etwa die Anzahl der Etagen noch offen oder ihre Ausdehnung in m². Der variable Teil, die detaillierte Raumaufteilung - etwa durch Leichtbauwände innerhalb von Normmaßen - wird noch entworfen. Dieser Ansatz findet sich oft bei Bürogebäuden ähnlicher Größe und Funktionalität. Wir sprechen hier eher von Gebäudefamilien als von Gebäudeklassen, da die Unterschiede der Gebäude beträchtlich sein können. Die Basisstruktur entspricht bei Software den *Basisschichten* und/ oder den *Gemeinsamkeiten* verschiedener *Zwischenschichten*. Ein weiteres Beispiel sind neben den Bürogebäuden sind Stadien einer ungefähr gleichen Größe. die eine weitgehend identische zugrundeliegende Infrastruktur/ Basisstruktur (Tribünen, Zugänge etc.) besitzen können, die durch verschiedenartige Gebäudehüllen oder andere Gestaltungselemente individualisiert werden. Der Nichtspezialist erkennt die Gemeinsamkeiten dann meist nicht mehr. Bei (h) und (i) gilt: Die exakte und detaillierte Ausgestaltung der Gemeinsamkeiten durch ein Rahmenwerk oder eine Basisstruktur lohnt sich nur dann, wenn von der Gebäudeklasse/ Gebäudefamilie mehrere Exemplare entworfen und gebaut werden.

(j) Spezialisierte *Teams* für *Gebäudeklassen* oder *Gebäudefamilien*. Dies entspricht den Möglichkeiten von (f), (g), (h) und (i) und entsprechender Arbeitsteilung. Lediglich die gezieltere Nutzung der Erfahrung durch ein für eine bestimmte Zeit im Kern konstantes Team tritt hinzu, was das Wissen über die gemeinsamen Teile und die variablen Teile der verschiedenen Entwürfe ähnlicher Gebäude nicht nur nutzt, sondern durch die unterschiedlichen Fähigkeiten der Mitglieder des Teams auch repräsentiert. Das Prinzip ist alt und wurde bereits in der Gotik von Bauhütten genutzt. Heute gilt dies z.B. für Architekturbüros, die sich auf Rennstrecken, Stadien, Flughäfen etc. spezialisiert haben. Ähnliches gilt für Software.

(k) *Variable Teile gewinnen, einfache Techniken.* Wir können (k1) die variablen Teile von Gebäuden mit gemeinsamen Teilen einfach unter Nutzung von Erfahrung neu erstellen, s. (a), (k2) vorhandene Teile nehmen und modifizieren, s. (b), (k3) den Entwurfsprozess hierfür festhalten und später nutzen (c), versuchen, (k4) sie in einer Bibliothek wiederverwendbarer Bausteine oder ähnlicher Bausteine zu finden ((d) und (e)) und anschließend ggf. anpassen.

(l) *Variable Teile „erzeugen".* Wir können aber auch weiter fortgeschrittene Techniken nutzen: Gibt es eine vollständige Wiederverwendungsbibliothek und entsprechende Konfigurationsmechanismen, so kann (l1) der spezifische Teil eines Gebäudes aus einer Gebäudefamilie oder Gebäudeklasse auch automatisch mithilfe vorhandener Bausteine *konfiguriert* werden, nachdem man eingegeben hat, was man will. Sind (l2) die spezifischen Bausteine generisch, d.h. sie sind Schablonen für spezifische Baustein, die noch *parametriert* werden müssen, um die zu verwendenden zu erhalten, so erübrigt sich die Erstellung der spezifischen Bausteine „per Hand". Schließlich können die spezifischen Bausteine (l3) auch durch ein *Programm automatisch* erstellt werden, in welches man eine Spezifikation dieses Bausteins eingibt.

(m) *Sonderfall gesamtes Gebäude „erzeugen".* Alles, was wir im letzten Absatz über die spezifischen Teile und entsprechend fortschrittliche Techniken erwähnt wurde, lässt sich auch auf ein gesamtes Gebäude übertragen. Allerdings ist dieser Fall eher Vision als Realität. Man bezeichnet Systeme, die derartige Techniken verwenden als „automatische Entwurfssysteme". In allen vorausgehenden Fällen waren Techniken angesprochen, die den Entwurfsprozess eher unterstützen als automatisieren.

(n) *Explizites Modellieren der Ähnlichkeiten von Bausteinen.* Bei einfachen Bausteinen, die für einen Anwendungsbereich des Gebäudeentwurfs verwendet werden sollen, lassen sich die Ähnlichkeiten direkt modellieren: Es gibt ein Grundmuster, aus dem sich speziellere Varianten ableiten lassen, aus diesen weitere speziellere usw. Bei Softwarebausteinen baut man für die Ähnlichkeitsmodellierung eine Vererbungshierarchie auf, die das Prinzip der Klassifikation nutzt. Allgemein liegen solchen Hierarchien Ontologien zugrunde. Bei komplexeren Bausteinen wird die Klassifikation mit der Konfiguration zu kombinieren sein, da die komplexeren Teile wieder aus anderen zusammengesetzt sind.

(o) *Modellieren der Ähnlichkeiten von Basisstrukturen, Gebäudeklasse, Gebäudefamilien.* Das Prinzip der Ähnlichkeitsmodellierung von (n) lässt sich auch auf ganze Gebäude übertragen und führt zu einer Klassifikation (Ontologie) von Gebäuden, insbesondere von Familien und Klassen hiervon. Diese Klassifikation trägt zumindest zu einem besseren Verständnis des Bereichs bei, in dem der Architekt (Entwerfer) tätig ist.

(p) *Zweistufiger Entwurfsprozess* für Gebäude *mit Nutzung von Ähnlichkeiten*. In der Prozessleittechnik aber auch in speziellen Bereichen der Softwaretechnik und anderen Bereichen findet man einen 2-stufigen Entwicklungsprozess und damit auch Entwurfsprozess. In einer Vorstufe wird (i) der Anwendungsbereich mittels Ähnlichkeiten modelliert, z.B. durch Ähnlichkeitsmodellierung aller komplexen Bauteile (z.B. Kessel- oder Reaktorformen einer Anlage) mittels Vererbungshierarchien. Diesen Prozess nennt man *Wissens-, Kenntnis- oder Anwendungsbereichs-Modellierung* (hier der entsprechenden und möglichen, komplexen Bauteile des Anwendungsbereichs). Dieser Teil ist unabhängig von konkreten Entwurfsaufgaben in diesem Anwendungsbereich. Im zweiten Schritt (ii) wird dann, unter Nutzung der vorausgehenden Klärung des Anwendungsbereichs, die *konkrete Entwurfsaufgabe gelöst*, wobei man Bausteine der Anwendungsmodellierung nutzt. Sollte ein solcher Baustein nicht vorhanden aber von Interesse sein, so muss die Anwendungsmodellierung erweitert werden. Der zweite Schritt löst die konkrete Entwurfsaufgabe, in der Regel interaktiv. Durch Nutzung der Anwendungsbereichs-Modellierung ist diese Lösung wesentlich einfacher. Im Idealfall werden lediglich bekannte Bauelemente verschaltet.

Eine *Bemerkung* zu den Möglichkeiten (f), (g), (h), (i), (k) und (l) von oben: Zielsetzung ist (1) das Gemeinsame eines Entwurfs einer Gruppe von Gebäuden, speziell einer Gebäudefamilie oder einer Gebäudeklasse herauszuschälen und diese *Gemeinsamkeit zu nutzen*. Gemeinsame Teile müssen nur einmal entworfen werden, danach können sie einfach genutzt werden. Für die (2) verbleibenden *spezifischen Teile* gibt es (k) einfache Realisierungsstrategien oder (l) fortgeschrittene. Deren Zweck ist ebenfalls, den *Aufwand zu reduzieren*, von der „händischen Erstellung" bis zu den automatischen oder werkzeugunterstützten Techniken, wie Konfigurieren vorhandener Bausteine, Parametrisierung von Schablonen und Generieren von Bausteinen. Ein schematischer Gebäudeplan repräsentiert somit eher eine Familie/ Klasse von Gebäuden als ein individuelles Gebäude. Der Entwurf für ein individuelles Gebäude entsteht erst nach der Festlegung der variablen Teile.

Eine *weitere Bemerkung* zu (n) und (o). Wir haben in Teil III gezielt die Ähnlichkeiten von Teilen und auch von Gesamtplänen modelliert. Dies schafft die *Grundlage für parametrischen Entwurf*. Dies macht auch die Ähnlichkeiten explizit und es vermeidet das fortwährende Neuentwerfen solch ähnlicher Teile oder Gesamtstrukturen. Es unterstützt auch die Verwendung eines Teils oder eines Gesamtplans aus je einer Menge ähnlicher Gebäude. Fortgeschrittene Entwurfstechniken im Sinne unserer Diskussion kommen nicht ohne Aufwand (s.u.) und haben auch derzeit Grenzen.

16.2 Wiederverwendung: Einordnung

Produkt- und Prozesswiederverwendung

In allen oben aufgezählten Möglichkeiten (a) bis (p) haben wir Prozesswiederverwendung, Produktwiederverwendung oder beides angewandt. *Prozess-Wiederverwendung* finden wir in der einfachsten Form in (a), in (c) machen wir uns wenigstens denn Prozess klar. *Produkt-Wiederverwendung* finden wir in (d) und (e) für einfache und komplexere Bausteine, in (f) für eine Menge von Gebäuden in schematischer Form und inhaltsreicher in (h) und (i) durch ein Rahmenwerk bzw. eine gemeinsam genutzte Basis- oder Infrastruktur. (h) und (i) sind zwar zunächst Beispiele für Produkt-Wiederverwendung, erlauben aber anschließend einen völlig anderen Prozess, der sich auf die Ausgestaltung der spezifischen Anteile eines Gebäudeplans beschränkt. (j) das Spezialistenteam ist zunächst eine spezielle Form von Prozess-Wiederverwendung. Die Spezialisten haben aber einen impliziten oder expliziten Vorrat von Produkten, den sie wiederverwenden. Für die variablen Teile wenden wir in (k) und (l) ebenfalls Prozess- und Produkt-Wiederverwendungsformen an. Bei (o) und (p) werden durch Ähnlichkeitsmodellierung (Prozess)Ergebnisse geschaffen (Produkte), die den anschließenden Prozess für das zu betrachtende Gebäude umgestalten (Prozess) und auch ein anderes Endergebnis (Produkt) erzielen.

Einfache Formen der Wiederverwendung in impliziter Form, wie (a) „Wie immer" und (b) „Copy, Modify" sind immer noch die *gängige Praxis* der Gegenwart. Bausteinbibliotheken (d) werden genutzt, oft nur des Entwicklers selbst oder speziell innerhalb eines Büros, selten in „vollständiger Form" für einen bestimmten Anwendungsbereich. Alle Erzeugungsformen (k), (l), (m) haben Seltenheitswert, eine schiere *Vision* ist die der automatische Entwurf (m), selten der unterstützte Entwurf durch semantische Werkzeuge oder die vorausgehende Anwendungsbereichs-Modellierung (n) und (o).

Fortgeschrittene Formen der Wiederverwendung und des Entwurfs von Gebäudefamilien oder Gebäudeklassen - und somit von vielen Gebäuden mit entsprechenden Variationen - sind somit *eher Zukunftsmusik*. Dies liegt an der Breite des Einsatzes eines Architekten, der nacheinander Gebäude verschiedener Strukturen und Formen entwirft, die eine genauere Betrachtung und Durchdringung ähnlicher Gebäude nicht zulässt. Ähnliches gilt für Entwickler von Software oder von Ingenieurprodukten. Wir werden auch zeigen, dass solche Arten von Wiederverwendung nicht umsonst sind, sondern einen entsprechenden Aufwand vorab erfordern. Dieser Aufwand lohnt erst dann, wenn die daraus resultierenden Erkenntnisse, Werkzeuge, Prozessschablonen und vorgefertigten Produktteile entsprechend oft innerhalb dieser untereinander ähnlichen Gebäude genutzt werden.

Es gibt noch weitere Techniken für Wiederwendung und Behandlung von Varietäten/ Varianten in der Softwaretechnik (s. z.B. [D.Na 90]), die sich nicht ohne weiteres auf die Architektur von Gebäuden übertragen lassen (z.B. Bootstrapping, Objekterzeugung, etc.). Das soll hier nur erwähnt und nicht vertieft werden. In beiden Fällen sind Entwurfsartefakte immateriell (Skizzen, Pläne, Überlegungen). Im Falle der Softwaretechnik ist auch das Endprodukt Software immateriell. Ein Gebäude hingegen muss nach dem Entwurf noch gebaut werden. Dies ist auch bei allen Ingenieurwissenschaften der Fall. Somit sind Wartungs- und Veränderungsmaßnahmen bei Gebäuden oder bei Ingenieurlösungen begrenzt. Es lohnt nicht, ein Wohnhaus in eine Fabrik umzubauen, der Aufwand ist höher als ein Neuentwurf und Neubau. Bei der Software ist dies prinzipiell möglich und wird auch nicht selten gemacht. Bei der Software können auch zwei Systeme einen völlig unterschiedlichen internen Aufbau haben und trotzdem die gleiche Funktionalität bieten. Sobald Software Teil des Produkts ist - und das ist bei den

Ingenieurwissenschaften zunehmend der Fall - vermindert sich dieser Unterschied „materiell-immateriell".

In einer *Gebäudeklasse* - etwa Dreifensterhaus - sind die Ähnlichkeiten stark ausgeprägt und die Variationen genau lokalisierbar. Je spezifischer die Gebäudeklasse ist, desto stärker sind die Gemeinsamkeiten herausgearbeitet und auch explizit formulierbar, etwa durch einen gemeinsamen schematischen Gebäudeplan, in dem auch die unterschiedlichen Teile spezifiziert werden können. In einer *Gebäudefamilie* - z.B. Stadiongebäude - gibt es gemeinsame Teile, für den Rest aber keine Verbindlichkeit. Noch loser wird der Bezug, wenn wir Gebäude betrachten, die zum gleichen *Baustil* gehören. Diese können verschieden sein, sie enthalten aber Struktur- und Formelemente dieses Baustils, anhand deren sie dem Baustil zugeordnet werden können. Wir sehen also, dass die Stärke der Ähnlichkeit von Gebäudeklasse, Gebäudefamilie bis zu Gebäuden eines Baustils abnimmt.

Wiederverwendung auf verschiedenen Ebenen

Wir haben oben die *Wiederverwendung* aufgeteilt bzgl. Prozess und der entstehenden Produkte. Die obige Diskussion der Möglichkeiten (a) bis (p) haben diese grobe *Kategorisierung* detailliert.

Hinzu kommt, dass wir den *Entwurf* auch noch auf verschiedenen *Stufen der Granularität* betrachten können, von grob oder abstrakt bis detailliert und wirklichkeitsnah. Bei gotischen Kirchen ist dies etwa, dass wir (i) zunächst festlegen, wie die Kirche aus Teilen (Langhaus, Chor, Querhaus etc.) zusammengesetzt ist und die groben Parameter dieser Teile festlegen. Danach folgt (b) die Betrachtung dieser Teile mit zunächst grobem Entwurf, der noch verschiedene Möglichkeiten offenlässt, z.B. nur die Zonen festlegt. Im nächsten Schritt (c) werden diese ausgestaltet. Weitere Schritte folgen, wir vertiefen dies im folgenden Kapitel. Dort stellen wir fest, dass sich auch empfiehlt, die *Teile* wiederum *in mehreren Stufen* zu entwerfen.

Bei dieser Vorgehensweis haben wir auch die *Aufwandsminimierung* im Sinn gehabt. Wir versuchen Teile stets so zu zerlegen, dass dabei *mehrfach anwendbare Bestandteile* entstehen. So wird ein Langhaus mittels mehrfach anwendbarer Volumenelemente zusammengesetzt, s. Kap. 11 über die Kathedrale von Reims. Entsprechendes gilt auch für den Chor, die Fassaden etc. Je weniger uniform die Teile sind, desto kleiner die Einheiten für die Zusammensetzung.

Diese Einteilung in *Aufgaben unterschiedlicher Granularität* wird uns in allen Kapiteln des Teils IV dieses Buches weiter begegnen

16.3 Wiederverwendung und Aufwand

Aufwand bei fortschrittlicheren Formen

Wie bereits angedeutet, ist ein beträchtlicher Aufwand vorab nötig, um von *einfachen zu fortschrittlichen Techniken der Wiederverwendung* und der *Variabilitätsbeherrschung* zu kommen. Beide sind Grundlagen des Parametrischen Entwurfs, auf den wir im nächsten Kapitel und auch den folgenden Kapiteln genauer eingehen.

Der *Aufwand eines Entwurfs* wird *deutlich geringer* bei den fortschrittlichen Techniken. Allerdings ist ein *erheblicher Aufwand* vorab nötig, die fortschrittlichen Techniken zu erarbeiten und die hierfür nötigen Hilfsmittel zu erstellen. Der Vorteil muss also mit einem beträchtlichen Aufwand erkauft werden.

Darüber hinaus ist der *Ertrag der Wiederverwendung* umso größer, je strikter die Ähnlichkeiten der betrachteten Gebäude sind, auch verstanden sind und je genauer die Variabilität betrachtet und festgestellt wurde. Das Ganze muss dann auch noch entsprechend formalisiert niedergelegt werden. Das gelangt umso besser, je eingegrenzter die Gebäude sind, die man betrachtet. Somit sind streng *eingegrenzte Klassen von Gebäuden* die Kandidaten, bei denen sich die Erarbeitung der fortschrittlichen Techniken lohnt. Für diese braucht man aber einen langen Atem. Auch dies wird uns in den folgenden Kapiteln des Informatik-Teils noch weiter begegnen.

Kandidaten der Wiederverwendung sind für die Gotik die Spezialfälle gotischer Kathedralen, z.B. die klassische französische Kathedrale, auf die wir in Kap. 7 und 11 bereits eingegangen sind. Ein Nutzen bestünde derzeit nur für die kunsthistorische Betrachtung. Es gibt aber auch Beispiele modernere Gebäude (Bürogebäude einer bestimmten Struktur und Größe, Fabrikgebäude oder auch Krankenhäuser einer bestimmten Struktur und Größe. Wir gehen auf solche Beispiele im Ausblickskapitel 22 ein.

Wir können einige Beispiele aus den obigen Wiederverwendungs-Möglichkeiten (a) bis (p) betrachten und überlegen, aus welchen anderen sie hervorgegangen sein können. Von der Vielzahl solcher *Übergänge von einfacher zu fortschrittlicher Wiederverwendung* greifen wir nur einige als Beispiele heraus. Wenn die Betrachtung also keineswegs vollständig ist, so zeigen die betrachteten Beispielübergänge doch jeweils, dass ein Zusatzaufwand geleistet werden muss, um von einer einfacheren Form der Wiederverwendung zu einer komplexeren und fortschrittlicheren zu gelangen.

Von (a) nach (b): Bei (b) fängt man auch von vorne an, man nimmt aber zur Erleichterung das Ergebnis eines Entwurfsprozesses (Produktwiederverwendung). Dieses wird dann so modifiziert, bis man beim gewünschten Endergebnis angekommen ist. Sind die Gebäude ähnlich, so kann die Aufwandsreduktion bereits beträchtlich sein. Sind die Gebäude sehr verschieden, so ist es u.U. sinnvoller ganz von vorn und neu zu beginnen.

Von (a) nach (c): Bei (c) wird nicht einfach agiert, sondern man hat den Prozess des Gebäudeentwurfs vorher festgehalten und nutzt diesen beim Entwurf des neuen Gebäudes (Prozesswiederverwendung). Auch hier ist der Nutzen nur bei Ähnlichkeit gegeben. Das Aufschreiben des Prozesses spart Überlegungsaufwand umso mehr, je ähnlicher die Entwurfsprozesse (und entsprechend auch die Gebäude) sind.

Von (a) nach (d) und (e): Sind Bausteine für einfache und auch für komplexe Teile eines Gebäudes vorhanden, so kann sich der Aufwand drastisch reduzieren, je nachdem, wie vollständig die Bibliothek der Teile ist und wie oft diese Teile im Gebäude vorkommen.

(l) aus vorherigen Stufen: Es gibt ein Rahmenwerk für eine Klasse von Gebäuden, das die invarianten Gebäudeteile festhält. Diese Teile können bei einem neuen Beispiel aus der Gebäudeklasse einfach genommen werden, ggf. sind sie anzupassen, z.B. durch geometrische Parameter. Die Rahmenwerkserstellung ist mit Aufwand verbunden, die gemeinsamen Teile herauszufinden, sie exakt zu beschreiben, sie zu parametrieren usw. Die verbleibenden spezifischen Gebäudeteile werden einfach aus der Bibliothek genommen ggf. unter Nutzung von Konfigurationsregeln (eine der Techniken von (l)). Hierzu müssen alle spezifischen Teile vorliegen, die Konfigurationsregeln und deren Einschränkungen müssen bekannt sein.

Wiederverwendung und Architektur

Eine *besondere Bedeutung* für die Wiederverwendung besitzt die *Architektur* (eines Gebäudes, einer Software, etc.). Diese stellt in Form einer kompakten und abstrahierenden Zusammenstellung alle wesentlichen Entwurfsideen vor, an ihr können diese Ideen abgelesen werden und sie ist ein Artefakt, mithilfe dessen Qualitätssicherung, Arbeitsorganisation, Dokumentation und auch Finanzierung festgelegt werden können.

Die Architektur *abstrahiert von Details* - Detailentwurf, Statiküberlegungen, Bauplanung, Baudurchführung, Beschreibung, etc. - ohne diese Aspekte außer Acht zu lassen. Dies gilt in der Informatik, beim CAAD-Entwurf einer gotischen Kirche und auch in jeder Ingenieurwissenschaft.

Die wesentlichen *Schritte der Prozesswiederverwendung* können aus der Erstellung der Architektur abgelesen werden, aus dem Ergebnis die wichtigen *Schritte der Produktwiederverwendung*. Alle oben aufgeführten Formen der Wiederverwendung (a) bis (p) beinhalten auch einen Entwurfsteil. Da, wie ausgeführt, Entwurf und Architektur eine besonders wichtige Rolle im gesamten Entwurfs- und Realisierungsprozess spielen, liegen die besonders ertragreichen Schritte der Wiederverwendung auf der Entwurfs- bzw. Architekturebene. Dieser Zusammenhang wird uns im gesamten Teil IV beschäftigen.

16.4 Zusammenschau

Zusammenfassung Kapitel

Das Kapitel begann mit einem umfangreichen *Katalog* von *Wiederverwendungsformen*. Wir haben argumentiert, dass diese für alle Disziplinen gelten, in denen entworfen und realisiert werden, somit für Informatik, Ingenieurwissenschaften und auch Bauwesen.

Danach haben wir *eingeordnet und gewertet*: (i) Wir haben zwischen Prozess- und Produktwiederverwendung unterschieden. (ii) Jede fortschrittliche Form von Wiederverwendung, die also besonderen Ertrag bringt, verlangt vorausgehenden Aufwand, für Klärung, Methodenentwicklung, Entwicklung unterstützender Werkzeuge und Schulung. (iii) Die Architektur spielt eine zentrale Rolle bei der Wiederverwendung. Alles dies wird uns auch in den folgenden Kapiteln beschäftigen.

Was davon wird in der Praxis genutzt?

Alle in obigem Katalog aufgeführten Formen können in der *Architektur von Gebäuden* genutzt werden. Es sind allerdings eher die einfachen und auch impliziten Ansätze, die die in der Praxis vorherrschen, nämlich (a), (b), (d) und (f).

Die *fortgeschrittenen Ansätze* sind in der Praxis *seltener* anzutreffen Dies liegt zum einen an dem Aufwand, der vorab getrieben werden muss, um entsprechende Überlegungen anzustellen, Methoden und auch Werkzeuge zu entwickeln, die oft über den derzeitigen Stand hinausgehen. Es liegt auch an den damit verbundenen finanziellen Einsätzen, die erst einmal aufgebracht werden müssen. Und es liegt vor allem daran, dass die für diese Vorabklärungen und -realisierungen geeigneten Personen diejenigen sind, die in der Praxis besonders benötigt und gefragt sind. Ein Grund ist auch, dass die Hektik zur Fertigstellung des nächsten Auftrags die Manager selten zu Entscheidungen bringt, die nach Investitionen erst in der Zukunft Gewinn bringen.

Alle diese Aussagen gelten auch für die *Informatik und die Ingenieurdisziplinen.* Sie gelten auch beim derzeitigen *CAAD-Entwurf für Gebäude.* Die Verwendung meist impliziter Wiederverwendungsformen beim Gebäudeentwurf können wir daran erkennen, dass gerne Ideen, Formen und Muster – auch von anderen - übernommen werden. Ein erfahrener Betrachter kann deshalb jedes Gebäude ziemlich genau datieren.

Die f*ortschrittlichen* und expliziten *Ansätze* besprechen wir später, weil hierfür weitere Erläuterungen nötig sind.

Was wurde beim CAAD-Entwurf gotischer Kirchen genutzt?

Für große Teile einer Kirche (Langhaus, Querhaus, etc.) sind die *mehrfach anzuwendenden Teile groß*, wenn die Kirche homogen ist, s. Reims. Wir haben sie Volumenelemente *genannt.* Bei Inhomogenität muss ggf. von Anwendung zu Anwendung leicht und einzelfallorientiert geändert werde, s. Freiburg, wenn man das Münster exakt so modelliert, wie es derzeit ist.

Enthält ein Gebäudeteil - wie z.B. der Turm, der auf jeder Stufe anders aussieht - wenig große Teile, die mehrfach angewendet werden können, so werden die wiederverwendbaren *Teile kleiner*, z.B. Nischen für Figuren der Königsgalerie. Einige dieser Elemente treten nur einmal auf, können aber in einer ähnlichen Kirche auftreten, müssen aber ggf. vorher modifiziert werden.

Je *homogener* eine Kirche ist, desto öfter werden *größere* Wiederverwendungs-Elemente sein und desto *öfter* können sie *eingesetzt* werden. Je inhomogener die Kirche ist desto kleiner sind die Teile und desto seltener können sie mehrfach verwendet werden. Weitere Techniken der Wiederverwendung folgen in späteren Kapiteln.

Wiederverwendung zur Zeit der Gotik

In der früheren Gotik fand Wiederverwendung „*ausschließlich im Kopf*" statt: (i) Pläne für größere Teil gab es erst später, z.B. der Westfassade von Köln. Pläne für die gesamte Kirche waren unbekannt. (ii) Die Pläne kleinerer Wiederverwendungs-Elemente wurden in die Wände geritzt.

Möglichkeiten, Pläne (iii) einfach aufzuheben gab es nicht, schon gar nicht, sie mit wenig Aufwand zu ändern. Die bevorzugte Technik der Verbreitung war also (iv) über die Köpfe der Personen, z.B. von Bauhütte zu Bauhütte oder von einem bewunderten Bau zum Baumeister der nächsten Kirche.

In diesem Kapitel behandeln wir folgende *Fragen*: Welche Rolle spielt die Parametrik im Entwurfsprozess, wo tauchen parametrische Elemente auf, wie groß sind sie, welche Verschiedenheit haben sie und wie kann der Entwurfsprozess, der solche Elemente verwendet, beschrieben werden?

Der parametrische Entwurf ist ein *Teilaspekt* der *Wiederverwendungstechniken,* im Gebäudeentwurf und auch woanders. Nach einer ersten Charakterisierung des parametrischen Entwurfs, gehen wir allgemeiner auf Wiederverwendungsformen ein. Danach wird versucht, den parametrischen Entwurf genauer zu beschreiben und einzuordnen.

17.1 Parametrik: Begriffsklärung

Zum Begriff „Parametrischer Entwurf"

Aufsätze und Bücher zu „Parametric Design" in der Architektur betrachten als Beispiele oft die allgemeine *Erzeugung von Formen*. So tauchen Erläuterungen über Kristallformen und Kristallstrukturen auf oder über Flächen zweiter Ordnung aus der Mathematik. Abb. 17.1.a zeigt als Beispiel hierfür eine Sattelfläche.

Eine andere und weite Definition liegt [C.Wo 10] zugrunde. Für ihn ist Parametric Design, wenn man alles Verwandte aus Informatik und Mathematik beim CAAD-Entwurf verwendet (Abstraktionen, Algorithmen, Programmierung, Geometrie, etc. [C.SS 96]). Diese breite Definition führt nicht zu einer klaren Diskussion.

Manchmal werden auch *Gebäudehüllen* betrachtet oder Teile von Gebäudehüllen, wie Dächer oder Fassaden, s. Abb. 17.1.b, deren Formen parametrisch mehr oder minder leicht bestimmt werden können. Auch hier gibt es oft eine mathematische Beschreibung oder die Angabe eines einfachen und präzisen Konstruktionsverfahrens.

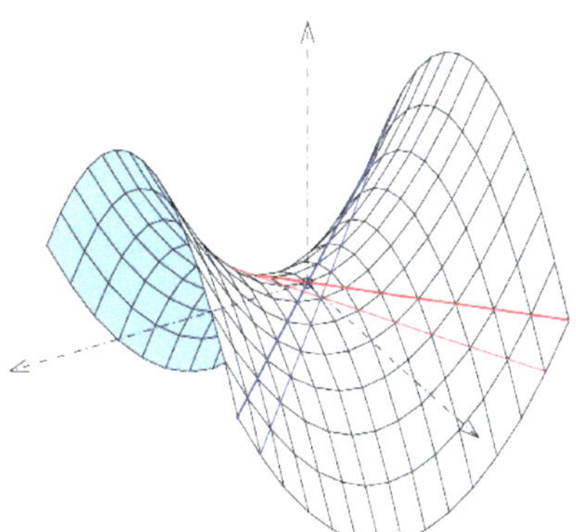 

Abb. 17.1 Parametrik und Flächen: **a** hyperbolisches Paraboloid: einfach, geschlossen mathematisch beschreibbar, **b** zusammengesetzte Dachfläche Mannheim von Langner / Frei

189

© Springer-Verlag GmbH Deutschland, ein Teil von Springer Nature 2019
M. Nagl, *Gotik und Informatik*, Die blaue Stunde der Informatik,
https://doi.org/10.1007/978-3-662-55518-7_17

Dies alles unterscheidet sich wesentlich vom *Entwurf eines bewohnbaren Gebäudes*, dessen *Ziel* es ist, das Gebäude auch zu bauen, zu nutzen, die Nutzung evtl. zu verändern, das Gebäude zu modifizieren, etc. Und dies alles noch mit *Randbedingungen*, wie Ökonomie, Nützlichkeit, Bequemlichkeit usw. In diesem Falle spielen viel mehr Details eine Rolle, als üblicherweise in einem abstrakten, parametrischen Entwurf betrachtet werden. Auch die Beachtung der Randbedingungen schränkt die Freiheit ein.

Der parametrische Entwurf verfolgt *drei Zielsetzungen*:

(a) *Formerzeugung* für Gebäude(teile), die über Parameter erfolgt und sich deshalb bequem und schnell umsetzen lässt. Dies setzt eine mathematische oder algorithmische Beschreibungsform voraus, die die passende Form nach Eingabe der Parameter liefert.

(b) Das Ziel eines Parametrischen Entwurfes ist auch, *Varianten des Gebäudes* mit vertretbarem Aufwand mit zu betrachten, um dann die günstigste oder die günstigsten *auszuwählen*. Der Entwurf bezieht sich also auf eine Familie von Varianten und nicht nur auf ein Exemplar. Die Varianten werden beim herkömmlichen *Gebäudeentwurf* auf Bedarf und mit entsprechendem Auftrag und Aufwand zusätzlich gestaltet und deshalb auch mit größerem Zeit- und Kostenaufwand. Dies gilt es zu verringern.

(c) Ein weiteres Ziel besteht darin, beim Entwurf *Wiederverwendung zu nutzen*, um so den Aufwand des Entwurfs zu vermindern, insbesondere zu vermeiden, dass ähnliche Entwürfe stets von vorne beginnen. Dies geschieht durch eine Beschreibungsform, die unterschiedliche Parametrierungen erlaubt. Dies fordert eine gewisse formale Striktheit dieser Beschreibungsform, die nicht oft gegeben ist.

Die *Zielsetzung* der hier angestellten *Betrachtungen* besteht nicht darin, den Entwurf zu automatisieren. Wir werden sehen, dass dies nur in speziellen Einzelfällen gelingen kann und auch viel Aufwand im Vorfeld erfordert. Die Zielsetzung ist vielmehr, die Potenziale für die Verbesserung auszuloten, in Richtung *Effizienzsteigerung* und *Fehlervermeidung*. Dadurch kann der eigentlichen gestalterischen Kreativität mehr Raum gegeben werden.

Wir kennen parametrischen Entwurf auch in der *Softwaretechnik*, dort auch unter dem Namen *Generizität* bekannt. Meist bezieht sich der Begriff auf Komponenten, die in Form einer *generischen Schablone* vorliegen, also parametrierbar sind. Die entsprechenden Modifikationsschrauben können justiert werden, dann entsteht eine Komponente nach Wunsch zur Verwendung. Bekannte und abgegriffene Beispiele sind Standarddatenstrukturen, wie Schlange (Queue) oder Keller (Stack). Die Parametrierung bezieht sich dann meist auf den Typ der Elemente, die gespeichert werden sollen und ggf. auch auf die Größe des Speichers. Die generische Schablone fasst also unterschiedliche, konkrete Speicher - z.B. Queues - zusammen.

Anstelle der jeweiligen Realisierungen mit copy, paste und modify, die sich kaum unterscheiden, tritt die *Erzeugung* eines passenden Exemplars aus der generischen Schablone, was *ohne großen Aufwand* erfolgt. Ein weiterer Vorteil ist der, dass bei Änderungen nur die generische Schablone geändert werden muss und nicht die einzelnen, zueinander ähnlichen Komponenten. Generizität/ Parametrierung für komplette Softwaresysteme ist selten. Alle Argumente gelten auch in den Ingenieurbereichen.

17.2 Parametrische Elemente in Stufen

Einfaches Element: Maßwerk

Betrachten wir nun die Konstruktion eines relativ einfachen, kleinen Elements, nämlich das *Maßwerk eines Fensters von Reims*[1]. Da dieses Maßwerk fast überall in der Kirche auftaucht und auch prägend für die Entwicklung der Maßwerkformen war, spricht die Bau- und Kunstgeschichte auch vom *Reimser Maßwerk*.

Es besteht aus einem gotischen Bogen, der durch eine Rosette und zwei weitere innere Fenster mit einfacher Struktur unterteilt wird, vgl. Abb. 17.2 unten rechts. Wir *konstruieren* dieses Maßwerk *in 5 Schritten*, von groben Größenangaben bis hin zur ausgestalteten Feinstruktur.

Im ersten Schritt (a) geben wir lediglich *Höhe und Breite* des Rechtecks an, das um das Maßwerkfenster gelegt wird.

Der zweite Schritt (b) unterteilt das Rechteck in den vertikalen Bereich unten und den Bogenbereich der unten in die Vertikale übergeht[2]. Wir haben hier den klassischen Bogen, weder überhöht noch gedrückt, vgl. Abb. 4.2. Dadurch sind die Auflagepunkte 1 und 2 (diese sind auch die Mittelpunkte der Kreise) bestimmt, deren *Bögen* den *Spitzbogen* bilden. Die Auflagepunkte sind bereits durch die halbe Breite bestimmt[3]. Das Fenster ist symmetrisch.

Im folgenden Schritt (c) wird die *abstrakte Form des Maßwerks* bestimmt: die Rosettengröße, und auch die Form der Unterfenster. Hierfür wird im Inneren des Bogens des Schrittes (b) ein weiterer Bogen gezeichnet, rot gekennzeichnet. Die Distanz der beiden Bögen - in schwarz bzw. rot - ist die halbe Dicke der Steine, die später das Maßwerk bilden. Damit kann jetzt das abstrakte Maßwerk (mit Dicke 0) gezeichnet werden. Der Kreis ergibt sich durch den Schnitt zweier Geraden, die von der Horizontalen der beiden Auflagepunkte um 30 Grad nach oben aufsteigen. Der rote Kreis legt sich an den roten Bogen an. Unterteilt man den roten vertikalen Bereich in zwei gleich große Teile und diese wiederum in zwei gleichgroße Teile, so liefern diese vertikalen Unterteilungen die Spitzen der zwei eingelagerten kleineren gotischen Fenster. Die Bögen werden konstruiert, wie oben bereits angegeben.

Jetzt wird (d) die *Dicke des Maßwerks* eingezeichnet, eine halbe Dicke zu jeder Seite, alles rot gezeichnet in Abb. 17.2.d. Wir erhalten damit den Rand für das Innere der Rosette, deren *abstrakte Form* jetzt eingezeichnet werden kann: Wir zeichnen zwei Kreise um den Mittelpunkt des Kreises. Auf dem äußeren liegen die Mittelpunkte der kleinen Kreise, die das Innere der Rosette bilden. Der innere Kreis schneidet die Kreisbögen ab.

---

[1] Maßwerke sind nicht immer „einfach". Man denke an spätgotische Formen mit flamboyanten Bögen.

[2] Unterteilung in Maßwerk und Stabwerk. Wie wir sehen werden, spielt die Höhe des vertikalen Bereichs keine Rolle, nur der obere Teil ist wichtig.

[3] Von der Mitte der Breite oben schlägt man einen Kreisbogen mit der Breite als Radius. Dies bestimmt bereits die Auflagepunkte und damit auch die beiden Kreisbögen, die den Spitzbogen bilden.

Im letzten Schritt (e) werden die letzten *Details* hinzugefügt: Die Dicke des Maßwerks im Inneren der Rosette, evtl. kleine Basen und Kapitelle für die Säulen.

Die *Parameter der 5-stufigen Konstruktion* des Reimser Fensters sind also: Breite/
Höhe des Fensters, Bogengeometrie, abstrakte Geometrie des Maßwerks, Dicke des
Maßwerks/ abstrakte Geometrie des Rosetteninneren, letzte Feinheiten wie dünnes
Maßwerk für die Rosette und ggf. Dekors an den Säulen.

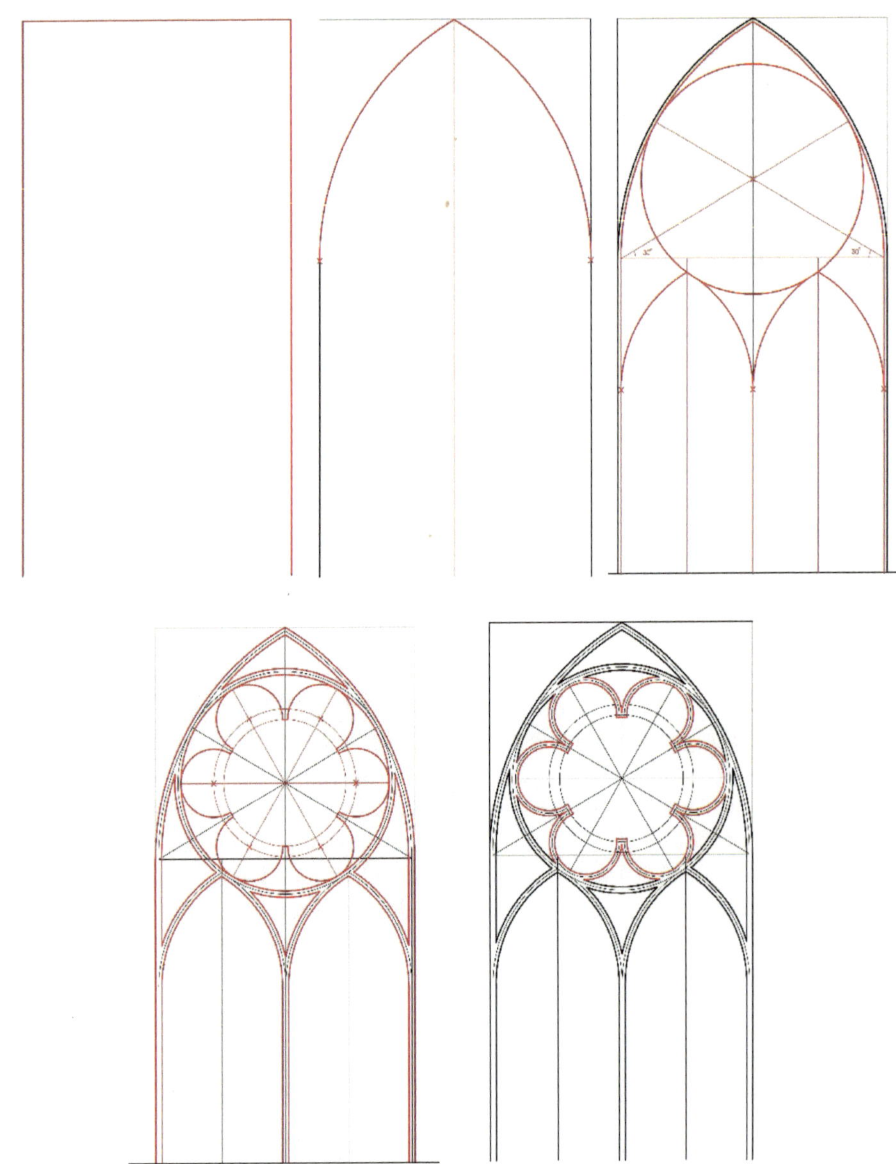

Abb. 17.2 Konstruktion in fünf Schritten für das Beispiel Reimser Maßwerk

Die Besonderheit dieses Reimser Maßwerkfensters liegt darin, dass es *algorithmisch und einfach aus den Parameterangaben bestimmt* werden kann. Das ist bei komplexeren Maßwerken eher die Ausnahme.

Wir hätten als *Beispiel für den Entwurf in Schritten* ebenso die Konstruktion einer Säule, eines Außenpfeilers, eines Arkadenbogens oder eines Rippengewölbes nehmen können.

Volumenelement für das Langhaus der Reimser Kathedrale

Wie bereits beschrieben, findet sich die *Anwendung des Parametrischen Entwurfs* eher *in* den *Teilen* einer gotischen Kirche, nicht für die gesamte Kirche, aber im Haupthaus, im Querhaus, im Chor, im Westwerk, etc. Auch in diesen Teilen gelingt die Anwendung nur dann in größerem Maße, wenn diese Teile homogen sind, also wiederum aus Teilen gleicher Struktur bestehen, die dann entsprechend vervielfacht werden können.

Für das *Haupthaus* ist das parametrische Element ein *Volumenelement*, das sich über die volle Breite des Haupthauses zieht und entsprechend das Hauptschiffjoch, die entsprechenden Seitenschiffjoche und auch die zugehörige Außenstruktur (Dach, Strebewerk, etc.) enthält. Damit haben wir in Kap. 11 durch Vervielfachung das *Haupthaus von Reims* als 3-schiffige Basilika konstruiert. Dieses Volumenelement betrachten wir nun genauer.

Die Beschreibung und *Modellierung* des Volumenelements folgt wieder der Richtung vom *Groben zum Detaillierten* in *5 Schritten*. Wir wählen erneut die Kathedrale von *Reims* als Beispiel, s. Abb. 11.1 oben rechts. Wir versuchen, das parametrische Volumenelement für das Hauptschiff sauber zu strukturieren.

Der erste Ansatz war der, die *Volumenteile* von Hauptschiff, Seitenschiffen und Außenhülle mit Strebewerk *getrennt* und nacheinander zu modellieren. Dieses Vorgehen *ignoriert* die gegenseitigen *Abhängigkeiten* der Teile. So ist die Außenhülle z.B. abhängig von der Struktur de Hauptschiffs und der Seitenschiffe und umgekehrt. Wir folgen deshalb dem Weg, den wir bei der Modellierung von Reims beschritten haben, zusammengesetzte Volumenelemente quer über die gesamte Breite des Langhauses zu betrachten, vgl. die fünf Schritte von Abb. 17.3, die jeweils das *gesamte Volumenelement* betrachten.

Wir beginnen mit dem *ersten Schritt* und dort mit dem Hauptschiffjoch, vgl. Abb. 17.3.a. In diesem ersten Schritt werden lediglich die *groben Dimensionierungsparameter* festgelegt, Höhe H_{HS}, Breite B_{HS} und Länge (in der Richtung des Hauptschiffs) L_{HS} des Gebäudeteils zum Hauptschiffjoch. Das Gleiche geschieht für die Seitenschiffe (H_{SS}, B_{SS} und L_{SS}) und auch für die Stützpfeiler (H_{SP}), die an beiden Enden für ein Volumenelement auftauchen. Man beachte, dass in diesem ersten Schritt die Dicke der Mauern und des Stützpfeilers noch keine Rolle spielen. Alle Angaben dieses Schritts sind in roter Farbe markiert.

Im zweiten Schritt, vgl. Abb. 17.3.b, legen wir die *Zonen* der Hauptschiffwand *fest*: die Höhen für die Arkadenzone AR, die Triforiumszone TR, die Obergadenzone OG und auch die Auflagepunkte AP für das Gewölbe, ferner die Gewölbehöhe des Hauptschiffs GH_{HS}. Das Gleiche geschieht für das Seitenschiff (AP und GH_{SS}) und auch für den Strebepfeiler mit Festlegung der Höhe des Sockels H_{SO} und des darüber-liegenden Pfeilers H_{PF}. Die Angaben des ersten Schritts wurden in schwarz übernom-men, die neuen Angaben sind wieder rot gezeichnet.

Im dritten Schritt 17.3.c legen wir die *Unterteilung in den Zonen* fest, also für die Arkadenzone, wo die Säule endet und der Spitzbogen beginnt, falls die Säule Basis und Kapitell hat, wo diese beginnen und enden. Beim Triforium, wo der sichtbare Teil des Triforiums (die Bogenzone) in der Höhe und Länge (im Bild nicht zu sehen) beginnt und endet, beim Obergadenfenster, wo dieses in Höhe und Länge (wieder nicht zu sehen) in der Obergadenzone beginnt und endet, etc. Wir führen, der Übersichtlichkeit halber, keine Bezeichnungen ein, es werden zu viele. Damit die Markierungen plausibel werden hinterlegen wir die Hälfte des Bildes von Abb. 17.3.c mit einem Bild. Die Markierungen werden dann wegen der Symmetrie auf die andere Hälfte übertragen. Das Gleiche geschieht für die Seitenschiffe und die Außengestaltung, z.B. für die Punkte, an denen die Strebebögen beginnen und enden. In diesem Schritt werden auch die Wanddicken festgelegt.

Im Schritt 17.3.d legen wir die *Formen* für die/ innerhalb der Zonen *fest*, z.B. die Form des Spitzbogens, der Säulenteile für die Arkaden, der Strebebögen, alles noch ohne die letzten Details. Da die Wanddicke durch den Schritt (c) nun festliegt, können wir auch das einfach gestaltete Hauptdach aufsetzen (wir vernachlässigen die Tragwerksstrukturen im Dach). Auch das Pultdach oberhalb der Seitenschiffe kann nun angebracht werden. Alle Angaben sind in Abb. 17.3.d zu sehen. Damit ein vollständiger Überblick gelingt, fügen wir hier noch die Seitenansichten von außen sowie der Hauptschiffwand von innen hinzu. Die Maßwerkfenster sind oben bereits in Stufen aufgebaut worden (vgl. Abb. 17.2), was wir hier nicht wiederholen.

Im letzten Schritt werden alle die noch offenen *Details* bzgl. *Form, Ornamentik,* etc. hinzugefügt. Dies sind z.B. die Details von Fialen oben auf den Stützpfeilern außen. Wieviel hier noch nachzutragen ist, erkennen wir an der Gestalt der Fialen, die in Schritt (d) nur skizzenhaft modelliert worden sind und die, wie die Abb. 17.3.e zeigt, doch viele weitere Details aufweisen[4]. Wir stellen bei dieser Gelegenheit fest, dass alle bisherigen Modellierungen von Kirchen in Teil III dieses Buches im Wesesentlichen nur die Stufen (a) bis (d) umfassen.

---

[4] Die Fiale, zusammengesetzt aus einem Rumpf und pyramidenförmigem Dach, hat hier einen durchbrochenen Rumpf für eine Figur. Man nennt eine solche Fiale Tabernakelfiale.

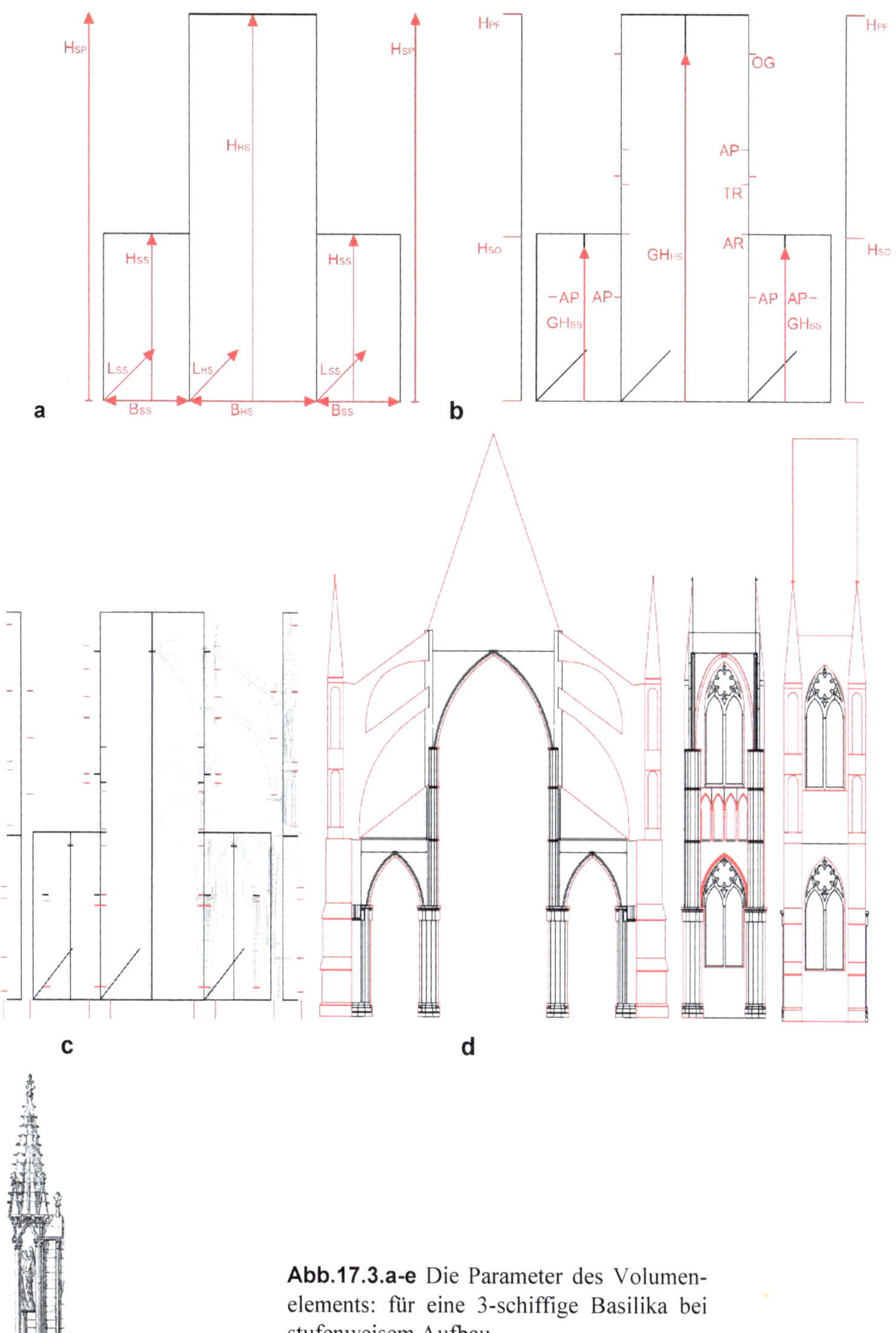

Abb.17.3.a-e Die Parameter des Volumenelements: für eine 3-schiffige Basilika bei stufenweisem Aufbau

Zusammenfassung der Modellierung: Die Modellierung erfolgte von innen nach außen und von grob (abstrakt) zu fein (detailliert) mit 5 Schritten der Betrachtung: Zuerst werden die groben geometrischen Parameter (Breite, Höhe und Länge) für die Einzelteile eingegeben. Dann erfolgte die Eingabe der Parameter für die Zonen (z.B. für die Hauptschiffwand: Arkadenzone, Triforiumszone und Obergadenzone, etc.). Der dritte Schritt fügte die Parameter für die Unterteilung der Zonen (z.B. für die Arkadenzone der Hauptwand ein: Säulenbereich, Bogenbereich, oberer Mauerbereich). Hierzu zählt auch die Gewölbehöhe (bei einer idealen gotischen Kirche, ergibt sich die Gewölbehöhe bereits aus der Höhe des Fensterbereichs für das Obergadenfenster). Danach wurden in Schritt 4 die geometrischen Formen eingegeben, aber zunächst nur als Linien und ohne Details. Hierzu zählt auch die Gewölbeform, z.B. für das vierteilige Kreuzrippengewölbe. Dann müssen aber auch die Ankerpunkte an der Säule festgelegt werden, wo die Bögen enden (im Kapitell oder in der Halbsäule, die außen auf den Pfeiler aufgebracht wird). Ab diesem Schritt ist die Säule nicht nur eine Linie. Im letzten Schritt (5) kamen die Details dazu (für Maßwerke, Bögen. Säulen (Form Basis und Kapitell. Säulenstück mit vorgelagerten Halbsäulen durch die Grundrissangabe, etc.).

Konstruktion der großen Teile – sind diese parametrisch?

Wir betrachten noch einmal die Modellierung der Kathedrale von Reims und deren großer Teile (Langhaus, Querhaus, s. Abschnitt 11.1). Wenn das *Volumenelement* für das *Langhaus* bereits vorhanden ist, dann ist die Konstruktion des Langhauses bereits weitgehend bestimmt. Die Vielfachheit der Anwendung des Volumenelements legt bereits das Langhaus fest, vorausgesetzt, die einzelnen Volumenelemente sind gleich. Einziger Parameter ist somit die *Vielfachheit* des Standard-Volumenelements

Weiteres Beispiel *Chor*. Hier ist durch das *Volumenelement hinter der Vierung* und das Volumenelement, das den *Sektor* bestimmt, eigentlich alles bestimmt, also 2 Parameter. Der Sektor bestimmt auch, wie oft das Element anzuwenden ist.

Modifikationen sind notwendig: Am Langhaus für den Anschluss der Vierung und des vordersten Volumenelements, das die Fassade trägt und auch die Türme. Modifikationen für den Chor: Vergrößern des Segments für die Maienkapelle und Hinzufügen des Dach*reiters*.

Konstruktion der gesamten Kirche – ist diese parametrisch?

Die großen *Teile* der Kirche (Langhaus, Querhaus etc.) werden einfach zusammengefügt. Natürlich ist bei der Konstruktion darauf zu achten, dass sie zusammenpassen. Bei diesem Zusammenfügen ist *keine Parametrik* im Spiel, ebenso wenig bei den *Modifikationen* für das Zusammenfügen.

Für die *Parametrik* sind somit hauptsächlich die *Volumenelemente* wichtig *und* die *einfachen Elemente*, die wiederum benutzt werden (Säulen, Arkaden, etc.).

Parametrik ist prinzipiell für alle *Teile*, von klein bis hin zum Ganzen und somit *für alle Granularitätsstufen anwendbar*. Sie ist bei großen Teilen (Langhaus) oder dem gesamten Gebäude (gotische Kirche) aber an die Voraussetzung gebunden, dass die

Teile eine starke Ähnlichkeit haben, diese oder die gesamte Kirche somit zu einer bestimmten eingeschränkten Klasse gehören. Diese Diskussion wird uns ebenfalls im weiteren Teil IV des Buches beschäftigen.

17.3 Wiederverwendung parametrischer Teile

Wiederverwendung eines Volumenelements innerhalb einer Kirche

Wir betrachten noch einmal den Konstruktionsprozess von Reims in Kap. 11: Neben der *Vervielfachung* finden wir auch eine weitere Art der Wiederverwendung. Aus dem Langhauselement wurde durch *Modifikation* das Volumenelement des westlichen Teils des Chores, aus diesem wiederum das Sektorelement des polygonalen Teils des Chores. Durch jeweilig spezifische Mehrfachanwendung (Multiplikation) konnten die großen Teile der Kirche dann weitgehend gewonnen werden.

Für das nächste Volumenelement musste also nicht von Vorne begonnen werden, indem dieses wieder völlig neu aufgebaut wurde. Stattdessen haben wir uns ein bereits erstelltes *Volumenelement* genommen und dieses *modifiziert*. Hierzu sind wir im parametrischen Konstruktionsprozess, einige Stufen zurückgegangen.

Wiederverwendung von Kirche zu Kirche: Volumenelemente

Modelliert man eine neue Basilika, so wird man kaum das Volumenelement in der detaillierten Ausformulierung finden, das genau passt. Selbst wenn sich die Kirchen ähneln, wird es Unterschiede geben. Man geht dann zu den vorhandenen *Volumenelementen* und sucht sich das, das am *ähnlichsten* ist.

Dort geht man in der *Modellierung* (s. Stufen (1) bis (5) von Abb. 17.3) soweit *zurück,* dass man die *Veränderungen einfach durchführen* kann, z.B. durch geeignete Setzung der Parameter. Von dieser Stelle an gehen wir wieder in der Detailausgestaltung vorwärts, um die Teile des alten Volumenelements wieder zu übernehmen, gering zu modifizieren oder die Teile neu aufzubauen.

In der Modellierung des Langhauses-Volumenelements von York - unter Verwendung des Volumenelements von Reims in Abschnitt 12.1 - haben wir diese Vorgehensweise angewandt.

In dem einen Fall kann es nur der Austausch der Feinstrukturen sein, die man ändern muss, z.B. andere Maßwerke, anderer Diensteverlauf, andere Kapitelle, etc. In anderen Fällen kommt man zu Änderungen, die ein weitergehendes Zurückgehen erfordern, z.B. andere Gewölbeform (Zurückgehen bis auf Stufe (4) evtl. sogar Stufe (2), anderer Wandaufbau des Hauptschiffs, Stufe (2) usw. Wir werden im nächsten Kapitel erörtern, dass die Weite des Zurückgehens von der Ähnlichkeit der Volumenelemente abhängt und diese wiederum von der Ähnlichkeit der großen Teile (Haupthaus, Querhaus, etc.).

Wiederverwendung einfacher Elemente oder größerer Strukturen

Die Wahrscheinlichkeit, ein passendes *einfaches Element* zu finden ist größer, oft wird es dennoch modifiziert werden müssen. Der Aufwand der Modifikation ist meist geringer. Wir setzen dabei voraus, dass wir bei der Konstruktion von Kirchen die einfachen Elemente aufheben, um sie später - ggf. für eine andere Kirche - zu verwenden.

Die Wiederverwendung *großer* Teile (Langhaus, Chor, etc. so wie sie sind) in einer anderen Kirche ist *unwahrscheinlich*. Die Wiederverwendung *ganzer Kirchen* für die Modifikation zu einer anderen ebenfalls. Die einzige Ausnahme ist, wenn die Kirchenteile oder die Kirchen strikten Strukturen folgen. Das ist für Kirchen unwahrscheinlich, jeder Werkmeister wollte ein neues Werk schaffen zu Gottes und auch zu seiner Ehre. Bei modernen Gebäuden sieht dies anders aus, wie wir später diskutieren werden.

Als Zusammenfassung ergibt sich, dass *einfache Elemente Kandidaten* für Wiederverwendung sind - man kann sie direkt nehmen oder leicht anpassen. Sie werden innerhalb größerer Strukturen verwendet. Man will sie nicht stets neu aufbauen. Daraus folgt, dass auch die *Volumenelemente* als Wiederverwendungs-Einheiten einen größeren Nutzen besitzen. Allerdings kommt es selten vor, dass ein Volumenelement in seiner vorgefundenen Form direkt verwendet werden kann. Dies ist noch seltener für große Teile oder ganze Kirchen.

Parametrische Elemente: Größe, Verschiedenheit, Ähnlichkeit

Wir betrachten Parametrik bei ganzen Gebäuden / Systemen später. Sie macht nur bei sehr gut verstandenen Systemen mit starker Ähnlichkeit einen Sinn. Betrachten wir also Parametrik zunächst für Teile eines Ganzen (bei uns Teile eines Gebäudes).

Solche parametrischen Elemente können verschiedene Größe haben und damit auch die Parameter eine unterschiedliche Reichweite. Wir unterteilen wieder, wie i, letzten Kapitel in Teile verschiedener *Granularität*:

-   A *klein*, z.B. ein bestimmtes Maßwerkfenster eines Typs,

-   B *mittel*, z.B. das Volumenelement für eine Form des Langhauses einer Basilika,

-   C *groß*, z.B. eine Form des Chors einer Kathedrale, eines Querhauses, eines Langhauses

-   D *gesamt*, z.B. für eine ganze Kirche eines Typs.

Ein parametrisches Element steht für einen *Typ* (eine Kategorie, Klasse, etc.) oder für ein *einzelnes Exemplar*, also z.B. einen Maßwerkfenstertyp oder ein einzelnes Exemplar, d.h. ein Maßwerkfenster. Steht ein parametrisches Element für einen Typ, so steht es für eine Klasse einander ähnlicher Exemplare oder für eine Familie von Varianten. Wir gehen auf den Unterschied später genauer ein und insbesondere darauf, was sinnvoll ist.

Da unser Ansatz anstrebt, Kirchen zu strukturieren (und zu klassifizieren), spielen in dieser Ausarbeitung *Exemplare keine große Rolle*. Sie sind wichtig, wenn sich Strukturteile stets unterscheiden, die Gesamtkirche also sehr inhomogen ist (z.B. jedes Joch ist anders gebaut), oder wenn der Entwerfer die Ähnlichkeiten nicht entdeckt hat und somit keine Parameter herausgefunden hat, die die Ähnlichkeit beschreiben. Wir *argumentieren* im Folgenden deshalb hauptsächlich *auf* der *Typebene*.

Je größer das parametrische Element ist, desto mehr *strukturelle Ähnlichkeit in Bezug auf eine ganze Kirche* steckt drin. Ein Maßwerkfenstertyp gibt nur die Form des Fensters vor. Die Kirche, in der das Maßwerk auftaucht, bleibt davon noch weitgehend unberührt. Ein Volumenelement für das Hauptschiff im Langhaus lässt noch verschiedene Langhäuser zu, bzgl. Länge und Anzahl. Ein Volumenelement für einen Typ des Chores einer Basilika, setzt verschiedene Strukturen miteinander in Beziehung, da der Chor ein Gebilde ist, das aus verschiedenen strukturellen Teilen besteht: Chorinnenraum, verschiedene Umläufe, Hauptwand, evtl. Kapellen im äußeren Umlauf, Strebewerk, etc. Dieses Element legt den Chor damit größtenteils fest. Ein Typ einer Gesamtkirche, beschrieben durch ein einziges großes parametrisches Element, würde (wenn es dieses gäbe) weitgehend die Struktur der gesamten Kirche determinieren.

Wir haben bisher *Parameter verschiedener Arten* verwendet:

- *Klassenparameter* für die Klassifikation: Festlegung auf Basilika, Staffelbasilika, Halle, Staffelhalle, Zentralbau,

- *Strukturparameter* für die *großen Teile*: Schiffigkeit des Langhauses, des Querhauses, des Chores, der Anzahl der Joche, Chorparameter: Umläufe, Kapellennischen oder -kränze,

- *Strukturparameter* für *Teile derselben*: Gewölbeparameter, Wandaufbauparameter,

- *Geometrieparameter* für bestimmte Struktur, z.B. Zonen für Hauptschiffjoch,

- *Formparameter*: Form des Bogens bei Fenster, Gewölbe, Arkaden, etc.,

- *Detailparameter* f. Diensteverlauf, für Säulenquerschnitt, für die „Wülste" eines Bogens, etc.

17.4 Zusammenfassung

In diesem Kapitel haben wir versucht, den Begriff *parametrischer Entwurf* zu präzisieren. Vielerlei weitere Begriffe werden genutzt, wie generativer Entwurf, algorithmischer Entwurf, BIM oder Architektur 4.0, die allesamt auch nicht präzise gefasst sind. Tatsache ist, dass mit den heutigen Hilfsmitteln Formgestaltungen für Gebäude möglich sind, die früher als nicht vorstellbar oder nicht realisierbar galten. Als *Musterbeispiele* von Gebäuden, die mit parametrischem Entwurf entstanden sind, gelten das Mercedes-Benz-Museum Stuttgart, die Multihalle Mannheim, das Dach des Stuttgarter Tiefbahnhofs und weitere.

Parametrik ist für *einfache Teile* (Säule) und auch *Volumenelemente* ertragreich, weniger für große Teile (Langhaus) oder gesamte Kirchen. Diese einfachen Teile oder Volumenelemente kommen in Kirchen mehrfach vor und lassen sich parametrieren, wie generische Komponenten in der Informatik. Für größeren Nutzen muss eine Vielzahl solcher Elemente aufgesammelt und in einem Repository aufgehoben worden sein. *Große Teile* (Haupthaus, Chor, etc.) und *ganze Kirchen* enthalten viele gegenseitige Abhängigkeiten, die die Parametrik erschweren. Parametrik ist nur ertragreich einsetzbar bei Kirchen, die homogen sind und sich stark ähneln.

Unser *Hauptaugenmerk lag auf Volumenelementen*, die über Vervielfachung zusammengesetzt wesentliche Teile einer Kirche bereits festlegen, wie das Volumenelement für das Langhaus. Es muss nur noch die Anzahl der Volumenelemente im Langhaus festgelegt werden. Nimmt man ein parametrisches Element, um es für eine andere

Kirche zu verwenden, so musste es angepasst werden, was mit einem Zurückgehen der schrittweisen Konstruktion und einem teilweisen oder sogar völligen Neuaufbau verbunden sein kann. Solche Volumenelemente sind für die unterschiedlichen Kirchentypen (Basilika, Halle, etc.) so verschieden, dass es ratsam ist, sie nicht gegenseitig umwandeln zu wollen.

Einfache Elemente, wie Säulen - oder noch kleiner deren Basen und Kapitelle Elemente - sind parametrierbar, was wir in Abschnitt 12.1 mit dem Beispiel York gesehen haben. Es lohnt, sie aufzuheben. Ist das Repository bereits erfasster Elemente groß genug, so erzielt man einen beträchtlichen Nutzen.

Parametrierbare Elemente entstehen auch durch *Komposition*. Diese erfolgt in Schritten, s. Beispiele in Abschnitt 17.2. Die Komposition ist eine *Entwurfsaufgabe*, mit *interaktiven* Entscheidungen. Selten ist die Komposition vorgegeben (aus vorgegebenen Schritten mit vorgegebener Komposition) wie beim Reimser Maßwerk. Letzteres ist mathematisierbar, durch einen Algorithmus beschreibbar und damit *automatisierbar*.

Wir finden *unterschiedliche Parameter*: für Ausdehnung (Länge, Breite, Höhe, Dicke), strukturelle Untergliederung (für Zonen, wie Stufen des Hauptwandaufbaus, Stufen eines Stützpfeilers, Gliederung Westfassade), deren Untergliederung, für Formen (Gewölbe, Bögen, Säulenquerschnitte), für Detailstrukturen (Maßwerke, Fialen, Wimperge).

Bei parametrischen Teilen hat man *drei verschiedene Arten der Wiederverwendung*: (i) aus einem parametrischen Teil (parametrische Säule) wird durch geeignete Setzung von Parametern eine Einheit, die in einem größeren Zusammenhang verwendet werden kann, z. B. durch einen bestimmten Querschnitt der Säule. Diese parametrierte Säule wird dann (ii) für eine zu konstruierende Arkade eingesetzt, die ebenfalls wiederverwendet werden kann. Schließlich haben wir (iii) auch vorhandene (und parametrische) Volumenelemente genutzt, um bei der Konstruktion von weiteren nicht völlig von vorne anfangen zu müssen

Wir gehen auf den Zusammenhang zwischen Parametrik und Wiederverwendung im letzten Kap. 20 dieses Teils IV des Buches noch einmal und genauer ein, wenn wir davor alle Grundlagen für die Diskussion zusammengetragen haben.

Das Kapitel hat folgende Ziele der Erläuterung: (1) Klassifizierungsschema für gotische Kirchen, verwendbar zur Charakterisierung einzelner Kirchen und auch zur Feststellung der Ähnlichkeit von Kirchen. Je strikter die Ähnlichkeiten desto mehr gemeinsame Strukturmerkmale können wir finden. Wir sprechen von Klassen bei großer Ähnlichkeit. (2) Strikte Klassen haben einen eng gefassten Typ, weit gefasste Klassen einen, der noch viele Varianten zulässt. Letztlich gehen wir (3) auch auf die Wiederverwendung von Klassen/ Typen ein, für Teile bedeutsamer als für ganze Kirchen.

18.1 Klassifizierung und Klassifikation

Klassen von Kirchen

Wir haben im vorstehenden Text die folgenden *Begriffe* schon oft genutzt, ohne sie präzise zu fassen. Wir fassen sie nun zusammen und *systematisieren* sie.

Wir unterscheiden folgende *Klassen* (Typen, Kategorien) *gotischer Kirchen:*

Basilika: Das Mittelschiff ist wesentlich höher als die Seitenschiffe. Das Mittelschiff hat Fenster oberhalb der Seitenschiffe (Obergaden). Beispiel waren Reims, York, Freiburg usw.

Bei 5-schiffigen Kirchen finden wir zwei *Unterteilungen*: Beide Seitenschiffe sind gleich hoch *(normale Basilika*, z.B. Köln) oder die Höhen der Seitenschiffe sind gestaffelt (*Staffelbasilika,* z.B. Bourges).

Halle: Die Schiffe sind im Wesentlichen gleich hoch. Entscheidend ist, dass die Schiffe keine Fenster haben bis auf die der äußeren Seitenschiffe oder des Chores. Es gibt also keine Obergaden.

Auch hier wird wieder *unterteilt*: Alle Seitenschiffe haben die die gleiche Höhe wie das Hauptschiff *(normale Halle* wie St. Sebald) oder sie sind abgestuft (*Staffelhalle* wie das Münster Ingolstadt, der Dom Königsberg oder die Kirche aus Kap. 15).[1]

Zentralbau: Wir haben bereits erwähnt, dass es wenig Zentralbauten in der Gotik gibt. Einer dieser seltenen Fälle ist die Liebfrauenkirche in Trier, eine der beiden ersten gotischen Kirchen im Hl. Röm. Reich. Wir finden aber Teile von Kirchen mit Zentralbaucharakteristik, wie die Kapitelhäuser in England, z.B. York, Kuppeln von Vierungen, z.B. Ely, runden Choranlagen, wie z.B. Batalha in Portugal.

Weitere und *andere Unterteilungen* der obigen Klassen (Kategorien) können nach *gotischer Stilrichtung* (frühgotisch, etc.) erfolgen, nach dem Vorkommnis in einem bestimmten Land (frz. Gotik), nach Form des Chores (polygonal oder gerade), nach der

---

[1] Ist das Mittelschiff eine Etage höher, hat aber keine Fenster, so spricht man von einer Pseudobasilika. Mailand hat oben kleine Fenster, die wenig Licht geben. Der Dom wird manchmal als Staffelhalle bezeichnet, er ist aber eine Staffelbasilika.

© Springer-Verlag GmbH Deutschland, ein Teil von Springer Nature 2019
M. Nagl, *Gotik und Informatik*, Die blaue Stunde der Informatik,
https://doi.org/10.1007/978-3-662-55518-7_18

Anzahl und Lage der Türme, nach der Anzahl von Querhäusern usw. Die obigen Klassen/ Unterklassen sind zunächst noch grob, lassen sich aber präzisieren und einengen. Ein Beispiel ist hierfür ist die klassische französische Kathedrale als Basilika.

Klassifizierungsschema für Kirchen

Wir wollen uns mit der Klassifizierung von Kirchen im folgenden Unterabschnitt genauer beschäftigen, s. Abb. 18.1. Diese dient zur *Charakterisierung* einzelner Kirchen, zur Unterscheidung von Kirchen oder zur Feststellung der Ähnlichkeit oder der Unterschiede. Damit kann auch das Potenzial der Wiederverwendung bei der Modellierung erkundet werden.

Für die Ablage von Daten zu Kirchen haben wir hierfür ein relativ einfaches Schema in Form einer *Merkmalsliste* entwickelt, das nun kurz vorgestellt werden soll. Das folgende Schema dient zur Beschreibung gotischer Kirchen, die angegebenen Beispiele der Attribute in der Erläuterung des Schemas beziehen sich auf Reims. Eine Klassifizierung dient zur Charakterisierung eine Kirche oder zum Vergleich mehrerer.

Schema für gotische Kirchen

Metadaten
Autor, Name des Klassifikationsgegenstands, etc.

Grobe Charakterisierung und Gemeinsamkeiten

Solche Gemeinsamkeiten können sich auf die Klasse beziehen, der die Kirche angehört (Basilika, Staffelbasilika, etc.), auf die Höhe oder die Gewölbehöhe der großen Teile der Kirche, auf den Aufbau der Hauptwände, auf das Vorhandensein oder Nichtvorhandensein von bestimmten Strukturelementen (z.B. Strebewerk best. Form) oder auf identische Teile. Hier kann auch direkt eine Unterklassenzugehörigkeit eingetragen werden z.B., dass es sich um eine klassische französische Kathedrale handelt, was für den Kenner eine Fülle von Einträgen erspart, oder dass es um eine Emporenkirche geht, was Auswirkungen auf den Hauptwandaufbau und auch auf das Strebewerk hat und in der Regel für mehrere Gebäudebestandteile (Langhaus, Chor, evtl. auch Querhaus) gilt. Entsprechendes gilt bei einer Zugehörigkeit zu Basilika, Staffelbasilika, Halle, Staffelhalle. Kurze Bauzeit spricht eher für Homogenität, lange meist für Heterogenität.
In diesem Vorspann werden auch Charakterisierungen aufgeführt, um die Kirche zu unterscheiden oder deutlich von anderen abzugrenzen.

Beispiel Reims:
Reims ist eine klassische, frz., hochgotische Kirche homogenen Aufbaus, kurzer Bauzeit. Die Westfassade steht oberhalb des Langhauses, d.h. die Türme stehen oberhalb der Seitenschiffe.
Satteldach für Hauptschiff des Langhauses und des Querhauses; alle Seitenschiffe des Langhauses, des Querhauses und des 1. und 2. Joches des Chores sind mit flach geneigten Pultdächern versehen, die Dächer fallen nach außen ab; polygonaler Chor.
Fünfstufiger Aufbau der Westfassade und der beiden Querhausfassaden, überall innen 3-stufiger Wandaufbau für die Hauptwände von Langhaus, Querhaus und Chor; überall

gleiches vierteiliges Rippengewölbe; überall innen gleiche Gewölbehöhe, überall gleiches Maßwerk (Reimser Maßwerk), überall fast gleiches Strebewerk (bis auf Querhaus)

Langhaus

Stilrichtung
Anzahl der Schiffe, Anzahl der Joche, Gewölbeform, Anschluss zur Westfassade, Länge und Breite, Anschluss an Querhaus/ Vierung,
Aufbau Langhaus-Hauptschiffwand innen (2, 3, 4 stufig, welche Struktur-Bestandteile), Haupthaus-Hauptschiff-Außenwand wieviel Stufen?
Seitenschiff-Außenwände wieviel-stufig?
Offenes oder geschlossenes Strebewerk, ein Bogen oder mehrere übereinander, in ein oder zwei Stufen, jeweils Seitenschiff(e) überbrückend.

Beispiel Reims (s. auch Gemeinsamkeiten):
Hochgotisch, 3-schiffig, 8 Joche und verstärktes Joch für Westfassade, 3-stufiger Hauptwandaufbau: Obergaden, darunter unbeleuchtetes Triforium, der untere Arkadenteil ist mit dem Seitenschiff verbunden und von außen verdeckt.
Seitenschiff-Außenwand 2-stufig: Untergaden und darunter Mauersockel
2 übereinanderliegende, offene Strebebögen von Hauptwand außen zu Strebepfeilern.

Querhaus

Stilrichtung
Anzahl der Schiffe, Anzahl der Joche, Gewölbeform, Anschluss an Vierung, Anschluss der Nord- bzw. Südfassade, mit Emporen oder klassische Kathedrale,
Anschluss an Langhaus und an Chor,
Struktur und Form der Nord- und Südfassade n-stufiger Aufbau, Portalzonen?,
Querhaus Hauptwand innen 3 stufig, außen 2-stufig?,
Strebewerk oder stützende kleine Türme
die vier Stummeltürme des Querhauses und die Kapellen des Chores sind mit stumpfen Zeltdächern gedeckt.
Querhaus-Außenwand des Seitenschiffs einstufig: Fenster mit Mauersockel oder mehrstufig?

Beispiel: hochgotisch, Vierung und jeweils 2 Joche im nördl. und südl. Querhaus, 4-stufige Süd- und 5-stufige Nordfassade, Nordfassade mit 3 Portalen, 2 mittelschiffhohe Türme geben Stabilität, kein Strebewerk

Vierung

Stilrichtung
Säulen und Diensteverlauf in Vierung verstärkt?
Aufbau Vierungswand innen, wie viele Stufen?
Vierung mit Turmstummel oder mit Turm (s. Türme)

Beispiel: hochgotisch, Vierung mit Turmstummel, Säulen und Dienste der Vierung verstärkt bis oben zum Gewölbe

Chor

Stilrichtung
Runder (polygonaler) Chor mit 1 oder 2 Umläufen, Chor aus k Segmenten (k/m-Chor), äußerer Umlauf in Kapellenkranz übergehend?, n Joche vor der Rundung, drei oder 5-schiffig? Oder gerader Chor?
Chor-Hauptschiffwand m-stufig
Alle Seitenschiff-Außenwände des 2. Umlaufes und der Kapellen k-stufig
Alle Joche, Chorabschluss im Osten und evtl. Kapellenkränze: welche Gewölbe?
Strebewerk Chorumläufe überbrückend: in 1 oder 2 Schritten, k Bögen übereinander
Chorkapelle vergrößert oder zusätzlich angebaut
entsprechende Chorformen bei Hallenkirchen
Beispiel:
hochgotisch, Gerader Teil des Chores 5-schiffig mit 2 Jochen, 5/10 Chor mit Umlauf und Kapellenkranz, Marienkapelle etwas länger, Wandaufbau wie Langhaus.

Westfassade

Stilrichtung
Breiter als das Langhaus? Türme neben Langhaus?
Die beiden Joche in den Türmen etwas breiter und länger als die Seitenschiffjoche?
k-stufiger Aufbau der Westfassade inkl. Der Türme (Portalzone, Mauerzone mit Fenster, Rosettenzone, Königsgalerie, Turmfenster)?
Türme ohne / mit Hauben? Stummel / Turm / Reiter über Vierung?
l Portale im Westwerk (Doppeltüren in der Mitte ins Hauptschiff?, Türen durch die Türme in die Seitenschiffe?
Türme stehen im Hauptschiff an einer Ecke auf Säulen oder massive Wände?
Portale mit Wimpergen als Vorbau, jeweils reich verziert? klassische Westfassade?

Beispiel: hochgotisch
2 Türme integraler Teil der Westfassade über den Seitenschiffen stehend
5 stufiges Westwerk (Portale, kleine Lichtgalerie, Rosette, Königsgalerie, Turmoberteile,
3 große Portale mit Wimpergen, mittleres größer, insgesamt 4 Türen

Türme

Westwerktürme?
Vierungsturm/ Vierungstürme?
Türme auch bei Querhaus zur Stabilisierung?
Türme links und rechts von Langhaus?
Türme bilden Querhaus?
turmlose Kirche?, bis auf Vierung? Ganz turmlos?

Beispiel:
2 Türme im Westen ohne Hauben als Teil des Westwerks, nur Vierungsturmstummel
Querhaus 4 kleine Türme zur Stabilität

Dachformen

Flach (südl. Länder z.T. ohne Dach), Satteldach, einzelne Teile haben spezielle Dächer,
z.B. bei Hallenkirchen, Chorkapellen?
bei Einheitlichkeit ist dieser Punkt evtl. durch eine Bemerkung im allg. Teil erledigt.

Beispiel: alles Satteldächer und Pultdächer s. oben, runde Spitzdächer bei Chorkapellen

Größenverhältnisse

Chorbreite zu Querhausbreite, Querhausbreite zu Westwerkbreite, Langhauslänge zu
Chorlänge?
Ähnlich bei den Relationen der Höhen: z.B. Turmhöhe zu Dachhöhe, Vierungsturm zu
Westfassadentürmen, etc. Gewölbehöhen der Bauteile?

Beispiel: Chor und Querhaus gleich breit, Dachhöhen in etwa gleich, Gewölbehöhen gleich

Abb. 18.1 Schema der Klassifizierung mit Beispiel (Kathedrale von Reims)

Rationale (Begründung) für das Schema

Zur Merkmalseingabe sind im Schema von Abb. 18.1 nur Stichwörter für die benötigten Eingaben angegeben. Diese Eingabe kann detailliert strukturiert werden, so dass nur noch vorgegebene Alternativen angekreuzt werden müssen.

Grobe *Charakterisierung und Gemeinsamkeiten vorab*

Das obenstehende Eingabeformular für die Charakterisierung von Kirchen ist unterteilt in die Gebäudebestandteile Langhaus, Querhaus, etc. Falls es zwischen den Gebäudeteilen viele Übereinstimmungen gibt, das ist bei homogenen Gebäuden wie der Kathedrale von Reims der Fall, enthalten die Eingabeteile für die Gebäudebestandteile entsprechend viele Gemeinsamkeiten. Um diese Redundanz durch identische oder ähnliche Teile zu vermeiden, werden solche Gemeinsamkeiten vorher in einem Abschnitt zusammengefasst. Das macht die Eingabe übersichtlicher und kürzer.

Aufbau *nach Gebäudeteilen, andere Einteilungen*

Der Aufbau einer Kirche kann in seinen Gebäudeteilen Langhaus, Querhaus, Chor etc. verschieden sein. Das ist z.B. dann der Fall, wenn diese Gebäudeteile zu unterschiedlichen Zeiten entstanden sind. Diese Teile werden dann unterschiedlich charakterisiert. Es muss also die Möglichkeit gegeben sein, die unterschiedlichen Teile in ihrer Verschiedenartigkeit zu beschreiben.

In einer *früheren Version* des Schemas bestand die Einteilung der Eingabe nach dem Ursprung der Daten, nämlich ob diese aus dem *Grundriss*, den *Aufrissen* von den Seiten, einem Aufriss durch einen *Querschnitt*, etc. geliefert wurden. Diese Einteilung hat sich nicht bewährt. Die Charakterisierung der unterschiedlichen Gebäudeteile findet sich in jeder dieser Datenquellen, die Zuordnung ist deshalb unübersichtlich, unnötig redundant und kompliziert. So finden sich Angaben zum Langhaus im Grundriss, in den Aufrissen der Süd- und Nordansicht, im Schnitt quer durch das Langhaus, im Schnitt längs durch das Langhaus, z.B. für die höchste Stelle des Gewölbes. Wir sind deshalb zur Einteilung nach den Gebäudeteilen übergegangen. Das hat zwar den Nachteil, dass es mehrfache gleiche oder ähnliche Charakterisierungen gibt, falls das Gebäude homogen ist (der Aufbau von Langhaus, Querhaus, Chor, etc. hat dann eben viele Gemeinsamkeiten, die aber vorab und nur einmal beschrieben werden können). Die homogenen Gebäude sind aber keineswegs der Regelfall, sie sind eher die Ausnahme.

(Unter)*Klassen* von Kirchen haben *starke Übereinstimmungen* in den Charakterisierungen, z.B. die typische französische Kathedrale hat gemeinsame Merkmale; mehrere der französischen Kathedralen fallen in diese Klasse, aber nicht alle. Eine Klasse/ Unterklasse hat per definitionem bekannte Gemeinsamkeiten, man definiert die Klasse über festgelegte Gemeinsamkeiten und Unterklassen über spezifische Unterschiede.

Hat man nun alle Klassifizierungs-Eingaben sorgfältig ausgefüllt und zur Verfügung, so kann man die Gemeinsamkeiten und Unterschiede von Kirchen feststellen oder sogar automatisch ermitteln. Aus einem großen Datenbestand mit Klassifizierungen vieler Kirchen, können bei Eingabe bestimmter Merkmalswerte die Kirchen aus dem Bestand ermittelt werden, die diese Merkmalswerte erfüllen. Bei Häufungen von Gemeinsamkeiten ergeben sich Klassen /Unterklassen, betrachtet man deren Unterschiede so könnten sich weitere Unterklassen ergeben.

Weiteres Beispiel für die Klassifizierung

Wir wählen als weiteres Beispiel[2] den *Dom zu Köln* (vgl. Abb. 9.3, 14.7.a und 14.8.a), da dieser bisher noch nicht näher erläutert wurde, abgesehen von der kurzen Beschreibung in Kap. 9. Wie dort gesagt, ist nur der Chor alt, auch Teile des südlichen und des nördlichen Langhaus-Seitenschiffs sowie der untere Teil des Südturms. Der größte Teil der Kirche wurde erst im 19. Jahrhundert neu gebaut, wobei man sich einerseits an die vorhandenen Vorgaben hielt (vorhandene Teile bzw. Plan für das Westwerk) sowie mit großem Geschick im Geiste der Gotik weitergebaut und eine homogene Kirche geschaffen hat. Wir geben nun im Folgenden die *Klassifizierung* des Doms kursiv in Prosa und nicht durch Attributangaben innerhalb des Schemas an.

Allgemein. Der Dom ist eine 5-schiffige, hochgotische Basilika in Langhaus und Chor mit 3-schiffigem Querhaus mit einheitlicher und hoher Gewölbehöhe in französischem Stil (Vorbild Amiens). Alle Hauptwände von Langhaus, Querhaus und Chor haben drei Zonen und ein belichtetes Triforium. Lediglich die Süd- und Nordfassade des Querhauses ist spätgotisch ausgestaltet. Chor und Langhaus sind gleich breit. Alle Hauptdächer sind durch hohe Satteldächer gedeckt. Alle größeren Fenster sind durch Wimperge geschmückt.

Langhaus. Es besitzt 5 Joche, danach folgen westwärts 2 Joche unter den Türmen mit verstärkten Säulen. Das Strebewerk ist 2-stufig und zweifach übereinander. Die beiden Seitenschiffe werden jeweils durch ein Walmdach überdacht.

Querhaus. Dreischiffig. Es hat jeweils 4 Joche nach der Vierung und südlich und nördlich eine Fassade mit 3 Zonen und jeweils 3 Portalen mit 4 Türen, ähnlich gestaltet wie das

---

[2] Kurzbeschreibungen nach einem einfacheren Schema gab es schon für die Kathedrale von Reims, die von York und auch die Beispiele für das Klassifikationsschema in Kap. 18.

Hauptportal. Das Querhaus hat ein Strebewerk mit zwei Bögen übereinander über die Seitenschiffe. Die Vierung hat nur leicht verstärkte Säulen und wirkt innen dadurch sehr grazil, sie ist dachseitig mit einem Reiter geschmückt.

Chor. Dieser ist ein 7/12 polygonaler Chor mit 3 vorausgehenden Jochen, danach beginnt die Rundung mit zwei Umläufen, wobei der zweite in einen Kapellenkranz übergeht. Er besitzt das gleiche Strebewerk wie das Langhaus.

Westfassade. Sie ist genauso breit wie das Langhaus. Sie hat ebenfalls 3 Portale mit 4 Türen. Sie ist in 4 Zonen unterteilt, danach kommen die offenen Turmhauben.

18.2 Typen und Granularität
Typ und Merkmale

Was ist ein *Typ* für eine *Kirche* oder für ein Teil einer Kirche? Er ist gekennzeichnet durch den Strukturaufbau, die Werte von Attributen, die einzuhaltenden Randbedingungen (Constraints) und die mit dem Typ verbundene Ähnlichkeitsbeziehungen. Dies ist analog zu einem Typ in *Programmiersprachen* (z.B. Ada [D.Na 03]): Dieser hat Strukturaufbau, Werte, Literale/Aggregate, Operationen und eine Festlegung von Typäquivalenz. Weitere Bespiele sind der Typ eines Kessels in der Verfahrenstechnik und der Typ eines Reglers in der Automatisierungstechnik. Diese haben alle die obigen Charakteristika/ Beschreibungen, Typen sind also ein *gebietsübergreifendes Konzept.*

Als nächstes diskutieren wir die „*Breite*" eines *Typs*, also wieviel Verschiedenheit zu dem Typ gehört. Hierfür betrachten wir als *Beispiel* das gotische Langhaus einer Basilika, um die Diskussion überschaubar zu halten, also nicht die gesamte Kirche. Welche *Parameter* sind möglich?

Zusammenfassung der *Varianten des Langhauses* einer *gotischen Basilika*:
3-schiffig oder 5-schiffig,
Empore bei Seitenschiffen (oder ggf. Triforium) und Obergaden bis zum Gewölbe,
Wandaufbau Hauptschiff: 2-stufig, 3-stufig oder 4-stufig,
falls Triforium: Triforium belichtet oder dunkel, oder nur Blendtriforium,
die Gewölbeform ist ein vierteiliges oder sechsteiliges Kreuzrippengewölbe, Netzgewölbe, Fächergewölbe, etc.,
Strebewerk: doppelt oder dreifach übereinander oder einfach oder keines,
in 2 Schritten (bei 5-schiffigen Kirchen) oder in einem Schritt bis zum Stützpfeiler,
Strebewerk ist verdeckt oder offen,
beide Seitenschiffe sind auf einer Seite gleich hoch (normale Basilika) oder unterschiedlich hoch (Staffelbasilika bei 5 Schiffen).

Der *Typ* für das Langhaus ist also noch sehr *unspezifisch*, die *Anzahl* der *Elemente* des Typs ist entsprechend *groß*. Die *Ähnlichkeit* der Elemente ist entsprechend *klein*, sie beschränkt sich auf die Eigenschaften gotisch und hohes Hauptschiff. Vielerlei Typen unterschiedlicher Langhäuser fallen darunter: derjenige der Staffelbasilika des Doms zu Mailand, der klassisch französischen Basilika von Amiens, der Staffelbasilika von Bourges, der Kathedrale von Ely in England, des Ulmer Münsters, der Marienkirche zu Lübeck usw. Die Kirchen stammen aus unterschiedlichen Gegenden und Epochen, haben unterschiedliche Struktur und auch Erscheinungsform.

Betrachten wir hingegen das *Langhaus einer klassisch französischen Kathedrale*, wie Amiens oder Reims, so ist das Langhaus klar bestimmt: 3-schiffig, mit hohem Hauptschiff, niedrigen und gleich hohen Seitenschiffen, 3-stufigem Wandaufbau, von außen sind Obergaden und Seitenschiff und das dazwischenliegendes Pultdach zu sehen, die Kirchen haben ein vierteiliges Kreuzrippengewölbe und ein reich strukturiertes Strebewerk mit doppeltem Strebebogen hin zu einem reich gegliederten Strebepfeiler. Der *Typ* ist *spezifisch*, die *Ähnlichkeit* der Kirchen mit den Eigenschaften des Typs ist entsprechend *groß*.

Die Argumentation über einen *unspezifischen Typ* mit geringer Ähnlichkeit innerhalb dieses Typs, große Anzahl von Exemplaren mit diesen unspezifischen Eigenschaften einerseits und *spezifischer Typ*, große Ähnlichkeit und wenige, spezifische Exemplare ist allgemeingültig.

Typ, Exemplar, Granularität

Wie in den Kapiteln über Wiederverwendung und Parametrierung betrachten wir auch hier bei der *Klassifikation* hauptsächlich wieder die vier Stufen der Granularität von (a) einfachen Elementen (wie Maßwerk), (b) Volumenelemente (für Langhaus), (c) großen Elementen (wie Langhaus oder Chor) und schließlich (d) die gesamte Kirche. Auf diesen *vier Granularitätsstufen* (und auch weiteren) können wir *Typen* betrachten.

Zur Bestimmung der *Eigenschaften einer Kirche* haben wir im ersten Abschnitt dieses Kapitels eine Merkmalsliste angegeben. Diese dient zur Erfassung aller gotischen Kirchen. Entsprechend *breit* ist der Typ der gotischen Kirchen, die damit charakterisiert werden können, mit entsprechend geringer Ähnlichkeit der einzelnen Kirchen untereinander. Für *spezifische* Kirchen, z.B. wieder die klassisch französischen Kathedralen, ergibt sich die Beschreibung eines *klar umrissenen* spezifischen *Typs* mit vielen Ähnlichkeiten der Kirchen. Analog ist die Argumentation bei den großen Teilen der Kirche (Langhaus, Chor, etc.). Auf Typen von Kirchen und großen Teile von Kirchen gehen wir in diesem Unterabschnitt nicht weiter ein. Wir haben für gesamte Kirchen im ersten Abschnitt dieses Kapitels bereits eine grobe Klassifikation angegeben.

Am anderen Ende der Granularität der Klassifikation stehen die *einfachen Elemente*, wie ein Maßwerk oder eine Säule. Auch diese können einen Typ haben, wie z.B. das Reimser Maßwerk, mit einer wohldefinierten Struktur (vgl. Abb. 17.2), die in der gesamten Kirche auftaucht. Ein Maßwerkfenstertyp gibt aber nur die Form des Fensters vor. Die Kirche, in der das Maßwerk auftaucht, bleibt davon noch weitgehend unberührt.

Da unser Ansatz anstrebt, Kirchen zu strukturieren und zu klassifizieren, spielen in diesem Unterabschnitt die *einfachen Elemente und ihre Typen keine große Rolle*. Sie haben ihre große Bedeutung, wenn sich Strukturteile in einer Kirche stets unterscheiden, die Gesamtkirche also sehr inhomogen ist (z.B. jedes Joch ist anderes gebaut, s. St. Sebald), oder wenn der Entwerfer die Ähnlichkeiten nicht entdeckt hat. Sie haben somit größere Bedeutung für die Wiederverwendung bei der Modellierung als für die Strukturierung und auch Klassifikation.

Am wichtigsten für die Klassifikation, wie auch bereits für die Wiederverwendung und die Parametrierung, sind die parametrischen *Volumenelemente*. Auch sie haben einen *Typ* (Struktur, Werte, Einschränkungen, Ähnlichkeit), s. etwa das Langhaus-Volumenelement von Reims aus Abb. 11.1. Je *größer* das parametrische Element ist, *desto mehr strukturelle Ähnlichkeit* in Bezug auf die ganze Kirche steckt bereits darin. Ein parametrisches Volumenelement für den Typ eines polygonalen Chores einer Basilika setzt verschiedene Strukturen miteinander in Beziehung, da der Chor aus verschiedenen strukturellen Teilen besteht: Chorinnenraum, Hauptwand, verschiedene Umläufe, evtl. Kapellen im äußeren Umlauf, Strebewerk, etc.

Ein parametrisches *Volumenelement steht für einen Typ* oder für *ein einzelnes Exemplar*, also für den Typ eines Volumenelements quer durch das Langhaus oder ein einzelnes Volumenelement. Steht ein parametrisches Element für einen Typ, so steht es für eine Klasse einander ähnlicher Exemplare, ein Typ ist stets die Fixierung der Struktur einander ähnlicher Exemplare. Ein Exemplar steht für sich allein. Der Anspruch eines Exemplars ist nicht, eine Menge ähnlicher Elemente zu definieren, sondern nur ein Element der Form, wie man es gerade braucht.

Parametrische Volumenelemente: Ein Typ oder mehrere Typen?

Wir greifen nun die Diskussion aus Kap. 17 wieder auf, in dem wir ein *parametrisches Volumenelement* in mehreren Schritten modelliert haben. Baut man ein parametrisches Element für einen Typ aus Teilen zusammen, so entsteht die Frage, wo die *Grenzen eines Typs* liegen. Was zählt noch zum Typ oder was ist bereits ein anderer Typ? Eine Möglichkeit ist, nur solche Elemente zum Typ zu zählen, so dass alle Exemplare des Typs sich stärk ähneln. Diese Auffassung ist normalerweise mit dem Begriff *Typ* (andere Namen Klasse, Kategorie, etc.) verknüpft. Die andere ist die, auch solche Teile zum Typ zu zählen, die verschiedenartige Strukturen erlauben. Man spricht dann von Vereinigungstypen, Typfamilien, allgemeinen Typen oder Varianten, hier kurz *Familien* genannt.

Um dieser Frage - Typ versus Familie - nachzugehen, betrachten wir noch einmal das Beispiel das *Volumenelement für das Langhaus* einer gotischen Kirche, das aus mehreren Schiffen besteht. Man findet hier *verschiedene Strukturen für dieses Volumenelement*, je nach (i) Anzahl der Schiffe (1-, 3-, 5-schiffig), je nach (ii) gleicher oder unterschiedlicher Höhe der Schiffe (Basilika, Halle, beide auch in Normal- oder Staffelform), je nach (iii) Form des ersten Seitenschiffs mit oder ohne Empore (normale Basilika oder Emporenbasilika), je nach (iv) Form der Außenwand (dicke Mauer allein, mit Strebepfeilern, gestuften Pfeilern), mit (v) Strebewerk zwischen Hauptschiff und Pfeilern (einer oder zwei oder sogar drei übereinander, in einem Schritt oder mit zwei Schritten bei einer 5-schiffigen Kirche) , außen (vi) nur Wand ggf. mit Pfeilern gestützt, oder es gibt zwischen den Pfeilern noch Einsatzkapellen. Weitere Unterscheidungsmerkmale sind (vii) die Form des Hauptdaches, die (viii) verschiedenartige Konstruktion dieses Daches für eine Form, (ix) der Aufbau der Hauptwand (des Hauptschiffes) und bei einer Staffelbasilika auch der Wand des ersten Seitenschiffes, (x) die Ausschmückung innen mit Bögen, Diensten, Figuren, Maßwerken bei Fenstern und Rosetten und (xi) entsprechend außen usw.

Wir erhalten eine große *Fülle* von Möglichkeiten für das Volumenelement und damit einen entsprechend *unspezifischen Typ*. Ein einziger Typ für das Volumenelement eines Langhauses ist somit nicht sinnvoll, die Unterschiede sind zu groß, die Ähnlichkeiten sind zu klein.

Es macht andererseits aber auch *keinen Sinn, für jede mögliche Unterscheidung* einen *spezifischen Typ* einzuführen. Man landet dabei nämlich bei einer sehr großen Anzahl von Typen für dieses Volumenelement. Somit wird man für Parameter des Volumenelements unterschiedliche Werte zulassen, also z.B. unterschiedliche Höhen für das Hauptschiff, solange für unterschiedliche Höhen die Strukturmerkmale des Typs nicht gestört werden, also z.B. bei einer Basilika die Seitenschiffe niedriger bleiben, sodass Obergadenfenster möglich sind. Man wird auch bei den Strukturmerkmalen gewisse Abstraktionen zulassen, um die Anzahl der Typen überschaubar zu halten oder weil ein Merkmal den Typ nicht oder nur wenig beeinflusst. So wird die Form des Maßwerks des Obergadenfensters kein essenzielles Merkmal des Volumenelements, nach dem man den Typ weiter verfeinern würde, also etwa einen neuen Volumenelementuntertyp für jeden Maßwerktyp. Stattdessen wird diese Form durch einen Wert für den Parameter Fensterform innerhalb des Typs Volumenelement beschrieben. Es gibt dann in der Regel eine eigene Typhierarchie für die Maßwerkfenster und einen Bezug auf einen Maßwerkfenstertyp innerhalb des Volumenelements, zusammen mit nötigen, weiteren geometrischen Werten.

Fassen wir zusammen: *Unterschiedliche Werte bleiben innerhalb eines Typs* solange diese Werte mit dem Typ „verträglich" sind. *Unterschiede* werden durch Werte von Parametern innerhalb eines Typs ausgedrückt, solange diese Unterschiede für den Typ nicht wesentlich sind. Dies gilt insbesondere dann, wenn es für diese Unterschiede eigene Typen gibt, z.B. für Maßwerke, Säulen, Arkaden, Kapitelle, etc. Details werden dann über Werte innerhalb eines Typs abgebildet. Diese Vorgehensweise hält die Anzahl der Typen für das Volumenelement überschaubar.

Wir haben eben argumentiert, die Anzahl der Typen sollte nicht zu groß sein, es sollte somit eine Obergrenze geben. Gibt es andererseits eine Untergrenze? Betrachten wir zuerst den *Extremfall*, in dem man alle oben beschriebenen *Unterschiede innerhalb eines einzigen Volumenelementtyps* für das Hauptschiff modelliert. Das führt innerhalb dieses einzigen Volumenelement-Typs zu einer großen Strukturvielfalt, die nicht überschaubar ist, wie schon diskutiert. Das Volumenelement charakterisiert eine große Familie *wenig ähnlicher* Kirchenlanghäuser.

Einen Typ des Volumenelements pro Kirchentyp

Betrachten wir deshalb einen *kleinteiligeren Ansatz für das Volumenelement*. Nehmen wir an, wir wollen eine 3-schiffige Basilika und eine 3-schiffige Staffelhalle durch ein Langhaus-Volumenelement modellieren, um uns den zweimaligen Modellierungsaufwand zu ersparen. Beide sind durch einen halben Riss quer durch das Langhaus in der Abb. 18.2 skizziert. Durch unterschiedliche Parameterwerte sollen sich dann die unterschiedlichen Strukturen dieser Abbildung ergeben.

Die Abb. 18.2 gibt stark *unterschiedliche Strukturen* wieder: Die Basilika hat einen 3-stufigen Wandaufbau im Hauptschiff, der bei der Halle/ Staffelhalle zu einer Säule vereinfacht wird, die direkt über die Rippen in das Gewölbe übergeht. Die Basilika hat ein Dach einer passenden Form über dem Hauptschiff, während die Staffelhalle das gleiche geneigte Dach über dem Seitenschiff besitzt, ein leicht tiefergelegtes oder evtl. ein großes und steileres Gesamtdach. Die Basilika hat gestufte Stützpfeiler mit einem oder zwei Strebebögen, während die Staffelhalle meist nur eine dicke Außenwand besitzt oder Pfeiler, die in diese Wand eingelassen sind. Die Basilika hat evtl. zwischen den Pfeilern noch eine Serie von Einsatzkapellen mit jeweils einem Außenfenster, während die Staffelhalle/ Halle hier ein einziges langgezogenes Fenster oder zwei übereinanderliegende kürzere Fenster über die gesamte Außenwandhöhe haben kann. Wir sehen, dass sich die beiden Typen so stark unterscheiden, dass sich aus der *Vereinigung in einen Typ* nur *Unklarheit* und auch *schwierigere Handhabung* ergeben.

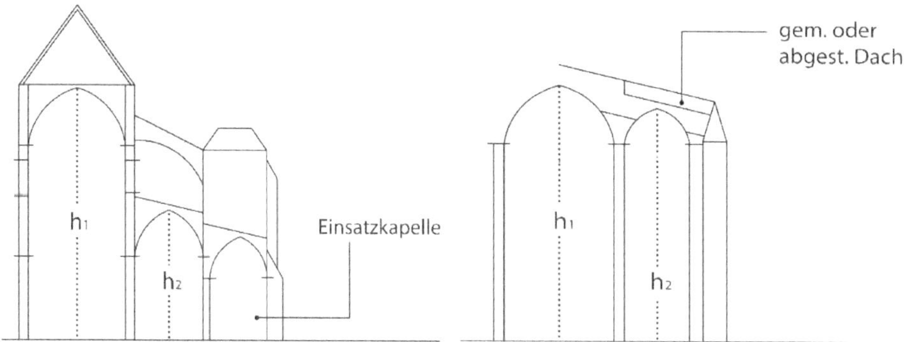

Abb. 18.2 Volumenelement für 3-schiffige Basilika bzw. Staffelhalle/ Halle

In beiden Fällen ergeben sich auch *jeweils spezifische und unterschiedliche Konsistenzbedingungen* (Constraints). Bei der Basilika muss z.B. die Höhe des Seitenschiffdaches so abgestimmt sein, dass die 2- oder 3-stufige Wandstruktur abgebildet werden kann (Pultdach beginnt unterhalb des Obergadenfensters oder unterhalb des Trioforiums). Die Strebebögen liegen oberhalb des Seitenschiffdaches. Die Entwässerung des Hauptschiffdaches erfolgt über das Seitenschiffdach usw. Analog können wir eine Reihe von Konsistenzbedingungen für die Halle finden.

Fassen wir zusammen: (1) Wesentliche und zu unterscheidende Strukturen werden jeweils innerhalb eines eigenen Typs durch Strukturen modelliert und nicht durch Attributwerte. (2) Sind die Konsistenzbedingungen (Constraints) deutlich verschieden, so verwende man jeweils einen eigenen Typ. (3) Wesentliche Unterschiede modelliere man nicht durch Vereinigungstypen, sondern explizit durch unterschiedliche Typen.

Die „passende" *Anzahl von Typen* für das parametrische Hauptschiff-Volumenelement ergibt sich aus obigen Regeln. Es ergeben sich somit weder unübersichtlich viele Typen, noch ein einziger Vereinigungstyp, noch dazwischen ein Vereinigungstyp, der sehr unterschiedliche strukturelle Varianten zulässt, auf die evtl. noch unterschiedliche Constraints anzuwenden sind.

18.3 Ordnung von Typen

Klassifikationsproblem

Wenn wir *Typen* bilden, dann *klassifizieren* wir, wie am Anfang des Kapitels, eine Kirche als Basilika bis Zentralbau. Basiliken und Hallen unterscheiden wir in normale oder in Staffelform. Diese Unterscheidungen ließen sich beliebig weiter verfeinern. Dieser Satz deutet bereits darauf hin, dass wir die unterschiedlichen Typen nicht einfach nebeneinanderlegen, als wenn sie nichts miteinander zu tun hätten. Stattdessen versuchen wir bei der Klassifikation Gemeinsamkeiten und Unterschiede herauszufinden und in der *Klassifikationsstruktur* abzubilden. *Gemeinsamkeiten* werden in einen Typ gesteckt. Falls dieser *Spezialfälle* enthält, die man unterscheiden will, so werden diese wiederum durch *weitere Typen* ausgedrückt, oft Untertypen genannt.

In der objektorientierten Programmierung und auch anderen Disziplinen baut man *Vererbungshierarchien* (andere Namen Typologien, Ontologien, Klassenhierarchien), die der Klassifikation und deren Verfeinerung entsprechen. Anders ausgedrückt, wir *modellieren* damit die *Ähnlichkeiten* und *Unterschiede* verschiedener Klassen. Wir sehen, dass wir hier über allgemeine Modellierungskonzepte diskutieren, die nicht nur in einer Domäne (Architekturentwurf oder Softwareentwicklung) auftreten, sondern universell für das Modellieren sind.

Klassifikation kann auf *unterschiedlichen Granularitätsstufen* angewendet werden: Wir können Maßwerkstrukturen klassifizieren, die in Joch-Wandstrukturen auftreten, die wiederum klassifiziert werden können (2 bis 4-stufig) und die für diese Maßwerke bestimmte Verankerungspunkte besitzen. Diese Wandstrukturen tauchen in Jochen mit Gewölben auf, die zu verschiedenen Volumenelementen zusammengefasst werden können, die klassifiziert werden können. Daraus lassen sich unterscheidbare Formen von Lang-, Querhaus- oder Chorformen bilden. Diese können zu Formen verschiedenartiger Kirchen gehören. Auf jeder Ebene kann also klassifiziert werden.

Wir beschränken uns in der Diskussion auf die eingangs erwähnten 4 Granularitätsstufen: einfache Elemente (wie Maßwerk), Volumenelemente (z.B. für Langhaus), große Elemente (wie Langhaus) und ganze Kirchen. Die erste Stufe enthält Teile verschiedener Größe (z.B. Säule in Arkade in Wandstruktur in Joch). D.h. dass es in der Rubrik „einfache Elemente" verschiedene Kategorien bzgl. Größe und Zusammensetzung gibt, mit jeweils unterschiedlichen Typen (z.B. Säulen, Dienste, etc. die auch zusammengesetzt sein können). Auf dieses interne Klassifizierungsproblem gehen wir im Folgenden nicht ein.

Die *Klassifikation* von Kirchen ist *nicht einfach*. Insbesondere erfolgt sie nicht nach einer Dimension, sondern nach *verschiedenen Dimensionen*: (1) Wir können ganze Kirchen klassifizieren nach ihrem Entstehungszeitpunkt (frühgotisch, hochgotisch, spätgotisch). Das ist problematisch, da kaum eine Kirche in genau einer dieser Phasen entstanden ist und danach unverändert bestanden hat. Wir können danach klassifizieren, (2) wo die Kirche entstanden ist und welche Strukturmerkmale sie deshalb besitzt, etwa in französische Kathedralen, englische Kathedralen, solche im Hl. Röm. Reich, etc. Auch das ist problematisch, weil Kirchen Merkmale teilen, die über Grenzen hinweggehen, wegen des bereits besprochenen Austauschs über Bauhütten. So finden wir beispielsweise Kirchen mit geradem Chorabschluss hauptsächlich in England, aber eben auch in Frankreich (z.B. Laon). Wir können (3) danach klassifizieren, welche Struktur die Gesamtkirche hat aufgrund dominanter Merkmale, wie z.B. Basilika / Halle oder alternativ, wie viele Schiffe das Haupthaus oder das Querhaus hat, wie viele Umläufe der Chor, etc., s. die obige Merkmalsliste des Klassifizierungsschemas.

Wir können somit nach unterschiedlichen Dimensionen (Kriterien) klassifizieren. Wir sprechen deshalb von einer *multikriteriellen Klassifikation*. Die Klassifikation nach einer Dimension/ einem Kriterium reicht nicht aus. Unser Klassifikationsschema von Abschnitt 18.1 (s. Klassifikation Köln und Reims) sieht deshalb unterschiedliche Dimensionen vor (z.B. Stil oder Teil, wie Langhaus, und weiteres), die zu unterschiedlichen Detaillierungsstufen gehören. Die unterschiedlichen Dimensionen stehen unabhängig nebeneinander, sind aber geordnet (von gesamt zu Teilen, von Grundriss zu Teilen, von außen nach innen).

Typhierarchien, Parametrierung, Varianten

Man klassifiziert Objekte, um Ihnen eine klare Struktur zu geben, um sie zu charakterisieren, um sie besser zu finden und wieder zu verwenden. Solche Elemente - präziser die Exemplare und auch deren Typen - können dann natürlich wieder zu größeren Einheiten zusammengebaut werden. *Klassifikation* und *Komposition* sind zwei voneinander unabhängige, ja sogar *orthogonale Entwurfs- und Ordnungsprinzipien*.

Entsteht bei der Komposition ein zusammengesetztes Objekt „ohne" eine Struktur, die man also nicht öfter wiederverwenden will, so bleibt es bei diesem komplexen *Exemplar*. Entsteht dabei aber ein Objekt, das an verschiedenen Stellen auftreten soll, so erzeugt man einen *Typ für dieses* komplexe Objekt, aus dem man viele dieser Exemplare erzeugen kann. Sollen sich die erzeugten Objekte des Typs in gewissen Details unterscheiden können, die Unterscheidung aber den Typ nicht in Frage stellen, so muss man die entsprechenden Parameter für die Unterscheidung auszeichnen. Man spricht dann von *parametrischen Typen*, generischen Typen etc.

Parametrierung und *Erzeugung* können 2 Schritte sein (durch Parametrierung kommt man zu einem spezifischen Typ, von dem man dann spezifische Exemplare erzeugt) oder beide Schritte können zusammen betrachtet werden. Die Parametrierung kann ein Laufzeitmechanismus sein (z.B. in Programmiersprachen, tritt aber seltener auf) oder ein Spezifikationsmechanismus, den der Entwerfer nutzt. Im Bereich CAAD sind Parametrierung und auch Exemplarerzeugung meist vom Entwerfer veranlasst (in einem Schritt oder in zwei Schritten).

Zusammengesetzte Typen können wieder *klassifiziert* werde, wie oben für Volumenelemente bereits ausgeführt. Die Typhierarchie (Typologie, Ontologie etc.) sollte aber überschaubar sein, wie auch bereits diskutiert. Man wird solche Typen oder parametrische Typen meist nur bilden, wenn man von diesen spezifischen Typen Exemplare gewinnen will, also nicht aus Gründen der Klassifikation allein. Auch die Parameter eines parametrischen Typs sollten allesamt so sein, dass die entstehenden Exemplare eine klare Struktur erhalten, d.h. nicht verschiedenartige Dinge zusammengepackt werden. Die Diskussion von oben ist hier also zu wiederholen.

In Ergänzung zu obigem Satz über Klassifikation und Komposition ist also zu erweitern/ ergänzen: *Klassifikation, Komposition und Parametrierung* sind orthogonal zueinander stehende Modellierungsprinzipien. Ferner ist festzuhalten, dass es stets möglich sein muss, in *Exemplaren* (Objekten) oder in *Typen* (Klassen) zu denken. Je stärker strukturiert und separiert Objekte sind und je öfter man solche Objekte braucht, desto stärker denkt man in Typen. Braucht man hingegen einzelne Variationen, deren Struktur man nicht festhalten will, denkt man eher in Exemplaren.[3] Sind Typen geordnet, so sprechen wir von Typhierarchien (oder Klassen- bzw. Vererbungshierarchien).

Kommen wir also zurück auf die Diskussion über zusammengesetzte Objekte und Typen sowie deren Parameter. Wir haben diese oben anhand der parametrischen Volumenelemente von Haupthäusern geführt; diese sind durch Komposition entstanden. Wir haben ausgeführt, dass man nur solche *Kompositionen* zusammenführt zu einem *parametrischen* Objekt oder *Typ*, die beide vor und nach der Parametrierung eine klare Struktur (Aufbau und Constraints) haben. Das hat zur Unterscheidung von Volumenelementtypen für Basiliken und Hallenkirchen geführt, beide parametriert. Jede Parametrierung erhält aber die Struktur.

Die Parameter unterschiedlicher parametrischer Typen sind meist unterschiedlich. Sie können aber auch z.T. gleich sein, wie bei den beiden oben diskutierten parametrischen Volumenelementen Basilika und Staffelhalle. Diese haben die Parameter Breite und Höhe der Schiffe gemeinsam, die aber zu unterschiedlichen Strukturen und Constraints gehören. Wir sprechen von *unterschiedlichen* parametrischen Volumenelementen oder *parametrischen Typen* bzw. auch von *varianten Typen*.

Bei diesen Varianten unterscheidet man zwischen *funktionalen Varianten* und *Realisierungsvarianten*. Funktionale Varianten unterscheiden sich in ihrem Erscheinungsbild nach außen (wie bei Volumenelementen für Hallen und Staffelhallen, Realisierungsvarianten haben ein gleiches oder ähnliches Erscheinungsbild, unterscheiden sich aber in der Realisierung. Ein Beispiel für letzteres wäre die Realisierung eines Dachstuhls, die von außen nicht unterscheidbar ist. So kann der Dachstuhl des Hauptschiffs eines bestimmten Dachtyps (funktionale Variante) durch unterschiedliches Gebälk realisiert werden (Realisierungsvariante), das von außen nicht zu sehen ist.

Konzepte der *Variantenverwaltung* können dazu verwendet werden, die Ähnlichkeiten und Unterschiede von Realisierungsvarianten auszudrücken. Das ist dann eine *weitere Dimension* innerhalb der Modellierungskonzepte. Denkt man in *Typen* (Denken in Strukturen, Ähnlichkeiten und Unterschieden), so können *Funktionsvarianten* auch innerhalb von Vererbungshierarchien (Typologien, Ontologien) durch Mehrfachvererbung, Querbeziehungen in Vererbungsstrukturen oder zusätzlich über Mechanismen zur Variantenverwaltung ausgedrückt werden.

---

[3] Personen denken gern in Objekten. Das Denken in Klassen ist nicht einfach, manchmal sogar schwierig insbesondere, wenn diese in Beziehung zueinander stehen, s. multikriterielle Klassifikation.

18.4 Klassifikation und Wiederverwendung

Wir haben oben gesehen, dass Volumenelemente und einfache Elemente die Hauptbestandteile sind, die wir für Kirchenkonstruktionen nutzen und die auch wiederverwendbar sind. Das gilt weniger für große Teile wie Langhaus, Querhaus und Chor, die in ihrer Gestalt doch meist stark auf einen Kirchentyp oder sogar auf ein Exemplar einer Kirche eines Typs bezogen sind. Ebenso sind ganze Kirchen selten Kandidaten für Wiederverwendung, da die Unterscheidung von Kirchen für den Wettbewerb zwischen Kirchen und Regionen wesentlich war. Wiederverwendung von großen Teilen oder ganzen Kirchen findet sich deshalb meist nur in der Form, dass eine Vorlage abgeändert wird. Wir wollen in diesem Abschnitt den *Zusammenhang* von *Volumenelementen, einfachen Elementen* und *Klassifikation* genauer beleuchten.

Verwenden: Volumenelemente und Kirchentypen

Ein *Volumenelement* lässt sich *innerhalb* der *Kirche eines Typs* verwenden, s. Konstruktion von Reims in Kap. 11 mit *mehrfacher Anwendung* des Hauptschiff-Volumenelements. Es lässt sich auch dazu verwenden, ein anderes Volumenelement zu gewinnen, s. Chor-Volumenelement von Reims im Osten, das durch zweifache *Modifikation* aus dem Hauptschiff-Volumenelement gewonnen und mehrfach angewandt wird.

Ein Volumenelement lässt sich auch innerhalb *verschiedener Kirchen* des gleichen Typs (etwa Basilika) verwenden, wie wir dies bei der Modellierung von York in Kap. 12 gesehen haben, wo wir das Volumenelement für das 3-schiffige Langhaus aus dem 3-schiffigen von Reims durch Modifikation gewonnen haben. Man geht dann in dem mehrstufigen Konstruktionsprozess des Volumenelements (s. Abschnitt 17.2) so lange zurück, bis man im folgenden Vorwärtsgang die Unterschiede modellieren kann. Ist die zu modellierende Kirche sehr ähnlich zu der, für die das Volumenelement entstand, so kommt man durch einen kleinen Rückgriff und Ersetzen weniger Teile zum Erfolg

Der *Änderungsaufwand* ist beträchtlich, wenn wir von einer *3-schiffigen zu einer 5-schiffigen Basilika* übergehen, s. Abb. 18.3.a für den Schnitt durch das Hauptschiff von Köln. Es sind etliche strukturelle Änderungen des Volumenelements für die 3-schiffige Basilika nötig, um zum Volumenelement für die 5-schiffige zu gelangen: Säule/Pfeiler und darauf außen Strebepfeiler/ -bogen für das weitere Seitenschiff, evtl. Änderung der Dachkonstruktion oberhalb der Seitenschiffe, ggf. Hinzufügen von Einsatzkapellen zwischen den Strebepfeilern. Der Aufwand ist jedoch kleiner, als wenn wir das Volumenelement für die 5-schiffige Basilika völlig neu aufgebaut hätten.[4]

Gilt diese Überlegung - eher zu modifizieren als neu aufzubauen - auch für das *Volumenelement* einer *Basilika*, wenn wir es für die Modellierung einer *Staffelbasilika* verwenden wollen? Als Beispiel betrachten wir jetzt das Volumenelement für Köln (5-schiffig) und seine Anwendung für die Staffelbasilika von Bourges (Staffelbasilika, ebenfalls 5-schiffig). Abb. 18.3 stellt dem Schnitt von Köln dem durch das Langhaus von Bourges gegenüber.

Selbst wenn wir von dem Unterschied absehen, dass Bourges eine Unterkirche besitzt, was bei Staffelbasiliken und auch normalen Basiliken selten ist und nur den Teil

---

[4] Analog zur Diskussion Reims → York oder York → Freiburg.

oberhalb der Unterkirche betrachten, so ist doch auf einen Blick festzustellen, dass der *Unterschied* der *Strukturen* doch *beträchtlich* ist: Die Hauptschiffwand ist deutlich zu ändern: Die Arkaden müssen nach oben gezogen werden, die Obergadenfenster werden niedriger. Jetzt erhält auch die Wand des ersten Seitenschiffes einen 3-stufigen Aufbau (Arkaden, Triforium, Obergadenfenster). Das Strebewerk ist steiler, ebenfalls 2-stufig, aber jetzt dreiteilig, einer davon jeweils durch das Pultdach verdeckt. Die Strebepfeiler sind viel einfacher. Es ist in diesem Falle wohl *einfacher*, das *Volumenelement* für Bourges in Schritten *neu aufzubauen*. Die Argumentation ist die gleiche wie oben im Zusammenhang mit Abb. 18.2.

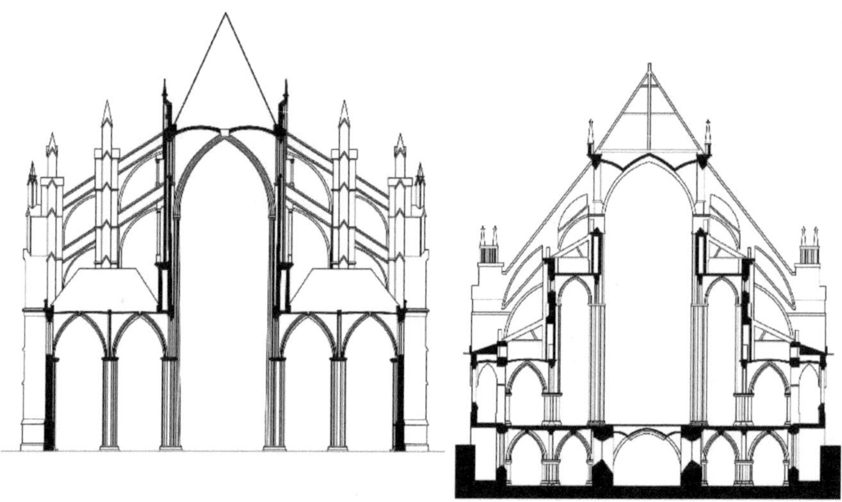

Abb. 18.3.a Schnitt durch das Langhaus Köln, **b** durch das Langhaus von Bourges

Diese Überlegung gilt erst recht, wenn wir das *Volumenelement* einer drei- oder 5-schiffigen *Basilika* betrachten, um daraus durch Modifikation zu dem Volumenelement einer drei oder *5-schiffigen Halle* zu gelangen. Die Änderungen sind noch größer: Die Innenstruktur der Halle besteht im gesamten Kirchenraum (bis auf die Außenwände) nur aus Säulen und Bögen, während bei einer Basilika allein die Hauptwand zwei, drei oder 4-stufig unterteilt ist und die Seitenschiffe abgetrennt sind. Hinzu kommt, dass bei einer Halle alle Schiff durch ein Satteldach zusammen abgedeckt sein können oder eine sonstige Dachform gewählt wird, währen bei einer Basilika das Hauptschiff und die Seitenschiffe unterschiedliche Dächer haben.

So sind wir auch in diesem Buch verfahren: Das Volumenelement des Langhauses von York wurde aus dem Volumenelement von Reims durch Modifikationen abgeleitet, die Volumenelemente für die Halle sind hingegen neu aufgebaut worden. Selbst das Volumenelement für die basilikale Marienkirche aus Backsteinen in Lübeck wurde neu erstellt, da das andere Baumaterial doch zu deutlich anderen Strukturen führt und auch die Stilrichtung Reduktionsgotik deutlich andere Formen hervorgebracht hat.

Was lernen wir daraus? Der *Aufwand für die Modifikation* ist *umso kleiner*, je *ähnlicher* die *Volumenelemente* sind (das, von dem wir ausgehen zu dem, wohin wir gelangen wollen). Ähnlichkeit definiert aber Klassen von Kirchen. So ist es nicht verwunderlich, dass die eingangs dieses Kapitels vorgestellten Klassen Basilika, Halle und Zentralbau unterschiedliche Volumenelemente besitzen, die man jeweils von Grund auf neu konstruiert. Wir haben aber auch festgestellt, dass bei Übergang von einer Klasse zu einer Unterklasse, beispielsweise Basilika zu Staffelbasilika oder Halle zu Staffelhalle die Ähnlichkeit doch so stark abgenommen haben kann, dass man das Volumenelement ebenfalls eher neu aufbaut.

Die Zugehörigkeit zu einer *anderen Klasse oder Unterklasse* äußert sich dadurch, dass die *Volumenelemente neu erstellt* werden. Das heißt, dass die Volumenelemente mit ihrer Struktur doch repräsentativ für die jeweiligen Klassen / Unterklassen sind. Klassen und Unterklassen von Kirchen sind somit verbunden mit unterschiedlichen Typen/ Klassen von Volumenelementen.

Auffinden: Klassifikation und Wiederverwendung

Einfache Elemente sind meist *keiner Klasse* von Kirchen zugeordnet. Fensterformen, Säulenformen, Wandelemente-Aufbau, Strebepfeiler etc. sind eher der jeweiligen zeitlichen Epoche zugeordnet oder der lokalen Ausprägung.

Wir machen uns das an *Kirchenfenstern* klar. Früh-, hoch- oder spätgotische Fenster (oder mit der Landesausprägung in England Lancet, Decorated, Perpendicular mit Vorstufe Normannic und Nachstufe Tudor) finden sich in Kirchen, die zu unterschiedlichen Klassen gehören. Deren Formen sind vielfältig; es ist nicht klar, wie eine strikte Systematik aufgebaut werden soll.

Einfache Elemente (und auch deren weitere Unterteilung) sind somit eher allgemeineren Verwendbarkeit zuzuordnen oder bezogen auf eine zeitliche Stilepoche oder Länderausprägung. Wie gesagt, gibt es keinen klaren Zusammenhang zu Kirchentypen. Ein *allgemeines Repositorium für einfache Elemente,* um diese aufzufinden und bei der Modellierung zu verwenden, ist also sinnvoll. Wir kommen darauf in Kap. 20 zurück

In Kap. 20 wird es zusammengefasst, deshalb hier nur skizzenhaft: die *Klassifizierung von Kirchen* mit der Unterteilung nach Stilepoche oder Länderspezifika *erleichtert das Auffinden von Vorlagen* für ganze Kirchen, aus denen man durch Modifikation und Komposition zu der gewünschten Modellierung einer Kirche gelangen kann. Man modelliert, wenn man Exemplare entnimmt und komponiert, hier auf Exemplarebene.

Das gilt auch für *Teile von Kirchen,* z.B. einen der typischen langgetreckten Chöre in einer englischen Kathedrale, der - ggf. nach Modifikation - auch für eine andere Kirche verwendet werden kann. Auch hier modelliert man auf Exemplarebene.

Klassifikation von *Volumenelementen* ist sehr hilfreich für die Wiederverwendung: Um nachzusehen, ob es etwas Gewünschtes oder sehr Ähnliches gibt, was man nehmen kann (ggf. nach Neuparametrierung) oder was man durch Modifikation passend machen kann. Diese Volumenelemente sind eine wesentliche Hilfe für die Modellierung, da sie wegen ihres oftmaligen Vorkommens die Modellierung der großen Teile wesentlich erleichtern. Hier modelliert man auf Typebene, bei heterogenen Kirchen auf der Exemplarebene, da sich jedes Joch von dem vorherigen unterscheiden kann.

Die *Klassifizierung* der *einfachen Elemente* nach Art (Arkade, Gewölbe, Maßwerk-fenster, etc.), nach Stilepoche und nach Auftreten in einem spezifischen Länderkontext erleichtert das *Aufbauen* und das *Modifizieren* von mehrfach verwendbaren *Volumen-elementen*. Es erleichtert auch einzelfallorientierte Modifikationen/ Anpassungen großer Teile (z.B. von Langhaus zu Vierung, von Langhaus zur Westfassade, etc.), da hierzu nötige oder verwendbare Elemente zur Verfügung gestellt werden.

18.5 Zusammenschau

Zusammenfassung

Wir haben in diesem Kapitel unterschiedliche Konzepte kennengelernt:
Wir haben Kirchen *klassifiziert* (Typ Basilika, Halle bis Zentralbau, mit Untertypen Staffelbasilika, Staffelhalle). Ferner haben wir gotische Kirchen anhand einer *Merk-malsliste* charakterisiert, und wir haben diese Merkmalsliste *begründet*.

Ferner haben wir den Begriff *Typ* charakterisiert, den Unterschied zwischen Typ und *Exemplar* erläutert und begründet, dass auf beiden Ebenen modelliert wird, sowie auch *parametrische Typen* eingeführt. Die interessanteste Granularitätsebene von Ty-pen für die Strukturierung sind die *Volumenelemente*. Diese Typen sind mit den Typen der Kirchen gekoppelt.

Zur *Wiederverwendung* bei der Konstruktion werden hauptsächlich einfache Ele-mente und auch Volumenelemente verwendet, als Exemplare oder Typen.

Methodik

Auch hier erfolgten einige *Klärungen*:
Wann *ändert* man, wann *baut* man *neu* auf,
Klassifikationsproblem, *Klassifizierungsschema* und multikriterielle Klassifikation,
fokussierter Typ und *parametrischer* Typ,
wann *Exemplar* und wann *Typ*,
Zusammenhang von *Klassifikation* und *Parametrierung*,
Wiederverwendung für *Objekte* und *Typen* bei der Konstruktion,
Typisierung/ Klassifikation, Komposition und Parametrierung sind *unabhängige Mo-dellierungsprinzipen*,
Klassifikation nach Typen ist weniger als eine *Typhierarchie*
Klassifizierung/ Klassifikation in *Achitektur*, CAAD und weiteren Gebieten.

Alle *Aussagen* des Kapitels gelten auch für die *Informatik* oder die *Ingenieurbereiche*.

Konzepte zur Zeit der Gotik

Das *Denken* in *Ähnlichkeiten* und *Unterschieden* (Typen) gab es auch zur Zeit der Go-tik, implizit in den Köpfen der Werk- und Baumeister. Man baute eine neue Kirche, verschieden von vorherigen, aber doch auch mit Übernahme von Ideen. Dies wurde durch die Bauhütten und ihre wechselnde Zusammensetzung gefördert. Maßwerke hat man festgehalten zur Mehrfachverwendung (Typ) oder zur Änderung (Exemplar). Grö-ßere Einheiten und ihre Struktur existierten in den Köpfen.

Dieses Kapitel behandelt *Aspekte* von *Entwurfsprozessen* auf *unterschiedlichen Ebenen* und mit unterschiedlicher *Zielsetzung*. Im ersten Abschnitt behandeln wir diese Prozesse auf grober Ebene und dabei insbesondere mit der Zielsetzung, methodische Hinweise für ihre Ausgestaltung zu finden[1]. Im zweiten Abschnitt gehen wir stärker ins Detail: Können wir die einzelnen Schritte eines Prozessplans (wie gehen wir im Entwurf vor) präzise aufschreiben, wie sehen dabei die Schritte der Erstellung/ Modifikation parametrischer Elemente aus, wie verändern sich diese Pläne bei erneuter Anwendung? Schließlich geht der letzte Abschnitt darauf ein, dass Prozesspläne oft geändert werden, wenn ein Bau noch im Planungs- oder im Baustadium ist, oder später umgebaut werden muss.

19.1 Methodikregeln für den Gesamtprozess

Wartung, Reengineering, Planung und Umbau über eine lange Zeit

Es gibt *langlebige Softwaresysteme*, die vor langer Zeit - 30 Jahre und mehr - entworfen und realisiert wurden, und die sich seitdem in dauernder Veränderung befinden, was in der Softwarewelt *Wartung* genannt wird. Dabei haben die Systeme ihre *Gestalt verändert*. Manchen sieht man ihnen ihre ursprüngliche Zielsetzung und Gestalt nicht mehr an. Das ist bei Software - als immaterielles Gut - besonders einfach möglich. In Software kann aus einem Küstenmotorschiff ein mittleres Transportschiff werden. Man baut oft „Erker" an, die die Struktur unkenntlich machen oder sogar zerstören können.

Bei größerer Software gehen dem Umbau zwei aufwändige Schritte voraus: Im ersten, *Reverse Engineering* genannt, wird die vorgefundene Gestalt der Software erfasst, um im zweiten Schritt, als *Reengineering* bezeichnet, soweit umgestaltet zu werden, dass das bisherige System übersichtlich und verständlich wird. Danach erfolgen die *Veränderungen* - Anbau, Umbau, Vereinfachungen, etc. - die ebenfalls einen großen Aufwand verursachen können. Das Ergebnis bleibt übersichtlich und verständlich, wenn die Entwickler ihr Handwerk verstehen.

Materielle Produkte wie eine gotische Kirche müssen hingegen nach dem Entwurf gebaut werden, was auch die Möglichkeiten von *Veränderungen begrenzt*. Sehr große Änderungen lohnen sich nicht, man baut besser neu. Diese Aussage kann sich auch auf Teile des Produktes beziehen. Es ist einfacher, ein großes Teil nach dessen Entwurf neu zu bauen, als bei diesem die Änderungen zu entwerfen und das Teil umzubauen.

Alles über die *Wartung* von Software oben Gesagte gilt auch für *gotische Kirchen* und deren Entwurf sowie Realisierung. Dort sind die *Zeiträume* allerdings noch größer,

---

[1] Wir folgen dabei der Argumentation von Vallon [C.Va 10], der seine Argumentation stark auf die Vorteile des Handwerks ([B.Se 09] und [B.Ra 19]) stützt, und erweitern diese.

© Springer-Verlag GmbH Deutschland, ein Teil von Springer Nature 2019
M. Nagl, *Gotik und Informatik*, Die blaue Stunde der Informatik,
https://doi.org/10.1007/978-3-662-55518-7_19

vgl. Kap. 5: 60 Jahre für Chartres gilt als kurz, Reims bis zur ersten Fertigstellung mit 100 Jahren ebenfalls, hunderte von Jahren als normal, 632 Jahre für Köln als lang.

Wir betrachten nun als *Beispiel* der Veränderungen von gotischen Kirchen die Kathedrale von *Notre Dame de Paris*, deren Bauphasen bis zur ersten Fertigstellung wir bereits in Kap. 5 angesprochen haben. Die Zerstörungen durch Hugenottenaufstände oder Revolution und die nachfolgenden z.T. nur partiellen Restaurierungen betrachten wir nicht, ebenso wenig wie die „Verschönerungen" des 19. Jahrhunderts. Die Abbildungen 19.1 zeigen die Kirche vor dem großen Dachbrand im April 2019.

Trotz dieser vielen *An- und Umbauten* entstand ein Gesamtkunstwerk, das wir heute bewundern. Jede dieser Veränderungen hat zum *harmonischen* derzeitigen *Gesamteindruck* beigetragen, trotz der dabei verwendeten unterschiedlichen Stile und Konzepte. Wie kann dies bei gotischen Kirchen gelingen, was bei Software so selten erreicht wird? Abb. 19.1 gibt diesen Gesamteindruck wieder durch einen Blick auf das Westwerk und auf die gesamte Kirche von Südost aus gesehen, Abb. 19.2, ohne Berücksichtigung der Farben, liefert den heutigen Grundriss.

Abb. 19.1 Notre Dame de Paris – Harmonie trotz vieler An- und Umbauten

Nun zu den einzelnen Bauabschnitten dieser Kirche, deren Entstehung - in den Begriffen der Software - eher durch eine Folge von Wartungsmaßnahmen geprägt ist, als durch einen einmaligen Entwurf mit anschließender Realisierung. Abb. 19.2 gibt diese Bauabschnitte wieder, sie sind dort farbig markiert[2].

(a in blau) Bau des Chores, frühgotisch mit romanischen Elementen, aber bereits mit Strebewerk[3], inkl. der vorläufigen, östlichen Querschiffwand, von 1163 bis 1182. Dieser Teil ist danach bereits für Messen einsatzbereit.

---

[2] Die romanischen Teile, die vor Errichtung der gotischen Kirche abgerissen wurden, werden nicht erörtert.

[3] Notre Dame gilt als Ursprung des Strebewerks. Diese Aussage ist nicht unumstritten.

(b in hellgrün) Vierung und verkürztes Querhaus sowie zwei Joche des Langhauses in Richtung Westen sind fertig, bis 1208.

(c in orange) Langhaus und die beiden unteren Etagen der Türme sind fertig, bis 1220.

(d hellrot) Umbau der Seitenschiffe des Langhauses: Flache Seitenschiffdächer erlauben große Obergadenfenster, Errichtung von Einsatzkapellen zwischen den Strebepfeilern der Seitenschiffe, Entscheidung für flache Turmabschlüsse, bis 1223 bzw. 1245.

(e gelb) Das Querhaus wird teilweise abgerissen, nach Norden und Süden verlängert und erhält zwei neue Fassaden, Hinzufügung eines Kapellenkranzes, alles bis 1345.

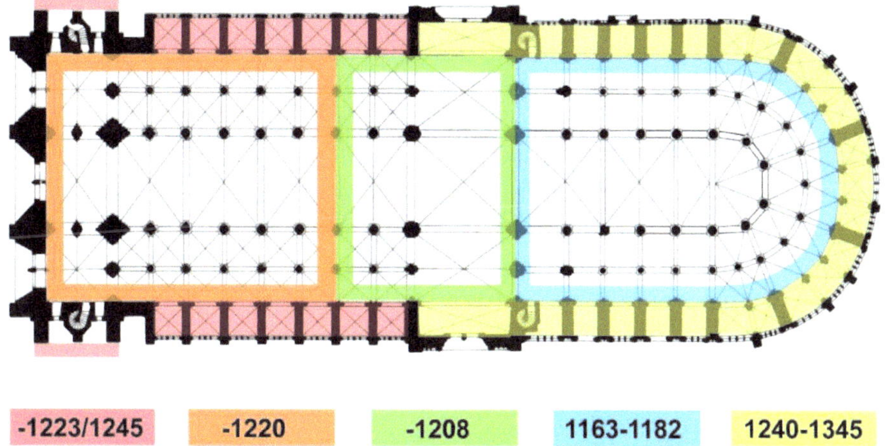

Abb. 19.2 Note Dame de Paris: Veränderungen zwischen 1163 und 1345

Wie kann es gelingen, bei Veränderungen so gravierender Art dennoch ein harmonisches Gebäude zu erzielen? Hierfür sind 3 Aspekte wichtig (i) Niemals das Ziel (den ursprünglichen Plan) stur einhalten, stattdessen auf Änderungen reagieren. Das ist das Prinzip des Handwerks, bei dem Entwurf, Planung, Ausführung, Überwachung sowie Analyse immer verschränkt und nicht isoliert betrachtet werden. Im Fokus steht immer das *Ganze* unter *Beibehaltung* und *Fortschreibung* der *zugrundeliegenden Idee*.

Bei langlaufenden Projekten ist (ii) die *Änderung das Normale,* auch innerhalb einer Bauphase. Das setzt handwerkliche Fähigkeiten bei allen Beteiligten voraus, nicht nur Ideen, sondern auch Lösungs- und Ausführungskompetenz. (iii) Bei jeder Änderung ist darauf achten, dass die ursprüngliche Idee nicht zerstört oder verwässert wird, die Änderungen müssen aber zur ursprünglichen als auch modifizierten Struktur passen.

Software lernt also von gotischen Kirchen, bestimmte Prinzipien ernster zu nehmen, s. noch einmal [C.Va 10]. Der Bau von Kathedralen hat somit Vorbildfunktion. Insgesamt ergeben sich folgende *Konklusionen*:

- Bei jeder Wartungsmaßnahme ist darauf achten, dass das System seine Struktur behält, vielleicht sogar verbessert.
- Die Änderung ist das Normale, nicht der zu verwirklichende ursprüngliche Plan.

- Software-Erstellung ist auch ein Handwerk (Entwurf, Implementierung, Analyse und Bewertung sind gleichrangig), je mehr handwerkliches Können, desto eher ist Planung/ Umplanung und die anschließende Realisierung umsetzbar.
- Auf Änderungen zu reagieren ist wichtiger als einen Plan auszuführen (die Produkt- oder die Vorgehensfestlegung (Prozess)). (*)
- Wichtig sind somit das Weiterverfolgen einer Idee und die Offenheit für Änderungen aufgrund neuer Wünsche, Ideen oder Erkenntnisse.

Bei materiellen Produkten - hier eine große steinerne Kirche - sind diese Prinzipien einfacher einzuhalten. Die Natur von Software als immaterielles Produkt ist Vor- und Nachteil zugleich: Die Flexibilität gegenüber Änderungen der Realisierung wird bezahlt mit der Gefahr des Verlustes von Einheitlichkeit und Struktur. Bei Hardware, wie bei Kirchen aus Stein, ist die Flexibilität eingeschränkt und eine eher organische Veränderung ist wahrscheinlicher, da jede Veränderung physischen Aufwand verursacht.

Auftraggeber und Auftragnehmer Hand in Hand

Was ist schiefgegangen bei der Elbphilharmonie und dem Flughafen BER? Der *Auftraggeber* ist ein Politiker oder Bürokrat, noch schlimmer ein Komitee aus beiden, die beide oder alle wenig von der Sache verstehen, sich auch nicht darum kümmern und denen die Kosten nicht wichtig sind. Losgelöst davon ist die *Verantwortung für den Bau*. Die beiden wichtigen *Rollen sind getrennt*, es gibt keine gemeinsame Verantwortung, was sich meist als Kardinalfehler erweist.

Eine weitere Gefahr ist die *Umplanung während des Baus*. Der preiswerteste Auftragnehmer - oft ist er nur vermeintlich preiswert - hat den Zuschlag bekommen für den vormals vorliegenden Plan, über dessen nah- oder fernliegende Änderungen nicht diskutiert wurde. Dieser Plan wurde geändert, es konnte keine Neuausschreibung geben, weil der Bau bereits in Realisierung war. Die Kosten für Nachplanung und Bauänderungen werden unkontrollierbar; der Auftragnehmer kann verlangen, was er will.

Die Lösung ist ein engeres *Zusammenrücken von Auftraggeber und Bauverantwortlichen*. Wie war es beim Kathedralbau? Auch hier traten Probleme auf: Das Geld ging aus (Normalfall) oder der Ehrgeiz war zu groß und eilte den technischen Möglichkeiten voraus (Beispiel Beauvais). Aber es gab selten den Fall, dass das Kirchengebäude - wenn es fertiggestellt wurde, was der Normalfall war - seinen Zweck nicht erfüllte oder die Kosten so aus dem Ruder liefen, dass nur eine Bauruine zurückblieb. Wenn man bedenkt, wie wenig man über Organisation großer Projekte, Schätzverfahren von Kosten und technische Kenntnisse des Kathedralbaus wusste, war der Bau von Kathedralen damit außerordentlich erfolgreich.

Woran lag dieser Erfolg? Es gab eine *Doppelspitze* mit *zwei klar definierte Rolle*n, nämlich Baumeister einerseits und Werkmeister andererseits, die funktional und auch erfolgreich zusammenwirkten. Der Baumeister war für die Zielsetzung, für die administrativ-organisatorischen sowie insbesondere für die finanziellen Belange verantwortlich, der Werkmeister für die technische und künstlerische Planung und die praktische Bauausführung. Die beiden arbeiteten eng zusammen und waren aufeinander angewiesen, beide hatten großes Interesse an einem Erfolg.

Der *Baumeister* repräsentierte die *Auftraggeber*: Diese waren Personen unterschiedlicher Funktion und unterschiedlichen Ranges. Das Domkapitel und der Bischof war beteiligt sowie der örtliche Adel, insbesondere auch die Bürger (Wettkampf der Städte, Erbringung von Steuern und Abgaben sowie Werk- und Dienstleistungen), nicht zu vergessen die Pilger als Spender. Der Baumeister war oft eine Person des Domkapitels. Diese unterschiedlichen Interessen mussten gebündelt und sachgerecht vertreten werden und dies für lange Zeit. Der Baumeister war somit der Bauherr im heutigen Sinne, er war aber auch ein Treiber für die Idee (die schönste, höchste und prächtigste Kirche) und er war für die Beschaffung der Gelder maßgeblich verantwortlich. Er hatte somit ein vitales Interesse daran, dass die Kirche in einem vernünftigen zeitlichen und finanziellen Rahmen fertiggestellt wurde. Sein Renommee hing an diesem Erfolg.

Der *Werkmeister* war zuständig für den Entwurf, die Bauplanung sowie die -ausführung. Er war in der Regel ein Steinmetz, der sich in Wanderjahren und anschließender Expertenzeit eine Sonderrolle erwarb, danach maßgeblich zum Bau von Kathedralen beitrug und somit Referenzen aufwies, die ihn für die Aufgabe als Werkmeister (Architekten, wie wir dies heute benennen) empfahlen. Diese Werkmeister waren Stars, wie bereits in Kap. 5 beschrieben wurde, und sie hatten einen überregionalen Ruf. Der Baumeister versuchte einen dieser Stars einzuwerben. Er achtete auch darauf, dass dieser entsprechend oft und auch lange auf der Baustelle zu finden war.

Der Werkmeister plante den Bau, *organisierte das Projekt im technischen Sinne*, er beschaffte das Material und er stellte die Bauhandwerker ein; er war der *Chef der Bauhütte*. Er übernahm aber auch schwierige Teile und Muster, fertigte Schablonen an und war somit Vorbild. Die Mitglieder der Bauhütte konnten lernen, am Vorbild und durch Übernahme bewährter Praxis. In heutiger Terminologie für Software ist der Werkmeister mit dem *Chief Programmer* (Designer, Programmierer, Leiter und Manager) zu vergleichen. Entscheidend war, dass technische und künstlerische Planung, Leitung, Management und operative Umsetzung in einer Person zusammengeführt wurden.

Folgerungen für Software und allgemein:

- Auftraggeber (hier Baumeister) und Auftragnehmer (hier Werkmeister, bei Software eine Firma, vertreten durch einen leitenden Angestellten) werden kompetent repräsentiert, beide sind aufeinander angewiesen, keiner hat Erfolg ohne den anderen.
- Die Zusammenarbeit mit dem Kunden (Auftraggeber) hat Vorrang vor der Ausarbeitung des Vertrages und vor dem Streit bei Dissonanzen durch den Auftragnehmer (hier Werkmeister und Bauhütte). (**)
- Der Auftraggeber hat Leidenschaft für den Erfolg, er kennt die Mühen der Geldbeschaffung, er ist bereit für eine enge Kooperation mit dem Auftragnehmer.
- Der Auftragnehmer will das Projekt erfolgreich zu Ende bringen. Der Erfolg stärkt sein Prestige und sichert ihm zukünftige Projekte.
- Das Projekt dient auch der Ausweitung des Stands der Technik und der Schulung, auch für zukünftige leitende Personen des Auftragnehmers.

Dieser Unterabschnitt bediente die besonders wichtigen Bereiche der Erhebung der Anforderungen, der Erstellung der Architektur und auch der Beziehung zwischen beiden Bereichen. Die Aussagen sind für alle konstruktiven Disziplinen anwendbar, von Architektur bis zu Maschinenbau.

Fokussierung auf das Produkt, nicht auf Regeln und Bürokratie

Prozesse bei der Softwareerstellung werden oft bis zum letzten Detail in Form großer *Prozesspläne* ausgearbeitet, für alle Schritte entsteht so eine *Qualitäts-, Überwachungs-, Dokumentations-* und *Monitoring-Bürokratie.* Verhindert das Fehler, vermindert das wirklich Risiken? Jeder solcherart erzwungene Schritt kann auch durch Unsinn erfüllt werden, es wird in der Regel nur geprüft, ob es eine Ausarbeitung (Qualitätsfestlegung, Erfüllungsbestätigung, Dokumentation, Analyse) gibt, kaum aber die Qualität dieser Beschreibungen. Lohnt sich dann der Aufwand und führt er nicht weg von der eigentlichen Problemlösung und dem Streben nach der Qualität des Produktes?

Wir alle kennen solche Projekte und auch solche Firmen. Ausufernde Prozesspläne tun so, als wenn alles bedacht worden wäre. Das ist aber nicht der Fall, es gibt immer auch Sonderfälle und Ausnahmen, für die der Prozessplan noch einmal erweitert werden müsste. Der Plan suggeriert ferner, dass niemand mehr nachzudenken braucht, für alle Lebenslagen sei bereits vorgesorgt. Die Beteiligten verlieren ihre Problemlösungskompetenz, manche meinen sogar, es könne jetzt ungeschultes Personal verwendet werden, da ja die Planersteller bereits für die anderen nachgedacht haben. Die Menschen beginnen, sich zu langweilen. Pläne und Bürokratie, *zur Qualitäts- und Effizienzsteigerung gedacht, erzielen oft das Gegenteil.*

Die obige Argumentation gilt (i) für *Geschäfts-* und *Produktionsprozesse* (Festlegung der Abläufe von Geschäftsvorfällen oder Produktionsschritten) wie auch für (ii) *Entwurfs- und Entwicklungsprozesse.* Erstere beschreiben Abläufe, die oft wiederkehren, letztere beschreiben Festlegungen und Entscheidungen für komplexe Realisierungen, sind also schwieriger im Sinne einer vollständigen und präzisen Erfassung. Noch einmal schwieriger sind (iii) *Prozesse* zum *Erwerb neuer Erkenntnisse,* deren Ziel es ist, Wissen zu erwerben, zu systematisieren, zu formalisieren oder anzuwenden.

Was lehrt uns das Beispiel gotische Kirchen bzgl. der Vorgehensweise? Eine *Abkehr* von einer *industriellen und mechanistischen Organisationsform* (die für einen Geschäfts- oder Produktionsprozess angemessen sein mag (oft aber auch nicht ist), nicht aber für einen kreativen Entwurfs- und Entwicklungsprozess taugt. An deren Stelle sollte eine *kleinteiligere, flexiblere und weniger arbeitsteilige Methodik* treten. Das gilt insbesondere dann, wenn der Entwurfs- und Entwicklungsprozess neue Erkenntnisse zu Tage fördern soll, die über eine Einzellösung hinausgehen, und so Wissen schaffen soll. Hier ist eine enge Kooperation von intelligenten Beteiligten nötig, die durch originelle Beiträge bereichert wird, s.u. und nächstes Kapitel.

Auch hier hilft der *Bezug zum Handwerk,* bei dem Qualitätsbewusstsein aus dem Verhältnis des Handwerkers zum Gegenstand seines Handwerks entspringt und aus seinem handwerklichen Ethos. Dieser bezieht seine Befriedigung aus dem gelungenen Werk, auch dann, wenn die Sorgfalt der handwerklichen Schöpfung für den Betrachter nicht feststellbar ist. Handwerk bedeutet auch, immer so früh wie möglich den Schritt ins reale Leben zu machen, um so festzustellen, dass die Richtung stimmt und der Weg weitergegangen werden kann.

Das gilt auch *für das gesamte Bauwerk.* Wie bereits festgestellt und oben am Beispiel von Notre-Dame de Paris verdeutlicht, beginnt der Bau einer Kathedrale meist im Osten. Bereits nach der Fertigstellung des Chores können Gottesdienste gefeiert werden. Auch weitere Teile der Kirche werden sobald wie möglich der Nutzung zugeführt. Bei dem Umbau einer romanischen Kirche zu einer gotischen (Köln, York) bleiben die alten Teile weiterhin nutzbar, bis auch sie ersetzt wurden. Manche Teile wurden spät oder nie fertig, wie z.B. die Türme vieler gotischer Kathedralen in Frankreich. Diese „unfertigen" Türme wurden zu einem Charakteristikum französischer Kathedralen.

Folgerungen für Software und allgemein:

- Funktionsfähige Software (das Produkt) hat Vorrang vor vollständiger und erst recht überbordender Dokumentation. (***)
- Viel Papier hat noch nie Geist und Erkenntnis erzeugt. Für diese bedarf es der Kompetenz der Beteiligten, der nötigen Zeit, um für eine Lösung nachzudenken, diese zur Kritik zu stellen, aber auch Lehren aus der Kritik zu ziehen und die Lösung entsprechend zu verbessern und fortzuentwickeln.
- Papier ist nötig, aber möglichst knapp und inhaltsreich, abgestimmt und sinnvoll.
- An und mit einem komplexen Produkt reifen die Beteiligten. Zufriedenheit ergibt sich aus dem eigenen Beitrag zu einer vorzeigbaren Lösung und dem Betrachten von Zwischen- und Endergebnissen, in denen sich jeder wiederfindet.

Individuen im Team stehen für den Erfolg

Wir kennen bei großen Projekten die Regel: Geht es *gut*, so waren es *alle*, geht es *schief*, so war es *einer*, nämlich der Leiter. Das heißt, dass sich der Beitrag der meisten innerhalb des Projekts gut verstecken lässt, wenn sie nicht viel beigetragen haben, und der Beitrag derjenigen, die Leistungen erbracht haben, außen wenig sichtbar geworden ist. Nur so lässt sich die obige Aussage über Erfolg/ Misserfolg erklären und die Tatsache, dass Falschaussagen nicht allen als solche erkennbar sind. Es lässt sich sogar oft verstecken, ob jemand ansprechbar war und zur Lösung überhaupt beigetragen hat.

Erfolgreiche Projekte leben vom Geist der beteiligten *Menschen*, von deren Engagement, Begeisterung und Motivation. Sie leben auch von deren *Interaktionsdichte* bezüglich Kommunikation, Lösungsfindung und Bau der Lösung, kurzum von deren Kooperationsbereitschaft und der tatsächlich erfolgten *Kooperation*. Bei der Kommunikation darf neben der geplanten (man hat sich verabredet) auch die spontane (man trifft sich zufällig, dabei werden am Rande wichtige Informationen ausgetauscht, Ideen diskutiert und anschließend gibt es evtl. geplante Treffen) nicht vernachlässigt werden.

Direkte Interaktionen - Kommunikation sowie Kooperation - brauchen die Nähe, eine physische, wenn man vor Ort ist, oder eine sorgfältig virtuelle, indem physische Nähe „simuliert" und stimuliert wird. Sie brauchen eine „*Werkstatt*", wie Sennett [B.Se 09] es ausdrückt, womit wir wieder bei einer Analogie mit dem Handwerk angekommen sind. Eine Werkstatt - Arbeitsumgebung, Labor, Diagnosezentrum, etc. - schafft den engen Bezug der Zusammenarbeitenden, sie ist das Zentrum von Kommunikation und Kooperation. Die Teilnehmer haben ihre Kompetenzen, ergänzen und schätzen sich gegenseitig, reifen an den Aufgaben über Vorbilder und Erfahrungsgewinn.

Diese Werkstatt für den Bau von Kathedralen ist die *Bauhütte*. Sie ist der zentrale Platz für Werkmeister und Handwerker verschiedener Gewerke. Die Bauhütte integriert die Kompetenzen vor Ort, aber auch externe Expertise. Spezialisten wandern von Bauhütte zu Bauhütte, um so ihr spezifisches Wissen und auch neue Ideen beizutragen. Auch normale Handwerker wandern, um sich weiterzubilden und um zu Spezialisten zu reifen. Schließlich ist der Star der Bauhütte, der Werkmeister aus einer solchen Wanderschaft und Heranreifung erwachsen. Die Bauhütte pulsiert bzgl. der Zahl der Beschäftigten, bei Geldmangel weniger, bei guten Phasen mehr, nach Fertigstellung verbleibt eine kleine Mannschaft für die Wartung und Pflege.

Die Bauhütte ist aber auch das *Zentrum* des *Wissens*, der *Fortschreibung* des *Stands der Technik*, sie ist ein Standort der gesamten Bewegung für die Fortentwicklung der Stilrichtung und des Kathedralbaus. Sie bringt den Fortschritt von Ort zu Ort (s. Köln und Amiens, Bamberg und Laon, etc.) und sorgt so für die *globale Fortentwicklung* über den Wissenstransfer. Sie ist ein nichtreguliertes, aber höchst erfolgreiches System des *Wissensmanagements* und der *Wissensverbreitung*.

Werkzeuge sind wichtig, wenn sie die Kompetenz des Einzelnen verstärken. Das Zusammenspiel in der Bauhütte beruht hingegen auf der direkten Interaktion der Beteiligten und nicht auf regulierten Abläufen und bürokratischen Werkzeugen.

Folgerungen:

- Prozessfestlegungen und Regeln ersetzen nicht das Nachdenken. Alle „Methoden", die behaupten, sie hätten den Schlüssel für den Erfolg, ohne nachdenken zu müssen, bauen auf Sand. Der Kern guter Produkte ist Geist und Kompetenz der Erzeuger.
- Der Teamgeist erwächst aus Ehrgeiz und Kompetenz des Einzelnen, dem Zusammenspiel und der Begeisterung im Team und für die gestellten Aufgaben.
- Klare Verantwortung und lebendige Zusammenarbeit befördern den Erfolg und sorgen so auch für die „Beförderung" der Teammitglieder.
- Die Bauhütte ist der zentrale Ort des Zusammenspiels. Sie ist die Werkstatt, in der sich die Kompetenzen ergänzen und gegenseitig befruchten. Mitglieder von außen bringen spezielle Kenntnisse ein, die Wanderschaft der Mitglieder sorgt für wachsendes Wissen des Einzelnen, der Werkmeister als Leiter der Bauhütte hat bereits eine größere Zeit der Wanderschaft hinter sich.
- Individuen und deren Interaktion haben Vorrang vor Prozessen und Werkzeugen. (****)

Entwurfsprozess, Agile Softwareentwicklung und mehr

Zu Anfang der *Softwareentwicklung* hat man Projekte „irgendwie" durchgeführt. Nach der Einführung des Begriffs Softwaretechnik kamen die linearen *Vorgehensmodelle* auf, wie das Wasserfallmodell und später das V-Modell[4]. Beide ordnen die großen Aufgabenkomplexe (Anforderungen erstellen, Architektur ermitteln, etc.) linear in der zeitlichen Reihenfolge an, in der sie angefangen werden. Diese Anordnung stellt eine Idealisierung dar. In der *Praxis* läuft es *anders* ab, in jedem Projekt gibt es Rückgriffe, um Fehler oder Schwachstellen zu beseitigen. Die Wartung besteht aus vielen solcher „Rückgriffe". Das war bekannt, kam aber in den Modellen nicht zum Ausdruck.

Das praktische *Vorgehen* in Projekten ist stattdessen *iterativ und inkrementell*: Aufgaben müssen erneut angegangen werden, weil neue Erkenntnisse aufgekommen sind und die Lösung wird nicht auf einmal, sondern stückweise erstellt. Nach einem solchen Schritt können Fehler, Schwachstellen und neue Erkenntnisse entstanden sein. So kamen später inkrementelle, iterative, agile oder ähnlich genannte Vorgehensmodelle auf, die die Natur des Vorgehens besser zum Ausdruck brachten. Ferner haben sie den Vorteil, dass man wahrscheinliche, aber noch unbekannte Änderungen einplanen kann. Diese voraussichtlichen Änderungen werden auch deshalb eingeplant (nicht notwendigerweise durchgeführt), um weitreichende Rückgriffe zu vermeiden.

Der Bau gotischer Kirchen Gotik war ähnlich. Aufgrund der langen Bauzeit ergaben sich neue Stilelemente, es kamen Verbesserungen bzgl. Formen und Regeln der Statik auf. Man wusste nicht, wie ein Teil der Kirche später gestaltet wird, es ergaben sich Änderungen, die Statik war noch weitgehend unbekannt, diesbezüglich experimentierten die Werkmeister. Wir hatten bereits in Kap. 3 darauf hingewiesen, wo wir den Dialog verschiedener Werkmeister beim Bau des Doms zu Mailand skizziert haben.

In den obigen Konklusionen haben wir alle Aussagen von (*) bis (****) markiert, die mit dem „*Manifesto über Agile Entwicklung*" [C.Co 03, GI 04] übereinstimmen. Diese Übereinstimmung ist kein Zufall. Sie zeigt, dass die Probleme und auch die Lösungsansätze der Gotik mit denen der Softwareentwicklung durchaus übereinstimmen. Sie zeigt auch, dass wir von Dingen lernen können, die weit zurückliegen.

Es ist ein Verdienst dieser Bewegung, bei Vorgehensmodellen nach dem Pendelausschlag von (i) „Machen irgendwie" zu (ii) „alles akribisch und detailliert Planen vor der Realisierung" darauf hinzuweisen, dass es (iii) wegen der dauernden Änderungen des *Nachdenkens* von Personen und des *Zusammenspiels* solcher *Personen* währen des Entwurfes und der Realisierung bedarf, soll ein ehrgeiziges Projekt Erfolg haben. Die Bewegung hat das Pendel wieder in Richtung „Normallage" bewegt.

Für die agile Entwicklung sind auch *Prozesse und Werkzeuge* von Nutzen, vorausgesetzt sie besitzen das rechte Verständnis und sie unterstützen die Veränderungen bei der Erstellung oder Wartung. Agile Methoden müssen auch selbst bereit sein, sich den *eigenen Maßstäben zu stellen*. Das schließt aus, dass diese Entwicklung zur starren Ideologie wird und auch automatische Erfolge verspricht, ohne dass deren maßgebliche Beiträge von Menschen sowie von deren Zusammenspiel im Team anerkannt wird.

Wir haben einiges ins Bewusstsein gerufen und Wichtiges für die Softwareentwicklung oder sogar allgemeiner für Entwurfsaufgaben gelernt. Hier noch einmal die wichtigsten Aussagen: (i) Verfolgen einer einheitlichen Idee, (ii) klare Aufgabenverteilung

---

[4] s. Wikipedia ‚V-Modell‘

zwischen Auftraggeber und Auftragnehmer mit engagierten und kompetenten Personen auf beiden Seiten, (iii) Änderungen sind der Normalfall bei der Erstellung und auch Wartung, (iv) Lasst dem Menschen seine zentrale Rolle bei kreativen Aufgaben, (v) der Geist und die Interaktion im Team sind der Schlüssel zum Erfolg.

Alle obigen Aussagen beziehen sich auf ein *grobgranulares Betrachten von Prozessen*. Es werden Entwurf, Erstellen der Anforderungen, Dokumentation, Organisation etc. miteinander in Beziehung gesetzt, ohne in diese Bereiche hineinzusehen. Genauer betrachtet, haben wir nur eine Reihe von Erkenntnissen wiedergegeben, dass diese *Bereiche miteinander in Beziehung* zu setzen sind und dass den beteiligten Personen Freiräume zu gewähren sind, um ihre Kreativität zu nutzen.

19.2 Formalisieren und Wiederholen

CAAD-Entwurf Reims: Prozessplan für die Modellierung

Wir betrachten *Prozesse* ab jetzt auf einer *detaillierteren Ebene* und gehen dabei in den Bereich Entwurf hinein: Aus welchen Schritten setzt sich dieser zusammen und welche Beziehungen gibt es zwischen diesen einzelnen Schritten? Hierfür schreiben wir formal auf, was wir in Kap. 11 über die CAAD-Modellierung der Kathedrale von Reims kennengelernt haben: Aufbau Volumenelemente, n-fache Anwendung, neue Volumenelemente durch Modifikation, m-fache Anwendung, Anpassungsschritte usw.

Diese Aussagen lassen sich jetzt *als Prozessplan* auftragen, vgl. Abb. 19.3. Die verwendete Notation entspricht der aus [D.HJ 08] mit Vereinfachungen. Der Leser rufe sich die Schritte der Modellierung aus Kap. 11 noch einmal ins Gedächtnis zurück.

Ein Prozessschritt B wird in Abb. 19.3 rechts von einem anderen A notiert (B ist abhängig von A), wenn wir das Ergebnis von A in B ergänzen, oder wenn wir ein neues Ergebnis in B erstellen, das aber in seiner Struktur und Ausgestaltung von dem Ergebnis des vorausgehenden Schrittes A abhängt. Wir *lesen* die *Teile des Prozessplans* also *von links nach rechts*.

Wir vermerken den *Entwurfs-/ Modifikationsaufwand* im Prozessplan durch unterschiedliche Farbgebung der Prozessschritte. Wie die Erstellung/ Modifikation der parametrischen Volumenelemente selbst erfolgt (vgl. Kap. 17), lassen wir hier zunächst noch aus. Wir vermerken aber deren Aufwand. Rot heißt größerer Aufwand, orange mittlerer und grün geringer Aufwand. Später kommt noch gelb dazu, zur Kennzeichnung eines moderaten Aufwandes zwischen orange und grün.

Die *Ergebnisse* der Prozessschritte von Abb. 19.3 ergeben die großen Teile der Kirche, die sich wiederum zur gesamten Kirche zusammenfügen lassen, s. unteren Teil der Abbildung. Das Zusammenfügen kennzeichnen wir durch nach unten gerichtete Kompositionskanten. Diese Kanten sind „geordnet", so dass die Komposition in einer bestimmten Reihenfolge erfolgt. Die Komposition besteht aus dem Verkleben der Teile des Entwurfs. Den unteren Teil der Abbildung nennen wir den *Produktteil* des Plans.

Wir beginnen die *Erläuterung des Prozessplans* mit einem Schritt, links und schraffiert im Prozessplan. Der grobe Entwurf liefert kein Ergebnis als Produkt im CAAD-

System. Es entsteht ein „Entwurf im Kopf", der die weiteren Schritte ermöglicht. Betrachten wir nun den oberen Teil des Prozessplans: Nach Erstellung des Langhaus-Volumenelements V_H (rot, größerer Aufwand), wird dieses zu V_W modifiziert, indem ein weiteres Joch nördlich und südlich angefügt wird (mittlerer Aufwand, vgl. Abb.11.1.b). Dieses wird zweifach als westlicher Teil des Chores eingefügt. Von V_W gelangen wir zum Chorsegment V_C, indem wir die Hälfte von V_W nehmen, den First zu einem Punkt in der Mitte schrumpfen lassen und das äußere Joch in eine Kapelle umwandeln (mittlerer Aufwand, Abb.11.1.c). Wir wenden V_C 5mal an. Das Hinzufügen von Dachreiter und die Vergrößerung der Marienkapelle (mittlerer Aufwand) schließen den virtuellen Nachbau des Chores ab. Entsprechend können die anderen Teile des Prozessplans nachvollzogen werden.

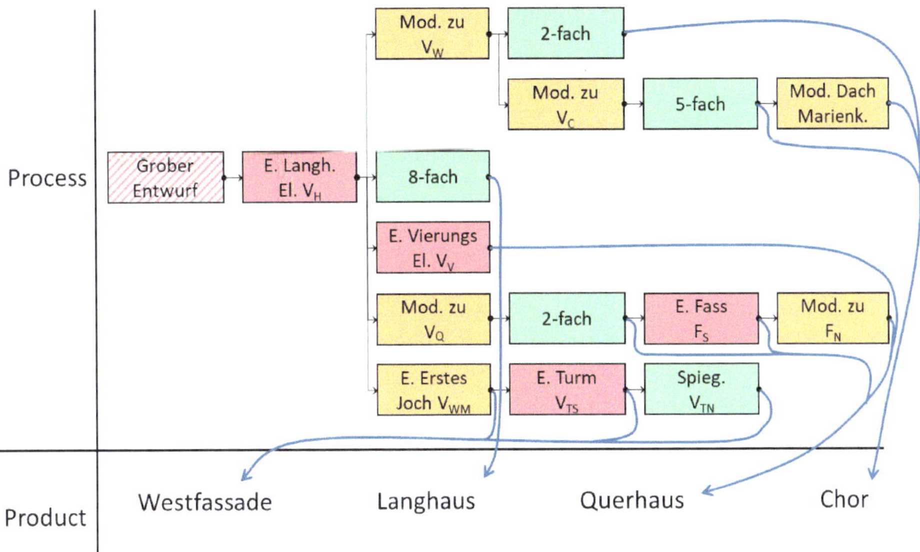

Abb. 19.3 Der CAAD-Prozess für die Modellierung von Reims in einem Plan, s. Abschnitt 11.1

Wir können die *Homogenität* der Kathedrale an dem summierten *Aufwand für den Entwurf* - Summe der Aufwände der einzelnen Entwurfsschritte - ablesen: Aufwand der Erstellung des ersten Volumenelements des Langhauses V_H (Aufwand größer, rot), n-fache Anwendung (automatisch, deshalb klein, grün), Modifikation des Langhauselements für den Anfang des Chorbereichs V_W (orange, Aufwand kleiner als der von V_H), Modifikation von V_W zu V_C (Modifikation orange, Anwendung grün), Einfügung Dachreiter und Vergrößerung der Marienkapelle (Modifikation orange), Erstellung Volumenelement V_V für die Vierung (rot, Aufwand wie für V_H), Modifikation von V_H für das Volumenelement V_Q für das Querhaus (Modifikation orange, Anwendung grün), Erstellung Südwand-Querhauselement F_S (Aufwand neu und größer, rot), Modifikation desselben zu Nordwand-Element F_N (Aufwand orange), Erstellung des Volumenelements Mitte Westfassade V_{WM} (Modifikation orange), Volumenelement V_{TS} für den Südturm (Aufwand größer, rot) und Spiegelung desselben zu V_{TN} (Aufwand grün).

Wir wissen aus Kap. 11, dass es auch andere Reihenfolgen für die einzelnen Prozessschritte gegeben hätte, z. B. wenn wir den Entwurf (und anschließenden Bau) von Osten her begonnen hätten, wie es in der Geschichte von Reims tatsächlich der Fall war. Dann wäre das Volumenelement V_W das erste gewesen und von diesem wären dann sowohl das Haupthaus-Volumenelement V_H als auch das Querhaus-Volumenelement V_Q durch Modifikation gewonnen worden.

Erstellung/ Modifikation parametrischer Elemente

Wir analysieren jetzt noch einmal die Teilschritte von Abb. 19.3, sofern diese nicht automatisch in einem CAAD-System stattfinden, wie dies bei der n-fachen Aneinanderreihung oder bei der Spiegelung der Fall ist. Wir begründen durch die Erklärungen damit die *Aufwandsüberlegungen* der einzelnen *Schritte* des letzten Unterabschnitts. Für die folgenden Erläuterungen brauchen wir die Ergebnisse zu Parametrik von Kap. 17. Wir gehen hier davon aus, dass die Datenbank für den CAAD-Entwurf zunächst noch keine Volumenelemente enthält, die man direkt hätte verwenden können.

Für die Erläuterung betrachten wir wieder den Prozessplan von Abb. 19.3. Das Langhauselement V_H entsteht in 4 Schritten[5] mit größerem Aufwand. Die Modifikation von V_H zu V_W benötigt ebenfalls 4 Schritte. Wir müssen zwar in der Gestaltung um einige Schritte zurückgehen, haben aber geringeren Aufwand, da vieles von V_H erhalten bleibt. Die Modifikation von V_W zu V_C erfordert ebenfalls weniger Aufwand. Das Gleiche gilt für die Hinzufügung des Dachreiters und die Vergrößerung der Marienkapelle. Damit sind die Entwurfsschritte für den Chor beschrieben.

Die Erstellung der Vierung V_V erfordert wieder mehr (es ist nichts da, wir müssen neu aufbauen), die Modifikation V_H zu V_Q hingegen weniger Aufwand. Erstellung Südfassade F_S kostet mehr, die Modifikation zur Nordfassade wenig Anstrengung, trotz der weiteren Modifikation, da die Nordfassade leicht verschieden ist und eine unregelmäßige Portalzone eingefügt werden muss. Hier wäre der Aufwand noch geringer, wenn wir die Harmonisierung der beiden Fassaden als gegeben annehmen könnten, die in Kap. 14 beschrieben wurde. Damit sind die Entwurfsschritte für das Querhaus erörtert.

Für das Langhaus ergeben sich noch die Entwurfsschritte der Erstellung des Volumenelements V_{MW} für die Westfassade ohne die Türme mit mittlerem Aufwand sowie für den Südturm V_{TS} mit größerem Aufwand.

Vereinfachungen beim Wiederholen

Wenn wir jetzt den *Entwurf von Reims 1:1 wiederholen* würden, fällt der Aufbau und die Modifikation der Volumenelemente weg, sie sind durch das Durchlaufen des Prozessplans von Abb. 19.3 bereits vorhanden, aufgehoben in der Wiederverwendungs-Datenbank. Es fällt somit *nur der jeweilige Zugriff auf die WV-Datenbank* an. Die Schritte im obigen Prozessplan wären somit alle trivial. Alle Schritte des Entwurfs bestünden dann aus automatischen: ein Volumenelement aus der Datenbank übernehmen, Vervielfältigen eines Volumenelements und Zusammenfügen von Teilen.

Noch weitergehend könnte man das *Ergebnis* des vorausgehenden *gesamten Entwurfsprozesses* übernehmen, wenn dieses Gesamtergebnis ebenfalls in der Datenbank

---

[5] Der Leser erinnere sich (vgl. Abb. 17.3), dass wir bei der Modellierung die Feinstruktur, d.h. Schritt 5, weitgehend ausgelassen haben, s. die Fialengestaltung in dieser Abbildung.

abgespeichert worden ist. Es wäre also nichts mehr zu tun. Wir könnten sogar das Gesamtergebnis danach ggf. modifizieren, falls Änderungen erwünscht sind.

Dies alles sind für gotische Kirchen jedoch *keine praxisnahen Aufgabenstellungen*, da man die gleiche Kirche nicht mehrfach bauen will. Für modernere Gebäude sieht dies anders aus, wie wir im Ausblick dieses Buches diskutieren werden. Für gotische Kirchen werden solche Aufgabenstellungen aber praxisnah, um die Baugeschichte zu dokumentieren oder dabei mögliche Alternativen der Erscheinungsform zu diskutieren, wie dies in Abschnitt 14.4 bereits vorgestellt wurde.

Betrachten wir jetzt somit die Aufgabe, mit den abgespeicherten Ergebnissen eines Entwurfs eine *ähnliche Kirche* zu entwerfen und diesen neuen und ähnlichen Entwurf zeitsparend zu erledigen. Z.B. könnten wir die Kathedrale von Amiens modellieren wollen (geschichtlich ist es umgekehrt, Amiens ist älter). Die Ergebnisse von Amiens würden danach die Wiederverwendungs-Datenbank weiter anreichern. So kann dann die Konstruktion ähnlicher Gebäude mit immer weniger Aufwand erledigt werden.

Gehen wir also weiter davon aus, dass wir eine ähnliche Kirche entwerfen wollen. Dabei soll „ähnlich" heißen, dass wir - bis auf bereits bisher bereits automatische Operationen (grün gezeichnet), wie n-fache Anwendung oder Spiegelung - weiterhin *im Entwurf modifizieren* müssen. Die Modifikation für die neue Kirche könnte sein, dass wir andere Obergaden einsetzen, das Triforium oder auch die Arkaden anders aussehen. Ebenso könnte die neue Südfassade breitere Fenster besitzen. Diese Änderungen sollen aber nur für die entsprechenden Teile der gesamten Kirche gelten. Die Reihenfolge des Prozessplans von Abb. 19.3 soll weiterhin gelten.

Die *Aufwände verringern sich*, weil wir jetzt auf bereits Bekanntes zurückgreifen können, vgl. Abb. 19.4. Das Langhauselement V_H das Vierungselement V_V, die Querhaus-Südfassade F_S und auch der Südturm V_{TS} werden jetzt nicht aus Grundelementen neu zusammengesetzt, sondern sie entstehen dadurch, dass wir die *abgelegten Elemente* der Ausführung des Plans aus Abb. 19.3 betrachten und diese *modifizieren*. Dadurch verringern sich die Aufwände: Was vorher rot war, wird jetzt orange. Ebenso vermindern sich die Aufwände der Teile, die oben in Abb. 19.3 noch orange eingefärbt wurden. Wir haben gelernt, wie die Modifikationen durchzuführen sind und wenden dieses Wissen über Modifikationen erneut an. Alle diese Entwurfsschritte werden jetzt mit geringerem Aufwand durchgeführt und sind deshalb in Abb. 19.4 gelb eingefärbt. Die automatischen Schritte bleiben grün.

Wir gehen jetzt noch einen Schritt weiter. Wir entwerfen wiederum eine ähnliche Kirche, gehen aber jetzt davon aus, dass die *Modifikationen* der Elemente gegenüber dem letzten Entwurf allesamt mithilfe des CAAD-Systems weitgehend *automatisch durchgeführt* werden können. Das ist z.B. dann der Fall, wenn nur geometrische Parameter verändert werden, die aber nicht zu einer Verletzung der Constraints führen, die im Entwurf festgehalten sind. Z.B. können die Obergaden vergrößert werden, ohne dass dies die die Ankerpunkte des Triforiums (Zonenaufteilung der 3-stufigen Hauptwand) oder des Strebewerks (Auflagepunkte des Strebewerks und Form des Strebewerks) betrifft. Oder neue und einheitliche Maßwerkfenster werden eingebaut, die bereits zur

Verfügung stehen. Diese automatischen und Gebäudeklassen-spezifischen *Operationen* des CAAD-Systems müssen hierfür aber *vorhanden sein*, was einen vorausgehenden Entwicklungsaufwand für die Werkzeuge bedeutet. Ebenso müssen Operationen zur Verfügung stehen, die die bisher manuellen Modifikationen automatisieren, um von einem Volumenelement zum nächsten zu kommen. Auch für diese ist ein nicht zu unterschätzender Entwicklungsaufwand nötig.

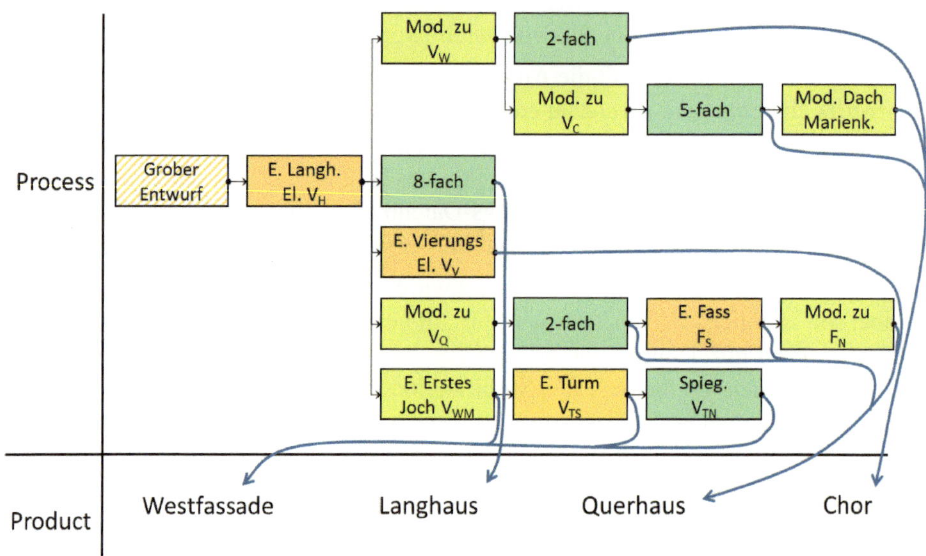

Abb. 19.4 ähnliche Kirche, Entwurf durch Modifikation abgelegter Elemente

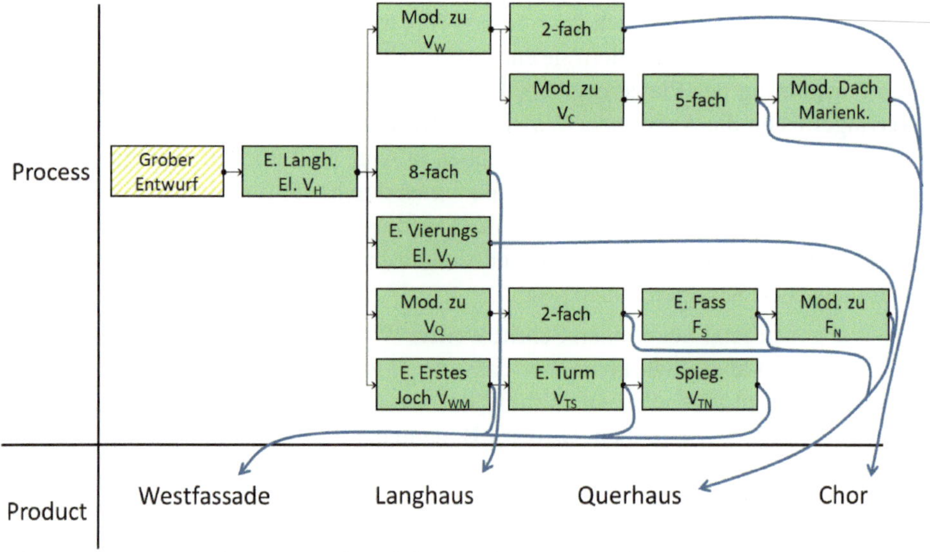

Abb. 19.5 erneute Wiederholung, alle Schritte wurden automatisiert

Wir nehmen nun an, dass diese automatisierten Operationen allesamt zur Verfügung stehen. Die Aufwände vermindern sich erneut, vgl. Abb. 19.5. *Alle Entwurfsprozessschritte* sind jetzt weitgehend *ohne Entwicklungsaufwand* möglich, weshalb sie die Einfärbung grün erhalten haben. Es verbleibt nur am Anfang der Entwurfsschritt, zu überlegen, wie die Parameter für die Veränderungen zu setzen sind.

Diese Vorgehensweise, die *Entwurfsprozess-Automatisierung* für eine *Klasse ähnlicher Gebäude* auf die Spitze zu treiben, besprechen wir im nächsten Kapitel genauer. Diese Automatisierung hängt sehr eng mit der Architektur der betrachteten Gebäudeklasse zusammen und den dort festgehaltenen Ähnlichkeiten aller Gebäude dieser Klasse. Es sei noch einmal darauf hingewiesen, dass der Aufwand für den Bau der Werkzeuge, die die Operationen automatisch ausführen, nicht zu vernachlässigen ist.

Weitergehende, grundlegende Schritte der Veränderung der Prozesse finden sich ebenfalls im nächsten Kapitel, in dem wir - nachdem wir die große Rolle der Architekturbeschreibung diskutiert haben - auch die weiteren obigen Inhalte, nämlich Wiederverwendung, Parametrik, Klassen/ Klassifikation und ihre Beziehungen noch einmal zusammentragen.

19.3 Veränderungen bei der Prozessausführung

Kein Bauprozess läuft so ab, wie er geplant war

Es gibt *kaum einen Entwurfs- und Entwicklungsprozess* der *so wie geplant abläuft.*

Bei der Softwareerstellung gibt es Schritte, deren Ergebnis erst beschreibt, wie der folgende Prozess aussieht (*Evolutionsdynamik*). Z.B. liegt erst nach der Klärung der Anforderungen die Kenntnis vor, die für den Entwurfsprozess nötig ist. Erst nach dem Entwurf weiß man, welche Komponenten zu entwerfen und zu realisieren sind.

Es treten Fehler auf, nicht an der Stelle, an der sie gemacht wurden, sondern viel später. Dann muss im Prozess zurückgegangen werden zu der Stelle, wo der Fehler gemacht wurde und dort repariert werden (*Rückgriffsdynamik*). Das kann dazu führen, dass der Teil des Prozesses nach dem Fehler, unverändert bleibt, zu modifizieren ist, oder völlig verworfen wird und erneut und anderes gemacht werden muss.

Es kann auch sein, dass im Entwurfsprozess erst das Wissen entsteht, das für die Gestaltung des Prozesses angebracht ist (*Dynamik des Prozesswissens*). Dieses Wissen wird in der Regel im nächsten Prozess genutzt, es kann aber auch sein, dass es bereits im laufenden Prozess genutzt werden soll.

Schließlich kann sich der Prozess maßgeblich ändern, da man einen großen *Wiederverwendungsschritt* nutzt. Die Änderungen werden meist erst im nächsten, ähnlichen Prozess angewandt. In einigen Fällen tritt die Änderung im laufenden Prozess auf. Nutzung von Wiederverwendung gestaltet den Prozess um, das haben wir oben in Abb. 19.3 bis 19.5 diskutiert. Dort waren die Aufwände verschieden. Es gibt auch die Möglichkeit, dass der Prozess völlig umgestaltet wird, weil nur noch die Aufgabe verbleibt, die Ergebnisse eines bereits vorhandenen Entwurfs zu nehmen, diese umzugestalten oder nur einzusetzen.

Mit diesen Problemen hat sich der Lehrstuhl Informatik 3 der RWTH über einen Zeitraum von etwa 15 Jahren und in diversen großen Forschungsprojekten auseinandergesetzt [D.HJ 08, HH 10, NM 08]. Wir haben uns dabei auf die mittelgranulare Betrachtung der Prozesse konzentriert, wie managementseitig die Dynamik von Entwurfsprozessen zu handhaben ist. Wir haben Prozesse in ihrer internen Gestalt untersucht, aber nicht bis hinunter zu der Stufe, wie eine einzelner Entwickler bei seiner Aufgabe vorgeht. Schwerpunkt war die Koordination der unterschiedlichen Entwickler. Alle oben angesprochenen Probleme treten auf dieser Ebene auf.

Die *Problematik* der sich ändernden Prozesse ist *bei gotischen Kirchen der Normalfall*. Hier kommt, anders als bei Software, noch der physische Bau der Kirche zu den Entwurfs- und Entwicklungsaufgaben hinzu. Bei der Gestaltung ist erst nach dem Grundriss bzw. der groben Gestalt klar, wie der Entwurf weitergeht. Es gibt Veränderungen während des Entwurfs z.B. im Zusammenspiel von Bau- und Werkmeister bevor mit dem Bau begonnen wurde. Es gibt Änderungen beim Bau wegen neuer Entwurfsideen, wegen technischer Bauschwierigkeiten oder weil das Geld knapp wird. Im gutmütigen Fall kann weitergebaut werden wie bisher, weil die Änderung den bisherigen Bau nicht betrifft (der entsprechende Teil wurde noch nicht angefangen, der neue Teil lässt sich problemlos in den bereits erstellten Teil integrieren). Es kann aber auch sein, dass der neue Entwurf zum Abriss bisheriger Teile führt und der neue Entwurf zu weiteren Änderungen zwingt. Das haben wir bei Notre-Dame de Paris kennengelernt, wo die Neugestaltung des Querhauses zum teilweisen Abbruch des alten Querhauses geführt hat und auch weitere Umgestaltungen des Querhauses neben den abgerissenen Teilen erzwungen wurden. Die Neugestaltung kann auch von technischen Problemen herrühren, z.B. bei Statikproblemen, die zu neuen Lösungen zwingen (Lübeck, Freiburg).

Erkenntnisse anderer Bauten ändern den Entwurf

Schließlich kennen wir beim Bau gotischer Kathedralen, dass *Entwürfe von Kathedralen teilweise auf andere Projekte übertragen* wurden (Wiederverwendung, hauptsächlich durch Erfahrung über die Personen von Bauhütten) und in dem wiederverwendenden aktuellen Projekt dort zu Änderungen führte, wie beim Dom zu Köln, der Ideen von Amiens aufgreift, oder beim Dom zu Bamberg erläutert, wo die Westtürme der Idee der Türme von Laon folgten.

Der harmlosere Fall ist der, dass Wissen von einem Projekt zum nächsten übertragen wurde (Wiederverwendung von Projekt zu Projekt), *bevor dort mit dem Bau der Kirche begonnen* wurde oder des Teils der Kirche, für den die Erfahrungen eines anderen Baus anzuwenden sind. Wenn sich die Planung der bisherigen Kirche dabei nicht oder nur wenig ändert, erzeugt der neue Einfluss ggf. nur eine Stiländerung oder -erweiterung. Dies ist z.B. bei gotischen Kirchen in England der Fall, die normannisch begonnen und gotisch weitergebaut wurden.

Schwieriger wird es, wenn die aufzunehmenden Änderungen zu *gravierenden Änderungen der bisherigen Kirche* zwingen. Das haben wir in Notre Dame de Paris kennengelernt, wo im fünften Bauabschnitt, das Querhaus z.T. abgerissen und verlängert wurde, im vierten Bauabschnitt das Langhaus völlig umgestaltet wurde (Hauptwand,

Einsatzkapellen) und im sechsten Bauabschnitt der Chor wesentlich verändert wurde und die Fassaden des Querhauses angefügt wurden.

Schließlich sind hier noch die vielen *Änderungen* im Nachhinein *aufgrund des Zeitgeistes* zu nennen, nahezu bei jeder Kirche, über die Jahrhunderte hinweg. Dies erfolgte insbesondere im 19. Jahrhundert, in dem man die Gotik wieder schätzen lernte, und dabei auch etliche Kirchen dem Geschmack der Zeit entsprechend „verschönert" hat.

19.4 Zusammenfassung und Einordnung

Zusammenfassung der wichtigsten Aussagen

In Abschnitt 19.1 haben wir auf gröbstgranularer Ebene (Arbeitsbereiche, Rollen und Zusammenspiel) Erkenntnisse der Gotik auf die Softwareentwicklung angewandt. Die Ergebnisse sind deckungsgleich mit Erkenntnissen, die derzeit unter dem Begriff „agile Softwareentwicklung" in der Community verbreitet werden. Die wichtigsten Thesen zusammengefasst: (i) Änderungen sind das Normale und unvermeidlich, (ii) Die enge Kooperation von Auftraggeber und Lösungsersteller hat eine besondere Bedeutung, (iii) das Ziel und das Produkt sind das Wichtigste, nicht Regeln und Bürokratie, (iv) begeisterte Individuen und ihr Zusammenspiel sind notwendig für ein gutes Ergebnis.

Abschnitt 19.2 behandelte auf grobgranularer Ebene, also detaillierter als 19.1 aber noch oberhalb der Einzelschritte eines Entwicklers, das Management der einzelnen Entwickler, aber auch der Gruppen. Der Prozessplan gibt das Zusammenspiel und die Ergebnisse detailliert wieder. Eine Inhomogenität der Idee oder des Entwurfs erhöht den Entwurfsaufwand. Die Entwurfsaufgaben sollten bei einem intelligenten Entwurf mit Parametrik angegangen werden, was aber eine gewisse Homogenität voraussetzt. Die einzelnen Aufgaben erfordern mehr oder minder viel Aufwand (Erstellen oder Modifikation eines Volumenelements). Wiederverwendung vermindert den Entwurfsaufwand deutlich bei ähnlichen oder gleichen Gebäuden.

Abschnitt 19.3 behandelte die Dynamik von Entwurfsprozessen: Es gibt hier bei gotischen Kirchen alle Dynamikformen, die in auch in allen informatischen oder ingenieurwissenschaftlichen Entwurfs- und Entwicklungsvorhaben auftauchen. Wir haben die wichtigsten kurz besprochen: Evolutionsdynamik, Rückgriffsdynamik, Dynamik durch erweitertes Wissen, Dynamik durch Wiederverwendung und aufgrund neuer Erkenntnisse über den Entwurfsprozess. Diese Aussagen gelten für alle Granularitätsstufen der Prozesse. Die Effekte konnten beim Bau einer Kirche, bei deren Veränderung, aber auch beim Übergang von Kirche zu Kirche auftauchen.

Gotik, CAAD und Informatik

Wir haben in 19.1 bis 19.3 gelernt, dass die *Softwareentwicklung von* der *Gotik lernen* kann, was das Verständnis einer komplexen Aufgabe und der Herangehensweise zu ihrer Lösung anbetrifft (agiles Vorgehen). Das gilt *auch* für den *CAAD-Entwurf und für Entwurfsaufgaben in den Ingenieurwissenschaften.* Zur Zeit der Gotik gab es keine Prozesspläne, keine Aufwandsabschätzung, keine Überlegungen zur Wiederverwendung. Ebenso wenig gab es Überlegungen zur Dynamik von Entwurfs- und Realisierungsaufgaben. Es gab dies aber alles in impliziter Form, d.h. in den Gedanken und im

Handeln der beteiligten Menschen. Dennoch hat man offensichtlich vieles richtig gemacht, sonst wären die herausfordernden Projekte nicht erfolgreich abgeschlossen worden. Man hat einige und wenige *Prinzipien beachtet*, ohne diese reflektiert und formalisiert zu haben, oder gar Werkzeuge zur Unterstützung zu besitzen. Man hat in Bauhütten Erkenntnisse generiert, diese vermittelt und verbreitet. Daraus kann man lernen.

Dies alles beruht auf einer *Spezialisierung*: Gotische Kirchen haben Gemeinsamkeiten, man hat beobachtet und neue Ideen übernommen und in Bauhütten einbezogen. So entstand Wissen, Kompetenz und Erfahrung für gotische Bauten, noch mehr für deren spezielle und lokale Ausprägungen. Auch dieser Weg kann heute genutzt werden.

Die Umkehrung, was kann die Gotik aus der Informatik oder der richtigen Handhabung des CAAD lernen, lässt sich nicht mehr verfolgen. Wir können unsere Erkenntnisse, was wir aus der Sicht der Informatik/ der Ingenieurwissenschaften gelernt haben, aber auf den Bau moderner Gebäude anwenden, s. Kap. 22.

Prozesse und Einordnung

Will man *Prozesse* verstehen, so empfiehlt es sich, diese *genauer* zu *betrachten*. Welche Dimensionen der Betrachtung gibt es und wie hängen diese zusammen? Eine solche Einordnung liefert uns auch die Erkenntnis, was wir betrachtet haben, was nicht, und was noch betrachtet werden könnte.

Es gibt die folgenden *Dimensionen* der Betrachtung:

(a) *Granularität*: gröbstgranular wie Arbeitsbereiche (Anforderungen, Entwurf etc.), grobgranular: alle Aktivitäten der Entwickler werden erfasst, aber nicht deren interne Zergliederung, feingranular: wie geht der einzelne Akteur vor.

(b) Formalisierung: von intuitiv ausgeführt bis hin zu formal spezifiziert.

(c) *Unterstützung*: reicht von „durch Menschen irgendwie ausgeführt", über einfache oder substanzielle Unterstützung, bis hin zu Automatisierung durch Werkzeuge. Werkzeuge automatisieren kleine Schritte ggf. mit interaktiven Eingaben; die Automatisierung größerer Schritte gelingt nur bei genauem Verständnis der Prozesse.

(d) *Ausführungsform*: von streng und strikt festgelegt bis zu agil, inkrementell, iterativ.

(e) *Formalität* der *Eingabe* oder *Ausgabe*: vager Input oder Output bis hin zu einer strikten Form jeweils beider Angaben.

(f) *Wiederverwendungsgrad*: von erstmals probiert über einfache/ fortgeschrittene Wiederverwendung hin bis zu mehr oder minder vorgegebenen Prozessen, usw.

Was haben wir betrachtet für Gotik bzw. CAAD? (a) alle drei Ebenen wurden in diesem Kapitel angesprochen, (b) von wenig formalisiert bis zu den Wiederverwendungsaspekten, (c) in Gedanken in der Gotik, einfache Unterstützung im CAAD, (d) agiles Vorgehen wurde angesprochen und empfohlen, (e) Ein-/ Ausgabe-Formalität gab es bisher nicht, (f) die Wiederverwendungsstufen wurden zumindest skizziert.

Weiteren Aspekten werden wir im nächsten Kapitel nachgehen. Ebenso verschieben wir die *Verbindung* der Prozesse *zu* den *weiteren Aspekten* (Wiederverwendung, Parametrik, Klassen und Klassifikation). Alle Aussagen des Kapitels gelten für CAAD-Architektur, für die Informatik und auch für alle Ingenieurwissenschaften.

Wir vergleichen zunächst Architekturen im Bauwesen, für Software und beim Entwurf gotischer Kirchen, um deren Gemeinsamkeiten und Unterschiede zu verstehen. Zwei Beispiele einer Softwarearchitektur und eines CAAD-Entwurfs werden danach einander gegenübergestellt. Die genauere Kenntnis von Klassen von Softwaresystemen bzw. Gebäuden sind der Schlüssel für fortgeschrittene Ansätze bzgl. Qualität und Effizienz des Entwurfs. Wir skizzieren, wie ein Systems zur Unterstützung eines solchen Entwurfs aussehen kann. Schließlich diskutieren wir die Verbindung der Konzepte des Teils IV dieses Buches und auch anderweitige Bezüge.

20.1 Bauwesen, Softwaretechnik, Gotik

Architekturen im Bauwesen

Die Architektur eines Bauwerks (vgl. Abb. 20.1) beschreibt seine *essentiellen Strukturen*, unterdrückt damit viele Details der Realisierung und stellt somit eine wesentliche Abstraktion dar. Solche Details sind, wie man eine Wand baut (welche Steine und Bindemittel, Beton, Fertigbau) oder analog für Fenster, Türen oder Einbauten.

Es sind auch *wesentliche Teile*, die zunächst noch *offenbleiben*, wie etwa das Fundament aussieht oder wie das Dach realisiert wird. Das machen Bauwerksspezialisten später. Es bleibt auch unvollständig und für später festzulegen, wie die Sanitär- und Elektroinstallation gestaltet wird, oder bei größeren Gebäuden, die Klima- und Automatisierungstechnik, d.h. wie die Leistungen *anderer Gewerke* aussehen. Die Architektur beginnt mit einer Skizze und endet mit einer Reihe von Ausarbeitungen, die miteinander in enger Beziehung stehen.

Architekturen werden klassisch durch *Risszeichnungen* festgelegt, ergänzt durch 3D-Zeichnungen des gesamten Hauses. Im modernen Bauwesen erfolgt die Architekturfestlegung durch ein dreidimensionales CAAD-Modell, in seiner vollständigen Ausprägung *Building Information Model* (BIM) genannt. Dieses Modell wird visualisiert, man kann um das Gebäude herumgehen oder sein Inneres besuchen. So erhält man einen unmittelbaren Eindruck, wie das später zu realisierende Gebäude aussieht.

Später im Entwurfs- und Realisierungsprozess werden die *Details nachgetragen*, z.B. der Dachaufbau, die detaillierten und genauen geometrischen Daten der einzelnen Räume in den Etagenplänen, die Lagepläne für die verschiedenen Installationen und wo vorgefertigte Teile für Bad oder Küche zu platzieren sind.

Der Architekt bezieht in seine Überlegungen auch die spätere *Nutzung* des Gebäudes mit ein, mögliche *Erweiterungen* oder vorhersehbare Umbauten, bei großen Gebäuden auch die *Bewegungen* der Bewohner oder sogar die Evakuierung im Notfall.

© Springer-Verlag GmbH Deutschland, ein Teil von Springer Nature 2019
M. Nagl, *Gotik und Informatik*, Die blaue Stunde der Informatik,
https://doi.org/10.1007/978-3-662-55518-7_20

Die Architektur eines Gebäudes ist der *zentrale Kommunikationspunkt* zwischen den Beteiligten (Auftraggeber, Architekt, Statiker, Handwerker, Spezialisten für die Bautechnik, Spezialisten für Gewerke, Genehmigungsbehörde, Unterauftragnehmer). Bei dieser Kommunikation werden *Lösungen erarbeitet*, es werden Lösungen *geprüft*, es werden *Ergänzungen* erarbeitet, es wird *weiter ausgestaltet*. Somit ist die Architektur die zentrale und wichtigste Dokumentsammlung im Entwurfs-, Entwicklungs-, Bau- / Umbau- und Nutzungsprozess. Hierfür enthält die Architektur verschiedene Ausarbeitungen für unterschiedliche Aspekte, Abstraktions- bzw. Detaillierungsstufen.

Wir sehen dies alles in der Abb. 20.1 für ein Einfamilienhaus. Auf oberster und abstrakter Ebene finden wir Darstellungen, die das *Gesamte* skizzieren, wie eine 3D-Skizze und die Risse für die verschiedenen Richtungen. Darunter stehen die *Etagenpläne*, deren Verfeinerungen bis hin zur Lage von Teilen der Räume (z.B. der Küche) mit ihren geometrischen Daten. Für das Haus gibt es *weitere Pläne* für den Aufbau des Dachstuhls oder für die Sanitär- und Elektroinstallation. Anhand der Pläne können die *Nutzbarkeit* des Hauses oder seine späteren *Erweiterungen* diskutiert werden.

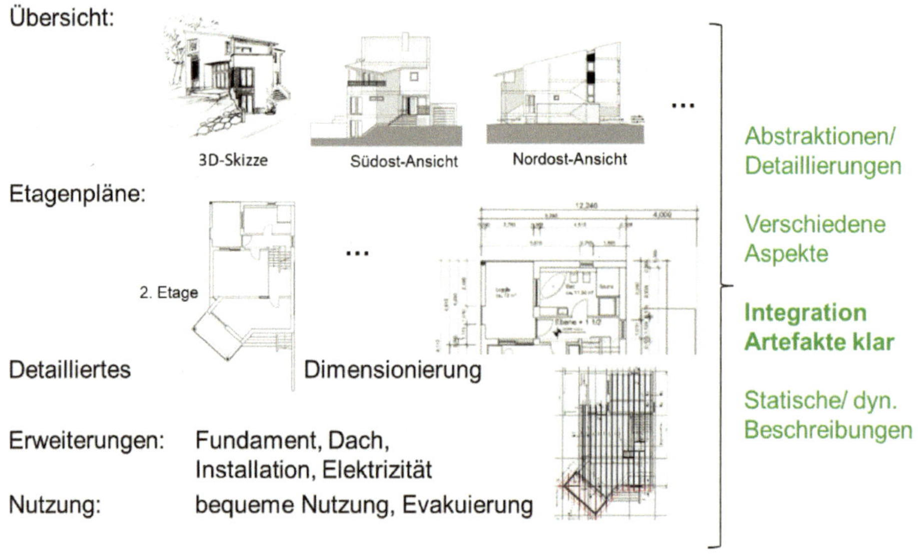

Abb. 20.1 Zentrale Rolle der Architektur im Bauwesen: Übersicht, Verfeinerungen, Ergänzungen, verschiedene Aspekte, Zusammenhang

Alle *Beteiligten* verstehen die miteinander *zusammenhängenden Artefakte*, die zusammen die Architektur bilden, oder zumindest die *Teile*, die sie brauchen. Der Auftraggeber betrachtet die Gesamtsicht, die Etagenpläne und deren Dimensionierung. Der Statiker die für die Statik relevanten Bauteile. Der Elektriker vertieft sich in die Pläne, wie die Elektrik zu verlegen ist, wenn er die Pläne nicht sogar selbst anfertigt. Architekt, Auftraggeber und Baufirma überlegen, ob die Architektur des Hauses einfach zu erweitern ist, ohne z.B. die Statik zu gefährden. Jeder der Beteiligten - auch wenn nur an einem Teil der Information interessiert - versteht den Zusammenhang.

Softwarearchitekturen

Den Begriff *Architektur* verwendet die Informatik mit *verschiedenen Bedeutungen*. Wir sprechen von einer (a) *Rechnerarchitektur*, wenn wir den Bauplan eines meist verteilten Rechnersystems bezeichnen, von einer (b) *Systemarchitektur* wenn verschiedene Rechner und auf ihnen laufende Softwaresysteme zusammen betrachtet werden und auch die verteilte Architektur eines Anwendungssystems, von einer (c) *Kommunikationsarchitektur*, wenn die Kommunikationsstrukturen von Telekommunikationssystemen oder der Nachrichten- und Datenaustauschteil von verteilten Anwendungen/ Rechnersystemen charakterisiert werden soll, von (d) einer *Datenbankarchitektur*, wenn die Bezüge unterschiedlicher und zusammenhängender Teile der Daten durch Schemata herausgearbeitet werden. Mit diesen Formen der Architektur beschäftigen wir uns hier nicht weiter, obwohl es auch bei ihnen viele Parallelen zur folgenden Argumentation gibt.

Schließlich bezeichnet der Begriff *Softwarearchitektur* den *Bauplan für ein Softwaresystem*, sei es monolithisch oder verteilt, sei es fest konfiguriert oder bei Bedarf zur Laufzeit des Systems gezielt erweiterbar. Bei genauerer Betrachtung stellt sich heraus, dass es hierfür nicht nur einen Bauplan, sondern verschiedene gibt, von einer abstrakten Form bis zu der, die ein ausgeliefertes Softwaresystem beschreibt [D.Na 90]. Mit den Bezügen gotischer Kirchen zu Softwarearchitekturen wollen wir uns in diesem Abschnitt beschäftigen. Wir hätten hier aber ebenso die Bezüge zu den anderen Formen von Architekturen für Rechner bis zu Datenbanken diskutieren können.

Für *Softwarearchitekturen* gibt es *unterschiedliche Definitionen* und entsprechend unterschiedliche *Ansätze*, auf die wir später eingehen. Eine Charakterisierung vorab: (i) Komponenten (atomare Module) haben ein Außenleben und Innenleben, (ii) es gibt Komponenten verschiedener Arten, je nach Aufgabe , (iii) Verbindungen zwischen Komponenten können verschiedene Bedeutung haben, (iv) Komponenten existieren für unterschiedliche Größe (atomar als Module, größere mit Innenentwurf als Teilsysteme), (v) es gibt „fertige" Komponenten und parametrisierbare, (vi) Architekturen besitzen meist unterschiedliche Hierarchien, für unterschiedliche Arten der Verfeinerung/ Ergänzung, (vii) Regeln für korrekte und auch für gute Architekturen schränken ein, (viii) Architekturen gibt es auf verschiedenen Stufen, abstrakt (für unterschiedliche Realisierungen noch offen) bis konkret (mit allen Details eines ausgelieferten Softwaresystems) usw.

Eine Aufgabe ist es, die *richtige Granularität* für *Architekturen*, deren *Teile* und ihren *Zusammenhang* zu finden: (a) nicht nur eine Handvoll Teile, aber auch nicht zu viele. (b) Wichtig sind möglichst lose Verbindungen zwischen den Teilen. (c) Abstraktion heißt, das Innenleben der Bausteine bleibt verborgen. (d) Es ist bedeutsam, dass alle wichtigen Entwurfsentscheidungen in der Architektur zum Ausdruck kommen.

Die Architektur ist die *essentielle Struktur* auch für *Bau* und *Nutzung* sowie die spätere oftmalige *Veränderung*. Sie ist das Zentrum des Gesamtprojekts - für den Entwicklungsprozess, als auch sein Produkt, als auch in beiden Fällen für seine Teile. Insbesondere muss die Architektur die Anleitung für den Bau eines Softwaresystems sein, das den angestrebten Zweck erfüllt.

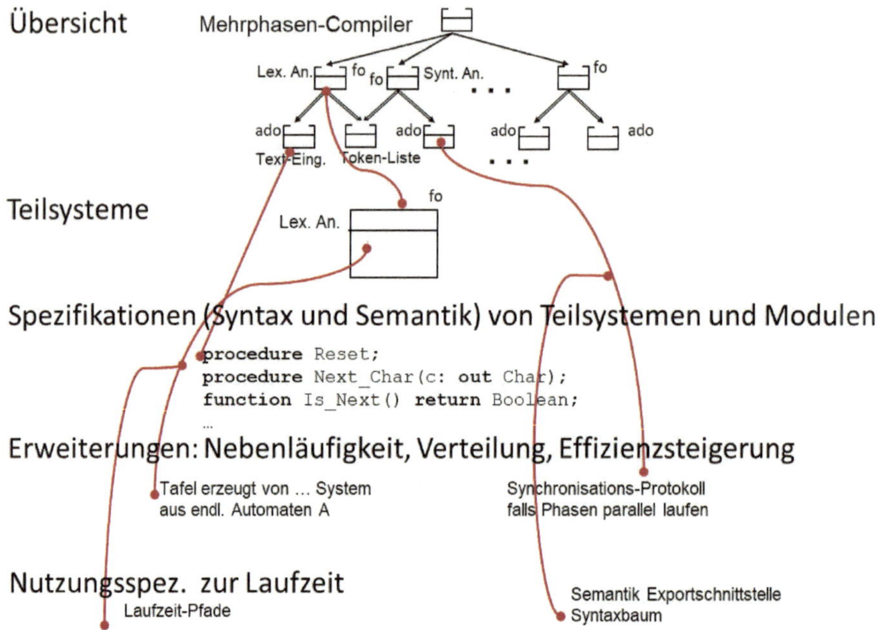

Abb. 20.2 Architektur von Software: verschiedene Granularitätsstufen, Sichten und Integration

Betrachten wir zur Erläuterung eines ersten *Beispiels einer Softwarearchitektur* die Abb. 20.2. Das Beispiel behandelt einen Übersetzer (Compiler, d.h. ein System zur Übersetzung eines Programms einer höheren Programmiersprache in ein direkt ausführbares). Der Compiler ist ein sog. Mehrphasencompiler, der die Übersetzung in mehreren Schritten (Phasen) organisiert [C.AL 14]. Die Abbildung zeigt im obersten Teil *drei Schichten*: (a) für Zusammenhang und Steuerung; der Baustein steuert nacheinander die verschiedenen Phasen an, wobei jeweils Eingabedaten in Ausgabedaten verwandelt werden, (b) für die wichtigsten Funktionen der einzelnen Phasen (lexikalische Analyse, Syntaxanalyse, etc.) und (c) für die zugrundeliegende Infrastruktur zum Datenaustausch (Texteingabe, Tokenliste, etc.). Alles zusammen bildet ein *Rahmenwerk* (Standard für Mehrphasencompiler, ein Muster, wie eine solche Anwendung zu realisieren ist).

Jede der größeren Funktionen der Schicht (b) hat wiederum eine *interne Architektur-Struktur* und wird deshalb Teilsystem genannt. Betrachten als *Beispiel* die erste Phase (i) *lexikographische Analyse* oder Scanner genannt. Ihre Aufgabe ist es, verschiedene Zeichen des Programmtextes auf unterster syntaktischer Ebene zusammenzufassen, z.B. die Zeichen für einen Bezeichner Index im Programm, für ein Literal 1.2, etc. Die nächste Phase (ii) ermittelt die Aufbausyntax des Programms, dass z.B. in einem Programmstück erst Deklarationen stehen und danach Anweisungen. Nach der (iii) Ermittlung der kontextsensitiven Syntax (eine Verwendung entspricht der zugehörigen Deklaration), folgen noch weitere Phasen (Erzeugung von Zwischencode, Optimierung, Adressierung und Postoptimierung), auf die wir hier nicht näher eingehen.

Das Beispiel Lexikalische Analyse benutzt eine *Datenstruktur* für die Texteingabe, deren *Schnittstelle* als Beispiel unter Spezifikationen angegeben ist. Auf der vierten Beschreibungsebene geben wir zusätzlich an, dass der Scanner tafelgesteuert arbeiten soll. In der Tafel ist als Beschreibung festgelegt, welche Zeichen zu einer lexikalischen Einheit zusammenzufassen sind. Auf der letzten Beschreibungsebene wird die Semantik von Schnittstellen angegeben oder die Ablaufpfade der Ausführung.

Wir sehen auch hier wieder, wenn wir die Abb. 20.2 mit der von 20.1 vergleichen, dass wir Beschreibungen (Artefakte) verschiedener Granularitätsstufen haben, verschiedene Aspekte betrachten, die Artefakte miteinander zu tun haben und integriert werden, dass Beschreibungen der statischen Struktur oder der dynamischen Semantik zugeordnet werden können. Es gibt auch hier ein Gesamtkonzept der Problemlösung.

Trotz der oben beschriebenen zentralen Rolle einer Architektur: Das Architekturverständnis von Software ist verschieden, je nach Anwendungsbereich. Wenige versuchen, hierfür eine Einheitlichkeit herzustellen. Wir skizzieren *drei Ansätze für Software-Architekturen.*

(A) Klassische Softwarearchitekturen

A1 Man denkt in Komponenten unterschiedlicher Arten, Beziehungen verschiedener Bedeutung, in Basisschichten, Infrastrukturen, Rahmenwerken für Gesamtentwurf, betrachtet Benutzbarkeitshierarchien zwischen Teilen, betrachtet Muster für den Gesamtentwurf und auch von Teilen. Ein Beispiel hierfür ist das bereits besprochene Compiler. In diesem Ansatz lassen sich die Architekturen aller Anwendungsbereiche handhaben und auch alle Klassen von Software-Systemen, von Batch-Systemen, interaktiven Systemen, eingebetteten Systemen, etc.

A2 Eine Alternative ist der rein objektorientierte Entwurf: Die Modellierung erfolgt hier mit Typen (Klassen im Sinne der objektorientierten Programmierung), Beziehungen zwischen den Klassen, die Ähnlichkeit und Unterschiedlichkeit zum Ausdruck bringen. Die Objekte der Klassen werden zur Laufzeit erzeugt, die Erzeugung ist im Code der Klassen versteckt und nicht auf Architektureben zu sehen. Es ergibt sich ein Abstand zwischen Architektur und Umgebung, in die das System eingebettet ist.

Typisch für die Ansätze - A1 als auch A2 - ist das Denken in Schichten, Rahmenwerken und auch Wiederverwendung. Wir gehen hierauf noch einmal ein.

(B) Software für Eingebettete Systeme

Im Entwurf werden *Objekte miteinander verschaltet.* Dies geschieht über Eingangs- und Ausgangsports, man denkt in einem *flussorientierten Ansatz* (für Daten- und Kontrollsignale). Der Entwurf betrachtet Objekte (Exemplare) als auch Klassen (Typen solcher Exemplare).

Typisch für eingebettete Systeme ist, dass es auch *mehrere Objekte gleicher Art* (gleichen Typs) geben kann. Damit drückt man die Verbindung zur zugrundeliegenden technischen Struktur aus, für die das ebenfalls gilt. Dies ist ein Unterschied zur rein objektorientierten Denkwelt, wo man in diesem Falle die Gemeinsamkeit von Objekten in Form der Verwendung des Typs (Klasse) zum Ausdruck bringen würde.

(C) Zweistufiger Entwurf im Ingenieurbereich und in der Informatik

Bei der Bearbeitung einer Lösung aus einer Domäne gibt es Wissen, das der *Domäne* zugeordnet werden kann und solches, was für die *konkrete Lösung* nützlich ist. Durch mehrere Lösungen erkennt man Gemeinsamkeiten, sammelt Erfahrungen, allgemeingültige Ideen, Möglichkeiten der Präzisierung, Ansätze für die Effizienzsteigerung für Lösungen etc., die allesamt der Domäne zugeordnet werden können, aber bei der Erarbeitung einer Lösung hilfreich sind. Die Domäne ist zuständig für das Allgemeine, die Lösung für das Konkrete. Es liegt deshalb nahe, beide Ebenen in einem *Ansatz der Trennung und des Zusammenspiels* zu verbinden. Der Autor hat diesen Ansatz das erste Mal in der Automatisierungstechnik kennengelernt.

Bei der ersten Lösung wird meist nur über die Lösung nachgedacht. Das *Domänenwissen* wird bei jedem Entwurf erweitert und wächst so. Es *wächst* somit das Denken und Wissen über verschiedene Lösungen nacheinander als auch über Varianten von Lösungen im Sinne einer Familie. Es wachsen auch Strukturwissen, Präzisierung und Wiederverwendungs-Techniken. Auch der *konkrete Entwurf* unter Nutzung von Domänenwissen verändert sich, mit der Zeit dramatisch.

Es gibt *zwei Ebenen* der Entwurfsarbeit und der *intellektuellen Beschäftigung*, den längerfristigen auf der Domänenebene und den kurzfristigen beim Zusammenbau einer Lösung unter Nutzung des Domänenwissens. Auf der Domänenebene wird in Typen und Klassen gedacht, auf der Lösungsebene in Instanzen und deren Verschaltung.

Alle in diesem Teil IV kennengelernten *Konzepte* - Wiederverwendung, Parametrierung, Klassen/ Klassifizierung/ Klassenhierarchien und auch Entwurfsprozesse lassen sich *auf beiden Ebenen anwenden*.

Als *Gemeinsamkeit für alle oben betrachteten Architekturen*, einerseits für Bauten als auch für Software (A) bis (C) ergibt sich: Es gibt eine Analogie zu Architekturen im Bauwesen: Wir handhaben verschiedene Abstraktionen für die Realisierung, aber auch, um verschiedene Aspekte zum Ausdruck zu bringen. Es gibt nicht nur eine Architektur, verschiedene Verfeinerungen in Stufen werden ausgedrückt, der Zusammenhang der verschiedenen Artefakte sollte klar sein. Die so vielgestaltige Architektur ist das Zentrum der Entscheidungen und der Kommunikation.

Jede Architektur betrachtet auch die *Verbindung* des zu erstellenden/ zu verändernden *Systems nach außen*. Bei einer gotischen Kirche ist dies die Verbindung zum Glauben, die Darstellung der Bedeutung der Region, die unterschiedliche Nutzung der Kirche von einer Messe bis hin zur Handhabung der Pilgerströme. Bei einer klassischen Softwarearchitektur für betriebswirtschaftliche Applikationen ist dies die Verbindung zu den Geschäftsprozessen, für die das System gedacht ist und insbesondere zu den Menschen, die beteiligt sind. Bei einem eingebetteten System sind die vielfältigen Verbindungen zum zugrundeliegenden technischen System zu beachten, für dessen Steuerung das eingebettete System entwickelt wird.

Gotische Architekturen und Entwurf

Zur Erinnerung: Die Behandlung der Architektur gotischer Kirchen ist in diesem Buch nicht nur deren Nachzeichnen durch Risse und deren Zusammenfügen, ohne die dahinterliegende Struktur zu sehen und zu verstehen. Architekturüberlegung heißt hier stattdessen *Strukturanalyse und Strukturkomposition* sowie Strukturmodifikation, vgl. etwa die Modellierung von Reims in Kap. 11. Wir denken in räumlichen *Einheiten* und *Teilstrukturen*, die sich zusammenfügen lassen zu größeren Teilen, wie Langhaus oder Chor, die sich wiederum zu gesamten Kirchen verschmelzen lassen. Das unterscheidet unseren Ansatz von anderen, die sich die Vorteile von CAAD-Systemen zunutze machen, indem komplexe Formen nur besser nachgezeichnet werden.

In Analogie zur Architektur eines Einfamilienhauses von Abb. 20.1 und einer Softwarearchitektur von 20.2 besitzt die Architektur einer gotischen Kirche ebenfalls verschiedene *Abstraktionen*, bedient verschiedene *Aspekte*, zeigt deren *Integration* und folgt einem *Rahmenwerk*, einem Standardaufbau, wie bereits argumentiert wurde.

Auch der gotische Entwurf vernachlässigt Details oder *abstrahiert* von ihnen über *verschiedene Stufen*: ganze Kirche, wichtiger Teil wie Langhaus, Volumenelement hierfür, Teile desselben, wie Hauptwandstück, Arkadenstück, Maßwerk und für alle diese Teile ihre Zusammensetzung wiederum über Stufen (vgl. Abschnitt 17.2). Darüber hinaus bestehen noch vielerlei weitere Teile, auf die wir aus Mangel an Platz und aus Gründen der Fokussierung nicht eingegangen sind, wie Fundamente und Dachstruktur. Weitere Gewerke (Bildhauerei, Holzschnitzkunst, Glasmalerei, etc.) liefern Ausstattungen, die für das Gesamtkunstwerk bedeutsam sind. Jeder der Beteiligten versteht den Gesamtzusammenhang der Architektur und auch, wo er die Information finden kann, die für seine Aufgabe wichtig ist. Er sieht und versteht die Zusammenhänge.

Verschiedene *Aspekte*, wie Gebäudestruktur, Dachbau, Glasmalerei, Malerei, Bildhauerei oder Holzschnitzkunst, Schlosserei usw. wirken zusammen. Das Gleiche gilt für die statische und dynamische Standfestigkeit.

Verschiedene *Nutzungen* einer gotischen Kirche sind möglich, als Ort für Messen, große Feiern, Prozessionen, Pilgerströme bis hin zu Märkten, die ebenfalls in der Kirche stattfanden. Statisch ist der Platz hierfür vorhanden, dynamisch sind die entsprechenden Ströme von Menschen zu ermöglichen.

Die herausragende *Bedeutung* für den Entwurfsprozess (Zentrum aller Entwurfsentscheidungen) sowie Realisierungs-, Entscheidungs- und Finanzierungsprozessprozess sind ebenfalls in der Architektur verankert.

Alle diese Aspekte können wir auch beim Nachbau mithilfe eines CAAD-Werkzeugs betrachten. Sie wurden aber bereits während der Zeit der Gotik gesehen und auch beachtet. Wir vollziehen sie in der Modellierung nur nach.

Die Architektur einer gotischen Kirche - oder allgemeiner eines *Gebäudes*, s. Einfamilienhaus - ist stark von der *physischen Ausprägung* des später nach dem Entwurf zu realisierenden Produkts geprägt, wie auch bei Ingenieurdisziplinen und deren komplexen Produkten (Auto, Zug, Flugzeug, Produktionsanlage, etc.). Bei Softwarearchitekturen ergibt sich diesbezüglich eine Bandbreite, wie oben bereits erläutert. *Software* ist ein *immaterielles* Produkt (wie auch ein *CAAD-Entwurf*), und sie wird später nicht produziert. Meist wird sie nur kopiert.

Wenn wir auch viele Übereinstimmungen mit dem Gebäudeentwurf, Softwarebau, etc. festgestellt haben, so hat der *Entwurf in der Gotik auch etwas Besonderes*, das wir so nicht - oder zumindest nicht in der gleichen Intensität - woanders vorfinden. Die Gotik folgt - über alle Kirchen hinweg - einer *Idee*. Die Ausprägung ist von Kirche zu Kirche verschieden, es gibt verschiedene Haupttypen von Kirchen (Basilika, Halle, etc.), und es gibt unterschiedliche Spezialtypen, s. Klassifikationskapitel 18.

An eine noch größere Besonderheit gotische Kirchen wollen wir noch einmal erinnern (vgl. Abschnitt 5.4): *Idee, Form, Struktur, Funktion und Stilelemente* sind *schwer voneinander zu trennen*, sie gehen eine sehr enge Beziehung ein. Wir finden Harmonie und Homogenität (Reims) und auch größere Diversität (York, St. Sebald).

20.2 Zwei besondere Architekturen

Gegenüberstellung zweier Beispiele aus Software und Kirchen

Beginnen wir mit zwei Beispielen, einerseits aus dem Bereich Softwarearchitektur und andererseits dem Entwurf einer gotischen Kirche, um weitergehende Klarheit bzgl. der Gemeinsamkeiten und Unterschiede zu erlangen.

Wir nehmen für das Softwarearchitektur-Beispiel erneut den oben bereits erläuterten *Mehrphasen-Compiler,* der einen *besonderen Charakter* hat. So kann die lexikalische Analyse formal beschrieben werden, wie auch weitere Phasen, und auf globaler Ebene auch die Gesamtausführung des Compilers. Das Rahmenwerk kann direkt wiederverwendet werden. Dies führt dazu, dass der Aufwand für die Erstellung eines *Compilers* für eine Programmiersprache daraus besteht, die Einheiten für die Phasen zu erstellen. Diese können aber oft *aus formalen Beschreibungen generiert* werden.

In Abb. 20.3.a ist dieses Beispiel noch einmal aufgeführt. In roter Farbe eingerahmt finden wir die wiederverwendbaren Teile, nämlich den *Zusammenhangs*-Baustein oben, der nacheinander die einzelnen Phasen aktiviert, und die *Basisschicht* unten, die zum Austausch zwischen den Phasen geeignete Datenstrukturen zur Verfügung stellt. Beide sind für jeden Mehrphasen-Compiler direkt verwendbar. In grüner Farbe eingerahmt sehen wir die wesentlichen *Komponenten*, die oft generiert werden können, weil man Ihre Funktion formalisieren kann. Insgesamt und in blauer Farbe eingerahmt finden wir den *Standardaufbau*, der in Form eines Rahmenwerks zur Verfügung steht. Der Compiler ist ein Musterbeispiel fortgeschrittener Techniken der Wiederverwendung.

Software ist als immaterielles Produkt sehr flexibel. So gibt es für die Übersetzung von Programmiersprachen auch einen anderen Ansatz, der zu einer völlig anderen Architektur und damit Realisierung führt, nämlich den Einphasencompiler nach Wirth [C.Wi 11]. Was heißt das? Verschiedene und gleichermaßen taugliche Software-Lösungen können eine völlig unterschiedliche Struktur haben. Diese *Flexibilität* ist beim Entwurf *materieller Produkte* - und eine Kirche ist materiell – meist *nicht gegeben*.

Auch das Beispiel der gotischen Kirche in Abb. 20.3.b ist *bemerkenswert*. Es handelt sich um die Kathedrale von Reims aus Kap. 11, die uns als Beispiel großer Harmonie und Uniformität bereits mehrmals aufgefallen war. Auch hier finden wir den *Zusammenhang/ die Zusammenfassung* zu einer Kirche durch Zusammenfügen der *wesentlichen großen Komponenten* (Langhaus, Querhaus, etc.). Diese Komponenten haben einen gleichförmigen Aufbau, nämlich aus gleichen bzw. gleichartigen Volumenelementen. Abb. 20.3b stellt das Zusammenfügen des polygonalen Teils des Chores aus gleichartigen Segmenten dar, vor der Mehrfachanwendung dieser Segmente. Die gesamte Kirche ruht auf einer *Basis*, dem Fundament, das wir in unserer Modellierung bisher nicht betrachtet haben, das aber dennoch eine größere Komplexität besitzt.

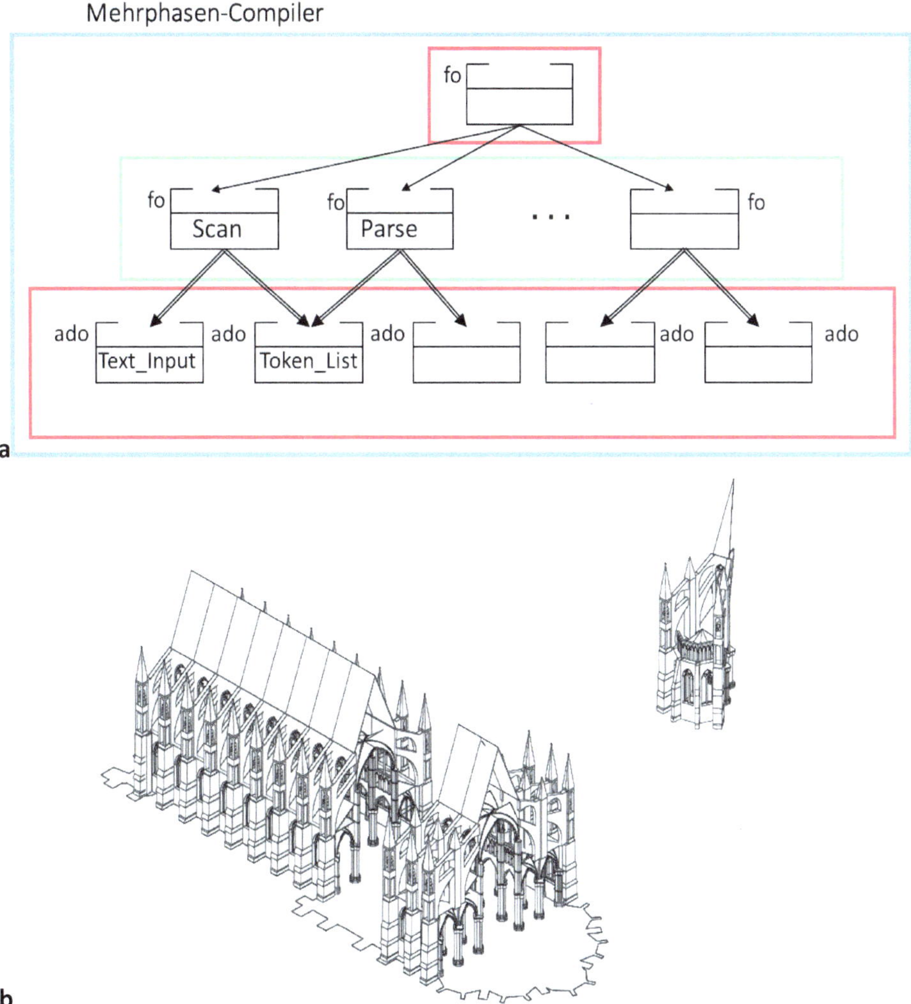

Abb. 20.3, a Architektur Mehrphasencompiler und **b** CAAD-Entwurf der Kathedrale von Reims

Wir sehen aber auch *Unterschiede bei beiden Beispielen*: Zwar haben beide einen Standardaufbau. Im Falle der Kirche gibt es aber keine direkt wiederverwendbaren

Komponenten für eine andere Kirche. Es gibt auch keinen Generierungsansatz für die wesentlichen Teile. Wir kommen hierauf bald zurück.

Abb. 20.3 bringt einen speziellen Ansatz für Softwarearchitekturen in Zusammenhang mit dem Entwurf gotischer Kirchen, nämlich den Ansatz (A) aus dem vorletzten Unterabschnitt. Es bietet sich an dieser Stelle an, diesen *Zusammenhang* für die weiteren obigen *Softwarearchitektur-Ansätze* (B) und (C) hier ebenfalls zu diskutieren.

Eingebettete Systeme (B) sind ein Teil eines technischen Systems und somit auch in Ihrer Struktur durch das technische System teilweise bestimmt. Diese technische Struktur ist der Lösung für das Softwaresystem in der Regel zu entnehmen: Steuerung für diesen Teil der Anlage, Verbindung zwischen folgenden Teilen einer Anlage, Komponente für einen Notfall in jenem Teil der Anlage usw. Wir finden hier also eine engere Beziehung zur physischen Welt, wie auch beim Entwurf einer Kirche, die gebaut werden muss. Es gibt deshalb bei eingebetteten Systemen deshalb auch ähnliche Teile der Softwarearchitektur, die ähnlichen Teilen der physischen technischen Architektur zugeordnet sind. Ansätze für eingebettete Systeme sehen deshalb neben *Komponenten* auch *Verbindungen zwischen Komponenten* vor. Die Analogie ist für gotische Kirchen das Verschmelzen von n Volumenelementen zu wesentlichen Einheiten einer Kirchenarchitektur (Langhaus, etc.). Für Komponenten als auch für Verbindungen kann es präzise Beschreibungen geben. Eingebettete Systeme haben ferner ebenfalls verschiedene Abstraktionsebenen, sie behandeln verschiedene Aspekte, neben Statik auch Dynamik, und als Sonderfall derselben neben der Normalfunktion auch die Notfallbehandlung, um bei Nichtfunktionieren den Schaden klein zu halten. Hier gibt es somit eine besonders enge Beziehung nach außen, nämlich zu dem technischen System und seiner Aufgabe in einem ggf. noch größeren Verbund.

Auch zu dem *2-stufigen Entwurf im Ingenieurbereich* (C) lässt sich die Beziehung für gotische Kirchen angeben: Der wesentliche Teil dieses Ansatzes war die Unterteilung in den Entwurf auf Domänenebene und den konkreten Entwurf für eine Lösung aus einer Domäne. Zum Domänenwissen gehören Klassifikation, Parametrierung, allgemein wiederverwendbare Komponenten in jeder Lösung, Rahmenwerksangaben, Variantenfamilien usw. Aus diesem Wissen aus der Domäne wird eine konkrete Lösung aufgebaut. Dieser Teil IV des Buches behandelt alle diese Konzepte. Domäne sowie auch Lösungen in der Domäne haben verschiedene Abstraktions-/Detaillierungsstufen, beide beschreiben verschiedene Aspekte, behandeln Integration, etc.

Intelligente Softwarekonstruktion: Wiederverwendung und Generierung

Gehen wir zunächst noch einmal auf den Generierungsaspekt unseres Compiler-Beispiels ein. Für die wesentlichen Komponenten (lexikalische Analyse, Analyse der Aufbausyntax, etc.) sind *formale Beschreibungen* (Spezifikationen) zu erstellen. Aus diesen werden die Komponenten (oder Tafeln zum Verhalten der Komponenten) des Compilers generiert, die in das Rahmenwerk des Compilers einzuhängen sind. Das Programmieren der Komponenten entfällt. Das Rahmenwerk gibt die Gesamtlösung inclusive der allgemeinen Komponenten an.

Für diese *Generierung* sind wiederum Programme zu schreiben, die eine formale Beschreibung einer Phase in einen ausführbaren Code übersetzen. Man nennt dieses

Vorgehen den *Compiler-Compiler-Ansatz*. Die Alternative hierzu ist eine Tafel, die die Ausführung eines solchen Programms festlegt. Man braucht dann zusätzlich ein Programmteil (Treiberbaustein), das die Einträge der Tabelle interpretiert. Diesen Ansatz nennt man ein *tafelgesteuertes Verfahren*. Der Vorteil des letzteren ist, dass man Tafeln leichter als Code ändern kann. Treiber plus Tafel erzeugt das gleiche Verhalten wie das die Spezifikation erfüllende Programm. Entscheidend ist auch hier, dass die Tafel generiert werden kann.

Wenige Anwendungsfelder erreichen diese *Tiefe des Verständnisses* und auch des Grades der Wiederverwendung. Der intellektuelle und auch personelle Aufwand, um zu diesem Verständnis zu kommen, ist allerdings beträchtlich. Der Aufwand, die entsprechende Erweiterung des Domänenwissens, zahlt sich aus, wenn man immer wieder ein ähnliches Problem löst, da die Lösung viel einfacher wird, auch wenn man den erheblichen Aufwand der Erstellung der Wiederverwendungs-Maschinerie mitberücksichtigt.

Für diesen tiefen Wiederverwendungs-Ansatz sind allerdings einige *Voraussetzungen* zu erfüllen. Es muss eine Klasse von Problemen geben, die präzise beschreibbar ist. Das gleiche gilt für deren wesentliche Schritte. Ein Rahmenwerk für die Lösungen dieser präzise gefassten Probleme ist zu erstellen, in Form einer präzise gefassten Klasse von Lösungen für die Probleme, s. Abb. 20.3.a. Es liegen ferner die Spezifikationsansätze vor und auch die Mechanismen zur Erzeugung von Programme bzw. Tafeln plus Treiber, die den Spezifikationen entsprechen.

Es verbleibt als *Aufgabe* dann nur noch, die *Beschreibungen* für die wesentlichen Schritte zu *erstellen*, den *Code* zu *generieren* und diesen an den vorgezeichneten Stellen *einzuhängen* (alternativ Tafel und Treiber). Einen großen Teil der Lösung hierfür liefert das Rahmenwerk. Damit ist Entwurf als auch Realisierung fertig. Der Aufwand ist dramatisch kleiner.

Wie entstand diese Intelligenz und die mit ihr verbundene Ersparnis bei der Entwicklung? Der Ansatz funktioniert zum einen nur für (i) *präzise* beschreibbare *Problemklassen*. Diese sind eher der Sonder- als der Normalfall bei der Softwareentwicklung. Es war vorausgehend zudem (ii) *viel Aufwand* nötig, das *Problem* so genau zu *verstehen*, dass seine Teile durch *Spezifikationen beschreibbar* sind. Es war auch viel Aufwand nötig, (iii) die Infrastruktur für die *Generierung* von Code oder Tabellen sowie (iv) das Rahmenwerk für die Standardlösung zu bauen. Im Compilerbau wurden diese intelligenten Wiederverwendungsansätze über einen Zeitraum von 20 Jahren entwickelt, von sehr erfolgreichen Forschern und Praktikern. Dafür muss auch (v) Zeit vorhanden sein und der Aufwand muss (vi) auch finanziert werden. Alle diese Argumente liefern die Begründung, warum in der Industrie solche Ansätze relativ selten anzutreffen sind. Sie liefern auch (einen Teil der) Gründe, warum der Compilerbau im Informatikstudium eine wichtige Rolle spielen sollte.

Es gibt *weitere Beispiele* intelligenter *Wiederverwendungstechniken*. Es gibt auch weitere Beispiele von *Domänen*, außerhalb des Compilerbaus, etwa (a) im Bereich Werkzeuge für die Unterstützung von Entwurfs- und Entwicklungsaufgaben bei der Software-Erstellung, insb. aus dem akademischen Bereich, z.B. [D.Na 96], (b) aus der

Kommunikationstechnik, beide ebenfalls mit Spezifikation und Generierung. In der Automatisierungstechnik/ Prozessleittechnik gibt es (c) einen anderen Ansatz, nämlich einen reichen Satz vordefinierter Bausteine und bequeme grafische Hilfsmittel, diese zu einer Lösung zu verknüpfen.

20.3 Klassen, Wiederverwendung, Domänenwissen

Einzelfallentwurf und spezifische Wiederverwendung

Vertiefte Wiederverwendungs-Techniken, wie das eben erläuterte Beispiel der Generierung bei Compilern, setzt *präzises Strukturwissen* voraus. Dieses existiert keineswegs bei der Software für alle Probleme und alle Lösungen. *Probleme* können *unscharf* sein, wie z.B. durch den Einfluss des Geschmacks bei der Gestaltung der Bedienerschnittstelle eines interaktiven Systems. *Lösungen* und Lösungswege sind *ad hoc*, sie funktionieren (meist nicht immer), und sie sind nicht unbedingt tief reflektiert.

So ist es auch beim Bau gotischer Kirchen. Man baut eine *Kirche nach der anderen* oder man lernt aus den Bemühungen, um zu einem *tiefen Verständnis* zu kommen. Hierzu muss man von Bau zu Bau lernen, Erfahrungen oder Erkenntnisse verdichten, Unterschiede und Gemeinsamkeiten festhalten und auch daraus Nutzen ziehen. Dies gelingt nur bei einer Spezialisierung. So haben sich Lösungswege herausgebildet, z.B. die Gestaltung der klassischen französischen Kathedrale als Muster, erwachsen aus den Beispielen Laon, Chartres, Notre Dame de Paris, bis Amiens und Reims. Wir sehen diese Linie aus den Grundrissen, den großen Teilen, den Volumenelementen und den dabei verwendeten Elementen.

Das Architekturwissen wird durch diese Spezialisierung auf ein *neues Niveau* gehoben: Man betrachtet nicht die *Architektur* einer *Kirche*, sondern die einer *Klasse* ähnlicher Kirchen. Diese hat eine ausgearbeitete Struktur. Die Architektur-Lösung ist eine Art Muster, die wir bei der Software als Standard- oder Rahmenwerksarchitektur bezeichnen.

Aufgrund der Ähnlichkeit der Kirchen der Kasse beginnt man über die *Parametrik* (Generizität) von Teilen nachzudenken, z.B. der Volumenelemente. Eine mit ihrer Hilfe gestaltete Kirche ist dann zusammen mit dem Standard eine Art Lösung für die gesamte Klasse. Derr Entwurfsprozess ist damit ein völlig anderer. Dies schafft Raum und Ansporn, über weitere *Wiederverwendungsideen* nachzudenken.

Mit diesem *Spannungsfeld* einzelfallorientierte Vorgehensweise bei beliebigen Kirchen (Gebäuden) bis hin zur Betrachtung spezifischer Kirchen (Gebäude aus einer speziellen Klasse) und Anwenden fortschrittlicher Wiederverwendung für diese Klasse wollen wir uns in diesem Unterabschnitt beschäftigen.

Einzelfallentwurf, Domänenwissen, Wiederverwendung, zweistufiger Entwurf

Die Notwendigkeit umzudenken beginnt beim *einzelfallorientierten Entwurf*. Er erfolgt ad hoc, Teile der Kirche werden nacheinander zu einer Kirche zusammengebaut. Die Unterstützung liefern CAAD-Werkzeuge und bisherige Erfahrung.

Der erste Fortschritt liegt darin, die *Granularitätsstufen* (einfache Elemente, Volumenelemente, große Teile wie Langhaus und ganze Kirchen) zu erkennen und die entsprechenden Entwürfe in einem Repository abzulegen, um sie später erneut mit Copy und Paste zu verwenden. Ebenfalls allgemeingültig ist die Erkenntnis, den *Entwurfsprozess agil* zu gestalten, d.h. oftmalige Änderungen zu erwarten, um frühzeitig zu reagieren und somit unnötig lange Rückgriffe im Prozess zu vermeiden.

Bei dieser Vorgehensweise der Ergebnisablage im Repository wächst das *Repository* mit jedem Entwurf. Es lohnt sich also, zuerst nachzusehen, was vorhanden ist, anstelle alle Teile neu aufzubauen. Wir gehen somit *2-stufig* vor und legen alle Ergebnisse, falls sie irgendwie und irgendwann wiederverwendet werden können und sollen, in diesem Repository ab, um sie später zu verwenden.

Die wieder zu verwendenden Teile, egal von welcher Granularität, sollten einfach gefunden werden. Hierfür brauchen sie eine passende Beschreibung und Kategorisierung. Hier hilft das Konzept der *Klassifizierung* (s. Kap. 18) mit *Merkmalsbeschreibung* von abzulegenden und wiederzuverwendenden Elementen. Mit einer *Klassifikationshierarchie* legen wir spezifische Typen allgemeiner einfacher Elemente fest, wie Maßwerkfenster, Säulen, etc., die in vielen Kirchen verwendbar sind. Das kann auch für größere Elemente (Hauptwandstruktur, Volumenelemente), große Elemente (Langhaus) und ganze Kirchen angewendet werden. Aus diesen abgelegten Exemplaren und deren Modellierungsprozessen erwächst bereits allgemeines Wissen über gotische Kirchen.

Für die Entwicklung dieses *allgemeinen Domänenwissens* kann man sich *Unterstützung* vorstellen, z.B. zur Organisation und Reorganisation des Repositorys, Hilfsmittel für die Organisation des Entwurfs in einem Team und für einzelne Entwerfer, Hilfsmittel, um die Verbindungen der verschiedensten Artefakte des Gesamtentwurfs zu verwalten und zu nutzen.

Spezialisierung, Nutzung spezifischen Domänenwissens und Wiederverwendung

Gehen wir den Weg von allgemeinen gotischen Kirchen zu einer *speziellen Klasse*, wie z.B. zu den klassischen französischen Kathedralen, so werden wiederverwendbare *Teile* aus dem *Repository*, *Domänenwissen* und *Wiederverwendung* wesentlich *ertragreicher*, wie bereits bei Software oder allgemein ausgeführt. Wir haben spezifische einfache Elemente, wie z.B. hochgotische Maßwerke, spezifische Volumenelemente für 2-schiffige Langhäuser mit 3-stufigem Wandaufbau oder für 5-schiffige polygonale Chöre, spezifische Modifikationen von Volumenelementen, um nicht jedes Mal von vorne anzufangen (s. Reims), Langhäuser/ Chöre und ganze Kirchen mit spezifischer Struktur.

Dies hilft beim Auffinden, Modifizieren, bei der Typisierung, und Parametrierung. Die spezifischen Merkmale und Hierarchien können ebenfalls für die Suche und Ablage genutzt werden, Ergebnisse können auf die Verträglichkeit zu den Constraints der Klasse geprüft werden. Der *2-stufige Entwurfsprozess* profitiert nun von der festgehaltenen Struktur der Klasse von Kirchen in Form eines *spezifischen Domänenwissens*.

Der gesamte *Entwurfsprozess wird „semantischer"*. Das gilt für Prozesse für einen Neuentwurf, zur Modifikation eines Entwurfes, zum Umbau eines Entwurfs, um die neu gewonnenen Strukturerkenntnisse zu nutzen. Diese Erkenntnisse beziehen sich auf alle Ebene der Granularität, von „standardisierten" einfachen Elementen (Reimser Maßwerk) bis hin zur „Standard"-Architektur für die ganze Kirche, s. den klassischen Grundriss in Abschnitt 7.3. Auch die Organisationshilfen für das Repository, für die Organisation der Entwerfer, für die Querbezüge der Artefakte des Gesamtentwurfs usw. werden spezifischer und semantischer und bringen einen größeren Nutzen.

Generativer Ansatz im Bau? Nicht für gotische Kirchen!

Wir kommen nun, nach der Diskussion über Wiederverwendung und seine Grundlagen auf verschiedenen Ebenen, auf das Beispiel Compiler zurück. Wir wollen diskutieren, ob auch in der Architektur - und dort insbesondere beim Bau gotischer *Kirchen* - ein intelligenter *Wiederverwendungs-Ansatz mit Generierung* möglich ist, wie wir ihn für das Beispiel Compiler kennengelernt haben. Nachdem einiger Aufwand in die Strukturierung einer Klasse von Kirchen geflossen ist und auch spezifische Werkzeuge für die Klasse (Entwicklung einer Kirche, Domänenentwicklung, Nutzung derselben) entwickelt worden sind: Ist es nun möglich, eine Kirche mit ähnlich wenig Aufwand auf der Basis von Spezifikationen zu generieren?

Prinzipiell ja, wenn wir die Klasse von Kirchen entsprechend einschränken. Das heißt, dass die Elemente der Klasse sich sehr stark ähneln. Der Gesamtplan ist in allen wesentlichen Charakteristika bereits fixiert. Wir können noch die Anzahl der Volumenelemente des Hauptschiffs, die des westlichen Teils des Chores, die Anzahl der Segmente des polygonalen Chores (in gewissen Grenzen) bestimmen, auch die Höhe des Hauptschiffs und der Seitenschiffe, alles in Grenzen, wenn dies mit den Einschränkungen der Volumenelemente und der gesamten Kirche verträglich ist, also z.B. die die Strukturen der Klasse nicht in Frage stellt.

Es sind auch *spezifische Werkzeuge zu entwickeln*, die anhand dieser Parameter, die passenden Volumenelemente erzeugen, anhand der Vielfachheit die Volumenelemente entsprechend oft aneinanderfügen und die entstandenen Hauptteile der Kirche (Langhaus, Westfassade, Querhaus und seine Teile, Chor und seine Teile) zusammenfügen.

Aber *wer will das für gotische Kirchen*? Die gotischen Bau- und Werkmeister wollten sich unterscheiden. Ihre Kirche sollte etwas Besonderes sein, sich von anderen durch noch mehr Pracht, Höhe und Größe unterscheiden. Wie soll diese eigene und besondere Leistung erkannt werden, wenn die Kirchen alle stark ähnlich sind? Außerdem baut derzeit niemand mehr im gotischen Stil.

Bei Bauten, die sich unterscheiden sollten, macht der Ansatz also keinen Sinn. Er hat aber großen *Nutzen* bei *modernen* und *standardisierten Gebäuden*, z. B. einem mittelgroßen Bürohaus, bei einem Krankenhaus, einer Aldi-Fiale, einem Stadion, etc. Die äußere Ähnlichkeit kann, wenn sie nicht erwünscht ist, durch unterschiedlich Fassadengestaltung verborgen werden, von außen ist die interne Ähnlichkeit dann nicht mehr zu erkennen. Wir kommen auf solche Beispiele im Ausblicksteil des Buches zurück. Halten wir noch einmal fest: Gotische *Kirchen* sind *Individualbauten*, der Mehrphasencompiler ist ein *Standardbau*, wie auch manches moderne Gebäude.

20.4 Unterstützung des intelligenten Entwurfs

In diesem Abschnitt beschreiben wir ein parametrisches Entwurfssystem für den CAAD-Entwurf. Dieses System soll - wie in beiden letzten Abschnitten beschrieben - alle Stufen des Entwurfs und der dabei möglichen Wiederverwendungsformen unterstützen, von einzelfallorientiertem, ad hoc-Entwurf bis zu einem mit starker Wiederverwendung, vom Entwurf einer beliebigen gotischen Kirche bis hin zu einer aus einer spezifischen Klasse. Der Entwurf heißt intelligent, weil er effizient sein soll, die Qualität beachten soll, Wiederverwendung, Parametrik, Klassifizierung/ Klassifikation und auch Prozessunterstützung verwenden soll. Für jegliche Unterstützung durch das Entwurfssystem ist vorab Aufwand nötig, je spezialisierter und stärker die Unterstützung, desto mehr Aufwand ist nötig.

Nutzung eines parametrischen Systems für den Entwurf oder seine Modifikation

Wie bereits gesagt, ist der *Nutzen* eines *parametrischen Systems* für den Gebäudeentwurf umso größer, je mehr Ähnlichkeiten die Gebäude besitzen, die mit dem System entworfen werden, d.h. dass das System auf eine Gebäudeklasse oder zumindest Gebäudefamilie abgestimmt ist.

Je *uniformer ein Gebäude* ist, das mit einem parametrischen System entworfen wird, desto weniger interaktive Modifikationsschritte sind für den Entwurf notwendig. Im (allerdings seltenen) Extremfall ist ein solcher Entwurf im Wesentlichen das Eingeben von Parametern und die Auswahl eines so automatisch erstellten Gebäudes aus einer Menge von Varianten des Entwurfs.

Die folgende Abb. 20.4 beschreibt die *Funktionalität* eines *Entwurfssystems* sowie den *Entwurf* und die *Modifikation* eines Gebäudes mithilfe eines solchen Entwurfssystems. Wir beschreiben dieses Entwurfssystem zunächst allgemein und gehen im nächsten Abschnitt auf die unterschiedliche Unterstützung bei Einzelfallentwurf bis hin zu intelligenten Wiederverwendungstechniken ein. Deshalb ist die erste Beschreibung *zunächst generisch* und unspezifisch.

Die Modellierung *einfacher Entitäten* (Säule), die in sich wieder zusammengesetzt sein können (Basis, Schaft, Kapitell), genügt natürlich nicht. Das Gebäude wird auch *komplexe Entitäten* (z.B. ein Joch oder ein Volumenelement als Querschnitt des Haupthauses) besitzen. Diese werden also ebenfalls festgelegt. Sie sind intern aus Entitäten (einfach oder komplex), *Relationen* (z.B. Triforium oberhalb der Arkaden) und *Constraints* (geschlossenes Triforium: Pultdach an Hauptwand oberhalb des Triforiums beginnend) zusammengesetzt. Des Weiteren lassen sich größere Einheiten, wie *Gebäudeteile* oder schließlich auch ganze *Gebäude* modellieren und ablegen.

Die so eingegebenen (einfachen, komplexen oder großen) Elemente sind die hauptsächlichen *Wiederverwendungseinheiten* für ein Gebäude. Man hat auch stets die Wahl, entweder ein Gebäude aus abgelegten Einheiten neu zusammenzubauen oder ein aufgefundenes Gebäude zu nehmen und dieses zu modifizieren. Das Gleiche gilt für Teile eines Gebäudes. In der Regel erfolgt die Eingabe dieser wiederverwendbaren Elemente *in einer Vorstufe* durch bereits beendete *Entwürfe,* oder wenn die *Gebäudeklasse* modelliert wird. Aber auch dann sind *Ergänzungen* bei diesen wiederverwendbaren Einheiten *beim Entwurf eines konkreten Gebäudes* möglich und oft erforderlich.

Diese wiederverwendbaren *Elemente* werden oft mehrfach in das Gebäude *eingesetzt,* z.B. n Volumenelemente im Haupthaus einer bestimmten Geometrie. Darüber hinaus sind auch *„händische Schritte"* nötig, insbesondere an den Grenzen von Gebäudeteilen, die in sich uniform sind (z.B. Verbindung Langhausabschluss zur Westfassade), oder zur Verknüpfung solcher Gebäudeteile (z.B. Langhaus mit Querhaus).

Meist werden *verschiedene Varianten entworfen,* durch Eingabe verschiedener Parameter und entsprechende zusätzliche händische Modifikationen. Aus denen wird durch Bewertung (automatisch oder durch Menschen) *ein Entwurf oder eine Teilmenge von Entwürfen ausgewählt,* die dann näher betrachtet werden. Die Auswahl wird i.A. durch Menschen erfolgen, manchmal auch durch ein automatisches System (z.B. bei Prüfung der Statik, zur Minimierung der Kosten o.ä.) oder mithilfe eines den Menschen unterstützenden Systems. Diesen ersten Schritt nennt man interne Selektion (im Entwurfsteam). Dem folgt ein externer Auswahlschritt, z.B. mit dem Auftraggeber. Sind noch Mängel im Entwurf vorhanden oder existieren weitere Modifikationswünsche, so geht es zurück in den Entwurfsprozess. Der Prozess ist agil, also offen für Änderungen.

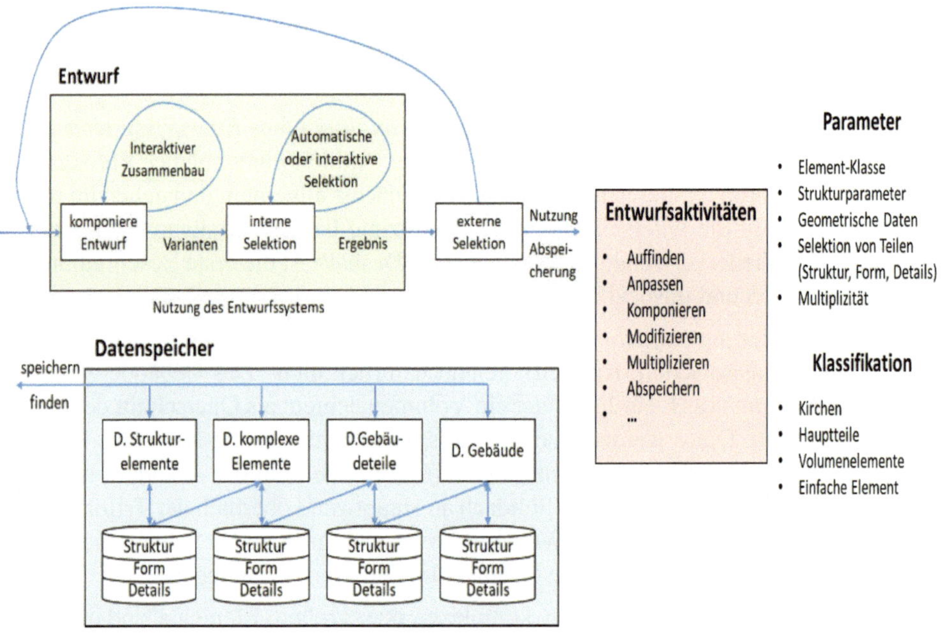

Abb. 20.4 Entwurfsprozess mit Wiederverwendung

Stellt sich heraus, dass das ausgewählte Gebäude/ der Gebäudeteil noch nicht den Wünschen entspricht oder Fehler aufweist, so muss es/er modifiziert werden. Diese

Modifikation erfolgt durch eine veränderte *Parametrierung, Auswahl* anderer Unterelemente oder eines veränderten *Zusammenbaus*. Das heißt, man geht zurück, modifiziert die Parameter, macht hierfür nötige interaktive Änderungen und erhält ein verändertes Gebäude (Teil) oder eine Menge von Varianten hiervon. Dann beginnt die Auswahl von Neuem.

Komposition, Auswahl, Modifikation, Vervielfachung hängen von den Strukturen ab, die zu verbinden oder wählen sind, der Beachtung von Bedingungen, Constraints auf unterschiedlichen Betrachtungsniveaus (grobe Geometrie, Zonen/ Unterzone, Auflagepunkte, Form, Details) und Abstraktionsniveau (Granularität), Beachtung von Außenbeziehungen (Statik, Nutzung), der Form der WV-Unterstützung, der Präzision/ Formalität (Semantik) der Veränderungen.

Eine *Wiederverwendungsbibliothek* (s. wieder Abb. 20.4, unten links) entsteht durch *Erstellung* und *Speicherung* und durch *Erweiterung* auf verschiedenen Ebenen: einfache Elemente, komplexe Elemente, Gebäudeteile und gesamte Gebäude. Alle diese Entitäten gibt es auf Struktur-, Form- und Detailniveau.

Auf diese Weise wird eine *Gebäudefamilie oder Gebäudeklasse modelliert* oder seine Modellierung unterstützt. Am Anfang beschäftigt man sich mit Modellierung einfacher Elemente und deren Ablage. Später beginnt der Zusammenbau komplexer Elemente, dann der Gebäudeteile und später der Gesamtgebäude. Der Grund liegt darin, dass die Strukturen erst erkannt werden müssen und auch der Wert der Ablage und Nutzung erkannt werden muss. Mehrfacher Aufbau ähnlicher oder gleicher Entitäten lässt die Erkenntnis reifen, dass es sinnvoller ist, zu überlegen, die Entitäten zusammenzusetzen und die abgelegten Entitäten zu nutzen.

Die *Wiederverwendungs-Datenbasis wächst also mit der Zeit*. Damit wird der konkrete Entwurfsprozess für ein Gebäude einfacher. Man bedient sich komplexer Teile oder ganzer Gebäudeteile, die bereits vorhanden sind. Im Extremfall ist es einfacher ein gesamtes Gebäude zu nehmen und zu modifizieren, anstelle das Gebäude neu aufzubauen. Dies gilt insbesondere auch deshalb, weil die Modifikation - wie oben beschrieben - ebenfalls z.T. parametrisch erfolgen kann.

Nahezu *jeder Gebäudeentwurf trägt neue Wiederverwendungselemente bei*, die die nachfolgenden Entwürfe erleichtern. Dies gilt natürlich nur dann, wenn diese Wiederverwendungselemente zu einer Gebäudeklasse oder Gebäudefamilie gehören. Natürlich kann der Ansatz auch für völlig unterschiedliche Gebäude genutzt werden. Dann enthält die Wiederverwendungsbibliothek eben ein Sammelsurium von Teilen, die nicht zueinander in Beziehung stehen.

Merkmale und Klassifikation haben einerseits einen Zweck für die Auswahl und das Auffinden im Repository und andererseits zur Prüfung der Bedingungen bzw. Constraints vor der Ablage. Das Auffinden/ die Ablage erfolgt auf dem entsprechenden Abstraktions-, Granularitäts-, Formalitäts-, Semantik-Niveau, dem Niveau der Wiederverwendung und der Form der Wiederverwendung, wie etwa Generierung.

In Abb. 20.4 rechts finden sich unterschiedliche Entwurfsaktivitäten, die durch das Entwurfssystem zu unterstützen sind, wie Anpassen/ Modifizieren/ Komponieren, Suchen/ Auffinden/ Abspeichern von (Teilen) eines Entwurfs (von Artefakten). Dabei werden recht unterschiedliche Parameter verwendet, von geometrischen Daten für ein einfaches Element bis zu Suchparametern für eine Kirche durch Angabe bestimmter Attribute. Klassifizierung durch Merkmale und Klassifikation (Staffelhalle) kann sich auf ganze Kirchen wie auch auf deren Teile beziehen.

Anforderungen an das zugrundeliegende CAAD-System

Ein zugrundeliegendes *Entwurfssystem muss gestatten:* (a) Die Eingabe, die Speicherung und die Verwendung einfacher oder komplexer Bauelemente sowie von Gebäudeteilen oder ganzen Gebäuden. (b) Die Entitäten sind zusätzlich auf verschiedenen Ebenen definiert, von der groben strukturellen Ebene bis zur Detailebene. (c) Es gibt Constraints, die zu beachten sind. (d) Entitäten sollten auf einfache Weise zusammengebaut, abgelegt, wiederverwendet werden. Die Parametrierung sollte einfach nutzbar sein. Beim Zusammenbau und bei der Verwendung sollten die Constraints beachtet werden. (e) Das zugrundeliegende CAAD-System wird durch eingegebene und genutzte Entitäten und Constraints angereichert und wird so zu einem Entwurfssystem, das seinen Nutzen für eine Gebäudeklasse oder Gebäudefamilie entfaltet.

Dies stellt *Anforderungen* an das zugrundeliegende CAAD-System:
- Die *Entitäten* (von einfachen Elementen bis hin zu gesamten Gebäuden) müssen einfach *zusammenbaubar* sein, *modifiziert* werden können, *abgelegt* werden und *auffindbar* sein.
- Das CAD-System muss „*semantische*" Entitäten definieren können *bezogen auf eine Gebäudeklasse*, z.B. eine Arkadensäule, ein Dienstbündel, eine Stützwand des Strebewerks, ein Seitenschiff des Langhauses, ein gesamtes Strebewerk pro Joch, etc. und nicht nur Körper mit Flächen/ gekrümmten Oberflächen, die von Geradenstücken/ Kurven umrandet werden.
- Entitäten müssen durch *Relationen* verknüpfbar sein und *Constraints* müssen *definierbar* sein. Bei Operationen müssen Hilfsmittel zur Verfügung stehen, die *Verletzungen* der Relationen und der Constraints *erkennen* lassen
- Affine Verzerrungen müssen für zusammengesetzte Entitäten anwendbar sein und nicht nur auf die Bestandteile. Für Verzerrungen sollten auch komplexere Operationen zur Verfügung stehen, die einen Kreisbogen in einen Ellipsenbogen verwandeln. Formen und Berandungen müssen sich in unterschiedlicher Dicke definieren lassen. Dies alles ist nötig für die Parametrierung von Entitäten, z.B. von Maßwerken.

Die Wiederverwendungs-Datenbank

Das Klären des Nutzens verschiedener Arten der Wiederverwendung in einem Entwurfsprozess verlangt dual dazu die Klärung, *wo* und wie die (Teil)Ergebnisse zur Wiederverwendung *aufgehoben* werden und *wie* sie möglichst leicht *aufgefunden* werden, d.h. wie eine *Wiederverwendungs-Datenbank* zu strukturieren ist. Diese Datenbank enthält die Strukturierung der *Produkte* (das Meiste des Folgenden), aber auch *Prozesse* (wie wurde das Ergebnis erzielt, s. letzten Teil). Beides muss auf den verschiedenen Stufen der Granularität betrachtet werden.

Wir nehmen hier Bezug auf Kap. 18 und übernehmen die dort angegebenen *Klassifizierungsmerkmale* und *Klassifikation* von Kirchen und Kirchenteilen. Die Beschreibung ist deshalb kurz, s. Abb. 20.5. Viele *weitere Aspekte* ließen sich noch aufnehmen, wie die Kompositionsstruktur bei Zusammensetzung, die zu erfüllenden Bedingungen/ Constraints, die zu beachtenden Außenbezüge und wo deren Beschreibung zu finden ist, die Zuordnung bei Varianten/Familien, Links zu externer Information.

Strukturierung der WV-Datenbank

0.   Inhaltsangabe der Datenbank

Bei allen Einträgen in die Datenbank ist die Herkunft (von außen bezogen, von wem, zu welchem Zeitpunkt erstellt, etc.) zu vermerken, ebenso Metadaten für Artefaktkombinationen

1.   Produkte

Entwürfe ganzer Kirchen,

z.B. Entwürfe von York, Reims etc.

Klassifizierungen ganzer Kirchen:
  Gemeinsamkeiten in der gesamten Kirche
  nach Schema, s. Kap. 18
  Einteilung nach Herkunft: frz. Kathedralen, engl. Kathedralen,
  solche d. Hl. Röm. Reiches, etc.
  Einteilung in Strukturklassen: Basiliken mit Unterklassen, 3- und 5-
  schiffig, Staffelbasilika, Besonderheiten/ Auffälligkeiten

Große Teile von Kirchen

Langhäuser, Querhäuser, Chöre modellierter Kirchen

Klassifizierung dieser Teile, s. Kap.18, z.B. polygonaler Chor, mit 0, 1, 2 Umläufen, ohne/mit Kapellenkranz, eckiger Chor, etc.
soweit nicht in der Gesamtklassifikation bereits enthalten

Parametrische und nichtparametrische komplexe Teile (wir unterscheiden parametrische Teile (Schablonen) und nichtparametrische Teile (aus Schablonen durch Parameterfestlegung gewonnen oder händisch erstellt)

Parametrische und nichtparametrische Volumenelemente, z.B. Querschnitt Langhaus

Parametrische und nichtparametrische „Flächen"-Elemente", z. B. 3-stufiger Hauptwandaufbau, Querhausfassaden

Parametrische und nichtparametrische Teile hiervon, Formen von Triforien, Arkaden, Fenstern, etc.

Zugehörige Vorformen parametrischer Elemente (s. Ausarbeitung über 5 Stufen, Abschnitt 17.2, jeweils diesem Element zugeordnet)

Parametrische und nichtparametrische „einfache" Teile"

Feinstrukturen (Maßwerkformen, Rosettenformen, Arkadenformen, Säulenformen, Kapitelle, Basen von Säulen, Rippengewölbe, etc.

Alle Teile versehen mit Klassifikationen

Alle Teile versehen mit den Bezeichnern für Parametrierung

Beschreibungen, falls Teile als Varianten voneinander zu betrachten sind

2. *Entwurfsprozesse*, Vorgehensbeschreibungen

Wie wurde ganze Kirchen, große Teile, Teile dieser Teile etc. in parametrischer und nicht-parametrischer Form gewonnen? Algorithmische Beschreibung informell als Text, in grafischer Diagrammform, Programmiersprachenform, etc. Diese Beschreibungen eignen sich für die Beschreibung der Arbeit einzelner Entwerfer.

Kollaborationsdiagramme, Transportnetzwerke, Balkendiagramme, Prozessdiagramme, etc. falls das Ergebnis durch Zusammenarbeit verschiedener Entwerfer entstanden ist.

Für diese Vorgehensbeschreibungen ist jeweils anzugeben, zu welchem der obigen (Teil)Ergebnisse sie zuzuordnen sind, um deren Allgemeingültigkeit abzuschätzen

WV-Nutzung beim Entwurf: z.B. Standardaufbau, aber neue Komposition eines Volumenelements, weitere Volumenelemente meist durch die Modifikation dieses Volumenelements (wie Reims)

3. *Weitere Beschreibungen*

Für Kompositionsstrukturen, Bedingungen/ Constraints, Außenbezug, Link zu ext. Beschreibung, etc.

Beziehen sich diese Beschreibungen auf Teile der Kirche, so sind diese bei 1. anzugeben.

Abb. 20.5 Struktur und Inhalte der Wiederverwendungs-Datenbank

20.5 Verschiedenartige Unterstützung

Wir halten uns in der Diskussion der Verschiedenartigkeit der Unterstützung an das *Abstufungs-Schema* von Einzelfallentwurf bis hin zu intelligenten Techniken mit Wiederverwendung und diskutieren nun in Form einiger Beispiele (viele weitere ließen sich finden), welche spezifischen *Unterstützungsmöglichkeiten* es auf der jeweiligen Stufe gibt. Damit wird die generische Diskussion des letzten Abschnitts konkreter.

Für *jede Stufe* ist zu bedenken, dass wir die Prozesse und Ihre Ergebnisse auf unterschiedlichen *Granularitätsstufen* (für einfache Elemente bis zu ganzen Kirchen) betrachten, dass die *Prozessdurchführung* unterschiedlich sein kann (von strikt festgelegt bis agil), dass die entstehenden *Beschreibungen* unterschiedlich *formal* sein können (von vage bis formalisiert), dass sie *unterschiedlich* bzgl. ihrer *Semantik* sein können (von Grafikelementen mit entsprechender Interpretation durch einen Menschen bis zu festgelegten gotischen Strukturelementen) und schließlich auch der *Zusammenhang in* einem Artefakt und *zwischen* verschiedenen *Artefakten* lose oder streng (von Elemente nebeneinander bis zu Festlegung ihrer Bezüge) sein kann. Wir gehen dabei auf die Teile der Abbildungen 20.4 und 20.5 ein. Auch die Grafikunterstützung kann verschieden sein (nur Risse, 3D-Skizzen, 3D-Besuche, umfassende BIM-Modelle).

Einzelentwurf bis Domänenwissen, Wiederverwendung, zweistufigen Entwurf

Beginnen wir mit der einfachsten Form, dem *Einzelfallentwurf* für eine gotische Kirche. Die Komposition/ Anpassung/ Modifikation/ erfolgt nur auf geometrischem Niveau, es gibt kaum festgehaltene Strukturen oder Bedingungen/ Constraints die zu beachten sind. Ablage/ Suchen erfolgen aufgrund eines mehr oder minder aussagekräftigen Namens. Die Ansprüche an Unterstützung durch das Entwurfssystem sind gering.

Wir beschreiben die Ablage bzw. Suche mit der *Klassifizierung* von Kap. 18. Diese kann unspezifisch sein, wie ‚gotische Kirche', worauf alle Exemplare geliefert werden, wie immer diese aussehen. Sie kann aber auch spezifisch sein, wie Reims Joch Langhaus. Mit einer *Klassifikationshierarchie* legen wir spezifische Typen fest, wie z.B. gotische Kirche - Basilika - klassisch frz. Kathedrale, oder für Teile etwa gotischer Wandaufbau - 3-stufiger Wandaufbau - hochgotischer frz. Wandaufbau. Diese Hierarchie kann ebenfalls für die Suche und Ablage genutzt werden. Klassifizierung und Typhierarchien lassen sich also auch gut für das Auffinden wie auch die Charakterisierung nutzen.

Die *Unterstützung* von Anpassung/ Modifikation/ Komposition kann durch *Wissen* über gotische Kirchen erfolgen, wie auch die Vervielfachung von Volumenelementen mit den verschiedenen Formen der Verbindung (vgl. Abschnitt 11.4). Wir erhalten eine einfache Form eines *2-stufigen Entwicklungsprozesses*. In der ersten Stufe erweitern wir das Repositorium durch Exemplare mit Merkmalen, und machen so die Gemeinsamkeiten und Unterschiede zu bestehenden deutlich. Aus diesen abgelegten Exemplaren und deren Modellierungsprozessen erwächst allgemeines Wissen über gotische Kirchen (allg. Domänenwissen). Dies erleichtert die Modellierung allgemeiner Kirchen oder spezieller Kirchen, je nach Verfügbarkeit des entsprechenden Wissens. Liegt ein reichhaltiges Domänenwissen vor, dann besteht die *erleichterte Konstruktionsaufgabe* in erster Linie darin, Exemplare der abgelegten Klassen geeignet zusammenzufügen oder einen vorhandenen Entwurf zu modifizieren.

Das mittelgranulare Niveau der Betrachtung (*Volumenelemente*) hat sich als besonders ertragreich für die *Entwurfsunterstützung* erwiesen: Dieses ist nicht zu grob, sonst geht zu wenig Kenntnis über das geplante Gebäude ein, und es ist nicht zu detailliert, sonst hat man keine Abstraktion und Verdichtung. Die Prozesse sind nicht statisch, sondern agil und an die dauernde Änderung angepasst. Bezieht man Klassifizierung/ Klassifikation und allgemeines Wissen mit ein, so ist sind die Ansprüche an die Unterstützung schon deutlich höher anzusetzen und damit auch deren Erstellungsaufwand.

Bisher haben wir im Wesentlichen Grafikelemente komponiert und semantisch interpretiert, wie z.B. Maßwerk, Wandaufbau, Gewölbe und Volumenelemente. Wir können aber auch gezielte Unterstützung des Entwurfssystems für diese gotischen Elemente anbieten, wie für das Maßwerk in Abb. 17.2 oder das Volumenelement von Abb. 17.3. Das Entwicklungssystem ist jetzt noch näher an der Anwendung, die Anforderungen sind noch einmal deutlich höher.

Der Entwurf einer Kirche besteht aus *verschiedenen Artefakten*, die zusammen den Plan ergeben: ein Gesamtbild durch Grundriss, 3D-Bild oder BIM, das die wesentlichen großen Teile (Langhaus, etc.) identifiziert, diese Teilen als n-fache Anwendung von Volumenelementen, die zusammengefügt sind mit evtl. Modifikationen an den Stellen des Zusammenfügens, Diese sind wiederum aus mehr oder minder einfachen Elementen zusammengefügt. Alle diese Modelle gibt es auf verschiedenen Abstraktionsstufen. Wenn keine Vorkehrungen getroffen wurden, liegen diese Artefakte alle zusammenhanglos in dem Repository. Die Entwurfsunterstützung muss den *Zusammenhang explizit* machen. Über die Planungsinformation hinaus kann auch weitere Information in der Entwurfsdatenbank abgelegt werden, zur Bauplanung, Baudurchführung, zu den verwendeten Materialien, zur finanziellen Situation des Baus und des Gebäudes (umfassender BIM-Ansatz). Ebenso können dabei Änderungsprozesse unterstützt werden: Was muss getan werden, wenn sich das Hauptschiff verkürzt oder verlängert, etc.? Die Anforderungen an das Unterstützungssystem wachsen noch einmal beträchtlich.

Spezialisierung, Spezifisches Domänenwissen, Wiederverwendung

Wir gehen jetzt über zu speziellen gotischen Kirchen, z.B. aus der *Klasse* der klassischen, französischen Kathedralen, wie Amiens oder Reims. Nehmen wir an, wir haben die entsprechenden Volumenelemente für Langhaus, Querhaus, Westfassade etc., bereits modelliert und abgelegt und auch die hierfür nötigen einfacheren Elemente für Maßwerke, Dienste, Gewölbeformen, Strebewerke, etc.

Damit würden wir eine weitere Kirche mit weit weniger Aufwand modellieren, was nur für eine kulturgeschichtliche Betrachtung sinnvoll ist, wie diskutiert, s. Abschnitt 14.4. Bei der *Anpassung/ Komposition* lassen sich jetzt spezifische *Bedingungen/ Constraints der Klasse* beachten, z.B. Wandaufbau 3-stufig, Gewölbe in Form von Kreuzrippen, dunkles Triforium, etc. Die Klassifizierung/ Klassifikation bei der Ablage und Suche lässt sich jetzt klassenspezifisch gestalten. So wächst das spezifische Domänenwissen über die Klasse aber auch deren Bezug zu anderen spezifischen Klassen und deren Einordnung in die Klassenhierarchie.

Alle Operationen werden semantischer: Suchen/ Auffinden, Komponieren/ Verändern, Volumenelemente/ einfachere Elemente haben jetzt einen Bezug zu der Klasse von Gebäuden, auch deren abstrakte Vorformen. Der Zusammenhang von Artefakten bezieht sich auf die Klasse von Gebäuden. Die *Unterstützung* erreicht eine *neue Qualität*. Der Aufwand für die Unterstützung steigt dabei noch einmal. Das Modellieren wird einfacher, weil wir die Unterstützung vorab eingerichtet haben.

Ein möglicher weiterer Schritt ist, die *Volumenelemente* semantisch für die Klasse, *parametrisch* und in mehreren *Schritten* zu gestalten, um mit weniger Aufwand zu einem angepassten/ modifizierten Volumenelement zu kommen. Für das Vervielfältigen von Volumenelementen lassen sich klassenspezifische Operationen angeben (z.B. n Elemente mit Verstärkung des nächsten, das bereits zum Westwerk gehört, die auf das spezifische Rahmenwerk der Klasse abgestimmt sind). Man beachte: Noch einmal mehr Unterstützung, noch einmal höhere Anforderungen und Aufwand.

Gezielte Unterstützung der Wiederverwendung

Auch die *Wiederverwendung* lässt sich *gezielt unterstützen*, die Wiederverwendung von Teilen, die Wiederverwendung von Strukturen von Artefakten, die Wiederverwendung von Rahmenwerken, die Parametrierung von Strukturen auf verschiedenen Niveaus und die Wiederverwendung von allgemeingültigen Komponenten für den Zusammenhang, wie etwa die Basisschicht.

Auch die Wiederverwendung lässt sich wieder *klassenspezifisch* ausgestalten. Es entsteht so ein klassenspezifisches Domänen- und Wiederverwendungswissen, das den konkreten Entwurf noch einmal erleichtert. Auch lassen sich die *Übergänge zur Wie-*

derverwendung unterstützen: vom einzelfallorientierten Entwurf zu einem mit Verwendung von Basisschichten und Rahmenwerk, zu einem der die spezifischen Komponenten unter dem Wiederverwendungsaspekt betrachtet und umzuformen hilft.

Weitere Intelligente Techniken

Wir haben hierzu im Abschnitt 20.2 nur die *Generierung* betrachtet und festgestellt, dass sich diese Möglichkeit nur für moderne Gebäude eignet und weniger für gotische Kirchen. Es lassen sich ähnliche *intelligente Techniken* finden, die in ihrem geringen Aufwand der Generierung vergleichbar sind, s. [D.Na 90], wie Entwurf durch Konfigurieren, falls die nötigen Bausteine im Repository bereits vorhanden sind, Entwurf by Doing, durch beobachten des Entwurfsprozesses aus vorgefertigten Teilen im Entwurfssystem und die Erstellung der zugehörigen Architektur, etc.

Alle oben gemachten Bemerkungen beziehen sich keineswegs nur auf die Modellierung gotischer Kirchen. Sie gelten allgemein *für beliebige Entwurfs- und Entwicklungsaufgaben*. Wir sehen, dass aus den allgemeinen und unspezifischen Werkzeugen der Abb. 20.4 neuartige und spezifische Werkzeuge werden können. Es gibt nach dem Kenntnisstand des Autors *keinen Anwendungsbereich* für den Entwurf und die Entwicklung, bei dem die hier ergänzend aufgeführten Anforderungen für eine gezielte Unterstützung alle umgesetzt worden wären.

20.6 Zusammenschau des Kapitels und des Teils IV

Zusammenfassung Kapitel

Wir haben *Architekturen* in verschiedenen Disziplinen betrachtet und *Gemeinsamkeiten* wie auch *Unterschiede* festgestellt. In der Softwareentwicklung - wie auch in anderen Gebieten - gibt es verschiedene Ansätze, die sich vergleichen und allgemein nutzen lassen. Spezifische *Klassen von Gebäuden/ Systemen* sind der Schlüssel für ein tiefes Verständnis und entsprechende intelligente Entwurfstechniken. Zwei Beispiele - Compiler und Modellierung Reims - zeigen dies. Der Generierungsansatz ist für gotische Kirchen nicht sinnvoll nutzbar, für moderne Standardgebäude wohl.

Wir haben ein *Entwurfs-Unterstützungssystem* vorgeschlagen, das Wiederverwendung und neue Entwurfsprozesse unterstützt und Klassifizierung sowie Klassifikation nutzt. Seinen Ertrag hat es hauptsächlich für spezifische Lösungen, die die Entwicklung von entsprechendem Domänenwissen nahelegen. Das setzt aber eine Reihe von Vorarbeiten voraus: Strukturen, verwendbare Komponenten auch in parametrischer Form, Typologien, und passende Werkzeuge sind vorab zu entwickeln. Der Ertrag bei der Schaffung von Lösungen kann immens sein, der Vorabaufwand auch.

Zusammenhang der hier vorgestellten Konzepte

Das Kapitel und auch Teil IV beschreiben Techniken zur bequemen und aufwandssparenden Gewinnung für Lösungen für gotische Kirchen oder Software. Hierbei gibt es viele Möglichkeiten, die Erarbeitung der Lösung zu unterstützen, auch weit über das hinaus, was derzeit verfügbar ist.

Die Kernaussage ist aber, dass die Konzepte des Teils IV noch weit mehr Ertrag bringen, wenn man von dem Einzelfall zu einer Klasse übergehen, sowohl was die Problembeschreibung als auch die Lösung anbetrifft.

Zusammenfassung der wichtigsten Punkte von Teil IV

Wir versuchen im Folgenden, die Bezüge der hier vorgestellten Konzepte untereinander zu skizzieren. Mit dieser Ausarbeitung haben wir versucht, einige *Klärungen* herbeizuführen und einige Ergebnisse zu erzielen:

- Unterschiedliche *Wiederverwendungstechniken* des *Gebäudeentwurfs* zu verdeutlichen, zusätzlich durch den Vergleich Gebäude- und Softwareentwurf,

- Den Begriff *parametrischer Entwurf* zu präzisieren, die *Grenzen* des *parametrischen Entwurfs* aufzuzeigen, seine *essentielle Struktur* zu skizzieren, die Struktur eines *Systems*, das den parametrischen *Entwurf und die Wiederverwendung unterstützt* sowie den Aufwand, der nötig ist, um ein *CAAD-System* für den Einsatz für eine Gebäudeklasse *vorzubereiten*,

- *Parametrischer Entwurf* tritt in der Regel nur *innerhalb einer Entwurfsaufgabe* auf. Die Breite seines Einsatzes hängt ab von der Uniformität eines Gebäudes. Die Unterstützung durch den enthaltenen parametrischen Entwurf ist wiederum abhängig von der Erkennung der Ähnlichkeiten und Unterschiede in einer Gebäudeklasse und dem Festhalten dieser Erkenntnisse mithilfe eines parametrischen Entwurfssystems.

- Eine ähnliche Argumentation gibt es für die *Wiederverwendung*. Auch sie tritt *innerhalb* einer *Entwurfsaufgabe* auf. Nur bei sehr tiefem Verständnis des Entwurfs und einer spezifischen Gebäudeklasse ist der gesamte Entwurfsprozess von der Idee der Wiederverwendung geprägt. Auch hier gilt, dass diese fortschrittlichen Techniken einer erheblichen Vorarbeit bedürfen.

- Insbesondere haben wir eine *Verbindung* zwischen *Klassifizierung durch Merkmale, Klassifikationshierarchie von Klassen und Parametrierung* hergestellt (Kap. 18 und 20): Klassen von Kirchen, wenn sie fokussiert sind, haben spezifische parametrische Volumenelemente. Damit hat man enge Beziehung zwischen Klassen von Kirchen und der Modellierung spezifischer Volumenelemente.

- Die in diesem Buch vorkommenden Beispiele und ihre Modellierung begründet: Volumenelemente für 3- oder 5-schiffige Langhäuser, solche für Sektoren eines polygonalen Chores (alles Reims) sowie deren Modifikation für Übergänge. Modifikation des Langhaus-Volumenelements von Reims zur Gewinnung des Langhaus-Volumenelements von York, aber Neuaufbau für Querhaus und Chor.

- In allen diesen Fällen war der Aufbau bzw. die Modifikation aus Effizienzgründen sinnvoll. Es wurde weder ein wesentlicher Wiederverwendungsschritt übersehen, d.h. wir hätten unnötig Vielfachaufwand getrieben, noch wurde ein überflüssiger Schritt gemacht, d.h. wir hätten die Modellierung sparender erledigen können.

- *Konzepte* zur Wiederverwendung, Parametrik, Klassen und Klassifikation, Entwurfsprozess, Architekturen zusammengefasst. Alle diese Ansätze zur Unterstützung des Entwurfs hängen miteinander zusammen. Wir haben das am *Beispiel Softwareentwurf* und *Entwurf gotischer Kirchen* erläutert.

- Wir haben gezeigt, dass alle diese Konzepte auf unterschiedlichen *Ebenen der Granularität anwendbar* sind: Struktur einer Fiale, eines Strebepfeilers, eines Volumenelements das den Pfeiler enthält, eines Langhauses oder einer gesamten Kirche. Hier in diesem Buch ist der Schwerpunkt die Ebene 3 der Volumenelemente. Dort finden wir den stärksten Hebel zur Unterstützung des Entwurfs. Ebene 1 und 2 sind eher Fleißarbeit, bei Ebene 4 und 5 ist die Anwendung der Konzepte schwieriger, weil die Inhomogenität des Entwurfs (aufgrund weiter Ideen, Abweichung vom existierenden Konzept, des unterschiedlichen Entstehungszeitraums, etc.) z.B. Parametrik schwierig machen. Ähnliches gilt bei Klassifikation, stringenter Entwurfsunterstützung, oder Architekturen mit Generierung von wesentlichen Komponenten.
- Alle diese Ideen sind auch für neue Gebäude anwendbar, wir verweisen auf Kap. 22.

Weitere Bezüge zu Informatik, Mathematik, CAAD

Es gibt Arbeiten, die für die Gotik Bezüge zwischen *Mathematik und Graphik herstellen*: Maßwerkfenster strukturell, sogar mathematisch zu erfassen, aus der Erfassung sogar mathematisch oder algorithmisch abzuleiten, s. [C.BF 05, HF 04.a, b, CB 06,IK 12, La 14, Sa 07]. Dies funktioniert bei einfachen Maßwerken, z. B. Reimser Maßwerk in Abschnitt 17.2, wird jedoch schwieriger bei spätgotischen Formen, z.B. flamboyanten. Versuche dieser Art gibt es sogar für ganze Gebäude [C.Ge 09].

Weitere Arbeiten für Bezüge zur Graphik: *Erstellen genauer und realitätsnaher Bilder* von Gebäuden aus einer Wolke von Messpunkten eines Lasers. Für Teile dieser Punktwolke werden Flächen gebildet, auf die Texturen aufgebracht werden, die aus Fotografien stammen, s. Computer Vision der RWTH [C.Ko 18]. Die Bilder haben eine erstaunliche Detailgenauigkeit. Unsere Zielsetzung ist nicht, realitätsnahe Bilder zu erzeugen, sondern die Struktur einer Kirche nachzubilden, den Vergleich zwischen Strukturen voranzutreiben, die Kernpunkte ihres Entwurfs herauszuarbeiten oder die Verbindungen zu Ingenieurwissenschaften zu sehen.

Abb. 20.6 Texturen für die Hervorhebung eines Gebäudes oder für die Darstellung von Ereignissen

Die eben genannte Gruppe hat aus einem Pixelmodell eine realitätsnahe Darstellung des Aachener Doms erstellt. Dieses kann benutzt werden um auf dieses Modell Texturen aufzubringen, wie bereits erörtert. Damit können auch Strukturen des Gebäudes hervorgehoben werden, z.B. der Maßwerkfenster des nachts. Man kann aber auch *andere Texturen auf dieses Modell legen*, wie Abb. 20.6 zeigt. Die Abbildung stammt von einer Lichtschau zum 40. Jubiläum des Aachener Doms als Weltkulturerbe. Hier wurde durch eine entsprechende Textur der Eindruck vermittelt, dass das Gebäude nur aus dem Gebälk besteht, s. Abb. 20.6. Eine andere Darstellung zeigte den Brand des Domes bzw. den Befall des Gebälks mit Borkenkäfern und die damit verbundene Instabilität.

Eine andere Art von Arbeiten dieser Gruppe versucht, den Vorteil von Deep-Learning-Methoden auf die Erfassung von Gebäudebildern anzuwenden [C.LG 16]. Dadurch können Gebäude ähnlichen Stils herausgefunden werden. Ähnliche Gebäude bilden Cluster. Dadurch wird implizit eine Klassifikation erzeugt. Es wäre interessant, herauszufinden, wie die Klassifikation gotischer Kirchen mit diesem Ansatz aussieht und wie diese Klassifikation der von Kap. 18 zuzuordnen ist. Andere Arbeiten dieser Art finden sich in [C.QM 91, VS 12, Wi 14].

Bezüge zu Ingenieurwissenschaften

Was bisher über die Verbindung von Gotik zur Softwareentwicklung gesagt wurde, lässt sich auf andere Gebiete der Informatik anwenden, in denen *strukturell modelliert* wird. Dies gilt auch für entsprechende Gebiete der *Ingenieurwissenschaften*, wie z.B. der Fertigungstechnik, Verfahrenstechnik, Elektrotechnik, Automatisierungstechnik oder dem Bauingenieurwesen. Allenfalls die geometrischen Details spielen hier bei der Gotik eine größere Rolle als in den anderen strukturellen Modellierungsdisziplinen.

Natürlich bestehen die *Artefakte* dieser Disziplinen aus *unterschiedlichen Sprachen*. In der Architektur für Bauten sind dies Linien, Flächen und Raumelemente, die anwendungsspezifisch definiert werden, zusammen mit Texten, mehr oder minder formal. In der Softwaretechnik, in der Prozesstechnik, in der Prozessleittechnik und in der Kommunikationstechnik aus der Elektrotechnik sind dies jeweils unterschiedliche Diagrammsprachen mit zusätzlichen formalen Texten (Spezifikationen, Formeln, Gleichungen/ Ungleichungen). Abgesehen von diesen unterschiedlichen Sprachen und unterschiedlichen Methoden ist die Entwurfsproblematik disziplinübergreifend ähnlich.

In allen diesen Disziplinen kann über die Verbesserung von *Entwurfsprozessen* nachgedacht werden, über die Erzeugung qualitativ besserer *Produkte*, über die Unterstützung von Prozess und Produkt durch angemessene Werkzeuge, sei es von der Adäquatheit der Nutzung her, von der Nähe zur Semantik des Modellierungsbereichs, von der Handhabung der Komplexität des Entwurfs und der entstehenden vernetzten Artefakte oder von den Formen der Wiederverwendung und ihren Übergängen. Wir können den Beweis aus Mangel an Platz nicht antreten. Die Literaturabschnitte C und D enthalten einige Referenzen zu solchen früheren Aktivitäten am Lehrstuhl des Autors.

Teil V:

Zusammenfassung, Ausblick, Verzeichnisse

Rückblick, Übersicht und Ausblick

Wichtige Inhalte und Aussagen

Entwurfsprozesse im Vergleich

Ziel des Buches erreicht?

Andere Baustile, moderne Gebäude

Literatur- und Bildverzeichnis

Glossar und Stichwortverzeichnis

CSB-System –
Programmiert für Ihren Erfolg.

Die CSB-System AG ist der führende Branchenspezialist für die Prozessindustrie. Mit Software, Hardware, Services und Business Consulting aus einer Hand optimieren wir die Geschäftsprozesse unserer Kunden. Die Basis ist das CSB-System mit seiner intelligenten und zukunftssicheren Softwarearchitektur.

www.csb.com

Die Zielsetzung des Buches ist, eine *andere Sicht auf die Gotik* zu geben, nicht aus der Sicht eines Spezialisten der Bau- oder Kunstgeschichte sowie Stilkunde. Es gibt hervorragende, detail- und kenntnisreiche Bücher über Gotik, die nicht überboten werden können, s. Literaturabschnitt A und B. Das Anliegen dieses Buches bzgl. der Kenntnisse von Gotik war, die *Querbezüge innerhalb der Gotik* zu beschreiben, z.B. die zugrundeliegende Idee, wie diese und wo zu welchen Bauformen geführt hat und warum Bauten entstanden sind, die unerwartete Eigenschaften besitzen, wie etwa deren Statik.

Insbesondere sollten aber die Bezüge zum allgemeinen *Entwurf*, zur *Informatik* bzw. zu den *Ingenieurwissenschaften* herausgearbeitet werden. Diese unterschiedlichen Zielsetzungen rechtfertigen es, dass das Wissenswerte über Gotik hier kurz dargestellt wird. Dieses Kapitel dient aber auch dazu, die im Vorwort dargestellten Zielsetzungen daraufhin zu überprüfen, ob sie eingelöst wurden.

21.1 Die Relevanz der Gotik

Gotische Kirchen setzen nach wie vor Maßstäbe

Die Gotik hat, trotz ihres hohen Alters, etliche und auch aus heutiger Sicht beachtlich große Kirchen hervorgebracht[1] . Die *Definition der Größe'* ist jedoch unterschiedlich.

Man kann bei gotischen Kirchen die Länge des Hauptschiffs inkl. Chor und Fassade messen oder die Höhe des höchsten Turms. Die Länge kann außen oder innen gemessen werden. Bezüglich *Außenlänge* führen drei englische Kirchen: die Kathedrale von Winchester mit 170, die Abteikirche St. Albans mit 168 und die Kathedrale von Ely mit 164 m. Auch die Höhe des höchsten Kirchenschiffs einer Kirche kann gemessen werden, wieder außen oder innen. Bezüglich der *Innenhöhe* (Gewölbehöhe) besteht die Liste der drei führenden Kirchen aus den Kathedralen von Beauvais mit 48,5, Mailand mit 46,8 und Bologna mit 45 m. Das sind auch derzeit noch beeindruckende Werte.

Interessanter und aussagekräftiger ist jedoch die äußere oder innere Grundfläche im m^2 oder das äußere Bauvolumen in m^3. Die unten wiedergegebenen Zahlen wurden nicht überprüft. Die Werte nach *Grundfläche innen* und nach Außenvolumen sind in Abb. 21.1 wiedergegeben. Die flächenmäßig größte gotische Kirche ist der Dom zu Mailand, danach kommt die Kathedrale von Sevilla. Einige zählen die Kathedrale von Cordoba als flächenmäßig größte Kirche, die aber größtenteils aus der maurischen, flachen Säulenmoschee besteht. Flächenmäßig ist das Ulmer Münster mit 8260 m^2 die viertgrößte und erste deutsche Kirche, erst an 7. Stelle kommt der Kölner Dom.

Bei den *Außenvolumina* kehrt sich das Bild um. Hier liegen nicht für alle Kirchen Zahlen vor. Sevilla ist die größte, Mailand die zweitgrößte gotische Kirche. Der Kölner

---

[1] Alle Zahlenangaben stammen aus Wikipedia ,List of largest church buildings in the world'.

© Springer-Verlag GmbH Deutschland, ein Teil von Springer Nature 2019
M. Nagl, *Gotik und Informatik*, Die blaue Stunde der Informatik,
https://doi.org/10.1007/978-3-662-55518-7_21

Dom liegt an dritter Stelle und Ulm kommt viel später. Geht man zu den Innenvolumina über, so kann sich die Reihenfolge noch einmal umkehren. Hier gibt es keine uns zugänglichen, vollständigen und auch zuverlässigen Zahlen.

Nach Innenfläche in m²		*Nach äußerem Bauvolumen in m³*	
Mailand	11.700	Sevilla	500.000+
Sevilla	11.520	Mailand	440.000
Florenz	8300	Köln	407.000
Ulm	8260	Bologna	270.000
Antwerpen	8.000	Amiens	200.000
Bologna	7920	Ulm	190.000
Köln	7914	Danzig	185.000
Amiens	7700	München	185.000

Abb. 21.1 Größe - Innenfläche oder Außenvolumen - gotischer Kirchen (ohne Neugotik)

Gotische Kirchen setzen also bzgl. ihrer Größe, wie immer man diese misst, als Länge, Gewölbehöhe, Fläche oder Volumina, auch heute noch *Maßstäbe*. Diese Größe wird keineswegs durch Bauten aus den folgenden Stilepochen in den Schatten gestellt.

Noch einmal: Warum hier Gotik?

Was ist an der *Gotik* dran, was lohnte, genauer *untersucht* zu werden:

- Neue *Entwurfsideen* und *Strukturmerkmale*, die Kirchen als eine Einheit von Idee, Struktur, Form und Funktion schaffen, die nach wie vor beeindrucken,
- Die Bauten entstanden mit auch derzeit noch aktuellen *methodischen Ansätzen*: Wiederverwendung, Parametrierung, Klassifikation, fortschrittlichen Prozessen und intelligenten Architekturen mit Betrachtung auf unterschiedlichen Abstraktionen,
- Es entstanden Gebäude mit *ausgestalteter*, reicher *Struktur* aus großen Teilen (Haupthaus) bis hin zu ausgestalteten Details (Maßwerke, Fialen),
- Gotische Kirchen tauchen als *Muster* (Harmonie, Geschlossenheit, Ästhetik) besonders gelungener Entwürfe auf, z.B. bei Büchern über Software-Architekturen, ihre Anziehungskraft zeigt auch eine Reihe von Filmen ([A.Fil Ch bis Fil Wu].

Die Gotik ist ein Spiegelbild Europas

Es gibt *gotische* Bauten und insbesondere *Kirchen überall in Europa,* s. Teil II dieses Buches: Ausgehend von Frankreich hat sich die Gotik nach England, etwas später ins Hl. Römische Reich, nach Niederlande/ Belgien, Skandinavien, über die iberische Halbinsel, aber auch nach Osteuropa ausgebreitet. Das gilt selbst für Italien, trotz der reservierten Haltung gegenüber diesem Baustil. Wir finden Gotik sogar auch dort, wo man es nicht vermuten würde, z.B. auf Zypern (Nikosia, Famagusta).

Dabei hielt die *Begeisterung für diesen Baustil lange an.* Wir finden eine lange Bauzeit für gotische Kirchen vor, noch drei bis vier Jahrhunderte nach der Erfindung des Stils baute man in Europa gotisch, auf der iberischen Halbinsel gab es einen Baustil der Nachgotik, der weit in die Zeit der Renaissance reichte. Nicht zu vergessen ist die erneute Begeisterung für die Gotik im 19. Jahrhundert. Besonders markant ist diese Begeisterung in Großbritannien: Fast alle Kirchen sind dort gotisch oder neugotisch.

Eine Auswirkung dieser Begeisterung ist, dass an gotischen Kirchen auch *nach* der *Fertigstellung weitergebaut* wurde. Heute sind die einzelnen nachträglichen Bauepochen teilweise nur schwer von den ursprünglichen zu unterscheiden. Ein Beispiel ist die Abteikirche St. Denis, mit der die Gotik begann. Die heutige Kirche repräsentiert im Wesentlichen die „Verschönerungen" der späteren Epochen bis hin zu den neugotischen Interpretationen des 19. Jahrhunderts. Ein weiteres Beispiel sind die Kirchen, die gotisch begonnen und für Jahrhunderte unfertig weiterbestanden, ohne fertig zu werden. Erst *viele Jahrhunderte später* im 19. Jahrhundert oder zu Anfang des folgenden wurden sie in einem „nationalen" Kraftakt *fertiggestellt*. Die bekanntesten Beispiele hierfür sind der Dom zu Köln oder der Veitsdom in Prag.

Gotische Kirchen finden sich ausnahmslos *nur in Europa*, abgesehen von neugotischen Formen, die es überall, auch in Amerika und Asien gibt. Darunter sind viele riesige Kirchen, die auch heute noch zu den größten Kirchen zählen, s. Abb. 21.1.

Das gemeinsame *Band* für die Entstehung der gotischen Kirchen ist der *christliche Glaube*, der viel kulturellen Austausch innerhalb Europas erzeugt hat. Dazu zählen auch Formen, auf die wir derzeit weniger stolz sind, wie die Kreuzzüge oder die Christianisierung im Osten Europas, wo auch grobe Gewalt angewendet wurde.

Der Einfluss für die Gotik hatte seinen *Ursprung* in Frankreich und *breitete sich* dann mit einer unterschiedlichen Zeitverzögerung *in Europa aus*. Die Begeisterung für den Stil führte zur Aufnahme der Ideen und Nachahmung, aber auch zu unterschiedlichen Interpretationen. Dies gilt auch für die anderen Baustilepochen (Romanik, Renaissance, Barock), die alle ihren Ursprung in Italien hatten und dann ihren Siegeszug in Europa antraten. Es gilt aber in besonderem Maße für die Gotik, weil diese sich über den Glauben ausbreitete, der auch die Bürger mitnahm. Renaissance und Barock waren - zumindest anfänglich - doch eher Baustile mit denen Bauten der Mächtigen gegeneinander konkurrierten.

Wir finden mit der Gotik eine *zentrale, gemeinsame und neue Idee*, nämlich die Verherrlichung des Glaubens durch Bauten eines neuen Stils (s. Teile I und II dieses Buches). Diese Idee und Begeisterung teilte ganz Europa. In Teil II des Buches haben wir dargelegt, dass trotz dieser gemeinsamen Idee sich doch recht *unterschiedliche Stile mit verschiedenartigen Charakterisierungen in Europa* herausbildeten: die Kathedralen in Frankreich, die in England, die in den Niederlanden/ Belgien und auch Skandinavien, die unterschiedlichen Kirchentypen innerhalb des Hl. Röm. Reichs und in Osteuropa. Wir finden Stränge eines starken gegenseitigen Einflusses, z.B. am Anfang in England aus Frankreich, aber mit speziellen normannischen Elementen, oder z.B. im Ostseeraum mit den Backsteinkirchen im Raum der Hanse.

Die *Gotik* ist ein *Abbild Europas*: Wir finden eine Idee, deren freiwillige Auf- und Übernahme, gegenseitige Beeinflussung und Anstachelung, gegenseitigen Austausch der Ideen (aus Theologie, Philosophie, Kunst, Ästhetik und Baukunde), unterschiedliche Interpretationen und Stile sowie kulturelle Verschiedenheit. Kurzum, wir finden Gemeinsamkeit und kulturelle Vielfalt über Differenzierung. Diese Differenzierung gab und gibt es (über unterschiedliche Sprachen und Geschichte) auch derzeit in Europa. Die Gotik ist also wie Europa: Sie besitzt ein Band der Gemeinsamkeiten und sie präsentiert kulturelle Vielfalt.

21.2 Inhalt Kompakt

Die Inhalte der Teile I bis IV in Stichworten

Die Kathedrale von Reims diente zur ersten Erläuterung einer gotischen Kathedrale und deren Struktur. Sie ist der *Höhepunkt einer Entwicklung*, befeuert durch einen Wettbewerb der Regionen, zuerst im nördlichen Frankreich, mit Einfluss auf ganz Europa. Kathedralbauten waren *herausfordernde Projekte* mit langen Bauzeiten und mit der Zielsetzung, neuartige Tempel - hoch, licht und grazil - zu errichten. Dazu bedurfte es neuer *architektonischer Elemente*: Spitzbögen, Rippengewölbe, Strebewerk, also ein Netzwerk aus Bögen zwischen Säulen/ Pfeilern, was große Wandöffnungen erlaubte und zudem noch äußerst stabil ist. Es entstanden Gebäude, bei denen Idee, Hintergrund, Struktur, Form und Details der Realisierung zu einem *harmonischen Ganzen* verschmolzen sind. Die *äußere Erscheinung* wird durch Wandaufbau, Gewölbe, Fassaden, Chor, Türmen und darin enthaltene Maßwerke von Fenstern und Rosetten bestimmt.

Teil II war eine *Tour durch Europa.* (a) Die *Entwicklung* der klassischen, hochgotischen *frz. Kathedrale* aus Vorformen: St. Denis Chorumlauf, Laon Westwerkstruktur, Chartres Chor, Notre Dame Strebewerk bis zu Amiens und Reims, (b) *Englands vielfältige Strukturen*: normannisch-romanische Anteile als Emporenbasiliken, reiche Außengestaltung, Bestandteile existieren nebeneinander, Sonderfall Kapitelhaus als Zentralbau, (c) Hl. Röm. Reich: Neben Kathedralen (Köln, Prag, Regensburg), Hallen (St. Sebald), Münsterkirchen (Freiburg, Ulm) und Backsteingotik (Lübeck), insgesamt *drei völlig unterschiedliche* Typen (d) Holland/ Belgien Holzdecken und Backsteine, Sonderfälle Iberische Halbinsel mit Nachgotik, Italien, wegen des speziellen Aussehens.

Der Teil III enthält (a) großenteils *Nachmodellierungen*: Bei der Kathedrale von Reims ist die Modellierung homogen, wegen der Homogenität der Kirche, bei York heterogen wegen der Unterschiedlichkeit der Teile, ebenso bei Freiburg, St. Sebald noch inhomogener wegen Änderungen von Joch zu Joch, Bei der Backsteingotik finden wir gröbere Strukturen wegen des anderen Baumaterials und der Zuganker. Wir finden (b) auch *Veränderungen*: Reims mit Turmspitzen und homogenen Querhausfassaden, Mailand rein gotisch, Köln mit breiterem Westwerk und verlängertem Langhaus, Umbau von York zur Erklärung der Geschichte. Schließlich gab es auch (c) *Neubauten*: eine Neuinterpretation der Gotik für eine Gemeindekirche mit neuen Gewölbeideen.

Zu Teil IV Informatik/ Ingenieurwissenschaften: (a) *Wiederverwendungskatalog* von einfachen bis zu fortschrittlichen Ansätzen, Produkt- und Prozess-Wiederverwendung, fortschrittliche Ansätze verlangen viel Vorarbeit, (b) *Parametrik* Klärung und Beispiele, Wiederverwendung parametrischer Teile, (c) *Klassifizierung* mit Merkmalen, *Klassifikation* von Kirchentypen, *parametrische Typen,* ihr Typ und ihre Granularität, Klassifikation und Wiederverwendung, (d) *Entwurfsprozess:* Methodikregeln und agile Prozesse, Prozessplan: *Änderungen* beim *Wiederholen, Veränderungen* bei der

Prozessausführung, (e) *Architekturen:* in Softwaretechnik und Bauwesen, zusammenhängende Artefakte unterschiedlicher Art, Softwarearchitekturansätze auch für Bauwerke, Domänenwissen bei Einzelfallentwurf, bei Spezialisierung, Unterstützung des intelligenten Entwurfs durch ein System mit verschiedenartiger Unterstützung.

Die wichtigen Aussagen

Teil I: (a) Während in der Romanik die Kirche als Burg Gottes gesehen wurde, war das Bild zur Zeit der Gotik der in den Himmel strebende lichte Tempel. Dieses Bild macht noch heute die *Faszination der Gotik* aus. (b) *Werkmeister* waren Stars künstlerischen und handwerklichen Könnens und wurden umworben. Sie brachten Unglaubliches hervor durch Erfahrung, Mut für Neues und - erstaunlicherweise - ohne wissenschaftliche Basis. *Baumeister* repräsentierten die Interessen der Auftraggeber, sorgten für die finanziellen Mittel und im Verbund mit Werkmeistern für den Erfolg. (c) Zentraler Ort der Ausführung war die *Bauhütte*, eine Ansammlung von Handwerkern und Künstlern, eine Lehr- und Lernwerkstatt, offen für Zugänge von außen und für die Fortentwicklung der Beteiligten. (d) Die Bauprojekte waren herausfordernd, wegen der *Komplexität* des Baus, seiner Organisation und Finanzierung. (e) Vielfältige Kirchen entstanden als Longitudinalbauten (fast alle) und Zentralbauten (wenige).

Teil II behandelte: (a) Entstehung der Gotik um Paris, *klassische Linie* frz. Kathedrale (Amiens, Reims) und Abweichungen (Auxerres, Rouen, Albi), (b) strukturelle *Vielfalt* der engl. Basiliken, versch. Bauteile, unterschiedliche Turmgestaltungen, Besonderheiten: normannische Teile und Tudorgotik, häufig als Emporenbasilika mit normannischen Anteilen, (c) Hl. Röm. Reich: neben Kathedralen Hallen, Münster, Backsteinkirchen, *Sondergotik*, (d) Iberische Halbinsel *Nachgotik*, Italien *andere Vorlieben*, (e) Klassifizierungsschema, Klassifikation durch Basiliken, Hallen, beides auch in Staffelform.

Teil III Modellierungen: (a) Idealschema Reims, ausschließlich strukturelle Modellierung, (b) Abweichungen und Neuanfang mehrmals wg. der Unterschiede der Gebäudeteile York, Freiburg, (c) aber auch alternative Methodik: Strukturelle Modellierung grob und Modellierung von Feinheiten über Texturen, wieder York, Freiburg, (d) Kapitelhaus York: Nur Feinstrukturen über Textur, (e) Ausflüge zur Systematisierung: Zusammenfügen von Volumenelementen und Chormodellierung.

Teil IV: (a) Hauptkandidaten für Wiederverwendung sind Volumenelemente und einfache Elemente, beide im Idealfall parametrisch, (b) Klassifizierung hilft beim Suchen, spez. Klassen erlauben gezieltere Unterstützung, (c) Entwurfsprozesse sind agil, ändern sich bei Wiederholungen und auch im laufenden Entwurfsprozess, (d) Architekturen ermöglichen neue Denkweisen und gezieltere Unterstützung, normale Aufgaben für ein Unterstützungssystem bis hin zu Unterstützung der Erarbeitung von Domänenwissen, Wiederverwendungsumgestaltung und Generierung.

Betrachtete Beispiele geben Überblick

Wir besprechen nur die modellierten Beispiele: Mit Reims, York, Köln, Mailand, St. Sebald, Glashaus Aachen, Freiburger Münster, Marienkirche Lübeck und Kapitelhaus York haben wir *verschiedene Gebäude* behandelt und einen *Überblick bekommen:*

3- bzw. 5-schiffige (Staffel)Basilika, 3- bzw. einschiffige Halle mit Chor, Basiliken mit Querhaus u. Chor, mit großem, mittelalterlichen Turm und offenem Helm, 3-schiffige Backsteinkirche und Zentralbau ohne Mittelsäule. Das ist eine *repräsentative Auswahl*.

Neben dem *Nachbau* gab es *Veränderungen* (Reims, Köln, Mailand, Homogenisierungen, Umbau York), Gemeindekirchen-*Neubauten* als 3- und einschiffige (Staffel)Halle mit unterschiedlichen „modernen" Gewölbeformen.

21.3 Entwurfsprozesse im Vergleich

Im CAAD und Bauwesen

Reims: (a) Volumenelemente Vervielfachung, Modifikation, Vervielfachung plus Einzelfallmodifikationen, York wegen Unterschiedlichkeit der Teile jeweils Neubeginn, allerdings mit Bezug auf Volumenelement von Reims, (b) Ausprobieren unterschiedlicher Ansätze, einerseits reine Strukturmodellierung, andererseits grobe Strukturmodellierung mit Feinheiten über Textur, wie auch später für Freiburg, bei St. Sebald Modifikation von Volumenelement zu Volumenelement wegen unterschiedlicher Geometrie, bei Kapitelhaus York Verbindung beider Ansätze, (c) Backsteinkirchen: strukturelle Modellierung anderen Charakters (nur Strukturmodellierung). (d) Haben Nachmodellierung, Modifikationen und Neubau mit den gleichen Ansätzen besprochen.

In der Informatik und in den Ingenieurwissenschaften

Ideen zu Wiederverwendung, Parametrik, Klassifizierung/Klassifikation, Entwurfsprozessen und deren Änderungen, Architekturen, Anwendung intelligenter Techniken gibt es auch hier, sie sind also *allgemeingültig* für alle *Disziplinen*, in denen entworfen und realisiert wird. Eine zentrale Stelle bei allen Entwurfsdisziplinen spielt die *Architektur* (des Baus, der Software, des technischen Systems) als *Hauptstruktur* des Entwurfs.

Das gilt auch für ein Unterstützungssystem für Entwurf und Realisierung, insbesondere, wenn dieses abgestimmt ist auf eine spezifische Problem- und Lösungsklasse oder abgestimmt auf die Nutzung größerer Wiederverwendungsschritte.

Fortschrittliche Entwurfstechniken, wie automatische Generierung (auch automatische Konfiguration, Design by Doing, Bootstrapping, etc.), sind für moderne Standardbauten, für Software oder für andere Entwürfe anwendbar, aber nicht sinnvoll für gotische Kirchen. Jeder Entwurfsprozess kann durch Werkzeuge unterstützt werden.

Entwurfsprozesse in der Gotik

Die Frage ist nun, wie wurden die Entwurfs- und Konstruktionsaufgaben zur Zeit der Gotik gelöst? Sicher nicht mit CAAD-Systemen und elaborierten Wiederverwendungsmechanismen und entsprechender Werkzeug-Landschaft. Dieser kurze Unterabschnitt soll die *Vorgehensweise* und das *Konstruktionswissen* zur *Zeit der Gotik* zusammenfassen und im Lichte der fortschrittlichen Techniken der heutigen Zeit einordnen.

Vieles war zur Zeit der Gotik nur *implizit* vorhanden, d.h. in *Gedanken* und im *Vorgehen*, ohne entsprechende schriftlichen Ergebnisse und Anleitungen sowie ohne Unterstützung durch Werkzeuge auf einem Computer. Auf dieser impliziten Ebene finden sich aber viele Ideen. Nur dadurch war es uns möglich, einheitliche Vorgehensweisen zu finden, s. Reims. Die Produkte, Prozesse und Werkzeuge finden sich als Erfahrungs-wissen, das in Bauhütten weitergegeben und angereichert wurde (Domänenwissen). Die Wissens-Datenbank befand sich im Kopf der führenden Leute der Bauhütte.

Vergleich der Entwurfsprozesse

Dieses Buch demonstriert am Beispiel gotischer Kirchen einen Ansatz, den *Entwurf* für eine mehr oder minder engen *Klasse von Gebäuden* (Problemen/ Lösungen) zu betrach-ten und allgemein mit Entwurfsprozessen aus anderen Disziplinen zu *vergleichen*.

Wir werden im folgenden Ausblickskapitel sehen, dass dies auch auf *moderne Ge-bäude* angewendet werden kann. Dort zeigt sich - noch mehr als bei gotischen Kirchen, bei deren Entwurf man Wert auf die Verschiedenheit der entstehenden Kirchen legte - dass der Ertrag in Richtung *Ersparnis* von Aufwand durch verschiedene *Unterstüt-zungsformen* beim Entwurf noch deutlich größer ist.

Dies gilt insbesondere dann, wenn die betrachtete Klasse von Gebäuden eng gefasst ist, d.h. die *Gebäude sich strukturell stark ähneln*. In solchen Fällen können wir mehr oder minder alle *fortschrittlichen Entwurfstechniken anwenden*, die in irgendeinem Umfeld der Informatik oder Ingenieurwissenschaften zu finden sind.

Muster überall

Wir haben *Muster auf verschiedenen Ebene*n kennengelernt: (a) Muster für die ein-zelnen Komponenten (Maßwerk, Säule), fertig oder parametrierbar, solche (b) für das Zusammenspiel von Komponenten (Volumenelement), (d) für große Komponenten (3-schiffiges Langhaus) und schließlich (e) für ganze Kirchen (klassische frz. Kathe-drale). Das gilt auch für die Software (Baustein für Queue, Model-View-Controller, der E/A-Teil eines interaktiven Systems, Gesamtplan für interaktives System).

Die derzeitige Musterdiskussion konzentriert sich auf Ebene (b), obwohl die ande-ren ertragreicher sind. Diese Aussagen gelten auch für alle Ingenieurwissenschaften und die Architektur [C.Al 79]. Hinzu kommt, dass es Muster auch für alle Abstrakti-onsstufen obiger Ebenen gibt. Muster gibt es auch für die verschiedenen Formen von Entwurfsprozessen.

21.4 Zielsetzung erreicht?

Gotik und Softwarearchitekturen: Analogie zutreffend?

Warum taucht das Beispiel gotische *Kathedrale* in Büchern über *Softwarearchitekturen* auf? Warum hat sich keiner damit beschäftigt, die Bezüge herauszuarbeiten? Die *Be-deutung der Architektur* ist analog, die Nutzung von Ähnlichkeiten, von Symmetrien ebenfalls. Beide haben mit struktureller Ästhetik des Produkts und entsprechendem Vorgehen beim Entwurf zu tun.

Bezüglich der Wiederverwendung, der sauberen strukturellen Formgebung, der Be-trachtung auf verschiedenen Ebenen (Gesamt, grobe Teile, deren Aufbau aus Wieder-verwendbaren Teilen, die parametrisch (generisch) sind und wiederum zusammenge-setzt aus einfachen und parametrischen Teilen, gibt es *strenge Analogien*. Auch die Prozesse sind ähnlich, sie sollten gewappnet sein für dauernde Veränderungen. Bei mo-dernen Standardbauten lässt sich die Analogie noch weiter treiben.

Ein *Unterschied* besteht: Kirchen werden auch gebaut. Das haben wir bei Software selten, den meisten Ingenieurwissenschaften immer (Flugzeuge, Maschinen, etc.).

Was haben wir erreicht?

Die folgenden *Aussagen* gelten für die *Gotik*, *Informatik* und Ingenieurwissenschaften:

- *Strukturwissen* kann allgemein erarbeitet werden und vertieft für spezielle Klassen
- *Entwürfe* integrieren Einheiten für verschiedene Aspekte, Granularitäten und Abstraktionen, von der ersten Idee bis hin zur detaillierten Ausgestaltung.
- Ein guter Entwurf besitzt einen *wohldefinierten Aufbau,* der auch ästhetischen Ansprüchen genügt, bei gotischen Kirchen wohl komponiert, filigran und stabil.
- *Muster* für *Gesamtprodukt* und dessen *Teile* vermindern Aufwand, steigern Qualität.
- *Unterstützung durch Werkzeuge* gibt es für jeden Entwurfsprozess. Je spezifischer die Problem- und Lösungsklasse ist, umso umfassender kann die Unterstützung sein.
- Dies konnte in einer interdisziplinären Diskussion gezeigt werden.

Für die *Gotik* gilt: Wir haben sie als europäische Bewegung vorgestellt und eine Übersicht für Europa gegeben. Dabei haben wir uns auf die „Hauptklassen" beschränkt. Spanische/ portugiesische/ italienische/ niederländisch-belgische Gotik sowie Gotik des östlichen und nördlichen Raumes hätten ebenfalls ausgearbeitet hätten werden können, wie auch die Gotik der Profanbauten.

Breite Entwurfserfahrung als Grundlage für den Vergleich

Die Betrachtung in diesem Buch stützt sich auf eine *breite Erfahrung* in verschiedenen Entwurfsdomänen, s. Literaturabschnitt D. Dort sind alle der folgenden Veröffentlichungen aufgeführt, die in der Regel im Rahmen von Dissertationen am Lehrstuhl des Autors entstanden sind. Sie sind alle Entwurfsaufgaben zugeordnet, meist zusammen mit der Realisierung unterstützender Werkzeuge.

Diese stammen aus den *Anwendungsfeldern* Konzepte von Programmiersprachen [Ja 86, Na 03], Architektursprachen für Software [Ga 83, Le 88, Na 90, Bö 94, Kl 00, Ra 00], Software-Entwicklungsumgebungen [EL 92, En 86, Ko 96, Sc 86, Na 96, vB 95], den darin enthaltenen Spezialaufgaben Revisions- und Konfigurationskontrolle [We 91]) wiederverwendbare Komponenten [Be 00], Expertensysteme [Ba 95] sowie Applikationsintegration [HN 11], der zugrundeliegenden Spezifikationssprache und entsprechende Methodik mit Graph-Ersetzungssystemen [Ka 85, Na 79, SW 95 u. 99, Ra 08, RG 08RH 07, Sc 91, Wi 00, Wei 11], der zugehörigen Meta-Entwicklungsumgebung [KS 96a, IP 96, IM 08, Zü 96] und dem darin enthaltenen Objektspeicher [Ba 00, Bo 06, KS 96b], der Produktionstechnik [NW 99], Chemische Verfahrenstechnik [NM 08, CE 11], Kommunikationssysteme [FM 06, He 03, Ma 05, Mo 06 u. 09, Pr 00], Automatisierungstechnik [Mü 03, MS 99], betriebswirtschaftliche Informatik [Cr 00], Autorensysteme [Ga 05, Me 06], eHome [Ar 10, Ki 05, KN 04, No 07, RA 10, Re 10], Automotive [Me 12, MN 12], dem Management von Entwicklungsprozessen [He 08, He 11, Kr 98, HH 10, HJ 96 u. 08, , Jä 03, Sc 02, We 98, WH 11, Wö 10], den vielfältigen Werkzeugen zur Artefaktintegration und -konsistenzsicherung [Ja 92, Le 95, KN 11, Kö 10, Gr 99] sowie dem noch genauer zu diskutierenden Entwurf im Bereich Architektur/ Bauingenieurwesen [KN 07a, b, Kr 07 und KS 05].

22.1 Baugeschichte: Andere Stile, Gebäudearten

Kirchen der Romanik

Natürlich hätte dieses Buch auch mit der *Romanik* als Beispiel eines historischen Baustils geschrieben werden können. Die Gedankenlinie wäre ähnlich gewesen, die Argumentation sogar einfacher. Auch hier gibt es verschiedene Kirchenarten, wie Basiliken und Zentralbauten, Sandsteinbauten und auch Ziegelbauten, standardisierte Kirchenmuster usw. Auch die Romanik hatte eine europäische Ausdehnung.

Die *Gotik* ist aber aus zwei Gründen wesentlich *besser geeignet*. Zum einen weist die Romanik nicht in gleichem Maße den engen Zusammenhang auf zwischen zugrundeliegender Idee, philosophischer und theologischer Fundierung, Formgebung, bestimmten Bauelementen, Strukturen und Details der äußeren Erscheinung bis hin zur Statik, den wir in der Gotik finden und der in Teil I des Buches beschrieben wurde. Zum zweiten bestanden die zugrundeliegenden Bauelemente schon vorher. Bereits zur Römerzeit kannte man Rundbögen, Kastendecken und Tonnengewölbe. Der Aspekt der Neuartigkeit ist also weit weniger ausgeprägt.

Schlösser im Barock

Ein anderes Beispiel wären *Schlossbauten des Barock* gewesen. Auch sie lassen sich mit parametrischem Entwurf und der Anwendung weiterer Wiederverwendungsideen modellieren. Sie besitzen ebenfalls *Uniformität* in der Außengestaltung, eher innerhalb eines Beispiels als zwischen den verschiedenen Schlossbauten. Diese Uniformität bezieht sich auf Flügel des Schlosses, seine äußeren Fassaden, die typische Aufteilung in Repräsentations- und Wohnräume, bis hin zur Gestaltung der Umgebung, z.B. der Gartenanlagen. Als Beispiele seien hier das Schloss von Versailles oder die Würzburger Residenz genannt.

Natürlich lassen sich noch weitere Beispiele neben romanischen Kirchen und Barockschlössern finden. Beispiele finden sich für alle Stilarten.

Moscheen

Nachdem wir für die Beispiele Romanik und Schlösser nur kursive Bemerkungen gegeben haben, wollen wir ein weiteres Beispiel etwas detaillierter besprechen. Das Beispiel behandelt wieder Gotteshäuser, aber nicht der christlichen Religionen, wir *diskutieren* über *Moscheen*.

Moscheen [A.FK 95] haben einen *Aufbau aus verschiedenen Teilen*. Umgeben von einer Mauer teilt sich die Moschee auf in eine große Gebetshalle, deren Gebäude eine unterschiedliche Gestalt haben kann[1], einen Hof für die rituellen Waschungen und den

---

[1] Wenn nicht der Innenhof selbst den Gebetsraum darstellt.

Aufenthalt vor dem Gebet, Arkaden, Pfeilern oder niedrigen Gebäuden, die den Hof innerhalb der Mauer umgeben und Minaretten, von deren Plattform der Muezzin zum Gebet ruft. Über ein großes Portal betreten die Gläubigen die Moschee.

Auch innen habe Moscheen einen bestimmten und standardisierten Aufbau: Eine Wand ist nach Mekka gerichtet. In ihr befindet sich eine i.a. prächtig ausgestaltete Nische (*Mihrab*), rechts von dieser Nische die Kanzel (*Minbar*) für die Ansprache während des Freitagsgebets. Sie ist erhöht und über eine Treppe erreichbar, damit der Imam von einer größeren Anzahl von Gläubigen gehört und gesehen werden kann. Vor dem Mihrab und in einer Flucht mit demselben befindet sich die *Dikka*. Sie ist ebenfalls erhöht. Von dieser Höhe wiederholen die Quadi die rituellen Weisungen des Imams und rezitieren die Antworten.

Da es im Islam ein Bilderverbot gibt, entstanden weder Malereinen noch Plastiken. An ihre Stelle traten *Kalligraphien* mit ikonografischer Bedeutung, die große Flächen prächtig ausgestalten können. Die Rolle der unterschiedlichen Gewölbestrukturen gotischer Kirchen nehmen in der Moschee aufwändig gestaltete Deckenstrukturen mit komplexer Geometrien ein, die sog. *Muqarnas*. Deren Formen/ mathematische Probleme wurden mehrfach untersucht.

Es gibt *Moscheen verschiedener Typen* (wieder [A.FK 95]), die wir hier nicht alle erörtern. Wir greifen vier davon heraus, vgl. Abb. 22.1, die sich in erster Linie durch die Gestalt des Gebetsbaues unterscheiden. Die Struktur dieses zentralen Teils einer Moschee ist in der Regel durch die *Bautradition* einer bestimmten *Region fixiert*, die sich über viele Jahrhunderte erhalten hat. Das ist anders als bei Kirchen, die in jeder Region ihren Baustil geändert haben, von romanisch, zu gotisch, etc.

In Arabien, Nordafrika und Südspanien finden wir für das Gebetshaus *Säulenhallen* mit flacher Decke vgl. Abb.22.1.a, z.B. in Cordoba oder der unten genauer betrachteten Al-Hakim-Moschee aus Kairo. Im Iran und Zentralasien[2] gibt es *zweiachsige Innenhöfe* mit vier Gebäudeteilen, die Masdschid-i Schah in Isfahan ist hier ein prominentes Beispiel, Abb. 22.1.b. In Indien und Pakistan herrschen Gebetshäuser mit *mehreren Kuppeln* vor, z.B. bei der Badschahi-Moschee in Lahore, Abb. 22.1.c, das Gebet wird hier größtenteils im Hof zelebriert. In Anatolien/ der Türkei und darüber hinaus schließlich dominiert der Typ eines *Zentralbaus mit großer Kuppel*, bei dem durch weitere direkt angeschlossene Gewölbe und Kuppeln innen ein großer zusammenhängender Raum geschaffen wird[3]. Ein klassischer Vertreter ist die Blaue Moschee in Istanbul, Abb. 22.1.d.

---

[2] Usbekistan, Turkmenistan, Afghanistan etc.

[3] Das Baumuster wurde hier durch die Hagia Sofia geliefert, eine oströmische Kirche ungewöhnlichen Ausmaßes in ihrer Zeit (Bauzeit 532-537, neue Kuppel 558-562). Dieses Baumuster wurde im Moscheebau fortgesetzt und findet sich - meist in vereinfachter Form - auch heute noch bei nahezu allen Moscheen in der Türkei und in der Nähe. Zur Erläuterung vgl. Wikipedia.

Abb. 22.1 Moschee-Typen aus unterschiedlichen Regionen von links nach rechts, oben nach unten: **a** Säulenhallen (Bsp. Al-Hakim-Moschee in Kairo), **b** Zweiachsiger Innenhof mit vier Iwanen (Bsp. Masdschid-i Schah in Isfahan), **c** Gebetshäuser mit mehreren Kuppeln (Bsp. Badschahi-Moschee in Lahore) und **d** Zentralbau mit großer Kuppel (Bsp. Blaue Moschee in Istanbul)[4]

Hallenmoscheen

Wir greifen uns das Beispiel der *Al-Hakim-Moschee* aus Kairo als Hallenmoschee heraus und modellieren diese Moschee; Abb. 22.2. zeigt den Grundriss. Wir sehen eine Symmetrieachse vom Eingang nach oben. Wir konzentrieren uns auf das *Gebetshaus*, in der Abbildung oben, welches symmetrisch aus zwei gleichen Strukturen besteht. Die obere Seite zeigt südöstlich nach Mekka, wie die Nase für die Mihrab erkennen lässt. Die Modellierung folgt im Prinzip den gleichen Ideen, die wir bei gotischen Kirchen in Teil III dieses Buches (Entwurf mit Wiederverwendung) kennengelernt haben.

Wir beginnen in Abb. 22.3 (a oben links) mit einer Zelle, links von der Symmetrieachse, die aus vier Säulen besteht, in dem Teil, der das Gebetshaus darstellt. Diese Zelle taucht viermal auf. Wenn wir dann die hintere Zelle, die mit einer Wand abschließt, hinzufügen, dann erhalten wir ein „Schiff" des Gebetsraumes (b), in dem Teil, der vorne keine Zinnen aufweist. Dieses Schiff taucht dreimal auf, bevor die Zinnen beginnen (c).

---

[4] s. Wikipedia ‚Al Hakim Moschee', Kairo, Wikipedia ‚Masdschid-i Schah', Isfahan, Wikipedia ‚Badschahi-Moschee', Lahore, Wikipedia ‚Blaue Moschee', Istanbul

Wir modifizieren nun die Vorderseite eines Schiffes[5] (Zinnen und Wandöffnung (d)) und wenden dieses modifizierte Schiff viermal an. Wenn wir dann noch die fehlende linke Wand anfügen und die Kuppel an der oberen linken Ecke, dann haben wir bereits den größten Teil der linken Hälfte fertig (e). Der gesamte bisherige Teil kann gespiegelt werden und liefert den größten Teil der rechten Hälfte.

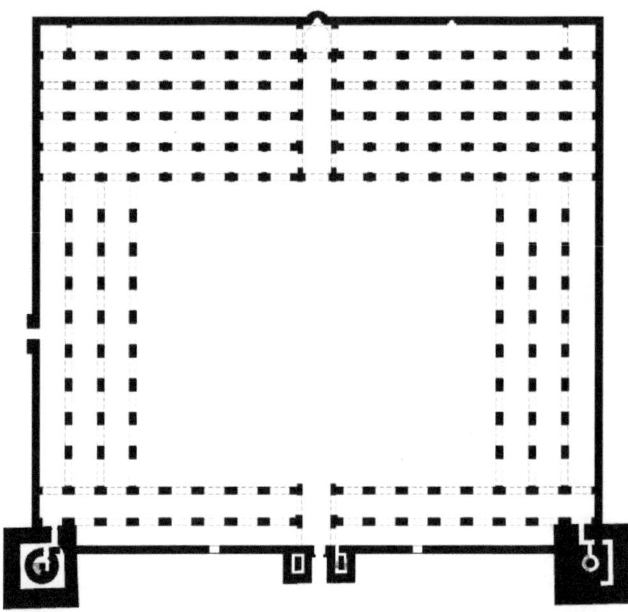

Abb. 22 .2 Grundriss der Al-Hakim-Moschee, der obere Teil, in südöstliche Richtung weisend, ist das symmetrisch aufgebaute Gebetshaus, das wir genauer betrachten

Es verbleibt noch der zentrale Teil entlang der Symmetrieachse. Das mittlere Schiff ist höher und breiter und weist auch in Richtung der Symmetrieachse Zinnen auf. Außerdem hat es hinten ebenfalls eine Kuppel. Dieses zentrale Schiff kann nicht einfach modelliert und eingefügt werden, da seine Säulen innen dicker sind. Wir müssen deshalb auch die beiden Nachbarschiffe modifizieren. Auch sie besitzen die dickeren Säulen. Die Modellierung erfolgt deshalb so, dass wir das zentrale Mittelschiff und auch die beiden berandenden Schiffe zusammen modellieren (Volumenelement). Dies geschieht in der mittlerweile bekannten Weise (f).

Das Einfügen des zentralen Teils liefert das Gebetshaus als Ergebnis (g). Der Leser wird verstehen, dass wir auf die Konstruktion der den Hof umrandenden weiteren Gebäude und des Torbereichs sowie der Minarette verzichten. Die Konstruktion sieht ähnlich aus und würde keine neue Erkenntnis bringen.

---

[5] Dem aufmerksamen Leser wird aufgefallen sein, dass wir hier wieder die Semantik von „Zusammenfügen durch Verkleben" anwenden, vgl. die Diskussion in Abschnitt 11.4. Ein Volumenelement enthält nur die Hälfte der Verbindungsstruktur und wird mit der der anderen Hälfte verklebt.

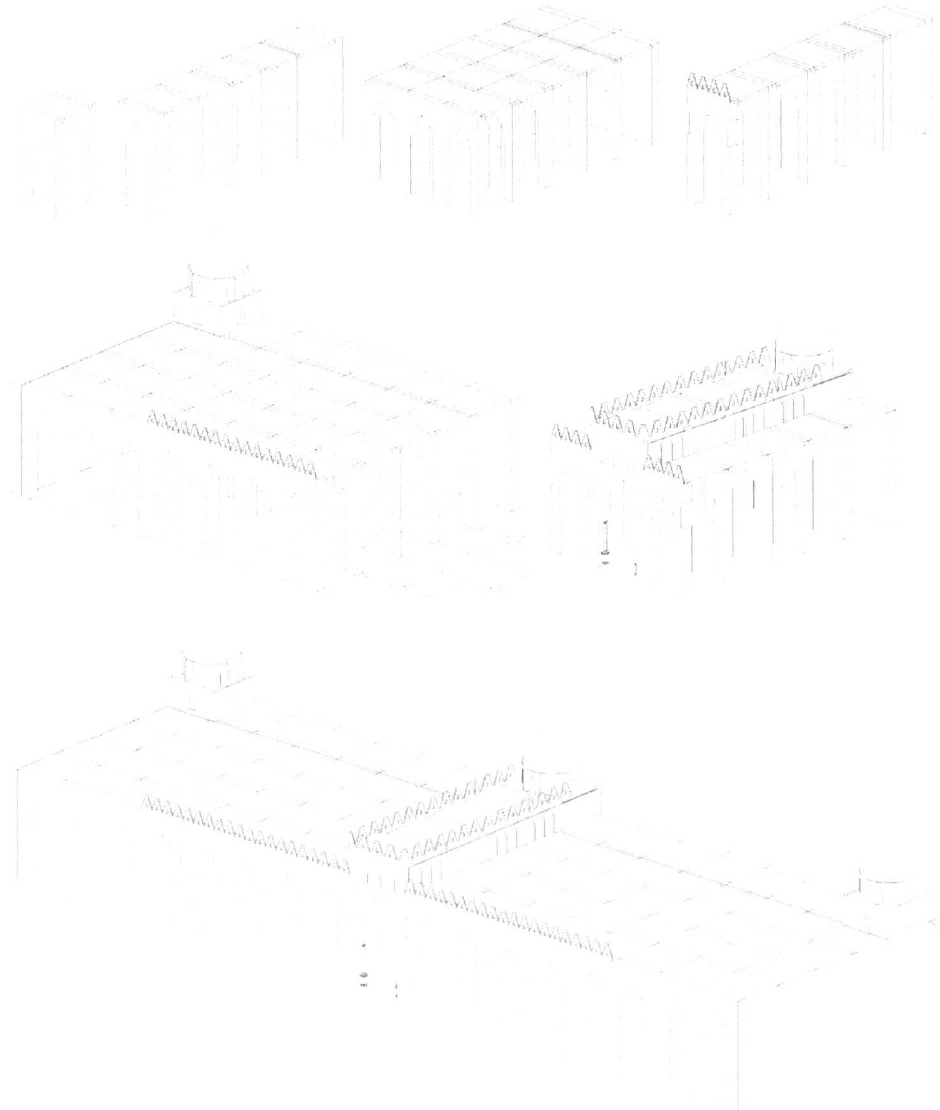

Abb. 22.3 a bis **g** Modellierung der Al-Hakim-Moschee: Komposition des Gebetshauses

Zentralbauten für Moscheen

Wir *modellieren* nun die *Blaue Moschee* aus Istanbul, vgl. Abb.22.1.d. Wir beschränken uns dabei wieder auf den *zentralen Teil* des Gebetshauses, das aus ineinandergreifenden Kuppeln besteht, so dass im Inneren der Eindruck eines großen Gewölbes entsteht (Zentralbau). Wir beginnen die Modellierung mit dem Zentrum, das aus einem *Würfel* mit quadratischem Grundriss besteht mit einer großen *Kuppel*.

In diesen Würfel mit einer bestimmten Wanddicke wird auf jeder Seite ein *Bogen* eingeschnitten, der auf *Säulen* ruht. Wir machen das an einer Seite und vervierfachen die Konstruktion, s. Abb. 22.4.a.

Auf jeder der vier Seiten wird oberhalb einer Decke eine *Rundung* (eine Art Apsis) eingesetzt, die mit einem *Gewölbe* abschließt. An dieser Rundung finden sich wieder drei *weitere Rundungen mit Gewölbe*. Das Ergebnis zeigt Abb. 22.4.b. Aus Platzgründen ersparen wir uns die Vervierfachung zu allen vier Seiten.

Für den *Eckbereich* des zentralen Teils der Moschee ergibt sich die folgende Konstruktion: Zwei abgestufte Wände werden mit zwei runden und einem eckigen kleinen Turm versehen, alle drei mit einem Gewölbe bedeckt. Ferner wird auf die Ecke ein kleiner, flacher und runder Turm mit Gewölbe gesetzt. Das Ergebnis zeigt Abb. 22.4.c. Wir ersparen uns wieder die Anwendung dieser Erweiterung an allen weiteren drei Ecken des Gebetshauses. Ebenso haben wir die Konstruktion der Minarette nicht gezeigt, auch deshalb, weil ihre Konstruktion die des Eckteils teilweise verdeckt.

Abb. 22.4.d stellt nun die gesamte Konstruktion in einer plastischen Form dar. Wir verzichten auf die runden Fenster in den unteren Bereichen der Moschee, weil diese an drei Seiten mit weiteren, spezifischen Anbauten versehen sind, die wir der Einfachheit halber auslassen. Der genau betrachtende Leser sieht auch durch Vergleich von Abb. 22.1.d mit Abb. 22.4.d, dass wir eine Vereinfachung an der äußeren großen Rundung vorgenommen haben, um das Gebäude symmetrisch zu allen vier Seiten zu gestalten. Alle diese spezifischen Details könnten natürlich einzelfallorientiert ergänzt werden.

Die *Wiederverwendung* ergab sich bei der Konstruktion aus der *Symmetrie* des Gebetshauses: Die Konstruktion ist an allen vier Seiten weitgehend gleich. Bögen und Säulen des inneren Teils, runde Anbauten auf jeder Seite, gleiche Gestaltung der Eckteile und der Minarette erleichtern die Konstruktion. Sie muss nur an einer Seite durchgeführt werden und kann danach an den weiteren Seiten vervielfacht werden. Dies ist eine andere Art der Vervielfachung im Vergleich etwa zu Reims. Die weiteren Anbauten müssten einzelfallorientiert an jeder Seite angefügt werden.

Es gibt große, unglaublich *aufwändig gestaltete, moderne Moscheen*, auf die wir hier nicht eingehen, z.B. die Moscheen von Muscat, Dubai, Abu Dhabi, Riad, Medina oder Islamabad. Sie sind überaus prachtvoll gestaltet und spiegeln dadurch den derzeitigen Reichtum des Vorderen Orients wider. In Ihren Formen und Strukturen sind sie eher konventionell, halten sich also an die tradierten Formen.

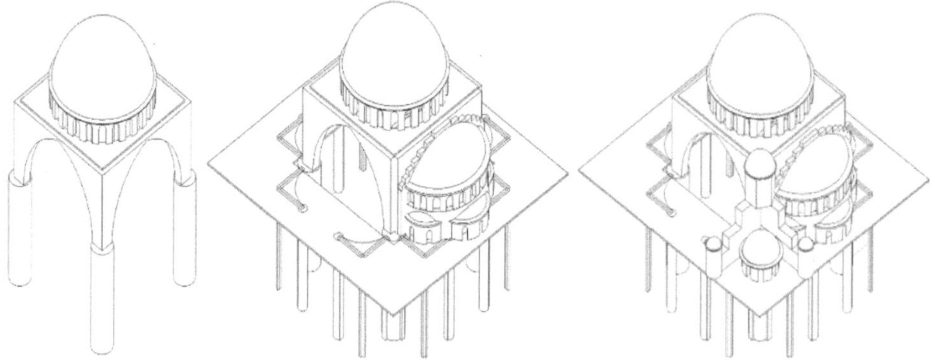

Abb.22.4.a-d Konstruktion des zentralen Teils der Blauen Moschee in vereinfachter Form

22.2 Moderne Gebäude

Wir *übertragen* die *Ideen*, die wir in Teil III angewandt und in Teil IV begründet haben, nun auf *Gebäude der Gegenwart*. Wir betrachten hierzu zwei Beispiele, ein mittelgroßes Bürogebäude und eine Fabrikhalle. Wir wollen überprüfen, ob sich die Ideen anwenden lassen, wie diese Anwendung aussieht und ob sich neue Erkenntnisse ergeben.

Ein Bürogebäude ist ein *Zweckgebäude*, wie auch ein Altersheim, ein Sanatorium, eine Werkstatt für einen bestimmten Zweck, z.B. Reifenmontage und -wechsel. Ein Zweckgebäude ist ein Gebäude mit spezifischer Raumnutzung und oft mit standardisiertem Aufbau. Das Beispiel, dem wir uns zuwenden, ist ein *mittelgroßes Bürogebäude*. Es besitzt einen standardisierten Aufbau und eine standardisierte Nutzung von Räumen unterschiedlicher Art.

Aber auch im *Kleinen* gibt es *Beispiele:* Einfamilienhäuser mit standardisiertem Aufbau (z.B. Fertighäuser), Reihenhäuser, in der Aachener Gegend das hochinteressante Dreifensterhaus (Wohn-/ Geschäftshaus aus der Zeit etwa von 1850 bis 1915), ein Beispiel an dem man fast alle Wiederverwendungsideen studieren kann. Dieses zeigt die Anwendung von Wiederverwendung zu einer Zeit, in der es noch keine Architekten mit Studium gab. Wir gehen auf diese weiteren Beispiele hier nicht ein.

In alles diesen Beispielen lassen sich *Gebäudeklassen,* d.h. Mengen von ähnlichen Gebäuden und strikter und benennbarer Ähnlichkeit finden. Je stärker die Ähnlichkeit ist (Abstimmung der Teile aufeinander, wenig Verschiedenheit), desto besser gelingt es, den Entwurf klar zu gestalten und von Wiederverwendung sowie Parametrierung Gebrauch zu machen.

Sind viele solcher Gebäude zu gestalten, dann lohnt sich der Aufbau einer *Wieder-verwendungs-Maschinerie*, wie in Kap. 20 dargestellt, mit Wiederverwendungselementen unterschiedlicher Granularität, bis hin zu ganzen Gebäuden. Wir betrachten zwei dieser Gebäudeklassen im Folgenden genauer: Bürogebäude und Fabrikhallen.

Bürogebäude

Die Modellierung erfolgt nach den gleichen Prinzipien. Die *Ähnlichkeit* bezieht sich hier auf die innere *Struktur*, weniger auf das äußere Aussehen. Die innere Struktur besitzt noch *Parameter* zur Veränderung. Bei Bürogebäuden sind dies die Anzahl der Stockwerke, Länge und Breite der Stockwerke, die Länge und Breite des zugrundeliegenden Gebäuderasters, die Form des Daches, etc. Es lassen sich allein durch unterschiedliche Gestaltungselemente für die Fassade, trotz einer weitgehenden internen Standardisierung, völlig unterschiedliche äußere Eindrücke erzeugen.

Wir betrachten ein Bürogebäude mit Rasterung und überlegen Maßnahmen zur Effizienzsteigerung des Entwurfs, s. Abb. 22.5.a. Das *Raster*: dient zur Dimensionierung und Einteilung, es ist veränderbar innerhalb gewisser Grenzen, die durch die Nutzung, die Statik, etc. bestimmt sind. Mit dieser Rasterung ist somit auch ein Standard-Büroraum definiert, nämlich als Zelle des Rasters. Ein Raster hat deshalb eine sinnvolle Bandbreite, etwa von 16 bis zu 30 qm. Die Rasterung ergibt sich in Abb. 22.5 durch die Lage der für die Statik sorgenden Säulen.

Die Abb. 22.5.a enthält auch ein *Standard-Treppenhaus*, das auf der einen Seite aus einer Treppe, auf der anderen aus einem Aufzug besteht. Neben dem Aufzug findet sich ein Technikraum, auf der anderen Seite ein Raum, in dem die Installationsrohre von Stockwerk zu Stockwerk gehen. Hinter dem Aufzug befinden sich Toiletten. Natürlich lässt sich das Treppenhaus mit Toiletten auch an eine andere Stelle des Etagenplans verschieben. Die Abb. 22.5.a stellt im Wesentlichen eine Etage aus einzelnen und gleichen Mitarbeiterräumen dar.

Die Abbildung 22.5.b zeigt einen veränderten Etagenplan. Auf der linken Seite unten befindet sich ein *Chefzimmer* mit Vorzimmer, oben ein *Vortragsraum* für Seminare oder Präsentationen. Rechts unten liegt ein großer Raum, etwa für ein kleines *Labor*, entstanden durch das Zusammenlegen von zwei Rastereinheiten. Wir sehen, dass die Etagen leicht variiert werden können, insbesondere dadurch, dass die Zwischenwände innerhalb des Rasters verschiebbar sind, da sie keine tragende Funktion besitzen. Ein Etagenplan lässt sich durch Verlagern von Raumgruppen (Chefzimmer mit Vorzimmer, Seminarraum evtl. mit Raum zur Präsentationsvorbereitung, Laborraum mit Technikraum) einfach verändern. Wir bezeichnen solche Ansammlungen von Räumen mit speziell abgestimmten Enzelfunktionen als *Funktionsgruppen* (Leitung, Seminar/Präsentation, Labor). Aus Standardkomponenten und Funktionsgruppen ergeben sich durch Platzieren und Verschieben auf einfache Weise die jeweiligen Etagenpläne.

Schließlich zeigt Abb. 22.5.c in einem verkleinerten Maßstab, dass zwei nebeneinanderliegende *Gebäude miteinander verschmolzen* werden können, um bei dem zweiten Gebäude ein Treppenhaus einzusparen, evtl. sogar die Toiletten. Natürlich hätten wir dort ebenfalls ein eigenes Treppenhaus einrichten können und die beiden Gebäude durch einen kurzen Fußweg oder durch einen Glasgang verbinden können.

Weitere Standard-Modellbausteine können das *Kellergeschoss* oder das *Dachgeschoss* sein. Ersteres hat eine bestimmte Technikversorgung, letzteres erlaubt verschiedene Dachformen. Die dazwischenliegenden Etagenpläne ergeben sich innerhalb des Rasters durch Einsetzen von Funktionsgruppen und Standardbausteinen. So entstehen unterschiedliche Gebäudepläne, je nach Wünschen und geplanter Nutzung.

Abb. 22.5.a bis **c**: Etagenpläne im Raster: Verschiedenartigkeit, effizienter Entwurf durch Standardkomponenten und verschiebbare Funktionsgruppen

Die *Außengestaltung* für ein Haus kann stark variieren, indem *unterschiedliche Fassaden* verwendet werden, das Gebäude unterschiedlich viele Stockwerke besitzt und auch die *Dachform* geändert wird. In Abb. 22.6.a wird das Haus mit Sichtbeton/ Glas und Satteldach gezeigt. Die Fenster können an den der Sonne zugewandten Seiten Photovoltaik-Folien enthalten. Abb. 22.6.b zeigt das Gebäude mit Flachdach und - auf den der Sonne zugewendeten Seiten - mit Photovoltaik-Elementen, die vor der Fassade angebracht sind und sich bewegen können, um der Sonne zu folgen. Das dritte Beispiel aus Abb. 22.6.c besitzt ein Pultdach. Vor der Fassade sind Fassadenelemente vorgesetzt, die fünf unterschiedliche Formen annehmen können. Natürlich lassen sich diese Fassadengestaltungen auch kombinieren, wie die Abb. 22.6.d beispielhaft zeigt.

Die Auswahl eines *Fassadenelements* kann dem Zufall überlassen werden oder die fünf Elemente (entsprechend den Werten 0 bis 4) treten in Dreiergruppen auf. Dann lassen sich Zahlen von 0 bis 124 codieren, denen jeweils ein Buchstabe eines vergrößerten Alphabets (erweiterter Zeichensatz buchstabenorientierter Sprachen, auch arabisch, vereinfachter japanischer Zeichensatz, etc.) zugeordnet werden kann. Beliebige aber fixierte *Botschaften* (ein Werbespruch, das Leitbild der Firma, etc.) lassen sich dann *als Text* auf jeder Etage verschlüsseln[6]. Die Botschaft kann zeilenweise gelesen werden, indem man mehrfach um das Gebäude herumläuft oder auch spaltenweise.

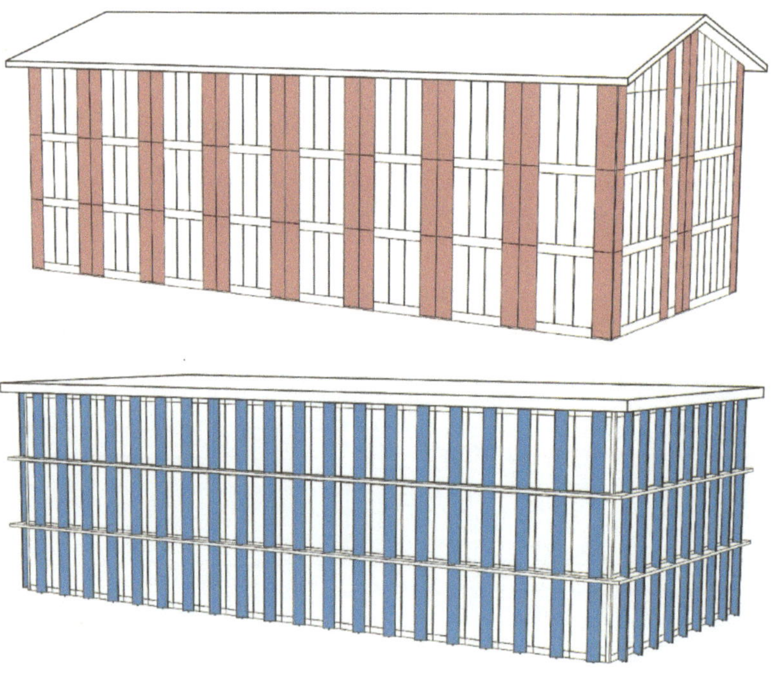

---

[6] Das Architekturbüro Kada Wittfeld aus Aachen hat mit dieser Idee die Fassade des ICT-Cubes an der RWTH gestaltet.

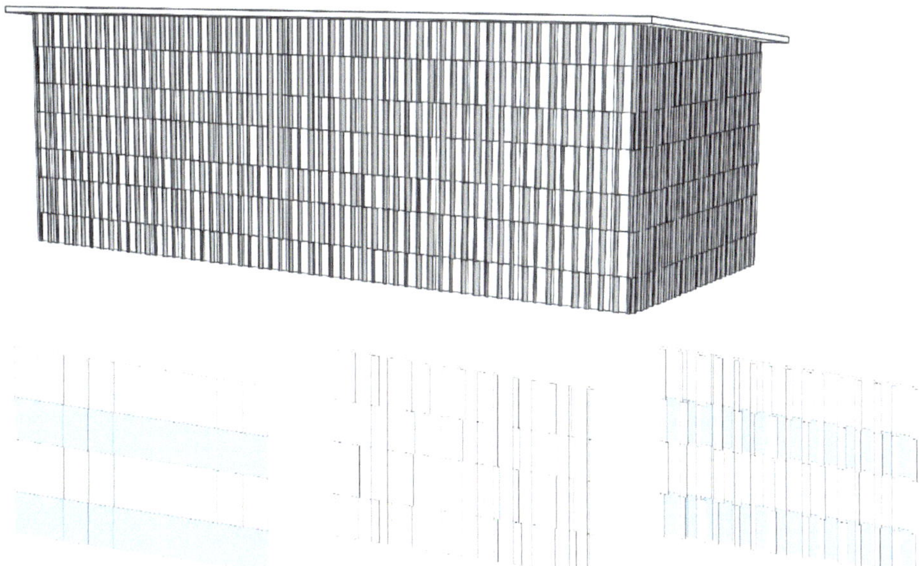

Abb. 22.6.a-d Drei ähnliche Gebäude mit verschiedenem Aussehen: Sichtbeton und Satteldach, Photovoltaikelemente und Flachdach, mit Fassadenelementen zur Codierung und Pultdach, Kombination von Fassadengestaltungen

Fabrikhallen

Sie können aus Beton oder Metall bestehen und vielerlei Formen besitzen. Wir wählen als Beispiel eine Metallkonstruktion, die sich früher - aber auch derzeit - noch findet [C.Kr 13]. Die hier betrachtete *Fabrikhalle* besitzt nur ein Mittelteil in der Längsachse und hat keine Seitenteile. Die Halle hat einzelne Abschnitte, die sich völlig gleichen. Auch diese sind wieder parametrierbar bzgl. der Länge und Breite eines Rasterelements.

Wir wenden deshalb eine Technik an, die wir für das Hauptschiff von Reims oder York bereits kennengelernt haben. Wir entwerfen ein *Volumenelement*, das einem Abschnitt der Halle quer zur Längsachse entspricht. Dieses Element wird wieder *vervielfacht*. Darüber hinaus sind zwei *Wände* an den *Stirnseiten* notwendig, die, wenn Sie bis auf Spiegelung gleich sind, nur einmal entworfen werden müssen.

Die Abb. 22.7.a zeigt den schrittweisen Entwurf des Volumenelements. Wir entwerfen die Hälfte eines Trägers, der andere Teil wird durch Spiegelung gewonnen. Zwei dieser Träger beranden ein Volumenelement, das noch mit einer Decke versehen werden muss. Diese enthält Glaselemente, die oben durch Lamellen vor zu großem Wärmeeintritt schützen. Wir konstruieren jeweils nur die Hälfte durch Zusammenfassung der 3 Elemente, die andere ergibt sich durch Spiegelung. Die Stirnseite enthält ein großes Tor und zwei kleine Tore. Abb. 22.7.b zeigt die fertige Halle in 3D-Darstellung.

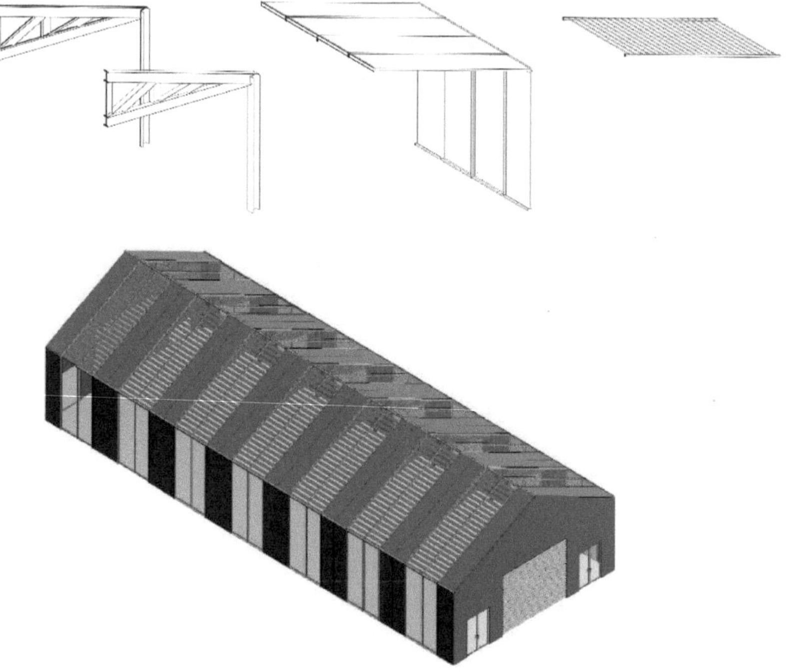

Abb. 22.7 Fabrikhalle aus Volumenelementen: Nutzung von Spiegelung und Vervielfachung

Die Technik ist auf Metall- und Betonkonstruktionen anwendbar, wobei jeweils unterschiedliche Einzelelemente zur Konstruktion zur Verfügung stehen können und damit die Konstruktion der Volumenelemente und der Fassaden noch einmal erleichtern können.

Die *Rasterung* für ein Volumenelement ist leicht *veränderbar*. Auch das *Aussehen* kann leicht variiert werden, wobei bei Fabrikhallen weniger ästhetische Ansprüche und damit auch weniger Wünsche zur Verschiedenheit bestehen.

Weitere Beispiele moderner Gebäude, für die sich die hier vorgestellten Techniken anwenden lassen, sind *Stadien* oder *Rennstrecken*. Beide zeichnen sich durch eine nötige innere Infrastruktur aus: Bei einem Stadion sind das die diversen Treppenauf- und -abgänge, die für eine zügige Füllung und insbesondere Entleerung sorgen sowie die Verkaufsstände, Toiletten, etc. Das Stadion ist in seiner Grundstruktur symmetrisch, hat also viele Teile, die - wenn entworfen - mehrfach eingesetzt werden können. Bei einer Rennstrecke ist der Straßenverlauf individuell, es gibt aber Standardkomponenten (Tribünen, Boxen, Parkgelegenheiten, Massenverkehrsmittelzugänge, etc.), die sich gleichen oder zumindest intern gleich gestaltet werden können.

Die in diesem Ausblickskapitel betrachteten Gebäudeklassen (verschiedene Moscheetypen, Bürogebäude, Fabrikhallen) sind zwar verschieden von den im Hauptteil des Buches betrachteten gotischen Kirchen. Dennoch konnten für die *Modellierung ähnliche Techniken* angewendet werden. Das trifft auf die Moscheen völlig zu. Bei modernen Gebäuden haben wir *zwei weitere Möglichkeiten der Parametrierung* kenngelernt: Einerseits eine veränderliche Rasterstruktur/ Geschossanzahl und andererseits durch die Veränderung des Aussehens bei gleicher interner Struktur. Büro- und Fabrikgebäude sind Standardbauten, ein individuelles Aussehen ist erwünscht.

22.3 Weitere mögliche Fortschritte

Realisierung einer umfassenden Entwurfs-Infrastruktur

Wir haben etliche exemplarische CAAD-Modellierungen von Kirchen in den einzelnen Kapiteln des Teils III des Buches beschrieben. In Kap. 20 von Teil IV wurde eine *Infrastruktur für und mit Wiederverwendung* skizziert. Diese würde CAAD-Entwürfe wesentlich erleichtern, Voraussetzung dafür ist allerdings, dass diese Infrastruktur zur Verfügung steht und dass die Wiederverwendungs-Datenbank auch viele Ergebnisse von bereits durchgeführten Entwürfen enthält. Diese Infrastruktur würde durch ihre Abstimmung auf das Wissen über gotische Gebäude großen Nutzen für die Effizienz- und Qualitätssteigerung von Entwurfsprozessen bringen.

Ein noch weit größerer *Nutzen* ergibt sich bei entsprechenden *Spezialisierungen*: Wir können die Artefakt- und Einzelprozess-*Zusammenhänge* unterstützen, wir können uns auf eine Klasse von Gebäuden einschränken, wir können gezielt die Umwandlungen von Entwurfsprozessen bei *Wiederverwendung* betrachten und schließlich intelligente Entwurfstechniken (wie Generieren aus einer Spezifikation) fördern.

Diese Vorgehensweise lässt sich auf beliebige Gebäude anwenden; besonders ertragreich ist sie für moderne *Standardbauten*. Eine solch umfassende Entwurfsunterstützung mit semantischen Operationen für einzelne Artefakte, Übergänge zwischen Artefakten, abgestimmt auf eine Gebäudeklasse, mit Unterstützung von Wiederverwendungs-Übergängen und für intelligente Entwurfstechniken ist nach Kenntnis des Autors nirgendwo vorhanden. Ihr Nutzen wäre riesig.

Modernisierung eines Standardhauses

Das *Aachener Dreifensterhaus* ist ein solches *Standardhaus* eines *speziellen Typs*, von dem es viele Exemplare gibt. Es entstand zu einer Zeit, als es noch keine Architekten gab, etwa von 1850 bis 1915. Der Ansatz ist *Wiederverwendung pur*: Das Haupthaus besitzt einen Anbau, oft mit dem nächsten Haus in einem Baukörper geteilt, das Haupthaus folgt einem strengen Muster Erdgeschoss, Beletage, Schlafetage, Mezzaningeschoss für die Bediensteten, alle Etagen weitgehend „genormt".

Die interessante *Aufgabe*: Renovierung/Umbau und energetische Sanierung, neue Installation (Sanitär, Elektrik, energetisch fortschrittlich, Innengestaltung abgestimmt auf die Struktur von Dreifensterhäusern, meist Baudenkmal, es ist nicht alles gestattet.

Zur *Lösung*: Standard erfassen. Umbaumuster, Umbau-Infrastrukturen: Frisch-, Abwasserstränge, Elektroschacht, Installationsschacht, neue Heizung, Stromspeicher, abgestimmt auf die Gebäudeklasse. Das Beispiel verlässt die Architektur und betrachtet enge Bezüge zwischen den obigen Gewerken, zum Denkmalschutz und mit Beachtung von Ökologie und Ökonomie. Es ist ein Musterbeispiel für übergreifende Wiederverwendung.

Hilfsmittel für den Wissenserwerb für Gebäudeklassen und deren Anwendung

In [D.Kr 07, KN 07, KS 05] wurde ein *CAAD-System* untersucht, das auf eine Klasse von Gebäuden zugeschnitten ist und das gezielte *Unterstützung* für die *Konstruktion* eines *konzeptuellen Entwurfs* anbietet. Ein Anwendungsfall kann ein mittelgroßes Bürogebäude sein, s. vorherigen Abschnitt.

Es wurden die *Bezüge zu Feldern außerhalb der Architektur* studiert, die aber mit dieser in einer engen Beziehung stehen, z.B. die Überprüfung der Gesetzeskonformität des Gebäudeentwurfs durch Einhaltung der Bauvorschriften, der Notfallplanung zur Evakuierung etc. Auch die Beziehung zur Statik, die Überwachung der Wirtschaftlichkeit des Entwurfs etc. lassen sich hier einbauen. Alle diese Felder lassen sich mit dem Gebäudeentwurf eng verschränken, indem die Architekturwerkzeuge auf Probleme aufmerksam machen, Vorschläge für Änderungen vorschlagen, etc. Es entsteht so eine abgestimmte Werkzeuglandschaft, die auch andere Aspekte als den direkten Gebäudeentwurf unterstützt. So kann der Architekt etwa aufmerksam gemacht werden, wenn statische Regeln verletzt werden, wenn eine geringfügig andere Gestaltung zu mehr Wirtschaftlichkeit führt, weil etwa der Wandabschnitt keine Zerteilung der Mauersteine erfordert, keine aufwändige Tragwerkskonstruktion erforderlich ist, etc.

Darüber hinaus wurde ein *Spezifikationssystem* gebaut, das hilft, die Charakteristika einer Klasse von Gebäuden durch einen Experten zu erfassen, damit sie später durch Nichtexperten genutzt werden. Ein bestehendes *CAAD-System* wurde erweitert, damit es das abgelegte *Wissen nutzen* kann.

Übertragung auf Ingenieurwissenschaften oder allg. Entwurfsunterstützung

Teil III und IV lassen sich unter das Motto subsumieren: *Entwurfs- und Entwicklungsprozesse* und ihre Werkzeuge *neu gedacht*. Dazu gehören dann auch neue Werkzeuge, die eng aufeinander abgestimmt und integriert sind, *integrierte Entwurfs- und Entwicklungsumgebungen* genannt.

Dabei ist der Zusammenhang zwischen Entwicklungsschritten, zwischen Aspekten und unterschiedlichen Disziplinen, unterschiedlichen Gebietskulturen zu beachten und die Verbindung zur Anwendungsdomäne: Überall gibt es *Brüche*, die darauf warten, durch *Werkzeuge besser unterstützt* zu werden.

Im IPSEN-Projekt [D.Na 96] wurde das Gebiet der Software-Entwicklung betrachtet und es wurden neue, eng integrierte Werkzeuge zur Überwindung der Brüche gebaut (a priori Integration). Der SFB IMPROVE [D.NM 08] behandelte den konzeptuellen Entwurf einer chemischen Anlage, integrierte bestehende Werkzeuge und fügte neue Funktionalität hinzu (a posteriori Integration). In beiden Fällen wurden die Prozesse neu gedacht, um sie besser zu verstehen und zu unterstützen: inkrementell, agil, interaktiv, intelligent, s. Abschnitt 19.1. Die Überbrückung der Brüche geschieht durch Entwickler, in selteneren Fällen erfolgt sie automatisch durch Werkzeuge.

Die oben angesprochenen *Fokussierungen* (Entwicklung von Domänenwissen und dessen Nutzung, Wiederverwendungs-Übergänge bei Lösungen, Unterstützung intelligenter Entwurfstechniken) wären auch bei diesen Projekten *Neuland* und hochinteressant. Die beiden Projekte sind *repräsentativ* für beliebige Entwurfs- und Entwicklungsprojekte im *Ingenieurbereich*. Es verbleibt noch einiges, was erforscht werden kann.

23.1 Literatur

Die Abschnitte A bis D stellen das Literaturverzeichnis dar, das nach Rubriken gruppiert ist. Die Literatur wird im Buchtext entsprechend zitiert, z.B. [A.Bi 93]. Anschließend folgt in Abschnitt 23.2 das Verzeichnis der aus anderen Quellen übernommenen Bilder. Ein Glossar/ Stichwortverzeichnis schließt das Kapitel ab. Bei Webzugriffen ist als Zugriffsdatum jeweils Mai 2019 einzusetzen.

A Baugeschichte, Geschichte und Hintergründe

[Be 98] Beckermann, W., Panofsky, E.: Gotische Architektur und Scholastik, Concilium medii aevi 1 (1998) 1000-1013

[Bi 89] Binding, G.: *Maßwerk.* Wissenschaftliche Buchgesellschaft, Darmstadt (1989)

[Bi 98] Binding, G.: *Der früh- und hochmittelalterliche Bauherr als „sapiens architectus".* Wissenschaftliche Buchgesellschaft, Darmstadt (1998)

[Bi 06] Binding, G.: *Was ist Gotik? Eine Analyse der gotischen Kirchen in Frankreich, England und Deutschland 1140–1350.* Wissenschaftliche Buchgesellschaft, Darmstadt (2000), Nachdruck 2006

[Bi] Binding, G.: architectus, magister operis, Werkmeister: Baumeister oder Bauverwalter im Mittelalter, www.guentherbinding.de/Gunther_Binding/Downloads_files/architectus.pdf

[Bö 84] Böker, H. J.: Englische Sakralarchitektur des Mittelalters, Wissenschaftliche Buchgesellschaft, Darmstadt (1984)

[Bö 88] Böker, H. J.: Die mittelalterliche Backsteinarchitektur, Wissenschaftliche Buchgesellschaft, Darmstadt (1988)

[Bö 11] Böker, J. J. et al.: Die Architektur der Gotik: Ulm und der Donauraum, Müry und Salzmann (2011)

[Bö 13] Böker, J. J et al.: Die Architektur der Gotik: Die Rheinlande, Müry und Salzmann (2013)

[BKM] Baukunst im Mittelalter, 19 S. http://deutschland-im-mittelalter.de/Kuenste/Baukunst, 2016

[Bu 08] Burry, M.: Gaudi Unseen - die Vollendung der Sagrada Familia, Berlin, Jovis Verlag (2008)

[Ca 96] Camille, M.: Die Kunst der Gotik – Höfe, Klöster, Kathedralen, Dumont Verlag

[CB 99] Clutton-Brock, A.: The Cathedral Church of York, 65 S., Bell&Sons (1899)

[Co 89] Coenen, U.: Die spätgotischen Werkmeisterbücher in Deutschland als Beitrag zur mittelalterlichen Architekturtheorie, Mainz, Aachen (1989)

[CP 88] Carreres C. S., Palacio, P. N.: Cathedrales de Espana, 8. Ausgabe, Espana-Calpe (1988)

[EB 07] Erlande-Brandenburg, A.: La Cathédrale de Reims, Editions Gisserot (2007)

[Eu 14] Euratlas Periodis Web – Karte von Europa 1100 bis 1400, (2014)

[Eu 18] Europäische Route der Backsteingotik: Auf den Spuren des Mittelalters du der Hanse (2018)

[Fil Ch] Chartres und der Geist des Mittelalters - Reportage über Chartres, br Alpha, https://www.youtube.com/watch?v=16e_UA0nqCE

[Fil Gi] Giganten der Gotik – Wie die Kathedralen in den Himmel wuchsen, Film, phoenix, 2013, https://www.youtube.com/watch?v=ux6RC3d2EOA

287

© Springer-Verlag GmbH Deutschland, ein Teil von Springer Nature 2019
M. Nagl, *Gotik und Informatik*, Die blaue Stunde der Informatik,
https://doi.org/10.1007/978-3-662-55518-7_23

[Fil Kö] Superbauten - Die Geschichte vom Kölner Dom, Film, zdf_neo, https://www.y-outube.com/watch?v=SqR2yDNR9xl

[Fil Su] Kathedralen – Superbauten im Mittelalter, Film, 2014

[Fil Wu] Kathedralen – Wunderwerke der Gotik, Film, Arte, 2010, Link

[FK 95] Frishman, M., Khan, H.-U. (Hrsg.): Die Moscheen der Welt, Campus Verlag, Frankfurt/ New York (1995)

[Fr 89] Frangenberg, T.: Gotische Architektur und Scholastik - Zur Analogie von Kunst, Philosophie und Theologie im Mittelalter, DuMont, Köln (1989)

[Ge 69] Gerstenberg, K.: Deutsche Sondergotik, Delphin München 1913, 2. Durchgesehene Auflage, Wissenschaftliche Buchgesellschaft, Darmstadt (1969)

[Gi 39] Giese, L.: Bettelordenskirchen, Kirchen der Bettelorden (ordines mendicantium), in Reallexikon zur Deutschen Kunstgeschichte, Band II (1939), 394-444, in RDK Labor im Web

[Goe 72] von Goethe, J. W.: Von der Deutschen Baukunst, D.M. Ervini Steinbach. o.O. (1772)

[GO 07] Gajewski, A., Opacic, Z. (Eds.): The year 1300 and the creation of a new European Architecture, 235 pp. Brepols Publishers, Turnhout, Belgium (2007)

[Ha 16] Hartwig, Sonja: Kirchen der Gotik: Schimmer der Ewigkeit, Spiegel Online Wissenschaft, 9S. (2016)

[HV 04] Hartmann-Virnich, A.: Was ist Romanik? Geschichte, Formen und Technik des romanischen Kirchenbaus, Wissenschaftliche Buchgesellschaft, Darmstadt (2004)

[Ko 14] Koch, W.: Baustilkunde, 34. Auflage, 529 S., Prestel Verlag, München (2014)

[Me 02] Messer, P.: Die wissenschaftliche Renaissance der mittelalterlichen Kathedralen, Schiller-Institut, 2002.

[Mi 18] Mittmann, H.: Das Münster zu Freiburg im Breisgau, Kunstverlag J. Fink, Lindenberg (2018)

[Mi 15] Mittmann, H.: Freiburger Münster: Die Bauphasen, https://www.freiburgermuenster.info/html/content/bauphasen473.html , 2015

[No 16] Nolte, W.: Kathedrale von St. Denis, Blog 2016

[PS 11] Papirowski, M., Spröer, S.: Giganten der Gotik, DuMont (2011)

[Sch 97] Schelbert, G.: Die Chorgrundrisse der Kathedralen von Köln und Amiens, Kölner Domblatt 62, 85-110 (1997)

[Wi AC] Wikipedia: Aachener Dom

[Wi Ba] Wikipedia: Bamberger Dom, 2019

[Wi Be] Wikipedia: Kathedrale von Beauvais, 2019

[Wi BG] Wikipedia: Backsteingotik, 2019

[Wi Ch] Wikipedia: Notre Dame de Chartres, 2019

[Wi DO] Wikipedia Deutschherrenorden, 2019

[Wi Fl] Wikipedia Dom Florenz, 2019

[Wi Go] Wikpedia Gotik, 41 S., 2019

[Wi Got] Wikipedia: Goten, 20 S. 2019

[Wi Ha] Wikipedia: Hanse 2019

[Wi Kö] Wikipedia: Kölner Dom, 2019

[Wi Kr] Wikipedia: Kreuzzug, 2019

[Wi Li] Wikipedia: List of Gothic Architecture, 2019

[Wi Lim] Wikipedia: Limburger Dom, 2019

[Wi MD] Wikipedia: Mailänder Dom, 2019

[Wi ND] Wikipedia: Kathedrale Notre-Dame de Paris, 2016

[Wi Re] Wikipedia: Kathedrale von Reims, 2019

[Wi Ro] Wikipedia: Romanik, 2019

[Wi Sch] Wiipedia: Scholastik 2019

[Wi SD] Wikipedia: Kathedrale von St. Denis, 2019

[Wi Se] Wikipedia: Kathedrale von Sens, 2019

[Wi Sp] Wikipedia: Spätmittelalter, 2019

[Wi St] Wikipedia: Straßburger Münster, 2019

[Wi Yo] Wikipedia: Minster York

[Wo 09] Wolf, Arnold: Der Dom zu Köln – Seine Geschichte, seine Kunstwerke, Greven Verlag Köln, 6. Auflage (2009)

B Bauwesen im Mittelalter

[Bi 93] Binding, G.: Baubetrieb im Mittelalter, Wissensch. Buchgesellschaft, 1993 Neuauflage (2012)

[Bi 15] Binding, G.: Bauvermessung und Proportion im frühen und hohen Mittelalter, Reihe Monographien zur Geschichte des Mittelalters, 272 S. Hiersemann, Stuttgart (2015)

[BL 02] Binding, G., Linscheid-Burdich, S.: *Planen und Bauen im frühen und hohen Mittelalter nach den Schriftquellen bis 1250.* Darmstadt / Wissenschaftliche Buchgesellschaft (2002)

[Bö 05] Böker J. J.: Architektur der Gotik, Bestandskatalog der weltgrößten Sammlung an gotischen Baurissen der Akademie der Bildenden Künste Wien, Anton Pustet (2005)

[Coe 16] Coenen, U.: Forschungsprojekt am KIT, Neuer Blick auf die Gotik, Prof. Böker, 2016, http://bnn.de/nachrichten/kultur/forschungsprojekt-gotische-baurisse

[Ho 16] Holzer, S. M.: Mittelalter: Bauen als Handwerk, „ars mechanica", https://www.google.de/?gws_rd=ssl#q=mittelalter+bauen+als+handwerk+ars+mechanica

[KB] Kirchenbau – Teil 3: Die gotische Kathedrale, http://mujweb.cz/architektura/arch3.htm

[Ra 19] Raymond, E.S.: The Cathedral and the Bazaar, http://www.catb.org/~esr/writings/cathedral-bazaar/cathedral-bazaar/index.html#catbmain

[Se 09] Sennet, R.: Handwerk, aus dem Amerikanischen übersetzt von M. Bischoff, Berlin 2009

C Bau, CAAD und Informatik

[Al 79] Alexander, Ch.: The Timeless Way of Building, 559 pp., Oxford University Press, New York (1979)

[AL 14] Aho, A., Lam, M., Sethi, R., Ullman, J.: Compilers: Principles, Techniques, and Tools, 2. Aufl., Pearson, 940 S. (2014)

[AS 17] Classics modeled in ArchiCAD - The Sagrada Familia - Passion Towers, video

[AS 03] Allen, P. K., Stamos, I., Troccoli, A. et al.: 3D Modeling of Historic Sites Using Range and Image Data, Proc. ICRA, 145-150 (2003)

[AW 17] Classics modeled in ArchiCAD - Wells Cathedral, video]

[BF 05] Berndt, R., Fellner, D. W., Havemann, S.: Generative 3D Models: A key to more information within less bandwidth at higher quality, Proc. Web3D International Symp. 111-122, ACM SIGGRAPH (2005)

[CB 06] Charbonneau, N., Boulerice, D., Booth, D.: Computer-aided modeling applied to architectural know-how: The gothic rose window, Journal of Information Technology in Construction 11, 361-372 (2006)

[Co 03] Cockburn, A.: Agile Software-Entwicklung, mitp (2003)

[Ge 09] Gelernter, D.: The Gothic Vision, The Weekly Standard, February 2009

[GI 04] Gesellschaft f. Informatik (Hrsg.): Was ist Informatik? Manifesto for Agile Software Development, http://www.agilemanifesto.org/

[HF 04a] Havemann, Sven, Fellner Dieter W.: Generative Parametric Design of Gothic Window Tracery, in SSMI ,04 Proc. of the Shape Modeling International 2004, 350-353, IEEE Computer Society (2004)

[HF 04b] Havemann, S., Fellner, D. W.: Generative Parametric Design of Gothic Window Tracery, Proc. VAST, 193-201 Eurographics Brussels (2004).

[IK 12] Inglis T. C., Kaplan, C. S.: Circle patterns in Gothic architecture, Bridges 2012: Mathematics, Music, Art, Architecture, Culture, Univ. of Waterloo

[Ko 18] Kobbelt, L. et al: Start-up zur hochwertigen 3D-Rekonstruktion, https://scasa.eu/de/

[La 14] Laroslav Blog: How to Create a Gothic Window Using ColliderScribe and Adobe Illustrator, Febr. 11, 2014, Astute Graphics

[LG 16] Lim, I., Gehre, A., Kobbelt, L.: Identifying Style of 3D-Shapes using Deep Metric Learning, Eurographics Symposium on Geometry Processing, 35,5 (2016)

[LS 12] van Liefferinge, S., Smith, R. A., Carlson, T., Holt, E., Covington, M. A., Potter, W. D.: The ARC Project: Reasoning about Representations of Gothic Cathedrals with Artificial Intelligence, IV 2012: 599-601

[QM 91] Qien, N., Mueller, W.: Der virtuelle Steinmetz, Computergrafik und gotische Architektur, Spektrum der Wissenschaft, 128-133 (1991)

[Sa 07] Sagheb, K.: Generierung gotischer Maßwerkfenster durch fraktale Geometrien, Diplomarbeit Graphische Datenverarbeitung, JWG-Universität Frankfurt (2007)

[SS 96] Sariyildiz S.; Schwenck M.: Integrated Support Systems for Architectural Design, in: *Proceedings of the 3rd Conference on "Design and Decision Support Systems in Architecture and Urban Planning"*, Spa (1996)

[Va 10] Vallon, T.: Ist die Informatik ein Handwerk? Vortrag zum 60. Geburtstag von R. Dürre, Blog Dürre und Freunde (2010)

[Wi 11] Wirth, N.: Grundlagen und Techniken des Compilerbaus, 3. Aufl., 194 S. Oldenbourg (2011)

[Wi 14] Williams, P. L.: Researchers apply artificial intelligence to the study of Gothic cathedrals, Phys Org, 2019

[Wo 10] Woodbury, R.: Elements of Parametric Design, Routledge, 300 S. (2010)

D Informatik/ Ingenieurwissenschaften, Anwendungen von Entwurf

[Ar 10] Armac, I.: Personalisierte eHomes: Mobilität, Privatsphäre und Sicherheit, Diss. RWTH, AIB SE 5, Shaker (2010)

[Ba 95] Bacvanski, V.: Integration and Structuring of Expert Systems in Technical Applications, Diss. RWTH Aachen, 225 S. (1995)

[Ba 00] Baumann, R.: Ein Datenbankmanagementystem für verteilte, integrierte Software-Entwicklungsumgebungen, Diss. RWTH, 236 S. ABI 26, Mainz (2000)

[Be 00] Behle, A.: Wiederverwendung von Softwarekomponente im Internet, Diss. RWTH Aachen, 286 S., DUV (2000)

[Bö 94] Börstler, J.: Programmieren-im-Großen: Sprachen, Werkzeuge, Wiederverwendung, Diss. RWTH Aachen, 205 S., Umea University Press (1994)

[Bo 06] Boehlen, B.: Eine parametrisierbare Graph-Datenbank für Entwicklungswerkzeuge, Diss. RWTH, 237 S., Shaker (2006)

[CE 11] Special Issue on Tools, Computers and Chemical Engineering 35 (2011)

[Cr 00] Cremer, K.: Graphbasierte Werkzeuge zum Reverse Engineering und Reengineering, Diss. RWTH, 220 pp., DUV (2000)

[EL 92] Engels, G., Lewerentz, C., Nagl, M., Schäfer, W., Schürr, A.: Building Integrated Software Development Environments, Part I: Tool Specification, ACM Trans. on Software Engineering and Methodology, April '92, 135-167 (1992)

[En 86] Engels, G.: Graphen als zentrale Datenstrukturen in einer Softwareentwicklungs-Umgebung, Diss. U. Osnbrück, 196 S. VDI-Verlag (1986)

[FM 06] Fuss, Ch., Mosler, Ch., Pettau, M.: RePLEX: A Model-Based Reengineering Tool for PLEX Telecommunication Systems, 3rd Intern. Workshop on Graph Based Tools (GraBaTs'06), Electronic Communications of the EASST, Volume I (2006)

[Ga 83] Gall, R.: Programmieren im Großen mit Graph-Grammatiken, Diss. U. Erlangen, 224 S., IMMD-Berichte 16,1 (1983)

[Ga 05] Gatzemeier, F.: Chasid – A Semantic-oriented Authoring Environment, Diss. RTWTH, 271 pp, Shaker (2005)

[Gr 99] Gruner, S.: Eine schematische und grammatische Korrespondenzmethode zur Spezifikation konsistent verteilter Datnmodelle, Diss. RWTH Aachen, 218 S., Shaker (1999)

[He 03] Herzberg, D.: Modelling Telecommunication Systems: From Standard to System Architectures, Diss. RWTH, 305 S. (2003)

[He 08] Heller, M.: Dezentralisiertes, sichtenbasiertes Management übergreifender Entwicklungsprozesse, Diss. RWTH, 501 S. Shaker (2008)

[He 11] Heer, Th.: Controlling Development Processes, Diss. RWTH, 430 S., AIB SE 10, Shaker (2011)

[HH 10] Heer, Th., Heller, M., Westfechtel, B., Wörzberger, R.: Tool Support for Dynamic Development Processes, in: G. Engels, C. Lewerentz, W. Schäfer, A. Schürr, B. Westfechtel (Hrsg.): Graph Transformations and Model-Driven Engineering, LNCS 5765, 621-654 Springer (2010)

[HJ 96] Heimann, P., Joeris, G., Krapp, C.-A., Westfechtel, B.: DYNAMITE: Dynamic Task Nets for Software Process Management, in: Proc. 18th Intern. Conf. on Software Engineering (ICSE 96), IEEE Computer Society Press, 331-341 (1996)

[HJ 08] Heller, M., Jäger, D., Krapp, C.-A., Nagl, M., Schleicher, A., Westfechtel, B., Wörzberger, R.: An Adaptive and Reactive Management System for Project Coordination, in LNCS 4970, 300-366, Springer (2008)

[HN 11] Haase, Th., Nagl, M.: Application Integration within an Integrated Design Environment, Computer & Chemical Engineering 35, 736-747 (2011)

[IM 08] Chapters 3, 5, and 6 of [NM 08] SFB IMPROVE

[IP 96] Realization: Derivation of Efficient Tools, Kap. 4 von [Na 96] IPSEN, S. 379-502

[Ja 86] Jackel, M.: Spezifikation der Nebenläufigkeitskonstrukte von Ada mit Graph-Grammatiken, Diss. U. Osnabrück, 220 S. (1986)

[Ja 92] Janning, Th.: Integration von Sprachen und Werkzeugen zum Requirements Engineering und Programmieren im Großen, Diss. RWTH Aachen, 174 S., DUV (1992)

[Jä 03] Jäger, D.: Unterstützung übergreifender Kooperation in komplexen Entwicklungsprozessen, Diss. RWTH, 260 S., ABI 34, Mainz (2003)

[Ka 85] Kaul, M.: Präzedenz-Graph-Grammatiken, Diss. U. Osnabrück, 236 S. (1985)

[Ki 05] Kirchhof, M.: Integrierte Low-Cost eHome-Systeme: Prozesse und Infrastrukturen, Diss. RWTH, 331 S., Shaker (2005)

[Kl 00] Klein, P.: Architecture Modelling of Distributed and Concurrent Software systems, Diss. RWTH Aachen, 237 S., ABI 31, Mainz (2000)

[KN 04] Kirchhof, M., Norbisrath, U., Skrzypczyk, Ch.: Towards Automatic Deployment in eHome Systems: Description Language and Tool Support, in Robert Meersman, Zahir Tari (Eds.): On the Move to Meaningful Internet Systems 2004: LNCS 3290, Springer (2004)

[KN 07a] Kraft, B.; Nagl, M.: Graphbasierte Werkzeuge zur Unterstützung des konzeptuellen Gebäudeentwurfs, in Uwe Rüppel (Hrsg.): Grundlagen, Methoden, Anwendung und Perspektiven zur vernetzten Ingenieurkooperation, 155-175, Springer (2007)

[KN 07b] Kraft, B., Nagl, M: Visual Knowledge Specification for Conceptual Design: Definition and Tool Support, Journ. Advanced Engineering Informatics 21, 1, 67-83 (2007)

[KN 11] Körtgen, Th., Nagl, M: Tools for Consistency Management between Design Products, Computer & Chemical. Engineering 35, 724-735 (2011)

[Kö 10] Körtgen, Th.: New Strategies to Resolve Inconsistencies between Models of Development Tools, Proc. 3rd Workshop on Living with Inconsistencies in Software Development, COER 661, 21-31 (2010)

[Ko 96] Kohring, Chr.: Ausführung von Anforderungsdefinitionen zum Rapid Prototyping - Requirements Engineering und Simulation (RESI), Diss. RWTH Aachen, 293 S., Shaker (1996)

[Kr 98] Krapp, C.-A.: An Adaptable Environment for the Management of Development Processes, Diss. RWTH Aachen, 196 S., ABI 22, Augustinus (1998)

[Kr 07] Kraft, B.: Semantische Unterstützung des konzeptuellen Gebäudeentwurfs, Diss. RWTH, 381 S., Shaker 2007

[KS 96a] Klein. P., Schürr, A., Zündorf, A.: Generating Single Document Processing Tools, 440-450, LNCS 1170, Springer (1196)

[KS 96b] Kiesel, N., Schürr, A., Westfechtel, B.: GRAS: A Graph-Oriented Software Engineering Database System, 397-425, LNCS 1170, Springer (1996)

[KS 05] Kraft, B., Schneider, G.: Semantic Room Objects for Conceptual Design Support: A Knowledge-based Approach, in B. Martens, A. Brown (Eds.): Proc. 11th Intern. CAAD Futures Conference (CAAD Futures 2005), 2007-216, Springer, Vienna (2005)

[Le 95] Lefering, M.: Integrationswerkzeuge in Softwareentwicklungs-Umgebungen, Diss. RWTH, 235 S. Shaker (1995)

[Le 88] Lewerentz, C. Konzepte und Werkzeuge zum interaktiven Entwerfen großer Programmsysteme, Diss., RWTH Aachen, AIB 194, 179 S., Springer (1988)

[Ma 05] Marburger, A.: Reverse Engineering in Complex Legacy Systems, Diss. RWTH, 420 pp., Shaker 2005)

[Me 06] Meyer, O.: aTool – Typographie als Quelle der Textstrukturierung, Diss. RWTH, 308 pp., Shaker (2006)

[Me 12] Mengi, C. Automotive Software – Prozesse, Modelle und Variabilität, Diss. RWTH, 350 S., AIB SE 13, Shaker (2012)

[MN 12] Mengi, C., Nagl, M.: Refactoring of Automotive Models to Handle the Variant Problem, Softwaretechnik Trends, 32, 2, 11-12, (2012)

[Mo 06] Mosler, Ch. E-CARES Project: Reengineering of Telecommunication Systems, in Lämmel et al. (eds.), Proc. of the Summer School on Generative and Transformational Techniques in Software Engineering GTTSE'05, LNCS 4143, 437- 448. Springer (2006)

[Mo 09] Mosler, Ch.: Graphbasiertes Reengineering von Telekommunikationssystemen, Diss. RWTH Aachen, 268 S., Shaker (2009)

[MS 99] Münch, M., Schürr, A.: Leaving the Visual Language Ghetto, *Proc. IEEE Symposium on Visual Languages (VL'99)*, Los Alamitos: IEEE Computer Society Press, 148-155, (1999)

[Mü 03] Münch, M.: Generic Modelling with Graph Rewriting Systems, Diss. RWTH Aachen, 242 S., Shaker (2003)

[Na 79] Nagl, M.: Graph-Grammatiken: Theorie, Anwendungen, Implementierung, 375 S., Vieweg (1979)

[Na 90] Nagl, M.: Softwaretechnik: Methodisches Programmieren im Großen, 387 S., Springer (1990), als Vorlesungsmanuskript erweitert.

[Na 96] Nagl, M. (Ed.): Building Tightly Integrated Software Development Environments - The IPSEN Project, LNCS 1170, 709 S., Springer (1996)

[Na 03] Nagl, M.: Softwaretechnik mit Ada, Entwicklung großer Systeme, 6. Aufl., 496 S., Vieweg (2003)

[NM 08] Nagl, M./ Marquardt, W. (Eds.): Collaborative and Distributed Chemical Engineering: From Understanding to Substantial Design Process Support - Results of the IMPROVE Project, LNCS 4970, 851 S., Springer (2008)

[No 07] Norbisrath, U.: Konfigurierung von eHome-Systemen, Diss. RWTH, 286 S., Tartu University Press (2007)

[NW 99] Nagl, M., Westfechtel, B.(Hrsg.): Integration von Entwicklungssystemen in Ingenieuranwendungen - Substantielle Verbesserung der Entwicklungsprozesse, 440 S., Springer (1999)

[Pr 00] Pritsch, E.: Flexible Zugriffskonzepte für Verteilte Informationssysteme, Diss. RWTH Aachen, 253 S., Shaker (2000)

[Ra 00] Radermacher, A.: Tool Support fort the Distribution of Object-Based Applications,

[Ra 08] Ranger, U.: Modellgetrieben Entwicklung von verteilten Systemen mit Graphersetzungs-Sprachen, Diss. RWTH Aachen, 434 S. Shaker (2008)

[RA 10] Retkowitz, D., Armac, I., Nagl, M.: Towards Mobility Support in Smart Environments, Proc. SEKE 2009, 603-609 (2010)

[Re 10] Retkowitz, D.: Softwareunterstützung für adaptive eHome-Systeme, Diss. RWTH, 354 S., AIB SE 3, Shaker (2010)

[RG 08] Ranger, U., Gruber, K., Holze, M.: Defining Abstract Graph Views as Module Interfaces, Proc. AGTIVE '07, 120-135, LNCS 5088, Springer (2008)

[RH 07] Ranger, U., Hermes, Th.: Ensuring Consistency in Distributed Graph Transformation Systems, Proc. FASE '07, 368-382, LNCS 4422, Springer (2007)

[Sc 86] Schäfer, W.: Eine integrierte Softwareentwicklungs-Umgebung: Konzepte, Entwurf und Implementierung, Diss. U. Osnabrück, 259 S. VDI-Verlag (1986)

[Sc 91] Schürr, A.: Operationales Spezifizieren mit programmierten Graphersetzungssystemen, Diss. RWTH Aachen, 461 S., DUV (1991)

[Sc 02] Schleicher, A.: Roundtrip Process Evolution Support in a Wide Spectrum ProcessManagement System, Diss. RWTH, 310 S., DUV (2002)

[SW 95] Schürr, A., Winter, A., Zündorf, A.: Graph Grammar Engineering with PROGRES. In: Schäfer, Software Engineering — ESEC '95 LCS 989, 219-234, Springer (1995)

[SW 99] Schürr, A., Winter, A., Zündorf, A.: PROGRES: Language and Environment, in: H. Ehrig, G. Engels, H. Kreowski, G. Rozenberg (eds.): Handbook on Graph Grammars and Computing by Graph Transformation: Applications, Languages, and Tools, Singapore: World Scientific, Vol. 2, 487-550, (1999)

[vB 95] von der Beeck, M.: Ein Kontrollmodell für die strukturierte Analyse, Diss. RWTH, 282 S. (1995)

[We 91] Westfechtel, B.: Revisions- und Konfigurationskontrolle in einer integrierten Software-entwicklungs-Umgebung, Diss. RWTH, 321 S., Informatik-Fachberichte 280, Springer (1991)

[We 98] Westfechtel, B.: Models and Tools for Managing Development Processes, Habilitations-schrift RWTH, 418 S. LNCS 1646, Springer (1998)

[Wei 11] Weinell, E.: Ein Rahmenwerk für operationelle Spezifikationssprachen - Sprachrealisierung und Ausführung mittels Graphtransformationen, 301 S. Diss. RWTH, AIB SE 8, Shaker (2011)

[WH 11] Wörzberger, R., Heer, Th.: DYPROTO - Tools for Dynamic Business Processes, Intl. Journ. Business Process Integration and Management, 5, 4, 324–343 (2011)

[Wi 00] Winter, A.: Visuelles Programmieren mit Modularen Graphtransformationen, Diss. RWTH Aachen, 347 S. AIB 27, Mainz (2000)

[Wö 10] Wörzberger, R.: Management dynamischer Geschäftsprozesse auf Basis statischer Prozess-managementsysteme, Diss. RWTH, 305 S., AIB SE 2 (2010)

[Zü 96] Zündorf, A.: Eine Entwicklungsumgebung für PROgrammierte GRaphersetzungs-Systeme (Spezifikation, Implementierung und Verwendung), Diss. RWTH, 374 S. DUV (1996)

23.2 Bildverzeichnis

Es werden *nur* die Bilder/ Zeichnungen aufgeführt, die *nicht selbst* angefertigt wurden. Nach der Abbildungsnummer folgt ein Hinweis auf den Bildinhalt, auf den Ersteller, soweit verfügbar, und die Webadresse.

1.1.a Mena Romio, https://commons.wikimedia.org/wiki/File:Sant%27Apollinare_in_Classe_-_esterno.JPG, Liz. CC BY SA 3.0, Ausschnitt

1.1.b San Apolinare innen gemeinfrei

1.2.a Pfalzkapelle Aachen, Leo Hugot, https://www.google.com/search?q=Dom+Aachen+Hogot+Modell&client=firefox-b-d&source=lnms&tbm=isch&sa=X&ved=0ahUKEwjP1bL#imgrc=6QAyKQv6wl8RXM, Ausschnitt:

1.2.b Pfalzkapelle innen, Velvet, https://de.wikipedia.org/wiki/Pfalzkapelle#/media/File:Aix_dom_int_vue_cote.jpg, Liz. CC BY SA 3.0

1.3.a, Hildesheim innen, Dronkitmaster, https://de.wikipedia.org/wiki/Datei:Hildesheim_St_Michael.jpg, Liz. Bild GDFL

1.3.b, Hildesheim außen, Hildesia, https://de.wikipedia.org/wiki/St._Michael_(Hildesheim)#/media/File:Hildesheim_St_Michael_von_Andreas.jpg, Liz. CC BY SA 3.0

1.4.b, Speyer außen, Roman Eisele, https://de.wikipedia.org/wiki/Speyerer_Dom#/media/File:Speyer_-_Dom_-_Ansicht_der_Ostfassade.jpg, Liz. CC BY SA 3.0

1.5.a Cluny, https://de.wikipedia.org/wiki/Datei:Dehio_212_Cluny.jpg, gemeinfrei

1.6 Köln Dom 1530 gemeinfrei

2.1.c gemeinfrei

3.1.a Beauvais innen, Tango7174, https://commons.wikimedia.org/wiki/File:Picardie_Beauvais2_tango7174.jpg, 0

3.1.b Beauvais außen, Dilif, https://commons.wikimedia.org/wiki/File:Beauvais_Cathedral_Exterior_1,_Picardy,_France_-_Diliff.jpg, GNU free SA, Ausschnitt

4.3.a Drialor, https://de.wikipedia.org/wiki/Kreuzrippengew%C3%B6lbe#/media/File:Stift_St._Lambrecht_-_gotisches_Kreuzrippengew%C3%B6lbe_in_der_Stiftskirche.JPG, CC BY SA 3.0

4.3.b Pfarrkirche Königswiesen, gemeinfrei, Ausschnitt

4.3.c Drialor, https://de.wikipedia.org/wiki/Kreuzrippengew%C3%B6lbe#/media/File:Pfarrkirche_St._Oswald-M%C3%B6derbrugg_-_Kreuzrippengew%C3%B6lbe_1.JPG, CC BY SA 3.0

4.4.a, 4.4.b, Dehio v. Bezold, [A.Bi 00], S. 185, 190

4.4.c zweistufiger Wandaufbau Freiburg, Erlaubnis U. Zäh, Hüttenmeister, Freiburger Dombauverein

4.5.a Fürst, https://www.kunstgeschichte.uni-muenchen.de/personen/privatdoz/fuerst/material_vl_fuerst/08-chartres-2.pdf , LMU München,

4.6 Schnitt Kathedrale St. Denis, gemeinfrei

4.7.a, Außenfassade Amiens, Jean-Pol Grandmont, https://upload.wikimedia.org/wikipedia/commons/2/2c/0_Amiens_-_Cath%C3%A9drale_Notre-Dame_%281%29.JPG, Ausschnitt, Liz. CC BY 3.0

4.7.b, Außenfassade Beauvais, Diliff, https://de.m.wikipedia.org/wiki/Datei:Beauvais_Cathedral_Exterior_2,_Picardy,_France_-_Diliff.jpg, CC BY SA 3.0, Ausschnitt

4.7.c, Außenfassade St. Martin Freiburg, Joergens, https://de.wikipedia.org/wiki/Bettelordenskirche, Ausschnitt, CC BY 3.0

4.8.a, b Wandaufbau, Dehio v. Bezold, s. [A.Bi 00], S. 117

4.8.c Pfeiler St. Urban, Troyes, gemeinfrei

4.9.a Chartres, http://www.rdklabor.de/w/images/9/93/07-1279-1.jpg, Ausschnitt

4.9.b, Konstanz Kreuzgang, https://upload.wikimedia.org/wikipedia/commons/6/68/Konstanz_Muenster_Kreuzgang_Fenster_Ost.jpg, CC BY SA 3.0

4.9.c, Chartres, http://gotische-kathedrale.eu/gotik/stilepochen , Ausschnitt

4.9.e, Chartres Südrose, http://www.ornamentik.de/kunstgeschichte/gotik/rosetten/chartres.htm

4.9.f, Amiens Westrose, http://www.ornamentik.de/kunstgeschichte/gotik/rosetten/bilder/amiens/westrose-01.jpg,

4.10.a, https://www.google.com/search?q=gotische+Portale&client=firefox-b-d&tbm=isch&source=lnt&tbs=sur:fmc&sa=X&ved=0ahUKEwjW__yNwbHhAhVWDmMBHVigA-mIQpwUIHw&biw=1680&bih=936&dpr=1#imgrc=_, CC frei

4.10.b , Wladislaw, https://commons.wikimedia.org/wiki/Cath%C3%A9drale_Notre-Dame_de_Strasbourg#/media/File:Central_portal_of_West_fa%C3%A7ade_of_Notre-Dame_de_Strasbourg.jpg, CC BY SA 3.0

4.10.c, J. L. F. Cabana, https://de.wikipedia.org/wiki/Simon_von_K%C3%B6ln#/media/File:Iglesia_de_San_Pablo_(Valladolid)._Fachada.jpg, CC BY 3.0

4.11.d, Dehio v. Bezold

6.1 a Rathaus Münster, https://www.presse-service.de/data.aspx/medien/147521P.jpg,

6.1.b Rathaus Löwen, wikimedia.org File:Leuven Stadhuis 07.jpg , CCA SA 4.0 International

7.2.a Laon, PMRMaeyaert, https://de.wikipedia.org/wiki/Kathedrale_von_Laon#/media/File:Laon,_Cath%C3%A9drale_Notre-Dame_PM_14294.jpg, Ausschnitt, CC BY SA 3.0

7.2.b Notre Dame Paris, Peter Haas, https://de.wikipedia.org/wiki/Datei:Notre_Dame_de_Paris_DSC_0846w.jpg, CC BY-SA 3.0, Ausschnitt

7.2.c Reims Westfront, Ehoulby, https://commons.wikimedia.org/wiki/File:Reims_Cathedral.JPG , CC AS 3.0, Ausschnitt

7.2.e Südansicht Beauvais, Diliff, https://commons.wikimedia.org/wiki/File:Beauvais_Cathedral_Exterior_1,_Picardy,_France_-_Diliff.jpg, CC BY SA 3.0, Ausschnitt

7.4.f Albi ByacC, https://de.wikipedia.org/wiki/Kathedrale_von_Albi#/media/File:Albi_Sainte-C%C3%A9cile.JPG, CC BY SA 3.0, Ausschnitt

8.5 b York, MatzeTrier, https://commons.wikimedia.org/wiki/File:York_Minster_from_M%26S.JPG , CC BY.SA 3.0, Ausschnitt

9.2.a Liebfrauenkirche, Soloneying, https://commons.wikimedia.org/wiki/File:Liebfrauenkirche_Trier_1.jpg, CC BY-SA 4.0, Ausschnitt

9.2.b ,Grundriss LiebfrauenkircheTrier, http://www.liebfrauen-trier.de/ , CC A 3.0

9.2.c Elisabethkirche Marburg, Megacity01, https://de.wikipedia.org/wiki/Datei:Elisabethkirche_Marburg_01.jpg, CC SA 1.0, Ausschnitt

9.2.d Grundriss Marburg, http://www.kirchbau.de/bildorig/m/marburg_elisabeth_grundriss555x348_wiki_dehio.gif , CC A 3.0

9.3.a Ostansicht Köln, Thomas Wolf, https://commons.wikimedia.org/wiki/File:K%C3%B6lner_Dom_von_Osten.jpg?uselang=de, CC BY SA 3.0, Ausschnitt

9.3.b Südwestansicht Köln, Neuwieser, https://commons.wikimedia.org/wiki/K%C3%B6lner_Dom#/media/File:Cologne-Cathedral-FlightOverCologne001a.jpg, CC BY SA 3.0, Ausschnitt

9.4.a Südansicht Veitsdom, Balou46, https://commons.wikimedia.org/wiki/File:CZ-Prag-hrad-veitsdom-ansicht.jpg, CC BY 3.0, Ausschnitt

9.4.b Veitsdom Chor innen, Martin Thoma, https://commons.wikimedia.org/wiki/File:St-Vitus-Cathedral-05.jpg, CC0 1.0, Ausschnitt

9.5 Regensburg Südost, Picabay, Liz. frei

9.6.a Sraßburg, Free Photo Strasbourg, https://www.maxpixel.net/Strasbourg-Cathedral-Middle-Ages-France-Alsace-950732, Liz. CC0

9.6.b Hauptportal Strasbourg, Wladyslaw, https://de.wikipedia.org/wiki/Datei:Central_portal_of_West_fa%C3%A7ade_of_Notre-Dame_de_Strasbourg.jpg, CC BY Sa 3.0

9.7 Stephansdom Wien, Bwag, https://de.wikipedia.org/wiki/Stephansdom_(Wien)#/media/File:Wien_-_Stephansdom_(1).JPG, CC BY SA 4.0, Ausschnitt

9.10.a Wiesenkirche Soest, Westerdam, https://commons.wikimedia.org/wiki/File:Maria_zur_Wiese_-_Hauptachse.jpg , CC BY SA 4.0

9.10.b Annaberg, Hans Weingartz, https://commons.wikimedia.org/wiki/File:AnnabergSachsen6.jpg, CC BY SA 2.0

9.11.a Chor St. Sebald Nürnberg, jailbird, https://commons.wikimedia.org/wiki/File:N%C3%BCrnberg_St._Sebald_komplett_v_N.jpg , CC BY SA 2.0, Ausschnitt

9.12.a, Foto Aachen Tourist Service, Stadt Aachen, Ausschnitt

9.12.b Glashaus innen, ACBahn, https://commons.wikimedia.org/wiki/File:Aachener_Dom_Gew%C3%B6lbe_der_Chorhalle.jpg, CC BY SA 3.0,

9.13.a, Kuttenberg, Ledl, Thomas, https://de.wikipedia.org/wiki/Dom_der_heiligen_Barbara#/media/File:Church_of_Saint_Barbara,_North_Facade,_Kurna_Hora.jpg, CC BY SA 4.0, Ausschnitt

9.14.b St.Anna Vilnius, Algirdas, https://commons.wikimedia.org/wiki/Category:CC-BY-SA-3.0-migrated-with-disclaimers?uselang=de, Ausschnitt

9.15, St. Marien Lübeck, Thomas Möller, https://de.wikipedia.org/wiki/Datei:Marienkirche_zu_luebeck.jpg, CC BY 3.0

10.2.a Assisi Oberkirche, https://commons.wikimedia.org/wiki/File:Basilica_di_San_Francesco_interno_navata.jpg, CC BY SA 3.0, Ausschnitt

10.2.b Mailand, https://pixabay.com/de/service/license/ , Picabay Liz. Frei, Ausschnitt

10.3.a S Petronio Bologna, Zairon, https://commons.wikimedia.org/wiki/File:Bologna_Basilika_San_Petronio_1.JPG, CC0 1.0, Ausschnitt

10.3.b, Kath. Florenz, Arnold Paul, https://commons.wikimedia.org/wiki/File:Florence_Santa_Maria_del_Fiore_front_and_tower.jpg, CC BY 3.0

10.4.a Kathedrale Sevilla, Photo 1924

14.5.a nach https://commons.wikimedia.org/wiki/File:20110724_Milan_Cathedral

14.6.a Grundriss aus Eugène Viollet-le-Duc: Dictionnaire raisonné de l'architecture française du XIe au XVIe siècle, https://fr.wikisource.org/wiki/Dictionnaire

14.7.a Dehio v. Bezold,

14.8.a nach Christian Friedrich Traugott Duttenhofer, http://deacademic.com/dic.nsf/dewiki/258647

15.1 nach Viollet le Duc

17.1.a Sattelfläche, Ag2gaeh https://de.wikipedia.org/wiki/Paraboloid#/media/File:Hyperparab-s.svg, CC BY SA 4.0

17.1.b aus Wikipedia Multihalle Mannheim, gemeinfrei

19.1a DXR, https://commons.wikimedia.org/wiki/File:Cath%C3%A9drale_Notre-Dame_de_Paris,_20_March_2014.jpg ,CC BY SA 3.0

19.1.b Uoaei1, https://upload.wikimedia.org/wikipedia/commons/7/77/Paris_Notre-Dame_Southeast_View_01.JPG, CC BY SA 4.0, Ausschnitt

22.1.a. Al Hakim, Erlaubnis Prof. Rabbt

22.1.b Patrickringenberg, https://commons.wikimedia.org/wiki/File:Isfahan_Royal_Mosque_general.JPG, CC BY SA 3.0

22.1.c https://commons.wikimedia.org/wiki/File:Badshahi_Mosque_July_1_2005_pic32_by_Ali_Imran.jpg CC BY SA 3.0

22.1.d Ceinturion, https://commons.wikimedia.org/wiki/File:BlueMosqueCourtyard.jpg, CC BY SA 3.0

22.2 Al Hakim Grundriss, Erlaubnis Prof. Rabbt

23.3 Glossar und Stichwortverzeichnis

Seitenzahlen werden *kursiv gedruckt* angegeben. Zusammengehörige Stichworte, wie Basilika und Basilika minor, werden aus Platzgründen in einem Absatz abgehandelt.

Aachen Dom Zentralteil vorromanisch *5*, Chor spätgotisch *94*, Modellierung Chor *142, 172*

Agile Softwareentwicklung *226*

Albi Kathedrale *61*

Amiens Kathedrale, sechstgrößte gotische Kirche, klassisch hochgotisch *31, 32*

Apsis Raum, einem Hauptraum angebaut und zu diesem geöffnet.

Archivolten zur Gestaltung von Bögen und Portalen durch Vervielfachung und Verzierung *23*

Architekturen Bau *237*, Software *238, 241, 245*, Gotik *243, 245*

Arkaden auf Pfeilern oder Säulen aufgesetzte Bogenreihe *28, 31*

Backsteinkirchen *96*, Sandkirche Breslau *96*, St. Anna Vilnius *96*, St. Marien Lübeck *97*, Albi Kathedrale *61*, Delft Nieuwe Kerk *100*, Pieterskerk Leiden *100*, San Petronio Bologna *101*

Bamberger Dom spätromanisch, Westtürme frühgotisch *17*

Basis Fuß einer Säule

Bauhütte Versammlung/ Organisation handwerklicher und künstlerischer Kompetenz *22, 47*

Bauriss Fragmente des Bauplans tauchen zuerst als Risse (mit spitzem Werkzeug gerissen) auf Stein auf. Daraus hat sich der Name Bauriss gebildet und auch später die Begriffe Grundriss, Aufriss, Seitenriss, etc.

Basilika Name aus der Antike für Prachtgebäude, der später auf Kirchenbauten übertragen wurde. Eine Basilika ist ein langgestrecktes Gebäude, das aus einem hohen Mittelschiff und niedrigeren Seitenschiffen besteht. Die Mehrzahl der romanischen und gotischen Kirchen sind nach diesem Schema gebaut. **Basilika maior, Basilica minor** Ehrentitel für Kirchen, die durch den Papst verliehen werden. Es gibt nur 6 Basilicae maiores, die alle in Rom bzw. Assisi stehen. Somit ist der Titel Basilica minor eine hohe Auszeichnung. *13, 34*

Baumeister verantwortlich für den finanziellen Teil eines Kirchenbaus *46, 223*

Beauvais Kathedrale Von einer großen geplanten Kathedrale mit Vierungsturm steht nach zweimaligem Einsturz nach dem Bau nur noch der Chor und das Querhaus. Dieser ist mit 48,5 m Höhe der höchste Kirchenraum. Mit einem extremen Höhen-/ Breitenverhältnis ist die Kirche auch heute höchst bemerkenswert. *23, 31, 57, 61*

Binnenchor der mittlere und hohe Teil bei Choranlagen mit mehreren Schiffen

Blendmaßwerk direkt auf Wand aufgebrachtes Maßwerk, im Gegensatz zu Harfenmaßwerk

Bogen Der **Gurtbogen** trennt die Joche in Längsrichtung, der **Schildbogen** trennt Joche in Querrichtung (z.B. von Haupt- zu Seitenschiff), **Kreuzbögen (Gratbögen)**, gebildet aus Kreuzrippen, überbrücken diagonal. Ein **Scheitelbogen** verbindet die höchsten Punkte zweier Jochbögen. Ein gotischer Bogen kann **ideal, gedrückt** oder **überhöht** sein. *27, 31*

Bologna Dom ist die viertgrößte gotische Kirche *101*

Breiten/Höhenverhältnis in der Romanik bis 1:2,5, Gotik deutlich höher (z.B. 1:3,3 bei Amiens)

Bourges Kathedrale ohne Querhaus und mit Unterkirche *35, 59*

Bürogebäude *280*

Burgos Kathedrale *103*

CAAD-Modellierung Reims Struktur *111*, York Struktur *123*, Grobstruktur und Textur *128*, Kapitelhaus York Textur nur für Feinstruktur *130*, Freiburg mit Textur *136*, St. Sebald Nürnberg *139*, Glashaus Aachen *142*, St. Marien Lübeck *143*, Chorformen *146*, Veränderungen Reims *149*, Mailand rein gotisch *153*, Köln Westwerk u. Langhaus *154*, York Umbauschritt von Romanik zu Gotik *157*, Neubau Gemeindekirche *165, 167, 170*

Canterbury Kathedrale *69*

Chartres Kathedrale *58*

Chor der für die Geistlichen (Domherren) bestimmte Teil der Kirche, meist im östlichen Abschluss der Kirche, im Inneren vor dem Hauptaltar, ggf. umgeben von Umläufen/ Kapellenkränzen. (In Spanien findet sich dieser Teil mitten im Hauptschiff.) Ein in der Regel reich verziertes Chorgestühl bietet Platz für die Domherren. Bei Vorhandensein einer Krypta ist er etwas erhöht, sonst gegen den Kirchenraum abgetrennt durch Chorschranken oder durch einen Lettner vom Laienteil im Langhaus. Chöre sind polygonal oder - hauptsächlich in England - rechteckig. Der Chor befindet sich in der Regel im Osten. *13*

Chorformen *146*

Chorkapelle Kapelle an Chorabschluss, oft **Marienkapelle** genannt *12*

Chorpolygon vieleckiger, nicht runder Chorabschluss *146*

Chorumlauf, Chorumgang, zwischen Innenteil des Chores (Binnenchor) und Außenwand gelegene Raumzone *12*

Cluny Abtei *7*

Decorated style engl. Bezeichnung für Hochgotik, Hochgotik mit besonderer Ausprägung *67*

Dienst Halbsäule um viereckige oder runde Säule oder an Wand. Tritt oft als Bündel auf (**Dienstbündel**) und ergibt so eine Strukturierung von Säule, Halbsäule oder Schiffswand. Durch Dienstbündel wird die Statik „visualisiert".*32*

Dom (abgeleitet von domus, lat. Haus) Kirche mit besonderer Bedeutung, ist oft auch Bischofskirche, im Deutschen ist der Begriff Kathedrale eher unüblich.

Domänenwissen *248*

Dreikonchenchor, Kleeblattchor aus drei kleeblattförmig angeordneten Konchen gebildeter Chor *84*

Early English, Lancet Gothic Frühgotik in England *67*

Einsatzkapellen, Kapellenschnur Gotische Langhäuser hatten mächtige Strebepfeiler, die weit über die Langhausaußenwand hinausragten. Diese Pfeilerzwischenräume wurden oft später als Kapellen ausgebaut, wodurch die Kirche vergrößert wurde. So entstand noch einmal ein langer Raum (aus Kapellen, nur zum Kircheninneren geöffnet), wie ein zusätzliches „Schiff". *221*

Empore Raum über Seitenschiffen oder Chorumgängen, zum Schiff / Chorinneren über Arkaden geöffnet. Geben mehr Festigkeit als hohe Seitenschiffe oder Chorumläufe. In Frühgotik verwendet, vor der Erfindung der aufwändigen Strebewerke. **Emporenkirche** *28*

Entwurfsprozesse Gotik *118, 219*, agil *226*, Wiederholung *228*, Prozessplan *228*, Veränderungen *233*, Unterstützung durch Werkzeuge *251*, im Vergleich *270*

Fabrikhallen *283*

Fenstergaden s. Obergaden, Fenster *32*

Fensterrose s. Rosette *33*

Fialen spitze Türmchen auf Strebepfeilern und Wimpergen zur Verzierung, die aber auch zur Statik beitragen. Finden sich auch oberhalb von Portalen, Galerien. *33*

First obere Begrenzung eines Satteldaches

Flamboyant Stilstufe der Spätgotik, Kennzeichen: flammenförmige Strukturen in den Maßwerken

Freiburger Münster *92, 136*

Galerie ein Laufgang mit Decke, an der offenen Seite mit vielen Säulen/ Pfeilern

gebundenes System Raumanordnung einer Basilika mit Gewölben, in der einem rechteckigen oder quadratischen Mittelschiffjoch je zwei Seitenschiffjoche mit halber Breite entsprechen.

Gesims waagrechtes Bauelement, das eine Mauer abschnittsweise unterteilt.

Gewände Der sich nach außen öffnende Teil einer Laibung eines Portals oder Fensters, durch Profile und Figuren oft reich gegliedert. *33*

Gewölbe vierteilig Durch 2 Gurtbögen, zwei Scheidbögen und 2 Gratbögen (Kreuzbögen) gebildetes Gewölbe, auch **Kreuzrippengewölbe** genannt. Bei **sechsteiligem** Gewölbe kommt in der Mitte eine weitere Transversalrippe hinzu. Kommt auch in Längsrichtung eine Scheitelrippe hinzu, so spricht man von einem **achtteiligen** Gewölbe, **Netz-**, **Fächer-** und **Sterngewölbe**: spätgotische Formen, **Gewölbeformen** *27*

Gewölbehöhe Höhe des Haupt- oder Mittelschiffs vom Boden bis zum **Gewölbescheitel**. Das höchste Kirchengewölbe finden wir mit 48,5 m in Beauvais, der Kölner Dom ist hat mit ca. 44 m auch sehr hohe Mittelschiffe.

Gewölbekappe das durch Rippen oder Grate aufgespannte Gewölbefeld

Gotisch/ Gotik ursprünglich eine abwertende Bezeichnung des Baustils. Der Name verkehrte sich ins Gegenteil und drückt später, insb. im 18. und 19. Jahrhundert, höchste Wertschätzung aus. Heute z.T. wieder ursprüngliche Bedeutung. Name *19*, Pläne *23*, Phasen *25*, Profanbauten *51*, Zeitepochen *25*, in England *66*, Relevanz *265*, in Europa *266*

Gotik-Kirchen in diesem Buch, in **Frankreich**: Laon *56*, Notre Dame Paris *44, 56*, Noyon *58*, Reims, Beauvais *56*, Chartres *58*, Bourges *58*, Auxerres, Rouen *60*, Beauvais, Albi *60*, in **England**: York *68*, Canterbury *69*, Ely *69*, Norwich *69*, Lincoln *69, 77*, Salisbury *70*, Westminster Abbey *70*, Wells *70*, Peterborough *68ff.*, King's College Chapel Cambridge *68*, im **Hl. Röm. Reich** *81*, Marburg *84*, Trier *83*, Köln *85*, Prag Veitsdom *86*, Regensburg *88*, Straßburg *89*, Wien *90*, Ulm *91*, Freiburg *92*, Nürnberg *94*, Lübeck *97*, in **Niederlanden/Belgien** Delft, Leiden, ten Bosch *99*, in **Italien** *100*, Mailand *101*, Bologna, Florenz *102*, in **Spanien/ Portugal** *103*, Sevilla, Segovia, Leon, Burgos *103*, Valladolid *105*, Hieronymuskloster Lissabon *95, 106*

Gotik Relevanz *265*

Größe gotischer Kirchen s. *265*, **größte Kirchen** der Gotik *266*

Grat winkliges Zusammentreffen gewölbter Flächen als **Gewölbegrat** oder **Dachgrat**

Gratbogen innerhalb eines Joches diagonal verlaufender Bogen, *4* bei Kreuzrippengewölben *31*

Gurtbogen quer zur Längsachse eines Gewölbes gespannter Bogen, trennt die Joche *31*

Hallenkirche mehrschiffige Kirche, mit Schiffen in gleicher oder nahezu gleicher Höhe. Bei deutlichen Höhenunterschieden spricht man von Staffelhalle oder gestufter Halle. Es gibt weder Obergadenfenster noch Triforium. Hallenkirchen sind ein weit verbreitetes Modell für Pfarrkirchen in der

Zeit der Spätgotik in Deutschland und anderswo. Bekannte Beispiele sind St. Sebald und St. Lorenz in Nürnberg. In beiden Fällen sind nur die Chöre Hallenkirchen, die sich an Vorgängerkirchen anschließen. *34*, Wiesenkirche Soest *93*, St. Anna Annaberg *93*, Glashaus Aachen *94*, Barbarakirche Kuttenberg *95*, Hieronymus-Klosterkirche Lissabon *95*

Harfenmaßwerk frei vor einer Wand oder Öffnung stehendes Maßwerk (im Gegensatz zu Blendmaßwerk)

Hauptwandaufbau 4-, 3- oder 2stufig *28*

Hauptschiff, Hochschiff, Mittelschiff mittlerer u. höchster Teil des Lang-/Querhauses *28*

Hildesheim St. Michael *5*

Hochchor, Hochschiff, s. Binnenchor, Mittelschiff

Hochschifffenster, s. Obergadenfenster

Homogenität, Harmonie in der Gotik: Stil *48*, Reims Kathedrale *119*

Joch im Kirchenschiff: Zelle eines Haupt- oder Seitenschiffs, gebildet durch 4 Stützen als räumliche Einheit. Das Hauptschiffjoch wird durch 4 Säulen, das ggf. weiter strukturierte Wandteil des Hauptschiffs und das (Kreuzrippen)Gewölbe gebildet. Ein Joch (s. Abb. 4.6) kann **vierteilig** sein (gebildet aus Gurt-, Schild und zwei Kreuzbögen, 4 Gewölbekappen) oder **sechsteilig**, wenn ein weiterer Bogen von der Mitte aus senkrecht zu den Außenwänden geht (mit6 Gewölbekappen). *27*

Kämpfer profilierte Platte oberhalb eines Pfeilers oder einer Säule, als Ansatz der Krümmung eines Bogens oder Gewölbes

Kapellenkranz Gesamtheit aller Chorkapellen, wenn diese zusammenhängend sind. Oft sind die Kapellen nur Ausbuchtungen eines Umlaufs (ursprüngliches Schema aus Frankreich). Später gab es einen zweiten Umlauf, der in einen durch die Kapellenmauern abgeschlossenen Kapellenkranz überging. Es gibt auch die Form, dass der zweite Umlauf nur Ausbuchtungen mit Kapellen enthält.

Kapitelhaus rechteckiger oder polygonaler Bau (haupts. in England) für Sitzungen des Domkapitels. Zu unterscheiden von Kapitelsaal innerhalb eines Gebäudes.

Kapitell ornamentiertes Kopfstück einer Säule, meist aus einem Stein geschlagen

Kathedrale große, bedeutende Kirche, da Bischofskirche. abgeleitet von cathedra (Sitz, Kanzel), Grundriss *28*, in Frankreich *40*, *55*, in England *66*, *68*, im Hl. Röm. Reich *84*, Charakterisierungen *62*, *71*, Harmonie *48*

Klassifizierung, Klassen, Klassifikation *201*, *203*, *211*, *214*, *217*, *248*

Kölner Dom 1248-1880 ist vom Volumen her mit über 400 000 m³ die drittgrößte gotische Kirche. 1322 war der Chor fertig, um 1400 die südlichen Seitenschiffe, um 1528 die nördlichen Seitenschiffe und ein Teil des Südturms. Erst 1842 wurde mit der Fertigstellung (Hauptschiff, Vorderfront, Türme und Querhaus) fortgefahren. Trotz der langen Bauzeit über mehr als 6 Jahrhunderte wirkt der Bau wie aus einem Guss, was z.T. mit der Verwendung alter Pläne, aber auch mit dem Einfühlungsvermögen der Baumeister nach 1842 zu tun hat. Das Kirchenschiff hat mit 43,4 m Gewölbescheitel eine erstaunliche Höhe. Kölner und Regensburger Dom sind die einzigen Kathedralbauten nach frz. Vorbild in Deutschland. *9*, *30*, *35*, *45*, *84*, *154*

Königsgalerie Folge von Statuen (unter Arkaden, Baldachinen oder in Nischen) an der Fassade gotischer Kathedralen

Konche s. Apsis *84*

Krabbe plastisches Ornament an Kanten von Fialen, Wimpergen. Helmpyramiden *33*

Kreuzblume oberer Abschluss/ Krönung von Fialen, Wimpergen, Helmpyramiden oder Turmspitzen *33*

Krakau Sandkirche *96*

Kreuzgratgewölbe Durchdringung zweier sich meist rechtwinklig kreuzender Tonnengewölbe gleicher Höhe

Kreuzrippengewölbe Gewölbe von Rippen unterfangen, die sich in der Jochmitte (in der Regel in einem Schlussstein) treffen *27*

Krypta verborgene Unterkirche, Grablege für weltliche oder geistliche Würdenträger oder Reliquien, meist in romanischen Kirchen unter dem Chor

Laibung Bogenlaibung, sich nach außen öffnende bogenförmige Berandung im oberen Teil eines Portals oder Fensters, evtl. reich geschmückt

Langbau, Langhaus evtl. aus mehreren Schiffen bestehender Hauptraum der Kirche, bei größeren Langbauten 3- oder 5-schiffig *12*

Lanzettbogen schlanker, stark überhöhter Spitzbogen mit geringer Spannweite

Laon, Kathedrale *30, 35, 56*

Lancet Gothic englische Bezeichnung für Frühgotik. Die Frühgotik in England hat eine besondere Ausprägung. *67*

Lehrgerüst Gerüst für den Bau von Einwölbungen zum Abstützen von Rippengewölben, die erst nach dem Bau der Verkappungen (zwischen den Jochen/ Rippen) stabil waren, sodass das Lehrgerüst für die nächste Einwölbung verschoben werden konnte.

Lettner Abtrennung i.A. zwischen Chor und Langhaus/ Querhaus, d.h. des Teils für Kleriker von dem Teil für Laien, in engl. Kirchen auch zwischen Langhaus und Querhaus

Lichtgaden s. Obergaden

Limburger Dom spätromanisch mit frühgotischer Struktur *17, 82*

Lübecker Marienkirche *97*, Modellierung *143*

Mailänder Dom ist die zweitgrößte gotische Kirche (10.186 m^2, 440.000 m^3), größtenteils gotisch aber auch mir Elementen der Renaissance und des Barock. Der Dom ist eine Staffelbasilika. Charakteristisch sind die hohen Säulen von Haupt-, Quer- und Seitenschiffen, die kleinen Obergaden und das relativ flache, gestuftes Marmordach, das man begehen kann. *45, 101, 154*

Marburg Elisabethkirche ab 1235 (mit Liebfrauenkirche in Trier, 1230) die erste gotische Kirche in Deutschland. Die Elisabethkirche ist eine dreischiffige Hallenkirche mit Dreikonchenchor. Bemerkenswert, da Hallenkirchen erst viel später ein typischer Stil für gotische Kirchen wurden *84*

Maßwerk geometrisch konstruiertes Bauornament des Bogenfelds von Fenstern oberhalb der Kämpferlinie, später auch von Wänden (Blend- , Schleier- , Harfenmaßwerk). Unter der Kämpferlinie setzt sich das Maßwerk als **Stabwerk** fort. Ein Maßwerkfenster heißt n-bahnig, wenn n vertikale Stäbe das Stabwerk bilden. Der Teil oberhalb des Stabwerks innerhalb der beidseitig berandenden Bögen heißt Bogenzwickel oder Zwickelzone. Diese Begriffe gelten auch für das Tympanon. *14*, Modellierung Maßwerk *191*

Mittelschiff das mittlere und hohe Schiff einer mehrschiffigen Anlage (Haupthaus, Querhaus), seitlich von Arkaden begrenzt *28*

Moscheen Überblick *273*, Hallenmoscheen Modellierung *275*, Zentralbau Modellierung *277*

Münster (engl. minster), abgel. von monasterium (Kloster), ursprünglich Bezeichnung für Kloster- oder Stiftskirche, später für große bedeutende Kirche verwendet (wie auch Dom), aus traditionellen Gründen wird Münster (York, Straßburg) oder Dom (Köln) verwendet. Eine ähnliche Bedeutung oder Bedeutungswandlung findet sich im Englischen.

Neugotik, Neogotik *161*

Notre-Dame, Paris fühgot. Kathedrale *44, 56, 59, 220*

Nürnberg St. Sebald hervorragende Beispiele spätgotischer Hallenkirchen, hier als Hallenchor in Deutschland *94, 139, 141*

Obergaden auch Fenstergaden oder Lichtgaden genannt. Oberer Abschnitt der Seitenwände des Hauptschiffs, in der Regel aus großen Fenstern bestehend (Obergaden-, Hochschiff-oder Hauptschifffenster). *28, 31*

Parametrik (Generizität) *189, 209, 213*

Perpendicular Style engl. Bezeichnung für Spätgotik, mit besonderer Ausprägung in England *67*

Pfeiler Stütze als Mauerwerk zwischen Öffnungen (Arkaden, Türen, Fenster) mit rechteckigem oder polygonalem Querschnitt, jedoch ohne Verjüngung oder Kapitell, wie bei einer Säule.

Polygonchor s. Chorpolygon *146*

Portal künstlerisch gestalteter großer Eingang, Haupteingang *33*

Prag Veitsdom hochgotischer Chor besonders licht, Querschiff, Südturm, Langhaus und Westwerk später gebaut *86*

Profanbau Bau ohne religiöse/ kultische Nutzung, Unterteilung in Burgen, Paläste, Rathäuser/ Kommunalbauten, Wohnbauten

Querhaus evtl aus mehreren Schiffen bestehend, orthogonal zu Langhaus, bei einem Schiff Querschiff genannt *12*

Reduktionsgotik spez. gotischer Stil im Hl. Röm. Reich und darüber hinaus *81*

Reims Kathedrale klassische hochgotische Kathedrale in Frankreich, die sich durch große Uniformität auszeichnet. *11, 14, 15, 30, 56, 61, 111, 150, 152, 161, 192, 194*

Regensburg Dom *88*

Retrochor Besonderheit in engl. Kathedralen: weitere Choranlage hinter dem Chor

Ringanker für Zentralbauten oder Chöre: Eisenbänder fangen den Druck der nach außen strebenden Kräfte hoher Wände auf. Ringanker sind eine Alternative zu Strebewerken. Sie wurden auch später oft zusätzlich als zusätzliche Unterstützung eingefügt, um zu schwache Strebewerke oder Strebepfeiler zu verstärken.

Rippengewölbe, Rippe unter die gemauerte Schale eines Gewölbes gespannter Bogenschenkel. Ist mit anderen Rippen zu unterschiedlichen **Rippenfiguren** kombiniert. *27*

Riss (von ritzen, reißen) Teile eines Gebäudeplans: Grundriss, Aufriss aus verschiedenen Richtungen

Romanik der Gotik vorausgehender Baustil *3*, Hildesheim St. Michael *5*, Speyer Dom *5*

Rosette (Rosettenfenster, Fensterrose) rundes Fenster mit Maßwerk und Glas, oft bunt *33*

Säule Stützglied mit kreisförmigem, mehreckigem oder profiliertem Querschnitt. Sie besteht in der Regel aus Basis, Schaft und Kapitell.

Sagrada Familia Neuinterpretation der Gotik in Barcelona *163*

Sakralbau Bau für religiöse oder kultische Zwecke

Sakramentshaus eigener Teil (Sakristei): als eigenständiger Anbau oder als verschließbare Kapelle.

Scheidbogen, Schildbogen Bogen, der die parallel verlaufenden Schiffe voneinander trennt, also z.B. Hauptschiff von Seitenschiff. *21*

Scheitelkapelle hervorvorstehende Kapelle in der Mittelachse eines Chores oder Kapellenkranzes

Schleiermaßwerk s. Harfenmaßwerk

Schlussstein Stein im Scheitel eines Bogens, beim Rippengewölbe Hauptknotenpunkt der Rippen im Gewölbescheitel *21*

Scholastik *37*

Seitenschiff Teil des Langhauses seitlich des Mittelschiffs, auch des Querhauses, falls mehrschiffig *12*

Sevilla, Dom/ Kathedrale verwendet z.T. maurischen Moschee-Vorgängerbau, ist die größte gotische Kirche (11.520 m², mehr als 500.000 m³) *45, 103*

Skelettbau, Gerippebau, Gliederbau eine Bauweise, die im Gegensatz zum Massivbau alle tragenden Funktionen einem System von tragfähigen Gliedern zuordnet. Die restlichen Teile sind nichttragende Füllungen, z.B. aus Glas. Das Skelett ist i.d.R. auch außen sichtbar durch Strebewerk und/ oder Stützpfeiler *15*

Softwarearchitektur *239, 244*

Spitzbogen Bogen mit spitzer Kontur, er kann überhöht sein oder abgestumpft *26*

Speyer Dom *5*

Stabilität gotischer. Kirchen *15, 93*

Stabwerk vertikale Stäbe, die das Maßwerk stützen, unterer Teil eines Fensters

Staffelbasilika/ Stufenbasilika 34, **Staffelhalle** *34*

St. Denis Abt **Sugar**, erstes Auftreten der Gotik *38*

Straßburger Münster *34, 45, 89*

Strebebogen Bogen aus Stein (ggfs. in zwei oder mehr Stufen, einfach oder mehrfach übereinander), der außen die Seitenwand des Mittelschiffs mit den Strebepfeilern der Außenwand verbindet und so den Schub ableitet. *28*

Strebepfeiler, Stützpfeiler Verstärkung der äußeren Seitenwand an/ in Gebäudewand außen, um Schub des hohen Chores oder Mittelschiffs abzuleiten. Dazu haben Strebepfeiler oft turmartige Erhöhungen (Fialen), die den Anpressdruck erhöhen, die reich verziert sein können und damit zum Außeneindruck wesentlich beitragen. Strebepfeiler ohne Strebebögen, oft abgeschrägt, heißen Strebepfeiler, manchmal auch spezifischer Strebemauern. *28, 33*

Strebewerk dient dazu, den Schub der Gewölbe und auch den Druck der Windlast aus dem Mittelschiff des Hauptschiffs und des Hochchores (insb. bei Chören mit einem oder zwei Umläufen) auf die Strebepfeiler abzuleiten. Aufgrund seiner reichhaltigen Struktur, seiner reichhaltigen Verzierungen und seiner Sichtbarkeit (offenes Strebewerk) trägt das Strebewerk erheblich zum Eindruck einer gotischen Basilika von außen bei. *28*

Tabernakel in der Außenarchitektur fialenähnlich, aber offen, mit Ecksäulen, oft mit eingestellten Figuren

Traufe untere Begrenzung eines Daches

Travée enthält Hauptschiffjoch sowie die direkt anhängenden Seitenschiffjoche und auch das zugehörige Strebewerk, fasst also die quer zum Langhaus oder Querhaus liegenden Teile zusammen. In der Modellierung wird das in diesem Buch Volumenelement genannt. *111*

Trier Liebfrauenkirche (ab 1230), mit Elisabethkirche in Marburg (ab 1235) erste gotische Bauten in Deutschland, interessanter Grundriss: Vierungs- und Rundkirche (Zentralbau, selten in Gotik) *83*

Triforium Laufgang zwischen den Arkaden (auch Emporen) und der Obergadenzone in der Langhauswand oder in der Hochchorwand. (Beim Blendtriforium sind der Mauer nur Blendbögen vorgelegt.) Das Triforium kann durchlichtet sein, dann ziehen sich die Obergadenster bis zur Triforiumbasis. Meist ist das Triforium unbelichtet, d.h. die Außenseite ist ein Mauerwerk. Nach oben wird die Wand des Hauptschiffs nach dem Triforium dünner, nach unten bleibt sie dick bis zu den Arkaden mit entsprechend dicken Säulen. *13, 28*

Triumpfbogen Bogen, der den Chor von der Vierung oder vom Langhaus trennt.

Tudor-Gotik vierte gotische Epoche, die es nur in England gibt und die dort eine besondere Ausprägung hat. Dieser Stil wurde noch lange genutzt, auch in der Zeit der Renaissance und danach. Er ging teilweise gleitend in neugotische Bauweise über. Dadurch ist die Gotik der mit größtem Abstand meistgenutzte Stil für Kirchen in England und auch im Vereinigten Königreich. Ein Kennzeichen des Tudor-Stils sind die flachen gotischen Bögen. *67*

Turmhauben *33*, **offen, geschlossen** *152*

Tympanon Bogenfeld über dem Sturz eines Portals, oft mit Reliefs geschmückt *33*

Typ, Exemplar *207, 210, 213*

Ulmer Münster *90, 136*

Umlauf Bogen im Chorgrundriss, der durch Joche gebildet wird. *13*

Vierung Raumteil, der durch die Durchdringung von Lang- und Querhaus gebildet wird. Ein über der Vierung errichteter Turm wird **Vierungsturm** genannt, ein kleiner Turm heißt Reiter. *13*

Volumenelement Basilika Reims *111*, York *126*, Freiburg *137*, St. Sebald Hallenchor *140*, Glashaus Aachen *142*, St. Marien Lübeck *143*, Zusammenfügen Volumenelemente *120*, Modellierung in Stufen *193*

Wasserspeier figürlich ausgestalteter und vorstehender Wasserabfluss an der Dachtraufe oder an Strebepfeilern

Werkmeister verantwortlich für die bautechnische / künstlerische Ausführung eines gotischen Kirchenbaus *46, 223*

Westwerk, Westbau aus weitgehend selbstständigen Baukörpern (Turm/ Türme, Vorhalle, Wandzonen) gebildete Westfront einer Kirche. Diese enthält i.d.R. auch die Hauptportale. *12*

Wien Stephansdom *90*

Wiederverwendung Techniken zur Aufwandsreduktion *179, 183, 185, 197, 214, 217, 246, 248* **Produkt**wiederverwendung/ **Prozess**wiederverwendung *183*, **Aufwand** *185* **Wiederverwendungs-Datenbank** *254*

Wimperg (Mehrzahl Wimperge) giebelförmige Bekrönung gotischer Portale und Fenster, oft mit Maßwerkschmuck, mit Krabben, Fialen und Kreuzblume

York, Kathedrale von (York Minster) Durch sukzessiven Umbau aus einer romanischen Kirche aus der Normannenzeit ab 1220 in 230 Jahren entstanden in 6 Bauabschnitten (Querhaus frühgotisch (lancet), Langhaus hochgotisch (decorated), Chor hinterer Teil, Teil zur Vierung jeweils spätgotisch (perpendicular), Vierungsturm (perpendicular), Fassade mit Türmen (perpendicular), die die romanischen Teile ersetzt haben. Durch die vorhandenen romanischen Teile blieb die Kirche stets nutzbar. Der Chor ist riesig in seiner Länge und hat einen viereckigen Abschluss mit dem größten gotischen Fenster. Alle Rippengewölbe sind aus Holz, wodurch das Dach leicht aber auch brandgefährdet ist. Musterbeispiel englischer Gotik *45, 68, 72* Klassifizierung *75*, Kapitelhaus *76*, Modellierung *123, 125, 128, 130, 157*

Zugstangen, Zuganker, Zugbalken andere Lösung der statischen Probleme hoher Mittelschiffe, innen durch Zugkräfte (anstelle des Strebewerks für Druckkräfte außen), den Druck der Gewölbe nach außen durch eiserne Stangen oder hölzerne Balken abfangend. *144*

Zwerggalerie Laufgang unter der Traufe, oft im Chor, der durch Säulenarkaden geöffnet ist

Zwickelzone s. Maßwerk

Weitere Bücher des Autors

Graph-Grammatiken: Theorie, Implementierung, Anwendungen, 375 S., M. Nagl, Vieweg, Wiesbaden, 1979

Softwaretechnik: Methodisches Programmieren im Großen, 387 S., M. Nagl, Springer, Berlin, 1990

Softwaretechnik und Ada '95: Entwicklung großer Systeme, 496 S., 6 Auflagen, M. Nagl, Vieweg, Wiesbaden, 1988-03

Integration von Entwicklungsystemen in Ingenieuranwendungen, 440 S., Nagl, Westfechtel (Hrsg.), Springer. Berlin, 1999

Zukunft Ingenieurwissenschaften - Zukunft Deutschland, 268 S., Nagl, Bargtaedt, Hoffmann, Müller (Hrsg.), Springer, Berlin 2009

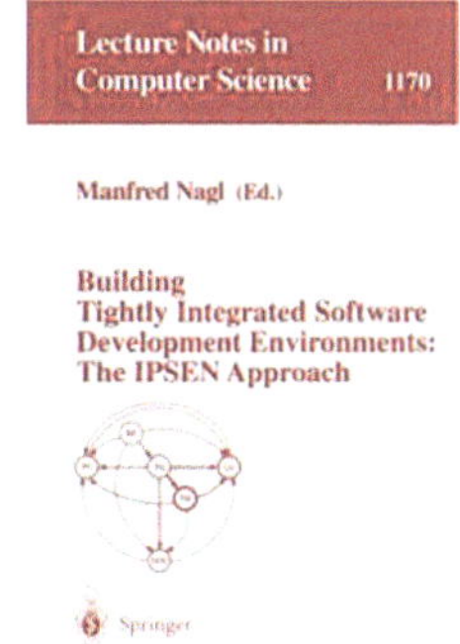

Building Tightly Integrated Software Development Environments, 709 S., LNCS 1170, M. Nagl (Ed.), Springer, Berlin 1999

Collaborative and Distributed Chemical Engineering, 851 S., LNCS 4970, M. Nagl, W. Marquardt (Eds.), Springer, Berlin 2008

Für weitere 16 Tagungsbände als Herausgeber/ Mitherausgeber, s. http://www.se-rwth.de/staff/nagl/